黎虎文集 第七卷

中古经济史论

黎虎◎著

中国社会科学出版社

目　　录

外一种：中国古代饮食史专题

魏晋南北朝时期的农业

魏晋南北朝时期360余年间，农业生产在两汉的基础上迂回曲折地前进发展，为隋唐农业生产的繁荣奠定了基础。关于这一时期的农业发展状况，拟从以下5个方面予以叙述：第一，魏晋南北朝时期农业发展形势；第二，主粮作物品种与产量的增加；第三，农业生产工具的改进和发明；第四，农作制度与耕作技术的进步；第五，农田灌溉事业的发展。

一　魏晋南北朝时期农业发展形势

农业生产的发展除了取决于社会生产关系以外，还对于自然条件有着直接的依存关系。由于土质和气候等地理条件的差异，我国从古代就逐步形成了黄河流域和长江流域两大农业区域。这种状况到魏晋南北朝时期仍然大体如此。以黄河流域为中心的北方农业区，土壤以黄土及其冲积土为主，这种疏松的土质，既便于开垦，而且只要有适当的水分便可成为肥沃的土壤，极其有利于农业生产的发展。因此，从先秦直至秦汉时代，我国农业生产的中心一直在黄河中下游地区。这一地区的气候是典型的季风气候，冬季以西北风为主，夏季以东南风为主，这种季风气候造成全年降水量极不平衡，冬春干旱多风，夏秋易涝。

由上述土壤与气候条件所决定：我国古代劳动人民在黄河流域发展了黍稷和麦类为主的旱地作物农业。长江流域及其以南的珠江三角洲等地，土壤、气候及其他地理条件与北方均有大的差异，这里气候温暖，雨量充沛，土壤肥沃，河湖密布。在这种自然条件下，从新石器时代起便开始发展起以水稻为主的水田农作物生产。浙江余姚河姆渡遗址（距今6960±90年）发现了最早的稻谷遗存。因此，我们叙述魏晋南北朝时期农业发展概况时，将黄河流域为代表的北方农业区和以长江流域为代表的南方农业区加以分别介绍。

在这一时期，由于社会的、政治的变动，南北方的农业生产环境也有着显著的差别。北方由于风云扰攘，战乱频仍，农业生产走的是几经由破坏到复苏的迂回曲折的发展道路，使其原来居于农业生产中心的地位有所下降，而南方由于相对来说处于安定的局面，并因为北方的动乱而为它的农业发展提供了某些有利条件，如人口的大量南迁和先进生产技术的输入等，故而在这一时期农业生产取得了长足的进展，其地位的重要性日益上升，为日后经济重心的南移创造了条件。

根据以上的分析，我们可以将魏晋南北朝时期农业的发展，划分为两个区域和两个阶段加以叙述，即北方农业区划分为魏晋时期和十六国北朝时期，南方农业区则以六朝在一起加以叙述。

（一）魏晋时期北方农业由凋敝到复兴

魏晋承汉末衰乱，两汉时期发展起来的农业经济遭受空前的破坏。北方农业区陷入空前的饥荒，史称“时大饥荒”[①]“是时岁旱、虫蝗、少谷，百姓相食”[②]。饥荒之深刻，不仅劳动人民惨罹荼毒，拥兵割据的军阀也深受影响，“自遭荒乱，率乏粮谷。诸军并起，无终岁之计，饥则寇略，饱则弃余，瓦解流离，无敌破君不可胜数。袁绍之在河北，军人仰食桑椹，袁术在江、淮，取给蒲蠃。民人相食，州里萧条”[③]。饥荒持续时间之长也是空前的，如果从中平元年（184）黄巾起义到建安元年（196）曹操在许下屯田，已历12年之久，实际上直到建安之末（219），饥荒的发展也没有完全得到遏止。持续的大饥荒，使北方农村呈现空前的凋敝，人民大量流亡四方，“兵难日起，州郡鼎沸，郊境之内，民不安业，捐弃居产，流亡藏窜”[④]，昔日繁荣的关中三辅地区“人民饥困，二年间相啖食略尽”[⑤]，山东地区“鸡犬亦尽，墟邑无复行人”[⑥]，“江淮间

---

① （晋）陈寿撰，（南朝·宋）裴松之注，陈乃乾校点：《三国志》卷九《魏书·曹洪传》，中华书局1959年版，第277页。

② 《三国志》卷七《魏书·吕布传》附《张邈传》，第222页。

③ 《三国志》卷一《魏书·武帝纪》注引《魏书》，第14页。

④ 《三国志》卷一五《魏书·司马朗传》，第466页。

⑤ 《三国志》卷六《魏书·董卓传》，第182页。

⑥ 《三国志》卷一〇《魏书·荀彧传》注引《曹瞒传》，第310页。

空尽，人民相食”①，“是时天下户口减耗，十裁一在”②。

造成这一空前农业大衰退的原因，首先是统治阶级的黑暗政治与豪强地主的残酷剥削，黄巾起义之所以爆发，就是因为东汉统治阶级极端黑暗的统治、外戚宦官集团交相为虐，使人民陷入水深火热之中而引起的。在镇压农民起义的过程中，州郡牧守、地方豪强拥兵自守，相互兼并，杀戮无已。从此兵戈相寻，了无宁日。统治阶级所引起的战乱，严重地破坏了北方地区的农业生产。在军阀混战中，两汉兴建的水利工程，不少遭到破坏，而北方的黄土没有水利灌溉是无法从事生产的。人祸加重了天灾，旱蝗之灾交相为虐。

曹魏对于恢复和发展北方农业生产起了积极作用。曹操在汉末群雄混战中所以能够战胜敌手，逐步统一北方，结束分裂割据局面，重要的原因之一是他采取积极措施挽救了这种农业生产的颓势，使其“霸业”奠定于比较强大的经济基础之上。曹操恢复和发展北方农业主要从两个方面着手：一方面大兴屯田，另一方面则大力复活和扶植自耕农经济。这两项措施均获得了巨大的成功。

建安元年（196），曹操在镇压了黄巾起义，迎汉献帝都许昌后，接受枣祗、韩浩的建议，兴立屯田。屯田从许下开始，当年便获得丰收，“得谷百万斛”③。于是，从许下向北方各地推广，“郡国列置田官”④，同样获得成功，“数年中所在积粟，仓廪皆满”⑤。屯田使大量流民成为政府的依附农民，在政权力量的强制和保护下，与土地结合起来，使荒芜的土地得到耕种，解决了军粮匮乏的问题。与此同时，又“于征伐之中，分带甲之士，随宜开垦”⑥，大兴军屯。黄初元年（220），曹魏皇朝建立后，民屯方面没有更多的进展，军屯方面却有进一步的发展，尤以正始

---

① 《三国志》卷六《魏书·袁术传》，第209页。

② 《三国志》卷八《魏书·张绣传》，第262页。

③ 《三国志》卷一《魏书·武帝纪》注引《魏书》，第14页；同书卷一六《魏书·任峻传》，第489页。

④ 《三国志》卷一六《魏书·任峻传》，第489页。同书卷一《魏书·武帝纪》注引《魏书》于“得谷百万斛”后续云：“于是州郡例置田官，所在积谷。”（第14页）二者所载，唯个别文字间有差异，意思则相同。

⑤ 《三国志》卷一六《魏书·任峻传》，第489页。

⑥ （唐）房玄龄等撰：《晋书》卷二六《食货志》，中华书局1974年版，第792页。

(240—249) 年间邓艾首倡以5万人在淮水南北的军屯成效突出。[①]

与此同时，曹操扶植自耕农经济的措施也取得了很大的成功。(关于这一时期扶植自耕农经济的政策、措施及自耕农经济复苏的情况，详见拙著《三国时期的自耕农经济》一文，兹从略。)

通过上述两个方面的努力，曹魏统治下的北方农业生产呈现复苏的景象。在各个屯田区域，大批流民复归土地，荒芜了的农田得到开垦，如刘馥为扬州刺史，"广屯田""数年中恩化大行，百姓乐其政，流民越江山而归者以万数"[②]。刘馥组织回归的流民，大兴水利，"以溉稻田"，使"官民有畜"[③]。邓艾在淮南北屯田获得巨大成功，"自是淮北仓庾相望，寿阳至于京师，农田屯兵连属焉"[④]，"淮南、淮北皆相连接。自寿春到京师，农官兵田，鸡犬之声，阡陌相属"[⑤]。

郡县所辖广大的个体农民经济，也呈现活跃的景象。如冀州的邺城，在袁绍的残暴统治下，"百姓疲弊，仓庾无积"[⑥]，又几经战火，农业生产遭受极大破坏。到了曹魏时期，邺城附近已"水澍粳稌，陆莳稷黍。黝黝桑柘，油油麻纻。均田画畴，蕃庐错列……"[⑦] 一派生机勃勃的景象。杜恕上疏盛称冀州"田多垦辟"[⑧]，当符合事实。不仅内地如此，远在河西亦在恢复之中，徐邈为凉州刺史，"广开水田，募贫民佃之，家家丰足，仓库盈溢。"[⑨] 皇甫隆为敦煌太守，推广"耧犁"和"衍溉"的耕作技术[⑩]，使得"西方以丰"[⑪]。黄初(220—226)年间，"四方郡守垦田又加，以故国用不匮"[⑫]，终于从汉末的饥荒中摆脱出来。

---

① 《三国志》卷二八《魏书·邓艾传》，第775—776页。

② 《三国志》卷一五《魏书·刘馥传》，第463页。

③ 《三国志》卷一五《魏书·刘馥传》，第463页。

④ 《晋书》卷一《宣帝纪》，第15页。

⑤ 《晋书》卷二六《食货志》，第785页。

⑥ 《三国志》卷六《魏书·袁绍传》注引《献帝传》，第196页。

⑦ (梁)萧统编，(唐)李善注:《文选》卷六(左思)《魏都赋》，上海古籍出版社1986年版，第276页。

⑧ 《三国志》卷一六《魏书·杜恕传》，第499页。

⑨ 《晋书》卷二六《食货志》，第784页。

⑩ 《三国志》卷一六《魏书·仓慈传》注引《魏略》，第513页。

⑪ 《晋书》卷二六《食货志》，第785页。

⑫ 《晋书》卷二六《食货志》，第784页。

由于农村经济的复苏，个体农民经济相应有了迅速的恢复和发展，原先那种军事编制的民屯组织已逐渐不适应生产发展的需要，于是，到了魏末晋初便先后两次宣布取消民屯，全部成为郡县编户农民了。

司马氏代魏建立西晋以后，初期尚能励精图治，发展农业。史称“是时江南未平，朝廷厉精于稼穑”①。晋武帝曾一再下诏敦促“省徭务本，并力垦殖”②，他深知“使四海之内，弃末返本，竞农务功，能奉宣朕志，令百姓劝事乐业者，其唯郡县长吏乎”③，于是屡屡下诏敦促郡国守相计吏巡行属县，“敦喻五教，劝务农功”④“务尽地利，禁游食商贩”⑤。根据司徒石苞的建议，晋武帝下令“其使司徒督察州郡播殖”，并增置掾属十人，循行郡国⑥。这一工作取得一定的成效，如王宏为汲郡太守，“督劝开荒五千余顷”⑦。粮食生产有了很大的增加，史称“时谷贱而布帛贵，（武）帝欲立平籴法，用布帛市谷，以为粮储”⑧，可见粮食产量的增加。

太康元年（280）平吴之后，六十余年的分裂扰攘局面终于结束，实现了全国的统一。这种统一、安定的局面，有利于农业生产的发展，同年颁布了占田、课田令，更进一步调动了农民的生产积极性，于是出现了“太康之治”的繁荣局面。史称“是时天下无事，赋税平均，人咸安其业而乐其事”⑨。“太康之中，天下书同文，车同轨，牛马被野，余粮栖亩，行旅草舍，外闾不闭……故于时有天下无穷人之谚。虽太平未洽，亦足以明吏奉其法，民乐其生，百代之一时也。”⑩ 撇开古代史家溢美的成分，太康（280—289）年间农业的兴盛还是符合事实的。农村经济繁

① 《晋书》卷二六《食货志》，第786页。
② 《晋书》卷二六《食货志》，第786页。
③ 《晋书》卷二六《食货志》，第786页。
④ 《晋书》卷三《武帝纪》，第57页。
⑤ 《晋书》卷三《武帝纪》，第58页；同书卷二六《食货志》，第786页。
⑥ 《晋书》卷三三《石苞传》，第1003页。
⑦ 《晋书》卷九〇《良吏·王宏传》，第2333页。
⑧ 《晋书》卷二六《食货志》，第786页。
⑨ 《晋书》卷二六《食货志》，第791页。
⑩ （南朝梁）萧统选，（唐）李善注，（东晋）干令升撰：《晋纪总论》《文选》卷四九，第2178—2179页。

荣与否的一个重要标志是户口的增减。据《通典》卷七《食货典七·历代盛衰户口》，三国时期的户口数是：曹魏景元四年（263）有户66.3423万，口443.2881万；蜀汉炎兴元年（263）有户28万，口94万；吴天纪四年（280）有户53万，口230万。三国合计户147.3423万，口767.2881万。而太康元年（280）平吴统一全国后，西晋的户口数是：户245.9840万，口1616.3863万①。比三国时期户数增加98.6417万，约增加60%，口数增加849.0982万，约增加41%。还须注意的是，这个增长率实际上只是原魏、蜀两国所辖地区的，而不应包括当年（太康元年与吴天纪四年同年）并入的吴国在内，而且这个增长率是在从公元263年（魏景元四年、蜀汉炎兴元年）到280年（太康元年）短短的17年间取得的，这里当然主要又是在原曹魏统治的北方地区所取得的。这种情况无疑有力地反映了北方农业区在魏末晋初迅速发展的事实。到了太康三年（282），西晋已有户377万②，比太康元年又增加了130多万户，增加二分之一以上。人口的自然增长率当然不可能这么迅速，这当与太康元年（280）颁布占田令之后，许多脱籍农民和依附农民重新附籍，以便按法令占有土地有关，这从一个侧面反映了这一时期农村经济欣欣向荣的情形。

但是这种统一、安定、繁荣的局面没有维持多久，便又一次遭到空前的破坏。公元290年（永熙元年）晋武帝司马炎死后，其子晋惠帝司马衷继位，第二年便爆发了统治阶级的内争——“八王之乱”，这场战乱持续了16年之久。西晋皇朝在这场厮杀中消耗了自己，激化了阶级矛盾和民族矛盾，各族人民大起义的打击和五胡统治者乘机割据称雄，终于葬送了西晋皇朝，使短暂的统一局面宣告结束，代之而起的是空前纷扰的五胡十六国时期，北方农业区再度遭到空前的破坏，史称“及惠帝之后，政教陵夷，至于永嘉，丧乱弥甚。雍州以东，人多饥乏，更相鬻卖，奔迸流移，不可胜数。幽、并、司、冀、秦、雍六州大蝗，草木及牛马

---

① （唐）杜佑撰，王文锦、王永兴、刘俊文、徐庭云、谢方点校：《通典》卷七《食货典七·历代盛衰户口》，中华书局1988年版，第145页。

② 《三国志》卷二二《魏书·陈群传》注引《晋太康三年地记》，第637页。

毛皆尽。又大疾疫，兼以饥馑，百姓又为寇贼所杀，流尸满河，白骨蔽野。”[①] 北方农业生产的破坏，从晋惠帝即位之后开始，经“八王之乱”“永嘉之乱”，直至十六国后赵政权建立为止，约30年间了无宁日，农业萧条，饥荒频仍，民不聊生，史言“晋末，天下大乱，生民道尽，或死于干戈，或毙于饥馑，其幸而自存者盖十五焉。”[②]

（二）十六国北朝时期北方农业的破坏与缓慢发展

西晋惠帝永兴元年（304），匈奴贵族刘渊起兵于左国城（在今山西离石县东北），建国号汉，称汉王。从此，北方陷入各少数民族与汉族官僚地主建立割据政权的纷争时期，直到公元439年北魏拓跋焘灭北凉，统一北方，这135年史称十六国时期。从拓跋魏统一北方到公元589年隋灭陈统一南北，这150年为南北朝对峙时期，北方先后经历北魏、东西魏和北齐、北周的统治。十六国北朝的285年中，北方在政治上经历了由分裂割据到实现南北统一的漫长过程，在农业生产上，也几经由破坏而复兴的曲折历程。

西晋末年的战乱严重地破坏了北方在魏晋80余年间恢复起来的农业生产，“自永嘉丧乱，百姓流亡，中原萧条，千里无烟，饥寒流陨，相继沟壑”[③]。“羌胡相攻，无月不战……诸夏纷乱，无复农者。”[④] 北部中国又一次陷入“天下饥乱”[⑤] 的境地。破坏最严重的，恰恰是当时主要的农业区，如关中地区刘曜攻占关中，“雍秦之人，死者十八九”[⑥]，“饥疫荐臻，戎晋并困”[⑦]。山东地区亦复如是。司冀二州，如首都洛阳，遭永嘉之乱，“饥甚，人相食，百官流亡者十八九”，“百姓饥俭，米斛万余价”[⑧]。汉主刘聪统治区内“饥馑疾疫，死亡相属”[⑨]，“平阳（郡治在今

---

① 《晋书》卷二六《食货志》，第791页。

② （北齐）魏收撰：《魏书》卷一一〇《食货志》，中华书局1974年版，第2849页。

③ 《晋书》卷一〇九《慕容皝载记》，第2823页。

④ 《晋书》卷一〇七《石季龙载记下》附《冉闵载记》，第2795页。

⑤ （宋）司马光编著，（元）胡三省音注：《资治通鉴》卷八八，晋怀帝永嘉六年（312）七月，中华书局1956年版，第2782页。

⑥ 《晋书》卷八六《张轨传》附《张寔传》，第2229页。

⑦ 《晋书》卷二八《五行志中》，第839页。

⑧ 《晋书》卷五《孝怀帝纪》，第123页。

⑨ 《晋书》卷一〇二《刘聪载记》，第2663页。

山西临汾）大饥，流叛死亡十有五六”[①]“平阳饥甚，司隶部人奔于冀州二十万户。”[②]“河东（郡治在今山西夏县）平阳大蝗，民流殍者什五六”[③]。石勒统治区情况也好不了多少，建兴二年（314），都城襄国（今河北邢台市）“大饥，谷二升值银一斤，肉一斤值银一两”[④]。并州地区为匈奴贵族刘渊起兵之处，早在光熙元年（306）已发生“饥馑，数为胡寇所掠，郡县莫能自保”[⑤]，刘琨为并州刺史，于路上表曰：“自涉州疆，目睹困乏，流移四散，十不存二”，存者则“婴守穷城，不得薪采，耕牛既尽，又乏田器”[⑥]，农业生产无法进行。甚至“百姓负楯以耕，属鞬而耨”[⑦]。农业遭受空前破坏，民不聊生，“其有存者，饥羸无复人色，荆棘成林，豺狼满道”[⑧]。远在北方的幽州，在王浚统治下，频遭“饥俭，人皆蔬食”“人不粒食”[⑨]。

在十六国时期，北方农业曾出现两个恢复时期，即石赵政权时期和苻秦政权时期。北方农业生产的破坏，直到石勒政权建立之后逐渐得以遏止，得到一定程度的恢复。永嘉六年（312），石勒根据汉人张宾的建议，占据襄国，定都于此。在张宾等汉族官僚的辅佐下，石勒比较重视农业生产。建兴元年（313）在他的统治区，“司冀渐宁，人始租赋”[⑩]，建兴二年（314）“幽冀渐平，始下州郡阅实人户，户赀二匹，租二斛。”[⑪]大兴二年（319）石勒称赵王，建立后赵，以汉人张宾为大执法，专总朝政。即位之后，即“遣使循行州郡，劝课农桑”“均百姓田租之半”[⑫]。大兴四年（321）“（石）勒以百姓始复业，资储未丰，于是重制

① 《晋书》卷一〇二《刘聪载记》，第2673页。

② 《晋书》卷一〇二《刘聪载记》，第2673页。

③ 《资治通鉴》卷八九，晋愍帝建兴四年（316）七月，第2833页。

④ 《资治通鉴》卷八九，晋愍帝建兴二年（314）三月，第2815页。

⑤ 《资治通鉴》卷八六，晋惠帝光熙元年（306）十二月，第2724页。

⑥ 《晋书》卷六二《刘琨传》，第1680页。

⑦ 《晋书》卷六二《刘琨传》，第1681页。

⑧ 《晋书》卷六二《刘琨传》，第1681页。

⑨ 《晋书》卷一〇四《石勒载记上》，第2722页。

⑩ 《晋书》卷一〇四《石勒载记上》，第2720页。

⑪ 《晋书》卷一〇四《石勒载记上》，第2724页。

⑫ 《晋书》卷一〇五《石勒载记下》，第2735页。

禁酿"[①]。太宁二年（324），以右常侍霍皓为劝课大夫，与典农使者朱表、典劝都尉陆充等"循行州郡，核定户籍，劝课农桑"，规定"农桑最修者赐爵五大夫"[②]。咸和五年（330），石勒即皇帝位，史称"勒以休瑞并臻，遐方慕义，赦三岁刑以下，均百姓去年逋调"[③]。这种政治上的安定气氛，间接反映了其统治区内农业生产恢复发展的情形。

石勒的后继者石季龙多被目为暴戾之主，几无德政可言，实则在其统治前期，于农业生产亦较关注，石赵地区的农业生产仍有长足的发展。即位之后第二年（建武元年，335），石季龙"如长乐、卫国，有田畴不辟、桑业不修者，贬其守宰而还。"[④] 其时承石勒时期农业发展的余绪，石赵统治区内的粮食储备相当丰富。"季龙以租入殷广，转输劳烦，令中仓岁入百万斛，余皆储之水次"，也就是在各地的水陆要冲建立仓库，以便就近储存征收的粮谷。时"冀州八郡雨雹，大伤秋稼"，石季龙便"遣御史所在发水次仓麦，以给秋种，尤甚之处差复一年。"[⑤] 建武六年（340），"自幽州东至白狼（今辽宁凌沅南），大兴屯田"[⑥]。但是，由于石季龙连年征战，徭役无已，横征暴敛，使北方一度有所起色的农业生产又趋于衰落，"时众役烦兴，军旅不息，加以久旱谷贵，金一斤直米二斗，百姓嗷然无生赖矣"[⑦]。建武十年（344），他在诏书中即已不得不承认"中年已来变眚弥显，天文错乱，时气不应，斯由人怨于下，谴感皇天。"[⑧] 实则是农业生产的破坏导致统治的不稳。

公元357年，苻坚自立为前秦天王，以汉族士人王猛为中书侍郎，参掌机密。苻坚是十六国时期少数民族君主中最重视农业生产的一位，在他统治的20余年内，前秦境内农业生产有了较大起色，一度几近升平气象。其即位之后即大力改变其前任农桑废业的情况，以"课农桑"为事，第二年即巡视各地，"丐所过田租之半"，下令"开山泽之利，公私共之，

---

① 《晋书》卷一〇五《石勒载记下》，第2739页。
② 《晋书》卷一〇五《石勒载记下》，第2741页。
③ 《晋书》卷一〇五《石勒载记下》，第2747页。
④ 《晋书》卷一〇六《石季龙载记上》，第2764页。
⑤ 《晋书》卷一〇六《石季龙载记上》，第2763页。
⑥ 《晋书》卷一〇六《石季龙载记上》，第2771页。
⑦ 《晋书》卷一〇六《石季龙载记上》，第2764页。
⑧ 《晋书》卷一〇六《石季龙载记上》，第2775页。

偃甲息兵，与境内休息”[①]。同时“遣使巡察四方及戎夷种落，州郡有高年孤寡，不能自存，长吏刑罚失中、为百姓所苦，清修疾恶、劝课农桑、有便于俗，笃学至孝、义烈力田者，皆令具条以闻。”[②] 即位不过5年，即已收到显著成效，出现了“田畴修辟，帑藏充盈”[③] 的景况，中原地区农业又从石赵后期以来的衰败中复苏。公元372年苻坚以王猛为丞相，“军国内外之事，无不由之”[④]。王猛大力辅佐苻坚注重农业，“由是国富兵强，战无不克，秦国大治。”[⑤] 经过10余年的努力，由于农业生产的恢复和发展，导致苻秦统治区内社会、经济呈现欣欣向荣的一派生机，史称“关陇清晏，百姓丰乐，自长安至于诸州，皆夹路树槐柳，二十里一亭，四十里一驿，旅行者取给于途，工商贸贩于道。百姓歌之曰：‘长安大街，夹树杨槐。下走朱轮，上有鸾栖。英彦云集，诲我萌黎。’”[⑥] 皇权政治社会是“耕作居于支配地位”[⑦] 的社会，农业的兴衰决定社会经济的兴衰和政治的治乱安危。苻秦地区社会经济的繁荣与政治的安定，与农业生产的恢复和发展是密不可分的。在此基础上，苻坚得以凭借“国内殷实”的雄厚经济实力，次第打败各割据政权，统一北方，形成与江南的东晋政权南北对峙的局面。苻坚也正是以此为根据，发动了对东晋政权的战争，企图统一南北。但是，公元383年“淝水之战”失败，从此北方再度陷于分裂。北方的农业生产又一次遭到严重破坏。

在十六国时期，除了石赵和苻秦时期曾呈现农业复苏的时期以外，在辽东的鲜卑慕容氏统治区和凉州张氏政权统治区内，农业生产也有一定程度的发展。

鲜卑慕容氏兴起于辽东。元康四年（294），慕容廆迁居于大棘城（今辽宁义县西南），“教以农桑，法制同于上国”，开始经营农业。永宁

---

① 《晋书》卷一一三《苻坚载记上》，第2885页。

② 《晋书》卷一一三《苻坚载记上》，第2887页。

③ 《晋书》卷一一三《苻坚载记上》，第2888页。

④ 《资治通鉴》卷一〇三，晋简文帝咸安二年（372）八月，第3258页。

⑤ 《资治通鉴》卷一〇三，晋简文帝咸安二年（372）八月，第3259页。

⑥ 《晋书》卷一一三《苻坚载纪上》，第2895页。

⑦ ［德］卡尔·马克思：《马克思恩格斯全集》卷一二，中共中央马克思恩格斯列宁斯大林著作编译局，人民出版社2001年版，第757页。

(301—302) 年间，幽州一带发生大水，慕容廆“开仓振给，幽方获济”[①]，可知农业已有一定的发展。“永嘉之乱”以后，中原地区陷入一片战乱，“时二京倾覆，幽冀沦陷，廆刑政修明，虚怀引纳，流亡士庶多襁负归之。廆乃立郡以统流人”[②]。这里安定的政治环境和广阔的土地，吸引着中原地区饱受战乱之苦的人民，“九州之人，塞表殊类，襁负万里，若赤子之归慈父，流人之多旧土十倍有余”[③]。劳动人口的大批涌入，致使地广人稀的辽东地区人口大增，发生“人殷地狭”之患，这对于这一地区农业的开发无疑起了巨大作用。咸和八年 (333) 慕容廆死，其子慕容皝继位，后逐步进入辽西地区，继续前代发展农业的政策，“躬巡郡县，劝课农桑”[④]。由于四方流民的归附和战争中掠夺人口，慕容氏的统治区内已发生地少人多之患，据称“无田者十有四焉”[⑤]。政府不得不开放苑囿，赐民耕种。这对于农业的进步、发展起了积极作用。

在中原地区干戈扰攘之时，西北的凉州地区相对来说是一个安定的地方，“中州虽乱，此方安全”[⑥]。于是，逃避战乱的流民纷纷涌向这里。凉州刺史张轨在中原战乱、西晋皇室式微之际，仍表示忠于晋朝，“于时天下既乱，所在使命莫有至者，(张) 轨遣使贡献，岁时不替”[⑦]。这里安定的政治环境，吸引了许多中原流民，“中州避难来者日月相继”，于是张轨“分武威置武兴郡以居之”[⑧]。劳动力的增加和较为长期的安定环境，有利于凉州地区的开发，使这一地区出现了“刑清国富”[⑨]的局面。

十六国后期，北魏崛起于代北。公元386年鲜卑拓跋族首领拓跋珪重建代国，同年改国号为魏，史称北魏。鲜卑拓跋魏是对北部中国农业发展做出伟大贡献的民族和皇朝。拓跋族原是狩猎——游牧民族，在其与

---

① 《晋书》卷一〇八《慕容廆载记》，第2804页。
② 《晋书》卷一〇八《慕容廆载记》，第2806页。
③ 《晋书》卷一〇九《慕容皝载记》，第2823页。
④ 《晋书》卷一〇九《慕容皝载记》，第2822页。
⑤ 《晋书》卷一〇九《慕容皝载记》，第2823页。
⑥ 《晋书》卷八六《张轨传》，第2226页。
⑦ 《晋书》卷八六《张轨传》，第2223页。
⑧ 《晋书》卷八六《张轨传》，第2225页。
⑨ 《晋书》卷八六《张轨附子骏传》，第2235页。

汉族人民接触后，逐步转向农业，拓跋珪建国后，加速了由游牧经济向农业经济转变的进程。史载“太祖（拓跋珪）定中原，接丧乱之弊，兵革并起，民废农业。方事虽殷，然经略之先，以食为本”①，其即代王位之后，即“幸定襄之盛乐。息众课农”②，注意发展农业生产。登国九年（394）“使东平公元仪屯田于河北五原，至于棝阳塞外”③。天兴元年（398），平定中山，“分徙吏民及徒何种人、工伎巧十万余家以充京都，各给耕牛，计口授田。”④ 同时，又于首都平城“制定京邑，东至代郡，西及善无，南极阴馆，北尽参合，为畿内之田；其外四方四维置八部帅以监之，劝课农耕，量校收入，以为殿最。”经过这一番努力，拓跋魏的农业生产已建立了初步基础，“自后比岁大熟，匹中八十余斛”，不过由于战争频繁，“虽频有年，犹未足以久赡矣”⑤，可见其农业基础总体上还是比较薄弱的。神瑞二年（415），由于“秋谷不登”⑥，平城一带发生大饥荒，以致明元帝拓跋嗣打算迁都于邺。由于崔浩谏止，“于是分简尤贫者就食山东”，这次饥荒使北魏统治者吸取了教训，更加关注农业生产，“敕有司劝课留农者”“自是民皆力勤，故数岁丰穰”⑦。

到了太武帝拓跋焘时，北魏农业有了更大的发展。北魏统治者依靠以农业为主的社会经济的雄厚实力，从而实现了统一北方的大业。当拓跋焘“戎轩四出”“廓定四表”⑧ 之时，以其子拓跋晃监国，太平真君（440—451）年间，下令修农职之教，“课畿内之民，使无牛家以人牛力相贸，垦殖锄耨”“各列家别口数，所劝种顷亩，明立簿目。所种者于地首标题姓名，以辨播殖之功。”⑨ 通过这一措施，“垦田大为增辟”⑩“此

---

① 《魏书》卷一一〇《食货志》，第 2849 页。

② 《魏书》卷二《太祖纪》，第 20 页。

③ 《魏书》卷二《太祖纪》，第 26 页。此事又见同书卷一一〇《食货志》：“使东平公（元）仪垦辟河北，自五原至于棝阳塞外为屯田。”（第 2849 页）

④ 《魏书》卷一一〇《食货志》，第 2849—2850 页。

⑤ 《魏书》卷一一〇《食货志》，第 2850 页。

⑥ 《魏书》卷三五《崔浩传》，第 808 页。

⑦ 《魏书》卷一一〇《食货志》，第 2850 页。

⑧ 《魏书》卷四《世祖纪下》“史臣曰”，第 109 页。

⑨ 《魏书》卷四《世祖纪下》附《恭宗纪》，第 108—109 页。

⑩ 《魏书》卷四《世祖纪下》附《恭宗纪》，第 109 页。

后数年之中，军国用足矣。”[①] 这时，拓跋魏已经建立了坚实的农业基础，使几经破坏的北方农业又得以恢复和发展起来。到孝文帝施行均田制、三长制之后，把北方的农业生产推到了自汉魏以来的又一个新的高度，呈现欣欣向荣的气象，“自此公私丰赡，虽时有水旱，不为灾也。”[②]

但是，随着统治阶级的腐朽和横征暴敛，以及地主阶级的兼并和剥削，导致了阶级矛盾和民族矛盾的尖锐化，于是，到了北魏后期，农业生产又遭到破坏。“正光（520—525）后，四方多事，加以水旱，国用不足”“百姓怨苦，民不堪命”[③]，及至庄帝之时，“承丧乱之后，仓廪虚罄”[④]。“自永安（孝庄帝年号，528—530）之后，政道陵夷，寇乱实繁，农商失业”，北魏皇朝在这种情况下导致分裂，形成东西魏对峙局面。由于东、西魏连年战争，“河、洛之间，又并空竭”[⑤]。相继建立的北齐、北周政权，虽然先后颁行了均田制度，农业生产也有不同程度的起色，但始终没有达到北魏中期的高度。

（三）六朝时期南方农业的长足发展

统一的东汉皇朝瓦解之后，江南开始出现独立的政权，从孙吴建国，历东晋和宋、齐、梁、陈，约370年间，除西晋一度统一江南之外，始终存在南北分割和对峙的局面，史称六朝时期。江南地区由于优越的自然条件和相对于北方来说较为安定的政治环境，使这370余年间农业得到了长足的发展，虽然中间也有波动起伏，但其发展的总趋势是向上的。六朝时期是我国农业发展史上的重要时期，其间江南农业逐步得到开发，经济地位逐步上升，日益取代黄河流域而成为全国经济的重心。

江南地区在两汉时期仍然是农业生产非常落后的地方，“楚越之地，地广人希，饭稻羹鱼，或火耕而水耨……江、淮以南，无冻饿之人，亦无千金之家。”[⑥] 由于人口稀少和耕作技术落后，优越的自然条件并未得

---

① 《魏书》卷一一〇《食货志》，第2851页。

② 《魏书》卷一一〇《食货志》，第2857页。

③ 《魏书》卷一一〇《食货志》，第2860页。

④ 《魏书》卷一一〇《食货志》，第2861页。

⑤ （唐）魏徵、令狐德棻撰：《隋书》卷二四《食货志》，中华书局1973年版，第675页。

⑥ （汉）司马迁撰，（南朝·宋）裴骃集解，（唐）司马贞索隐，（唐）张守节正义：《史记》卷一二九《货殖列传》，中华书局1959年版，第3270页。

以大力开发利用，贫富分化和阶级矛盾也不像黄河流域那么剧烈。从东汉开始，北方人口已呈现减少之势，而南方人口却呈现增加之势。如后汉时经济发达的司州7郡（河南、河内、河东、弘农、京兆、左冯翊、右扶风）的人口，较前汉时人口减少361.5647万人[①]。而南方的荆州7郡（南阳、南郡、江夏、零陵、桂阳、武陵、长沙）则增加252.1812万人，扬州6郡（九江、丹阳、庐江、会稽、吴郡、豫章）增加107.6433万人[②]。到了东汉末年，由于北方发生战乱，人口南移的趋势更进一步发展，“是时中州士人避乱而南”[③]“汉末大乱，徐方士民多避难扬土”[④]“是时四方贤士大夫避地江南者甚众”[⑤]。这种情况不仅使江南劳动力得以增加，同时也将北方先进生产技术带入，这对于江南农业的发展是有重大意义的。孙氏政权的建立既是江南经济发展的结果，同时反过来又促进了江南经济的进一步开发。这时期江东的世家豪族地主经济得到显著的发展，如吴郡的顾、陆、朱、张就是其代表。东吴后期，南方地主经济已是“势利倾于邦君，储积富乎公室……僮仆成军，闭门为市。牛羊掩原隰，田池布千里……商贩千艘，腐谷万庾”[⑥]。这与两汉时期那种“无冻饿之人，亦无千金之家”的情况，已不可同日而语。

不过，当时农业发展水平还不是很高，还不堪支持割据政权的沉重压榨。孙权时因“所在少谷，表令诸将增广农亩”[⑦]。到了孙皓时，仍然是“国无一年之储，家无经月之畜”[⑧]。这除了皇权专制国家和世族地主残酷剥削这一主要原因外，也与当时农业生产水平低下有关，据《晋书·五行志》称：“吴孙皓时，常岁无水旱，苗稼丰美而实不成，百姓以

① 梁方仲编著：《中国历代户口、田地、田赋统计》甲编《甲表9. 后汉对前汉郡国口数增减之比较》，上海人民出版社1980年版，第28页。

② 《中国历代户口、田地、田赋统计》甲编《甲表9. 后汉对前汉郡国口数增减之比较》，第30—31页。

③ 《三国志》卷六〇《吴书·全琮传》，第1381页。

④ 《三国志》卷五二《吴书·张昭传》，第1219页。

⑤ 《三国志》卷一三《魏书·华歆传》注引华峤《谱叙》，第402页。

⑥ 杨明照撰：《抱朴子外篇校笺·下》卷三四《吴失》，中华书局1997年版，第145—148页。

⑦ 《三国志》卷四七《吴书·吴主传》，第1132页。

⑧ 《三国志》卷六五《吴书·贺邵传》，第1458页。

饥，阖境皆然，连岁不已。吴人以为伤露，非也。”[1] 这个记载反映了当时南方水田生产技术还是低下的，不能保证农业的高产。

晋武帝太康元年（280），晋灭吴统一南北，仅37年西晋灭亡，晋室南渡，是为东晋。从“永嘉之乱”以后，北方人口比东汉末年以更大的规模向南方迁移，“洛京倾覆，中州士女避乱江左者十六七”[2]，“永嘉之乱……幽、冀、青、并、兖五州及徐州之淮北流人相帅过江淮，帝并侨立郡县以司牧之。”[3] 据统计，截至刘宋初年，南渡人口已达90万，占当时南方人口总数的六分之一[4]。大批劳动力的补充，是南方农业得以加速发展的重要条件。东晋皇朝为了在江南站稳脚跟，巩固偏安政权，对农业生产不敢稍怠。史载“元帝为晋王，课督农功，诏二千石长吏以入谷多少为殿最。”[5] 在南北劳动人民的共同努力下，江南农业有了迅速的发展，时人已有“今之会稽，昔之关中”[6] 的说法，揭示了南方经济地位上升的信息。在督课州郡农业的同时，还大力实行屯田，规定“其非宿卫要任，皆宜赴农，使军各自佃作，即以为廪。”[7] 太兴二年（319）后军将军应詹上表建议：“江西良田，旷废未久……宜简流人，兴复农官”，并在寿春“绥集流散”　“专委农功”，还规定“诸军自不对敌，皆宜齐课”[8]。北部边界的屯田有了一定成效，如北兖州“有阳平石鳖，田稻丰饶”[9]。桓温平蜀后，将荆州移治江陵。其西部的临沮“道带蛮蜑，田土肥美”，于是立为汶阳郡，“以处流民”[10]。从东晋建立以来，直到孙恩、卢循起义爆发之前，江南境内可以说基本上没有战争之扰，所谓“自晋氏迁流，迄于太元（东晋孝武帝年号，376—396）之世，百许年中，无

---

① 《晋书》卷二七《五行志上》，第808页。
② 《晋书》卷六五《王导传》，第1746页。
③ 《晋书》卷一五《地理志下》，第452—453页。
④ 谭其骧：《长水集》之《晋永嘉丧乱后之民族迁徙》，人民出版社1987年版，第219页。
⑤ 《晋书》卷二六《食货志》，第791页。
⑥ 《晋书》卷七七《诸葛恢传》，第2042页。
⑦ 《晋书》卷二六《食货志》，第791页。
⑧ 《晋书》卷二六《食货志》，第791—792页。
⑨ （梁）萧子显撰：《南齐书》卷一四《州郡志上》，中华书局1972年版，第257页。
⑩ 《南齐书》卷一五《州郡志下》，第273页。

风尘之警，区域之内，晏如也。”[①] 这种相对安定的环境，使农业生产得以正常进行，对江南农业的进一步开发是有利的。

孙恩、卢循起义使东晋皇朝和世族门阀地主势力遭受沉重打击，东晋的统治实权已转移到以刘裕为代表的寒门庶族地主之手。刘裕改革弊政，打击豪强，“大示轨则，豪强肃然，远近知禁”[②]，同时，注重发展农业，“抑末敦本，务农重积”，从而使东晋末年再度呈现了“采蘩实殷，稼穑惟阜”[③] 的景况，史称“至于末年，天下无事，时和年丰，百姓乐业，谷帛殷阜，几乎家给人足矣。”[④]

公元420年，刘裕废晋恭帝，自立为帝，建国号宋，是为南朝之始。至其子刘义隆（宋文帝）继位后，继续大力劝课农桑，一再下令“凡诸州郡，皆令尽勤地利，劝导播植，蚕桑麻纻，各尽其方，不得但奉行公文而已。”[⑤] 宋文帝元嘉（424—453）之世，农业生产取得空前发展，史称“元嘉之治”。沈约评论这一时期农业经济的繁荣状况称：“自义熙十一年（415）司马休之外奔，至于元嘉末（元嘉三十年，453），三十有九载，兵车勿用，民不外劳，役宽务简，氓庶繁息，至余粮栖亩，户不夜扃，盖东西之极盛也。”[⑥] 这种发展势头，到宋孝武帝大明（457—464）年间仍未停止，“自江以南，在所皆穰”[⑦]。所以，沈约又说：从孙恩、卢循起义被镇压下去之后，直到大明之末，“年踰六纪，民户繁育，将曩时一矣。地广野丰，民勤本业，一岁或稔，则数郡忘饥。”[⑧] 其中尤以荆、扬二州最为突出，史言“荆、扬二州，户口半天下”[⑨]“江左以来，树根本于扬越，任推毂于荆楚……民户境域，过半于天下。”[⑩] 荆扬二州地位之重要，成为六朝政权之支柱，主要决定于其富厚的经济力量，“荆城跨

① （梁）沈约撰：《宋书》卷五四“史臣曰”，中华书局1974年版，第1540页。
② 《宋书》卷二《武帝纪中》，第27页。
③ 《宋书》卷二《武帝纪中》，第40页。
④ 《晋书》卷二六《食货志》，第792—793页。
⑤ 《宋书》卷五《文帝纪》，第92页。
⑥ 《宋书》卷五四“史臣曰”，第1540页。
⑦ 《宋书》卷八二《周朗传》，第2095页。
⑧ 《宋书》卷五四“史臣曰”，第1540页。
⑨ 《宋书》卷六六《何尚之传》，第1738页。
⑩ 《宋书》卷六六“史臣曰”，第1739页。

南楚之富，扬部有全吴之沃”[①]。农业开发最好的地区，当推长江下游的吴会地区，元嘉二十二年（445）刘濬上书盛称吴兴郡之富庶，说：“彼邦奥区，地沃民阜，一岁称稔，则穰被京城，时或水潦，则数郡为灾。”[②]“会土带海傍湖，良畴亦数十万顷，膏腴上地，亩直一金，鄠、杜之间，不能比也。”[③] 这里的农业生产水平已超过了古代农业最发达的关中平原。晋末宋初这几十年，是六朝时期农业生产发展的最高峰，其生产水平已呈现超越北方的发展势头，这是一个具有历史意义的转变。

除了吴会地区以外，江南其他地方的农业也有长足的发展，南部如湘州，“湘川之奥，民丰土闲”[④]，梁天监六年（507），孙谦出为零陵太守，“常勤劝课农桑，务尽地利，收入常多于邻境”[⑤]。梁中大通二年（530），陈庆之除南北司二州刺史，“江湖诸州并得休息，开田六千顷，二年之后，仓廪充实”[⑥]，所谓“江湖诸州”指“濒江及洞庭、彭蠡间诸州”[⑦]。郢州的序溪（今湖南溆浦），“最为沃壤，良田数百顷，特宜稻，修作无废”[⑧]。江北的寿春，“地方千余里，有陂田之饶”[⑨]。雍州“襄阳左右，田土肥良，桑梓野泽，处处而有。”[⑩] 淮南郡，“姑熟饶旷……良畴美柘，畦畎相望，连宇高甍，阡陌如绣。”[⑪] 农业生产的发展，使南方的粮食充盈，刘宋后期的周朗说：“自淮以北，万匹为市；从江以南，千斛为货”[⑫]，反映了粮食市场交易繁盛的情况。同时，南朝政权的粮储也大为充实，国家的仓库，仅首都一地就有龙首仓（即石头津仓）、台城内仓、南塘仓、常平仓、东西太仓、东宫仓等，首都之外的大粮仓有豫章仓、钓矶仓、

---

① 《宋书》卷五四“史臣曰”，第1540页。

② 《宋书》卷九九《二凶传》，第2435页。

③ 《宋书》卷五四“史臣曰”，第1540页。

④ 《南齐书》卷一五《州郡志下》，第287页。

⑤ （唐）姚思廉撰：《梁书》卷五三《良吏·孙谦传》，中华书局1973年版，第773页。

⑥ 《梁书》卷三二《陈庆之传》，第464页。

⑦ 《资治通鉴》卷一五四，梁武帝中大通二年（530）胡注，第4797页。

⑧ （北魏）郦道元著，（民国）杨守敬、熊会贞疏，段熙仲点校，陈桥驿复校：《水经注疏》卷三七《沅水》，江苏古籍出版社1989年版，第3077页。

⑨ 《南齐书》卷一四《州郡志上》，第249页。

⑩ 《南齐书》卷一五《州郡志下》，第281页。

⑪ （唐）姚思廉撰：《陈书》卷五《宣帝纪》，中华书局1972年版，第82页。

⑫ 《宋书》卷八二《周朗传》，第2093页。

钱塘仓等，“并是大贮备之处”，此外，“自余诸州郡台传，亦各有仓。”①

梁朝后期，由于政治腐败，官僚地主横征暴敛，阶级矛盾尖锐。太清二年（548）“侯景之乱”的爆发，使各种矛盾更加激化。战乱长达四年之久，对江南社会经济造成极大破坏，成为六朝经济由盛而衰的一个转折点。“时江南大饥，江、扬弥甚，旱蝗相系，年谷不登，百姓流亡，死者涂地。”② 农业生产的破坏，自然使统治者的储粮大减，“大抵自侯景之乱，国用常褊”③。经济的衰退导致其后南朝政权的积贫积弱，最后被北方崛起的隋皇朝所灭亡。

二　主粮作物品种与产量的增加

农作物品种的增加是魏晋南北朝时期农业发展的一个重要表现。在我国古代皇权政治社会，农作物主要是指大田粮食作物。

我国北方黄河流域大田作物素以禾、麦、菽、稷等旱田作物为主，兼营少量水稻等水田作物。江南则以稻作为主，兼营少量旱田作物。这种情况到了魏晋南北朝时期并没有发生根本变化。但是，随着这一时期农业生产的发展，作物的品种却有了较大的发展变化。麦类在汉代已经有了后代所谓“三麦”的大麦、小麦、穬麦等品种，但是到了魏晋南北朝时期，据《广志》和《齐民要术》等书的记载，在此基础上进一步培育或引进了若干新的品种或亚种，如赤小麦、朱提小麦、半夏小麦、虏水麦、宛麦、突芒大麦、黑穬麦以及瞿麦、青稞麦等。粟类在西晋时，据《广志》所载有 11 个品种，到北朝时期据《齐民要术》所载已发展到 86 个品种。稻类据《汜胜之书》《广雅》等书记载，在汉魏时期仅见秔稻（即粳稻）、秫稻（即糯稻）、籼稻等品种，到西晋时据《广志》所载已增加到 13 个品种，到了北朝时期，据《齐民要术》所记已增加到 24 个品种（关于这一时期麦、粟、稻、菽等作物品种的发展变化，详参拙著《魏晋南北朝时期主粮作物品种的增加》一文，兹从略）。

魏晋南北朝时期麦类、粟类等旱田作物的种植大力向江南地区推展。

---

① 《隋书》卷二四《食货志》，第 674—675 页。

② （唐）李延寿撰：《南史》卷八〇《贼臣侯景传》，中华书局 1975 年版，第 2009 页。

③ 《隋书》卷二四《食货志》，第 675 页。

（关于这一时期麦、粟等北方旱田作物向南方推广的情况，详参拙著《东晋南朝时期北方旱田作物的南移》一文，兹从略。）自从晋元帝太兴元年（318）下诏在徐、扬二州推广"三麦"之后，在《晋书·五行志》等载籍中即屡见这一地区有无"麦禾"的记录，可见麦、粟类作物已在江南扎根。它们的推广，对于发展南方粮食生产具有重要意义，"其后频年麦虽有旱蝗，而为益犹多。"① 与此同时，轮作复种制度得以迅速发展，江南农业结构已从原来单营水稻生产向稻麦兼营转变。

稻麦兼营对于保证粮食生产具有重要意义，麦类为耐旱作物，与水稻兼作，可以使水陆互补，早晚兼济，增加粮食总产量。谢灵运《山居赋》所记其田庄之生产，便是稻麦兼营，收到了"递艺递熟"② 的良好效果。每当饥旱之时，政府尤大力督种麦类，以克服灾荒。刘宋元嘉二十年（443）"诸州郡水旱伤稼，民大饥"③。次年七月即诏令"南徐、兖、豫及扬州浙江西属郡，自今悉督种麦，以助阙乏。"④ 为此政府从彭城、下邳二郡运来麦种，令刺史贷民播种。宋孝武帝大明七年（463）"东诸郡大旱，民饥死者十六七"⑤。是年九月即诏令"可下东境郡，勤课垦殖。尤弊之家，量贷麦种"⑥。这也是通过督课种麦予以补救。

水稻与粟、麦类一样也是我国人民主要的粮食品种。在秦汉时期，以粟、麦类为主的旱田作物是占居首要地位的主粮，到了魏晋南北朝时期，这种情况开始发生变化，水稻正在逐渐赶超粟、麦类并成为我国人民主要的粮食。在江南，水稻自古以来就是主要的粮食作物，魏晋南北朝时期仍然如此，所谓"东南以水田为业"⑦。但是，随着经济重心的逐渐南移，南方农业区域之扩展，水稻所占的地位便日益上升。这个时期，不仅南方的水稻生产有了很大发展，北方的水稻种植也取得了比秦汉时期更进一步的发展。北方也素有种植水稻的习惯，在魏晋南北朝时期继

① 《晋书》卷二六《食货志》，第791页。
② 《宋书》卷六七《谢灵运传》，第1760页。
③ 《宋书》卷五《文帝纪》，第91页。
④ 《宋书》卷五《文帝纪》，第92页。
⑤ 《宋书》卷三一《五行志二》，第912页。
⑥ 《宋书》卷六《孝武帝纪》，第133页。
⑦ 《晋书》卷二六《食货志》，第788页。

续有不同程度的发展。曹魏时期，非常注重发展其政治、经济中心地区的水稻生产。建安元年（196）在许下屯田，主要就是发展水稻生产，“许昌左右诸稻田”[①] 的记载表明种植面积不在少量。邺城（今河北临漳）早在战国时经西门豹、史起的努力，引漳水灌田，已使“终古舄卤兮生稻粱”[②]。曹操都邺后，这个传统的水稻生产地又呈现“水澍粳稌，陆莳稷黍……均田画畴”[③] 的景象。洛阳附近也是传统的水稻种植区，魏文帝曾盛赞“新城（今河南伊川）粳稻”之美[④]。这里一直有屯兵在种植水稻，晋武帝泰始元年（265），曾“以邺奚官奴婢著新城，代田兵种稻”[⑤]，由官奴婢代替屯兵进行生产。除黄河流域腹心地带有许多传统的水稻种植点之外，魏晋南北朝时期还兴起不少新的水稻种植区，在北方，以涿、蓟地区为最。曹魏时在今北京附近修广戾陵渠大堰，“水溉灌蓟南北，三更种稻，民利之”[⑥]，此后陆续修建，从灌田岁二千顷发展到万有余顷，“施加于当时，敷被于后世”[⑦]。到北魏时，幽州刺史裴延儁重修戾陵堰和范阳郡（今河北涿县）的督亢渠，“溉田百万余亩，为利十倍”[⑧]，具体负责经管督亢陂工程的卢文伟，其后“因此致富”“积稻谷于范阳城”[⑨]。淮南北也是这个时期兴起的另一个重要的水稻种植区。曹魏后期，为了对付孙吴，在淮南北大兴屯田，“许昌左右诸稻田，并水东下”，又大兴渠陂，“溉田二万顷”“淮南、淮北皆相连接。自寿春到京师，农官兵田，鸡犬之声，阡陌相属”[⑩]“自是淮北仓庾相望”[⑪]。这个地区的生产

---

① 《三国志》卷二八《魏书·邓艾传》，第775页。

② （汉）班固撰，（唐）颜师古注：《汉书》卷二九《沟洫志》，中华书局1962年版，第1677页。

③ （西晋）左思：《文选》卷六《魏都赋》，第276页。

④ （宋）李昉等撰：《太平御览》卷八三九《百谷部三·秔》引《魏文帝与朝臣书》，中华书局1960年版，第3751页。

⑤ 《晋书》卷二六《食货志》，第787页。

⑥ 《三国志》卷一五《魏书·刘靖传》，第464—465页。

⑦ 《水经注疏》卷一四《鲍丘水》，第1224页。

⑧ 《魏书》卷六九《裴延儁传》，第1529页。

⑨ （唐）李百药撰：《北齐书》卷二二《卢文伟传》，中华书局1972年版，第319页。按，《北齐书·卢文伟传》作“督亢陂”，前揭《魏书·裴延儁传》作“督亢渠”，古代文献中，“陂”“渠”意同。

⑩ 《晋书》卷二六《食货志》，第785页。

⑪ 《晋书》卷一《宣帝纪》，第15页。

虽时有兴废，但种植水稻的传统却一直保持了下来，北魏宣武帝正始元年（504），“诏缘淮南北所在镇戍，皆令及秋播麦，春种粟稻，随其土宜，水陆兼用”①，是一个典型的稻麦兼营区。

由于水稻种植业在南北方的扩展，经过劳动人民长期的改造和繁育，这一时期水稻品种比前代有了很大发展，优良品种也大为增加。由于南北经济文化的交流，农作物品种也在不断交流中，例如在西晋时产于南方的“蝉鸣稻”，到了南北朝时，在北方也已种植，庾信在北周所写《奉和永丰殿下言志诗》中就有“六月蝉鸣稻，千金龙骨渠”② 的诗句。

双季稻是在魏晋南北朝时期发展起来的。这是我国水稻栽植史上的巨大进步，对于增加粮食产量和充分利用农业资源起了积极作用。

双季稻的出现首先见于魏晋时期。左思《吴都赋》称江南“国税再熟之稻”③。左思为西晋人，但其赋所指为三国时期的孙吴。《广志》对于双季稻更有明确的记载，当时南方有一种称为“盖下白稻”的秫稻，“正月种，五月获；获讫，其茎根复生，九月熟。”④ 这是在水稻收割之后，稻桩上的休眠芽在一定条件下萌发、再生长成的水稻，是一种“再生稻”⑤，这是我国历史上最早明确著录的再生稻。这一时期史籍还常见“两熟稻”或“三熟稻”的记载，这是一种“连作稻”。在交州的九真（今越南），有“七月火作，十月登熟……十二月作，四月登熟，所谓两熟之稻也。”⑥《齐民要术》也明确著录当时有“菰灰稻，一年再熟”⑦。此外，有些地方农民利用地热温泉种植连作稻。南北朝时，江乘县有半

---

① 《魏书》卷八《世宗纪》，第198页。

② （北周）庾信撰，（清）倪璠注，许逸民校点：《庾子山集注》卷三《奉和永丰殿下言志诗》，中华书局1980年版，第334页。

③ （西晋）左思：《文选》卷五《吴都赋》，第215页。

④ （后魏）贾思勰原著，缪启愉校释：《齐民要术校释》卷二《水稻第十一》引《广志》，中国农业出版社1998年版，第136页。

⑤ 王达：《双季稻的历史发展》，《中国农史》1982年第1期。

⑥ 《水经注疏》卷三六《温水》，第3016—3017页。按，“七月火作”，据杨守敬疏，当衍一“火”字，《太平御览》卷八三九作“七月大作”而改“火”为“大”，亦误。其说当是。盖因此处讲“两熟之稻”，一是“七月作”而“十月登熟”，二是“十二月作”，次年“四月登熟”，合起来恰为一年“两熟”之稻。

⑦ 《齐民要术校释》卷二《水稻第十一》引，第137页。

阳泉，“民种稻则溉热水，一年再熟”[①]。桂阳郡界有温泉“其下流百里，恒资以溉灌，常十二月一日种，至明年三月新谷便登，重种一年三熟”[②]。郴县“温水所溉，年可三登”[③]。

单位面积的粮食产量，是农业劳动生产率高下的重要标志，魏晋南北朝时期粮食亩产量，经过劳动人民的努力，在艰难曲折中有所提高。

研究粮食亩产量，首先碰到的问题是度量衡制度。我国古代度量衡制度发展本来就相当混乱，而又以魏晋南北朝时期为甚。“尺度之制，由短而长，殆成定例，然其增率之速，莫剧于东晋后魏之间，三百年间，几增十分之三”，其中“北朝尤甚”[④]。“权量之属，每代递增”，其增长之大，以“量为最，权次之，度又次之”[⑤]。在这种情况下，我们只能以新莽之制作为比较的标准，因为它是我国古代空前完整的制度，后代统治者在修订度量衡制度时，亦以之为主要参考根据。汉兴，度量衡未闻有定制措施。王莽改制，企图整齐划一之。新莽嘉量成为古今学者考证的重要资料，也是三国以后历代皇朝修订度量衡制度主要参考根据，影响直至清代未已。何以如此重要？因为它是空前完整的制度，与《汉书·律历志》“用度数审其容”[⑥] 原则相符，即从尺度可算容积、决定容量。新莽嘉量具备斛、斗、升、合、龠五量。我们可据此器测定尺长度，并从器重二钧测定斤的重量。因此，它实际构成一个完整的度量衡总体，而彼此又存在相成相通关系。

东汉末年仲长统说：“今通肥饶（硗）之率，计稼穑之入，令亩收三斛……”[⑦] 这主要是对当时北方旱田作物亩产量的平均估计，而且是偏低的估计。后汉度量衡，基本沿用新莽之制，1 升约合今 0.1981 市升[⑧]，3

---

① （宋）张敦颐撰：《六朝事迹编类》卷上“半阳湖”条引《南徐州记》，明古今逸史本。

② 《太平御览》卷八三七《百谷部一·谷》引盛弘之《荆州记》，第 3741 页。

③ 《水经注疏》卷三九《耒水》，第 3216 页。

④ （清）王国维：《观堂集林》卷一九《记现存历代尺度》，中华书局 1959 年版，第 929 页。

⑤ （清）顾炎武原著，黄汝成集释，栾保群、吕宗力点校：《日知录集释全校本》卷一一《权量》，上海古籍出版社 2006 年版，第 627 页。

⑥ 《汉书》卷二一《律历志》（上），第 967 页。

⑦ （南朝·宋）范晔撰，（唐）李贤等注：《后汉书》卷四九《仲长统传》，中华书局 1965 年版，第 1656 页。

⑧ 吴承洛：《中国度量衡史》，商务印书馆 1937 年版，第 164 页。

斛合今5.943市斗，118.96市斤。

魏晋时期的粮食亩产量，主要有以下数则资料：第一，西晋傅玄说："近魏初课田，不务多其顷亩，但务修其功力，故白田收至十余斛，水田收数十斛。自顷以来……至亩数斛已还，或不足以偿种。"① 第二，西晋后期江统说："夫关中土沃物丰，厥田上上……黍稷之饶，亩号一钟"②，1钟为6斛4升。第三，魏末嵇康说："夫田种者，一亩十斛，谓之良田，此天下之通称也。"③ 第四，正始（240—249）年间淮南北屯田，"溉田二万顷"④，据估计，岁收800万斛⑤，亩收稻米2斛7斗，如以折米率百分之五十为计，则亩产稻谷为5斛4斗。第五，钟离牧在永兴垦田，种稻20余亩，得米60斛⑥，则亩得米3斛，折合亩产稻谷6斛。魏晋度量衡制继承东汉而略有增加，1升合今0.2023市升，6斛合今1.2138市石，242.86市斤。

应当如何看待上述史料记载呢？首先，前三条材料所反映的，都是最肥沃的土地上的最好收成，但即使是在这种土地上，其亩产量也从6斛4升至数十斛之间大幅度变动。可见一般亩产量是难以从这些材料中确定的。但是，这些材料对于我们并非没有意义，它说明在魏晋时期，经过努力所可以达到的最高产量。嵇康所说当为水稻的最高产量，江统所说则为旱田黍稷的最高产量，唯有傅玄所说亩产量不可解，或是所指为小斛？上述亩产记录，在秦汉时期很少见，这也从一个侧面反映魏晋时期农业生产技术的提高和亩产量的增加。

其次，上述第四、五条材料反映了南方水田的产量，而且都是一般土质的农产情况，它们的亩产量大体接近，约6斛左右。这个数字可以代表当时一般亩产量，因为他们的土地并非属于上上等土地。江统所说关中一亩产黍稷6斛4斗，比这个数字稍多，因为黍稷产量低于水稻，故须上等土地才能出产。

---

① 《晋书》卷四七《傅玄传》，第1321页。
② 《晋书》卷五六《江统传》，第1531页。
③ （三国魏）嵇康：《文选》卷五三《养生论》，第2289页。
④ 《通典》卷二《食货二·屯田》，第42页。
⑤ 《三国志》卷二八《魏书·邓艾传》，第776页。
⑥ 《三国志》卷六〇《吴书·钟离牧传》，第1392页。

到了东晋南朝时期，南方的水稻产量有了明显的提高。梁武帝中大通六年（534），夏侯夔任豫州（治所在今安徽寿县）刺史，在那里进行军屯，“溉田千余顷，岁收谷百余万石”①，合亩产稻谷10石。南朝度量衡制基本沿用汉制。这个产量比魏晋时提高了百分之四十。而亩产10石，在魏晋期是上等良田才能达到的（上引嵇康语），这时已成普遍的产量水平。这时肥沃良田的产量，已可达到二三十斛。豫章郡之檠石，“下多良田，极膏腴者，一亩二十斛”②。在四川盆地，还有“亩收三十斛，有至五十斛”者③。

北朝时期北方的粟类亩产量也有所提高。据北魏《齐民要术》记载：“为春谷田，则亩收十石”④，又引民谚云：“‘回车倒马，掷衣不下，皆十石而收。’富大稀大概之收，皆均平也。”⑤ 可见北魏时谷（即粟）类的平均亩产量为10石。东汉末年仲长统估计北方粟、麦平均亩产量是3斛，何以到北魏时为亩产10斛呢？这是亩制与度量衡制度变化所致。魏晋和南朝均沿用汉制，以240步为亩，6尺为步⑥。北魏则以360步为亩，步仍6尺⑦。贾思勰成书在东魏初年，东魏后尺当王莽布尺1.508尺，增长5寸有余，当今0.3475米⑧，合今1.04市尺。如以东魏后尺折算，则东魏1亩合1.4018万平方尺，约合今制1.3478万平方市尺。魏晋时1亩约当今4554平方市尺。东魏亩积比魏晋大2.96倍。唐人孔颖达曾说：

---

① 《梁书》卷二八《夏侯夔传》，第421—422页。

② 《太平御览》卷八二一《资产部一·田十》引《豫章记》，第3658页。

③ （晋）常璩撰，任乃强校注：《华阳国志校补图注》卷三《蜀志十四》，上海古籍出版社1987年版，第166页。

④ 《齐民要术校释》卷一《耕田第一》，第38页。

⑤ 《齐民要术校释》卷一《种谷第三》，第66页。

⑥ 《晋书》卷四七《傅玄传》：“古以步百为亩，今以二百四十步为一亩”（第1321页），可见魏晋南朝的亩制承袭汉制，以240步为亩。隋唐时期亦以240步为亩，如《旧唐书》卷四八《食货志上》（第2088页）、《新唐书》卷五一《食货志一》（第1342页）均记为240步为亩。

⑦ 据（明）陈全之《蓬窗日录》卷四《井牧》篇云：“古者步百为亩，汉人益以二百四十为亩，北齐又益之以三百六十为亩，今所用者，汉亩步也。”（明嘉靖四十四年刻本）北齐制度多循北魏，其亩制以三百六十步为亩，亦当本诸北魏。唯北魏亩制远大于魏晋南朝，宜其亩产量如此之高，否则便无法解释其亩产量远超同一时期南方亩产的原因。

⑧ 《中国历代户口、田地、田赋统计》附录二《中国历代度量衡变迁表·（甲）中国历代尺之长度标准变迁表》，第541页。

"近世以来，或轻或重。魏、齐斗称，于古二而为一"①。北魏、北齐一升合今0.3963市升②，比魏晋1升（合今0.1981市升）增加一倍。扣除亩积增加的1.96倍，那么，东魏时亩产为6.6斛，比东汉末年仲长统所谓亩产3斛，增加了一倍多。《齐民要术》所反映的，主要是黄河中下游农业发达地区的情况，约当今山东、河南的黄河北岸、河北中南部和山西东南部。这里是当时北方农业高水平地区。因此，这个亩产数可以视作该地区的亩产数。如果这个估计大体可以，那么这里的农业生产比东汉已有极大的提高。

西魏大统（535—551）年间，宇文泰命苏绰、卢辩依周制班官禄之制，规定："凡颁禄，视年之上下。亩至四釜为上年，上年颁其正。三釜为中年，中年颁其半。二釜为下年，下年颁其一。"③ 这里列举了上、中、下三种年成的亩产量，分别为4釜、3釜、2釜。据此我们可以中年3釜为当时的平均亩产量。周制1釜为6斗4升，则3釜为1斛9斗2升。北周天和元年（566）依玉斗改制之前，度量衡袭用北魏之制。西魏尺度用北魏后尺，较新莽尺增0.281尺，当今29.6厘米④、0.89市尺。较魏晋每尺24厘米，增长5.6厘米。北魏以360步为亩，步仍6尺。则北魏每亩合10265.6平方市尺，魏晋时一亩约当今4554平方公尺，北魏每亩增长5711.6平方市尺，增加1.25倍。关于量制，孔颖达说："魏、齐斗称，于古二而为一；周随（隋）斗称，于古三而为一"⑤。故宫博物院藏西晋太康三年（282）铜釜，每升容252.6毫升，中国历史博物馆藏北朝"晋寿铜釜"，1升容535毫升⑥，如以此二器相较，"晋寿铜釜"比"太康铜釜"多282.4毫升，增加1.1倍。由此可知，"魏、齐斗称，于古二而为

① （周）左丘明传，（晋）杜预注，（唐）孔颖达正义，浦卫忠、龚抗云、胡遂、于振波、陈咏明整理，杨向奎审定：《春秋左传正义》卷五五，定公八年，"孔颖达正义"，北京大学出版社2000年版，第1809页。

② 《中国度量衡史》，第192页。

③ 《隋书》卷二七《百官志中》，第771页。

④ 《中国历代户口、田地、田赋统计》附录二《中国历代度量衡变迁表·（甲）中国历代尺之长度标准变迁表》，第541页。

⑤ 《春秋左传正义》卷五五，定公八年，"孔颖达正义"，第1809页。

⑥ 邱隆、丘光明、顾茂森、刘东瑞、巫鸿编：《中国古代度量衡图集》，文物出版社1981年版，第187—188页。

一”的说法基本符合事实。据此，则西魏亩产1斛9斗2升，应等于魏晋4斛2斗2升，再减去亩积增长的因素，则西魏时期的亩产量只有2斛，比东汉末年亩产3斛下降了。这个产量所反映的是关中地区的情况。在西晋时，关中地区上等地的产量是“亩号一钟”，为6斛4斗，而这时的上年产量为“四釜”，约合5斛2斗2升，大体相近而略有下降。关中原是农业发达区，到北魏后期，由于长期战乱的影响，农业生产受到很大破坏，因此反映到这一时期，这一地区亩产量不如西晋盛世的产量，大体应是符合常理的。

三　农业生产工具的进步

魏晋南北朝时期农业生产的发展，依赖于这一时期农业生产工具的进步。它是我国古代农业生产工具发展史上的重要时期，上承秦汉，下启隋唐，为日后隋唐农业生产的进一步繁荣奠定了基础。

铁制农具在两汉的基础上得以进一步普及、推广和提高。它与这一时期冶铁业的发展有着密切关系。冶铁业是魏晋南北朝时期手工业中取得突出发展的部门之一。魏晋南北朝时期由于战争频繁和经济开发加速，兵器、农具的需求大增，因而推动了冶铁业的长足发展。汉末大乱，冶铁生产遭受破坏，“是时乏铁”，曹操不得不将刑具由铁器而“易以木焉”①。在戎马倥偬之际，曹操已留意于冶铁业的复兴，建安十年（205）平定冀州，以王修行司金中郎将②，后又以韩暨“徙监冶谒者……在职七年，器用充实。制书褒叹，就加司金都尉，班亚九卿。”③ 刘备定益州后即“置盐府校尉，较盐铁之利”④，王连为司盐校尉，“较盐铁之利，利入甚多，有裨国用”⑤。又以张裔为司金中郎将，“典作农战之器”⑥。孙权在黄武五年（226）“采武昌山铜铁”制作刀剑，“皆是南钢

---

① （元）马端临撰：《文献通考》卷一六四《刑考三》，中华书局1986年版，第1423页。

② 《三国志》卷一一《魏书·王修传》，第347页。

③ 《三国志》卷二四《魏书·韩暨传》，第677页。

④ 《三国志》卷三九《蜀书·吕乂传》，第988页。

⑤ 《三国志》卷四一《蜀书·王连传》，第1009页。

⑥ 《三国志》卷四一《蜀书·张裔传》，第1011页。

越炭作之”①。后来“江南诸郡县有铁者或置冶令，或置丞”，而它们“多是吴所置”②。

西晋统一以后，冶铁事业有了进一步的发展。卫尉兼管冶铁，“领冶令三十九，户五千三百五十”，当时“冶皆在江北”③。江南则主要有属扬州管辖的梅根、冶塘二冶。“永嘉之乱”以后，北方的冶铁业遭到破坏，南方的冶铁业继续得到发展。南局诸冶所属，除铜官大冶（即梅根冶）之外，尚有许多“都邑小冶”④。南朝时扬州有建康的东、西二冶⑤，梅根冶、铁岘山（今溧阳西南）冶⑥、六安冶⑦等。荆州有新兴冶⑧。萧梁在益州“兴冶铸，以应赡南梁”⑨，所产铁器可以供应外州。

北方从北魏建国以后，冶铁业逐渐得到恢复，道武帝拓跋珪天赐元年（404），“置山东诸冶”⑩。此后铁冶日益普遍，“西至长安，东尽即墨”⑪ “其铸铁为农器、兵刃，在所有之，然以相州牵口冶（今河南浚县）为工……”⑫ 北齐时，太府寺属官有“诸冶东西道署”，其中“诸冶东道，又别领滏口（今河北磁县境）、武安（今河北武安境）、白间（即白涧，今河北涞水境）三局丞。诸冶西道，又别领晋阳（今山西太原）冶、泉部、大邠、原仇（今山西盂县）四局丞。”⑬

从上所述可见，这一时期不论南北方冶铁业均有不同程度的发展，尤以江南地区的发展为显著。这些均属官营铁冶，以制造统治阶级所需要的武器为主，但它们也往往兼造农器，如北魏“铸铁为农具”的铁冶，

---

① 《太平御览》卷三四三《兵部七四·剑中》引陶弘景《刀剑录》，第 1578 页。
② 《宋书》卷三九《百官志上》，第 1232 页。
③ 《宋书》卷三九《百官志上》，第 1230 页。
④ 《宋书》卷四二《王弘传》，第 1331 页。
⑤ 《梁书》卷一八《康绚传》，第 291 页。
⑥ 《太平御览》卷四六《地部一一·铁岘山》引山谦之《丹阳记》转引《永世记》，第 222 页。
⑦ 《太平御览》卷八三三《资产部十三·冶》引《列仙传》，第 3717 页。
⑧ 《太平御览》卷八三三《资产部十三·冶》引《武昌记》，第 3717 页。
⑨ 《梁书》卷一七《张齐传》，第 282 页。
⑩ 《魏书》卷二《太祖纪》，第 41 页。
⑪ 《魏书》卷二四《崔玄伯附崔僧渊传》，第 633 页。
⑫ 《魏书》卷一一〇《食货志》，第 2857 页。
⑬ 《隋书》卷二七《百官志中》，第 757 页。

“在所有之”[①]。有的数量很大，如梁武帝天监十三年（514）为筑浮山堰（今安徽嘉山北），而“引东西二冶铁器，大则釜鬲，小则鋘锄，数千万斤，沉于堰所。”[②]

除了官营铁冶外，也有民间私冶。刘宋时刘道济任益州刺史，“一断民私鼓铸，而贵卖铁器，商旅吁嗟，百姓咸欲为乱。”[③] 可见原来民间私铸不在少数。魏晋时嵇康“好锻，家有盛柳树，乃激水圜之，夏天甚凉，恒居其下自锻，有人就者，康不受其直”[④]，这是个体手工业者以成品铁独力锻造工具。民间铁器交易也在进行，如魏明帝青龙（233—237）年间，“石苞鬻铁于长安”[⑤]。曹魏时，弘农太守刘类“多市犁鎋，载所部贸丝”[⑥]。北魏时有人送给赵柔“铧数百枚者，柔与子善明鬻之于市”[⑦]。赵琰“遣人买耜刃，得剩六耜，即令送还刃主”[⑧]。可见民间铁农具交易的普遍。

水冶的普遍推行，改进了冶铸业的鼓风动力，促进了魏晋南北朝时期冶铁业的发展。东汉杜诗已在南阳使用水排冶铁[⑨]。但是水排并未推广，马排、人排还在应用。汉末魏初，“旧时冶作马排，每一熟石，用马百匹；更作人排，又费功力”，韩暨“乃因长流为水排，计其利益，三倍于前。”[⑩] 白超垒（在今河南新安县境内）侧有冶官所在，“魏、晋之日，引谷水为水冶，以经国用”[⑪]。在安阳，“后魏时，引水鼓炉，名水冶”[⑫]。可见水冶得到了推广。新兴冶原来也是水冶，刘宋时“冶令颜茂以塘数破坏，难为功力，茂因废水冶，以人鼓排，谓之步冶”[⑬] 在不能使用水力

---

① 《魏书》卷一一〇《食货志》，第2857页。

② 《梁书》卷一八《康绚传》，第291页。

③ 《宋书》卷四五《刘粹附弟道济传》，第1381页。

④ 《太平御览》卷三八九《人事部三十·嗜好》引《文士传》，第1799页。

⑤ 《三国志》卷四《魏书·三少帝纪·高贵乡公纪》注引《世语》，第147页。

⑥ 《太平御览》卷八二三《资产部三·犁》引《魏略》，第3666页。

⑦ 《魏书》卷五二《赵柔传》，第1162页。

⑧ 《魏书》卷八六《孝感·赵琰传》，第1882页。

⑨ （南朝·宋）范晔撰，（唐）李贤等注：《后汉书》卷三一《杜诗传》，中华书局1965年版，第1094页。

⑩ 《三国志》卷二四《魏书·韩暨传》，第677页。

⑪ 《水经注疏》卷一六《谷水》，第1368页。

⑫ 安阳县志编纂委员会编：《安阳县志》第七章《工业》引《水冶旧经》，中国青年出版社1990年版，第343页。

⑬ 《太平御览》卷八三三《资产部十三·冶》引《武昌记》，第3717页。

时，仍然不得不使用人力。

这一时期冶炼技术亦有所发展，蜀汉名王蒲元“鎔金造器，特异常法”，尤精于淬火技术，“言汉水钝弱，不任淬用，蜀江爽烈，是谓大金之元精”①。陶弘景说：“钢铁是杂炼生鍒作刀镰者。”② 这是把生铁与鎌（熟）铁掺合冶炼的“灌钢”工艺，此法既降低了成本，又提高了工效和质量，对于冶铁业的发展有极大意义。北齐綦母怀文的炼钢术更为突出，他造“宿铁刀”“其法烧生铁精以重柔铤，数宿则成刚”，这也是一种“灌钢”工艺。他的制刀方法是“以柔铁为刀脊”，将熟铁用于刀背，钢铁用于刀刃。淬火方法是“浴以五牲之溺，淬以五牲之脂”③，即用牲畜的尿和油脂作为淬火剂，大大提高了钢铁的质量。

冶铁业的发展为铁制农具的推广和改进提供了物质基础。以下从四个方面对这个时期农具方面所取得的进步略加说明。

其一，耕作农具的进步。耕犁在整地农具中占着最重要的地位。两汉时期耕犁已得到逐步推广，它改进了古犁，增加了犁底（床），使耕犁行进稳定，耕作加速。但是这种犁只能发土作成大沟，将所起之土拨置两沟之旁，还不能耕翻全部田土。这种犁比较厚重，由 2 牛牵引，单长辕，故称“耦犁”。东汉晚期，正式犁已经出现，这种犁已具备犁底、犁柱、犁锋、犁壁（翻土板）、犁梢、犁辕。这种犁可使土翻置一边，只作一回顺次耕作，不必再作重复纵横交耕④。正式犁出现之后，其基本结构定型，只有局部结构的变化。山东滕州宏道院和陕西绥德王德元墓画像石牛耕图，所使用的犁被认为属于这种改良犁，它可能是一种双长辕犁⑤。它们已经由一头牛牵引，这是在历史上首次被确凿证实的一牛挽犁，比原来的“二牛抬杠”节省了牛力，在牛耕史上是一大进步。

魏晋南北朝时期，二牛牵引和一牛牵引同时并存。嘉峪关市新城公

---

① 《太平御览》卷三四五《兵部七十六·刀上》引《蒲元传》，第 1589 页。

② （宋）唐慎微撰，陆拯校注：《重修政和政类本草》卷四《玉石部中品总八十七种》“铁精”条引陶隐居云，中国中医药出版社 2013 年版，第 275 页。

③ （唐）李百药撰：《北齐书》卷四九《方伎·綦母怀文传》，中华书局 1972 年版，第 679 页。

④ 王静如：《论中国古代耕犁和田亩的发展》，《农业考古》1984 年第 1 期。

⑤ 张振新：《汉代的牛耕》，《文物》1977 年第 8 期。

社挖掘的八座古墓，时代被定为魏晋时期①。墓中画像砖有丰富的牛耕图，其中有一牛牵引②，但最多的还是二牛牵引③。在广东连县出土的西晋永嘉（307—313）年间犁田耙田模型，使用的是一牛挽犁的技术④。西晋统一之后，随着太康（280—289）年间社会经济的发展，牛耕技术也在这一时期发展起来，因而这种一牛牵引的先进技术已推广至岭南和西北地区。

自东汉出现双长辕犁之后，到了北魏时期，历史记载上已出现了一种“蔚犁”。《齐民要术·耕田篇》说：“今自济州以西，犹用长辕犁、两脚耧。长辕耕平地尚可，于山涧之间则不任用，且回转至难，费力，未若齐人蔚犁之柔便也。”⑤ 蔚犁的具体结构，贾思勰没有叙述，但它相对老式的长辕犁具有“柔便”的优点。从贾思勰的记述来看，这种犁的“柔便”表现在回转方便，可在山涧之间小块土地上耕作，而且比长辕犁省力。估计这是一种比长辕犁性能改善了的短辕犁⑥。唐代普遍使用的曲辕短犁，可能就是在这种犁的基础上发展起来的。短辕犁的出现，便于劳动者向平原之外的不同地形条件处开拓耕地，对农业生产的发展具有积极意义。

除了耕犁的改进之外，整地农具还增加了新的种类，据《齐民要术》记载，有铁齿镉楱、劳、陆轴、锋、锹等。铁齿镉楱就是人字耙⑦。耙齿用铸铁制成，耙条成“人”字形状交叉相连。用于耙碎翻耕之后的土块与土条，使之细碎平整。这种耙的出现要早于贾思勰所在的东魏时期。在魏晋时期的嘉峪关新城墓画像砖中，已有畜力耙。耙成一字形，上立

---

① 甘肃省博物馆、嘉峪关市文物保管所：《嘉峪关魏晋墓葬壁画的题材和艺术价值》，《文物》1974 年第 9 期。

② 嘉峪关市文物清理小组：《嘉峪关汉画像砖墓》，《文物》1972 年第 12 期，图版陆《屯垦》，第 42 页。

③ 《嘉峪关汉画像砖墓》《文物》1972 年第 12 期，图版捌《耕种》，第 44 页。甘肃省博物馆、嘉峪关市文物保管所：《嘉峪关魏晋墓葬壁画的题材和艺术价值》，《文物》1974 年第 9 期，图版壹《犁地》、图版叁《犁地》等，第 71 页。

④ 徐恒彬：《简谈广东连县出土的西晋犁田耙田模型》，《文物》1976 年第 3 期。

⑤ 《齐民要术校释》卷一《耕田第一》，第 50 页。

⑥ 鲁才全：《汉唐之间的牛耕和犁耙耱耧》，《武汉大学学报》1980 年第 6 期。

⑦ 中国农业科学院、南京农学院、中国农业遗产研究室编：《中国农学史》上册，科学出版社 1959 年版，第 243 页。

或蹲一人，用双套牛或单套牛牵引[①]。广东连县出土西晋永嘉六年（312）耙田模型，也是一种畜力耙。由一牛牵引，下有六个较长的齿，上有横把，是用于南方水田的耖耙类，这是我国到目前为止发现最早的耖耙类实物模型[②]。可见在西晋时旱地耙和水田耙已经分别在南北方推行，并且都已由单套牛牵引了。

人字形耙到了十六国时期，才有实证发现。甘肃酒泉丁家闸 5 号墓，年代为后凉至北凉之间，墓中壁画有两幅耙地图[③]，耙作人字形，耙齿比魏晋时期增多。这应当就是《齐民要术》所载“铁齿䥫楱”的原型。

劳是无齿耙。它与铁齿䥫楱都用于碎土，但作用不同。它用于耙地之后，播种前后，磨平土壤，使其更加细碎，便于保墒。劳又有“耱”或“盖”等名称。畜力劳的使用也从魏晋时期开始，嘉峪关新城“耕种”画像砖上有两幅劳地图像，劳由双套牛单辕牵拉，一人立于劳上。从这幅画像砖看，驭劳者在犁地人和播种人之后，其作用在播种后盖平土壤。而在嘉峪关市牌坊梁壁画砖墓中，则是劳地人在前，播种人在后[④]，在这里“劳”被用于播种前磨平土地。稍晚的酒泉石庙子滩墓壁画中已出现一牛牵引的双辕“劳”[⑤]。

陆轴也是这时出现的一种新式的整地农具，它“与碌碡之制同，但外有列齿，独用于水田，破块滓，溷泥涂也。”[⑥]

锋是这时期见诸记载的一种中耕农具，也用于整地。锋的犁鑱尖锐而平，没有犁壁，它的特点是起土浅而不覆转[⑦]，拉力轻，有浅耕保墒的作用。锋地之后，可使“地恒润泽而不坚硬”[⑧]。

---

① 甘肃省博物馆、嘉峪关市文物保管所：《嘉峪关魏晋墓葬壁画的题材和艺术价值》图二《耙地》，《文物》1974 年第 9 期。

② 徐恒彬：《简谈广东连县出土的西晋犁田耙田模型》，《文物》1976 年第 3 期。

③ 甘肃省博物馆：《酒泉嘉峪关晋墓的发掘》图二七《耙地》，《文物》1979 年第 6 期。

④ 张明川：《河西出土的汉晋绘画简述》图一八《嘉峪关牌坊梁壁画墓之耕种图》，《文物》1978 年第 6 期。

⑤ 张明川：《河西出土的汉晋绘画简述》图二〇《酒泉石庙子滩壁画墓之耕耱图》，《文物》1978 年第 6 期。

⑥ （元）王祯撰：《农书》卷一二《农器图集二》，中华书局 1956 年版，第 167 页。

⑦ 《齐民要术校释》卷一《耕田第一》注［二四］，第 43 页。

⑧ 《齐民要术校释》卷一《耕田第一》，第 38 页。

耩也是一种中耕农具，它与锋相似之处是有鑱而无壁，但耩的鑱两旁低而中间高，前端平而后部渐向上弯，有把土推向两旁的作用①。

上述耕作农具的进步，表明魏晋南北朝时期开垦土地的能力和精耕细作的技术已有很大提高。

其二，播种农具也有所进步。耧是汉武帝时开始推行的播种工具。在魏晋南北朝时期继续推广和改进。在曹魏嘉平（249—254）时，敦煌地区还“不晓作耧犁”“及种，人牛功力既费”，皇甫隆于嘉平中任敦煌太守，“教作耧犁”，大大提高了功效，“其所省庸力过半”②，推动了这一地区农业生产的发展。

到了南北朝时期，在沿用汉代三脚耧的同时，又创制了两脚耧和一脚耧。由于两脚耧的耧脚是固定的，行距也固定，无法调节行距宽窄，因此当时改造成一种“一脚耧”，这样就可以随意掌握行距的宽窄③。耧车用于条播，而这一时期又出现了点播工具“窍瓠”。这是以干葫芦穿孔做成的下种器。《齐民要术·种葱》说：“两耧重耩，窍瓠下之。”④ 在已开好的沟中，边走边间歇地敲击，使种子间断地点播在地里⑤。

其三，灌溉农具在汉代的基础上，也有了改进。曹魏时，马钧继东汉毕岚之后，对翻车作了改进，他“居京都，城内有地，可以为园，患无水以灌之，乃作翻车，令童儿转之，而灌水自覆，更入更出，其巧百倍于常。”⑥ 此外，桔槔、辘轳、柳罐等提水工具也在普遍使用。东魏时，劳动人民在使用这些工具时总结了不少经验，如：“井深用辘轳，井浅用桔槔”，柳罐的大小以盛一石水为宜，因“罐小，用则功费”⑦。

其四，谷物加工农具，在魏晋南北朝时期有了很大进步，其中尤以水力碾碓磨为突出。汉代已有“水舂”⑧，到了魏晋南北朝时期水

---

① 《齐民要术教释》卷一《耕田第一》注［二四］，第43页。

② 《三国志》卷一六《魏书·仓慈传》注引《魏略》，第513页。

③ 《齐民要术校释》卷一《耕田第一》，第50页。

④ 《齐民要术校释》卷三《种葱第二十一》，第199页。

⑤ 犁播编：《中国古代农具发展史简编》，农业出版社1981年版，第244页。

⑥ 《三国志》卷二九《魏书·方技传·杜夔传》注引傅玄序，第807页。

⑦ 《齐民要术校释》卷三《种葵第十七》，第181页。

⑧ 《后汉书》卷八七《西羌传》，第2893页。

力加工粮食的工具更加广泛和先进。西晋王戎“园田水碓，周遍天下”[①]。河内郡界内“多公主水碓”，以致“遏塞流水，转为浸害”[②] 的地步。可见当时水碓数量之多。到了南北朝时，“碾硙舂簸，皆用水功”[③]。加工粮食的各个环节都可使用水力。这一时期还利用齿轮原理，把单碓磨改进为大型的连碓连磨。据说西晋杜预已发明“连机碓”[④] 和“八磨”[⑤]。“八磨”的具体结构，晋人嵇含《八磨赋》有具体的描述：“外兄刘景宣作为磨，奇巧特异，策一牛之任转八磨之重，因赋之曰：方木矩跱，圆质规旋，下静以坤，上转以乾，巨轮内建，八部外连。”[⑥] 这是利用齿轮原理，同时带动八部磨运转。可见在晋代制造“八磨”的技术已不止少数人所掌握。大概这时的连机磨还多用“牛力”。到了南北朝时，则用水力推动。北魏崔亮，因读《杜预传》，“见为八磨，嘉其有济时用，遂教民为碾。及为仆射，奏于张方桥东堰谷水造水碾磨数十区，其利十倍，国用便之。”[⑦] 谷物加工农具的发展，不仅表现了这一时期科学技术方面的成就，也是农业生产发展的反映。

四　农作制度与耕作技术的进步

农作制度是人们为获得作物的高产而采取的技术措施，其中心是解决用地与养地的良性关系。魏晋南北朝时期农作制度的进步，首先表现在轮作复种制度的发展。

东汉时我国北方已比较广泛地实行了轮作复种制，郑玄曾提到当时谷子、冬麦的轮作复种[⑧]，到了南北朝时期，轮作复种制在北方有了很大的发展和提高，成为当时人们提高地力、争取高产的重要手段。成书于

---

① 《晋书》卷四三《王戎传》，第 1234 页。

② 《晋书》卷四六《刘颂传》，第 1294 页。

③ 范祥雍校注：《洛阳伽蓝记校注》卷三《城南·景明寺》，上海古籍出版社 1978 年版，第 132 页。

④ 《太平御览》卷七六二《器物部七·碓》引《晋诸公赞》，第 3385 页。

⑤ 《魏书》卷六六《崔亮传》，第 1481 页。

⑥ 《太平御览》卷七六二《器物部七·磨》引嵇含《八磨赋》，第 3385 页。

⑦ 《魏书》卷六六《崔亮传》，第 1481 页。

⑧ 《齐民要术校释》卷二《水稻第十一》引郑司农曰：“今时谓禾下麦为‘荑下麦’，言芟刈其禾，于下种麦也。”（第 141 页）

东魏的《齐民要术》，总结了北方旱作农业的经验，记载了多种多样的轮作方法，并有了理论上的认识。该书所记轮作制度，主要有以下两个方面。

第一，大多数作物需要实行轮作，不能重茬，只有少数作物不必轮作，可以重茬。前者如谷、稻、麻等。“谷田必须岁易”，如果连作，“则莠多而收薄”①。“稻无所缘，唯岁易为良”，如不轮作，则“草稗俱生，芟亦不死”②。“麻欲得良田，不用故墟”，如在“故墟”连作，则“有点叶夭折之患”③。蔓菁也是“唯须良地”，如果是“故墟”则需要增加“新粪”，而且最好是陈墙土作粪肥“乃佳”④。轮作的优点在于防治病虫害和杂草蔓生，并使籽实饱满，达到高产的目的。但是，有一些作物则必须连作而不能轮作，如种葵，“地不厌良，故墟弥善”⑤。

第二，确立了以豆科植物为中心的轮作体系。各种作物之间应如何进行轮作，方能收到增产的目的呢?《齐民要术》根据劳动人民长期的生产实践而总结了一套轮作方法。例如，种谷田，以“绿豆、小豆底为上，麻、黍、胡麻次之，芜菁、大豆为下”⑥。“底”指前作物收获后的地⑦。也有以瓜为底的，其效果“不减绿豆”。种黍、穄，以“新开荒为上，大豆底为次，谷底为下”⑧。种瓜，“小豆底佳，黍底次之”⑨。从上述轮作方法可知，豆科植物被认为是最佳的前作物。这是符合科学道理的，因为豆科植物的根瘤菌能固定空气中的游离氮，从而增进土壤肥力。而豆类作物，又以谷类作物为前作为佳。如“种茭者，用麦底”⑩。茭，即乾刍，这里指种植连茎带叶收贮起来以作牲畜越冬饲料用的大豆。⑪“小豆，

---

① 《齐民要术校释》卷一《种谷第三》，第65页。
② 《齐民要术校释》卷二《水稻第十一》，第138页。
③ 《齐民要术校释》卷二《种麻第八》，第118页。
④ 《齐民要术校释》卷三《蔓菁第十八》，第184页。
⑤ 《齐民要术校释》卷三《种葵第十七》，第176页。
⑥ 《齐民要术校释》卷一《种谷第三》，第65页。
⑦ 《齐民要术校释》卷一《种谷第三》注引“底，前作物，前茬”，第69页。
⑧ 《齐民要术校释》卷二《黍穄第四》，第102页。
⑨ 《齐民要术校释》卷二《种瓜第十四》，第155页。
⑩ 《齐民要术校释》卷二《大豆第六》，第109页。
⑪ 《齐民要术校释》卷二《大豆第六》注［七］：“茭，种大豆连茎带叶进行青刈，主要是收贮着作为牲口越冬的干饲料，叫做‘茭豆。’”（第112页）

大率用麦底"[①]。这样就确立了以豆科植物为中心的轮作体系，使二者建立起良性循环。

间作和套种方法，也是在这个时期发展起来的特殊轮作制度，是我国古代农作制度上的突出创造，如"种大豆一顷杂谷，并草留之，不须锄治。八九月中，刈作青茭"[②]。这是豆谷混作。"于麻子地间散芜菁子"[③]，这是麻子与芜菁混作。但是，不是任何作物都可混种，如"慎勿于大豆地中杂种麻子"，如将这二种作物混作，则"扇地两损，而收并薄"[④]。对于套种的正反经验都作了总结。林粮间作也是这个时期的一个新技术，《种桑柘》篇指出，在桑树之下"常劚掘种绿豆、小豆"，其效果是"二豆良美，润泽益桑"[⑤]，桑、豆都长得好。又可"岁常绕树一步散芜菁子"，收获芜菁之后，放猪去啃芜菁的残根茎，这样可使"其地柔软，有胜耕者"。如果在桑树下种禾豆，"欲得逼树"，即必须紧挨着树，这样做"不失地利，田又调熟"。如果"绕树散芜菁者，不劳逼也"[⑥]，即不必紧挨着树。

这个时期农作制度的进步还表现在绿肥作物的栽植和推广方面。绿肥作物的栽植和使用是这一时期一项突出成就。早在魏晋时期已开始栽培绿肥作物，西晋郭义恭《广志》说："苕草，色青黄，紫华。十二月稻下种之。蔓延殷盛，可以美田。叶可食。"[⑦] 这是我国历史上最早见诸记载的栽培绿肥作物。到了南北朝时期，这种方法有了更加广泛的发展和运用。据《齐民要术》记载，当时常栽培的绿肥作物有绿豆、小豆、胡麻等，施用绿肥的范围包括粮食和蔬菜作物。《耕田篇》说："凡美田之法，绿豆为上，小豆、胡麻次之。"其栽培方法是"悉皆五、六月中穊种，七月、八月犁稚杀之"。如果用这种绿肥"为春谷田，则亩收十石，

---

① 《齐民要术校释》卷二《小豆第七》，第 115 页。

② 《齐民要术校释》卷六《养羊第五十七》，第 426 页。

③ 《齐民要术校释》卷二《种麻子第九》，第 124 页。

④ 《齐民要术校释》卷二《种麻子第九》，第 124 页。

⑤ 《齐民要术校释》卷五《种桑、柘第四十五》，第 317 页。

⑥ 《齐民要术校释》卷五《种桑、柘第四十五》，第 318 页。

⑦ 《齐民要术校释》卷一〇《五谷、果蓏、菜茹非中国物产者·苕（六八）》引《广志》，第 805 页。

其美与蚕矢、熟粪同"[①]，可以收到丰产的效果。种植蔬菜也已广泛使用栽培绿肥。如种葱，"其拟种之地，必须春种绿豆，五月掩杀之"[②]。种葵，"若粪不可得者，五、六月中穊种绿豆，至七月、八月犁掩杀之，如以粪粪田，则良美与粪不殊，又省功力"[③]。指出绿肥作物不仅肥效高，而且是一种事半功倍的方法。

除了人工栽培绿肥作物以外，还利用天然青草作为绿肥，即所谓"稀青"法。《齐民要术·耕田篇》说："秋耕稀青者为上。"稀青，即把青草耕覆在土中。这是耕翻青草作为绿肥的最早记载[④]。秋天掩埋的青草，"比至冬月，青草复生者，其美与小豆同也"[⑤]，即其肥效可与小豆比美。

魏晋南北朝时期，为适应北方防旱保墒的需要而形成了一套精耕细作的耕作方法，达到了相当高的水平。魏晋南北时期北方气候比秦汉时期和隋唐时期寒冷，也比现在的气候要寒冷[⑥]。"春多风旱"[⑦]"春雨难期，必须藉泽"[⑧]。冬季降雪量也不多，有时"竟冬无雪"[⑨]，人们视雪如宝，降雪后"勿令从风飞去"[⑩]。西晋傅玄曾说："陆田者命悬于天也，人力虽修，水旱不时，则一年功弃也。"[⑪] 到了南北朝时，劳动人民为了抗御这种自然条件而发展起适应这种气候条件的行之有效的耕作制度。

精耕细作是我国古代农业的优良传统，是对古代农业发展的重要贡献。曹魏时，精耕细作收到了显著成效，"魏初课田，不务多其顷亩，但务修其功力"，在这种土地上可以大大提高产量，"白田收至十余斛，

---

① 《齐民要术校释》卷一《耕田第一》，第 38 页。

② 《齐民要术校释》卷三《种葱第二十一》，第 199 页。

③ 《齐民要术校释》卷三《种葵第十七》，第 181—182 页。

④ 《齐民要术校释》卷一《耕田第一》，第 38 页。

⑤ 《齐民要术校释》卷一《耕田第一》，第 38 页。

⑥ 竺可桢：《中国近五千年来气候变迁的初步研究》，《考古学报》1972 年第 1 期。

⑦ 《齐民要术校释》卷三《种葵第十七》，第 176 页。

⑧ 《齐民要术校释》卷三《种胡荽第二十四》，第 207 页。

⑨ 《齐民要术校释》卷三《种葵第十七》，第 181—182 页。

⑩ 《齐民要术校释》卷三《种葵第十七》，第 181 页。

⑪ 《太平御览》卷八二一《资产部一·田》引《傅子》，第 3658 页。

水田收数十斛”。如果不是采取精耕细作，而是“日增田顷亩之课”的粗放经营，则“亩数斛已还，或不足以偿种”①。到了南北朝时，这种精耕细作的传统继续得到发扬，黄河流域的劳动人民总结出“顷不比亩善”的经验，“谓多恶不如少善也”②，精耕细作的技术更有了很大的提高。

从《齐民要术》记载来看，当时的精耕细作、防旱保墒耕作体系，是由耕地、整地和中耕三个环节组成。由于耕犁的改进和牛耕的推广，耕地的技术有了很大进步。

耕地的时间，春、夏、秋都可进行，但是耕地时机的选择却有很高的要求。“凡耕高下田，不问春秋，必须燥湿得所为佳”，所谓“燥湿得所”，即土壤既不过干也不过湿，这是耕田的最佳时机。但是，“若水旱不调，宁燥不湿”，因为“湿耕坚垎，数年不佳。谚曰：‘湿耕泽锄，不如归去。’言无益而有损。”③ 湿耕的害处远甚于燥耕，它不仅费功力，而且使土块坚硬，严重影响作物生长。燥耕虽然有缺点，但是，“燥耕虽块，一经得雨，地则粉解”④，还有补救的可能。稻田的耕作，有不同于旱地的地方，但其精神是一致的。所以，“凡种下田，不问秋夏，候水尽，地白背时，速耕”，对于水田来说，“地白背时”就是其“燥湿得所”之时，故必须于此时耕，“过燥则坚，过雨则泥，所以宜速耕也。”⑤其时机的选择比旱田的要求还高。如果错过了最佳耕作时期，也有补救的办法，“湿耕者，白背速镉楱之，亦无伤；否则大恶也。”⑥ 白背时以铁齿镉楱耙碎土块，可以挽救。

关于耕地的深浅，在不同时机有不同的要求，“凡秋耕欲深，春夏欲浅”⑦。何以要有这种区别呢？因为一年一熟地区，冬季休闲，耕地一般在春季或秋季。二年三熟地区，除春秋二季耕以外，有时还有夏耕。秋

---

① 《晋书》卷四七《傅玄传》，第1321页。
② 《齐民要术校释》卷一《耕田第三》，第83页。
③ 《齐民要术校释》卷一《耕田第一》，第37—38页。
④ 《齐民要术校释》卷一《耕田第一》，第37页。
⑤ 《齐民要术校释》卷二《旱稻第十二》，第147页。
⑥ 《齐民要术校释》卷一《耕田第一》，第38页。
⑦ 《齐民要术校释》卷一《耕田第一》，第38页。

耕后到春耕之间有较长时间，深耕翻出心土，经一冬风化，土壤可以变熟。而春耕则紧接着播种，夏耕一般为赶种一茬作物，没有充分时间风化，所以不能深耕翻出心土，以免影响作物生长，而必须浅耕，以利于作物生长①。

不仅不同季节耕地对深浅要求不同，耕地先后对于深浅也有不同要求。"初耕欲深，转地欲浅"，这是说第一次耕地要求深，第二次耕地要求浅。何以作这种区别呢？因为"耕不深，地不熟；转不浅，动生土也"②。这是说第一次耕得深，可使农田有深厚的熟土，第二次如果也深耕，则会翻上生土来，不利于作物的生长。这些都是很有科学道理的。

浅耕的的技术要求是"犁欲廉"③，即犁的行道要狭窄④。其作用是"犁廉耕细，牛复不疲"⑤，可使地耕得细匀，并节省牛力。

耕地的次数和质量要求，根据作物的不同而有不同的要求。如种黍、穄，"地必欲熟"⑥。小豆，"熟耕……以为良"⑦。麻，"耕不厌熟"⑧。而大豆则"地不求熟"，因为"地过熟者，苗茂而实少"⑨。耕地次数，不同作物也有不同的要求。种黍、穄，"再转乃佳"⑩，即第一次耕翻后，再耕两遍。麻（指大麻）要求"纵横七遍以上"⑪。而种麻子，则"耕须再遍"⑫ 即可。

耕后的整地工作，是抗旱保墒，争取高产的另一重要环节。整地的技术主要是耙和劳（今写作耢），目的是把土壤耙细劳平，既便于播种，又利于防旱保墒。当时的民谚说："耕而不劳，不如作暴"⑬，强调整地工

---

① 《中国农学史》上册，第 248 页。
② 《齐民要术校释》卷一《耕田第一》，第 38 页。
③ 《齐民要术校释》卷一《耕田第一》，第 38 页。
④ 《齐民要术校释》卷一《耕田第一》注［一七］，第 47 页。
⑤ 《齐民要术校释》卷一《耕田第一》，第 38 页。
⑥ 《齐民要术校释》卷二《黍穄第四》，第 102 页。
⑦ 《齐民要术校释》卷二《小豆第七》，第 115 页。
⑧ 《齐民要术校释》卷二《种麻第八》，第 115 页。
⑨ 《齐民要术校释》卷二《大豆第六》，第 109 页。
⑩ 《齐民要术校释》卷二《黍穄第四》，第 102 页。
⑪ 《齐民要术校释》卷二《种麻第八》，第 118 页。
⑫ 《齐民要术校释》卷二《种麻子第九》，第 123 页。
⑬ 《齐民要术校释》卷一《耕田第一》，第 38 页。

作的重要性，贾思勰解释说："盖言泽难遇，喜天时故也。"[①] 强调其保墒作用。

整地的时机已很有讲究，"春耕寻手劳，秋耕待白背劳"，即春耕之后要求随即耙、劳，而秋耕之后则可以等待翻起的土块晒白后再进行。因为"春既多风，若不寻劳，地必虚燥。秋田塌实，湿劳令地硬"[②]。这是根据北方春季风旱的气候特点，须要在春耕后及时整地，以免土地"虚燥"，夏秋季雨水多，故秋田湿而坚实，须晒干土块再劳，否则土地板结，不利于种植。

整地的次数要求是多，所谓"劳欲再"，就是耙劳次数以多为佳。因为"再劳地熟，旱亦保泽"[③]。反复耙耢，一方面可使地熟，另一方面可以保墒。稻田也要求"耙、劳频烦令熟"[④]。种水稻之前，要求"曳陆轴十遍"，这是因为"遍数唯多为良"[⑤]。

中耕除草技术也有突出的改进和提高，体现了精耕细作的高度水平。以种谷为例，中耕工序有如下五道：(1)"苗生如马耳则镞锄"，即谷苗初长出如马耳一样时，就用小尖锄来锄；(2)"稀豁之处，锄而补之"，用小锄及时补苗；(3)"苗出垅则深锄"；(4)"苗既出垅，每一经雨，白背时，辄以铁齿镉楱纵横杷而劳之"；(5)"苗高一尺，锋之"[⑥]。

在这五道工序中，所用工具有镞、小锄、大锄、铁齿镉楱和锋。这种复杂的中耕技术，与当时铁制农具的发展有密切关系。

这些工序中各有严格的技术要求，如在第一、二道工序中，要求用小锄，而不用大锄，"凡五谷，唯小锄为良"，因为"小锄者，非直省功，谷亦倍胜。大锄者，草根繁茂，用功多而收益少。"[⑦] 第三道工序，要求"锄不厌数，周而复始，勿以无草而暂停"，因为"锄者非止除草，乃地熟而实多，糠薄米息"。所产谷子，舂时耗折少，如能"锄得十遍，便得

---

① 《齐民要术校释》卷一《耕田第一》，第 38 页。
② 《齐民要术校释》卷一《耕田第一》，第 38 页。
③ 《齐民要术校释》卷一《耕田第一》，第 38 页。
④ 《齐民要术校释》卷二《旱稻第十二》，第 147 页。
⑤ 《齐民要术校释》卷二《水稻第十一》，第 138 页。
⑥ 《齐民要术校释》卷一《种谷第三》，第 66—67 页。
⑦ 《齐民要术校释》卷一《种谷第三》，第 66 页。

‘八米’也。”[①] 出米率可达八成。第四道工序中，“杷法：令人坐上，数以手断去草”；目的是防止杂草塞住铁耙齿，损伤谷苗。经过这道工序，可以“令地熟软，易锄省力”[②]。这一工序要进行到可以锋地时才停止。第五道锋地的工序，要求锋“三遍者皆佳”[③]。从上述技术措施可知，当时中耕技术的特点是：多锄、深锄、锄小、锄早、锄了。以多锄来说，仅粮食作物就要求谷5—10遍，黍穄4遍，粱秫5—10遍，小麦6遍。[④]

这些技术措施的目的，不仅在于除草，更主要的是为了增加产量，提高粮食质量。为什么要早锄？民谚说：“欲得谷，马耳镞。”及时补苗的好处是“用功盖不足言，利益动能百倍”；何以用小锄好？因为它不仅省力，还可使“谷亦倍胜”[⑤]。深锄的好处是“地熟而实多”，并且可提高出米率[⑥]。不仅谷子如此，其他作物也如此，如“锄麦倍收，皮薄面多”[⑦]。种瓜“多锄则饶子，不锄则无实”[⑧]。而且“五谷、蔬菜、果蓏之属，皆如此也”[⑨]。

从上述农作制度和耕作技术的发展来看，魏晋南北朝时期我国黄河流域的农业生产仍然处于领先地位，在充满战乱和分裂的四百年间仍然在不断地得到提高。

与此同时，南方的农作制度与耕作技术也有长足的发展。从汉代以来，江南继续普遍使用“火耕水耨”方法。应劭解释说：“烧草，下水种稻，草与稻并生；高七八寸，因悉芟去，复下水灌之，草死，稻独长，所谓火耕水耨也。”[⑩] 到了魏晋南北朝时期，南方仍然使用这一耕作方法。《齐民要术》记载种水稻技术时，也说：“烧而耕之，仍即下水。”这与应劭所解释“火耕”方法基本相同。待“稻苗长七八寸，陈草复起，以镰浸

① 《齐民要术校释》卷一《种谷第三》，第66—67页。

② 《齐民要术校释》卷一《种谷第三》，第67页。

③ 《齐民要术校释》卷一《种谷第三》，第67页。

④ 《中国农学史》上册，第251页。

⑤ 《齐民要术校释》卷一《种谷第三》，第66页。

⑥ 《齐民要术校释》卷一《种谷第三》，第67页。

⑦ 《齐民要术校释》卷二《大小麦第十》，第67页。

⑧ 《齐民要术校释》卷二《种瓜第十四》，第156页。

⑨ 《齐民要术校释》卷二《种瓜第十四》，第156页。

⑩ 《史记》卷三〇《平准书》集解引“应劭曰”，第1437页。

水芟之，草悉胕死。稻苗渐长，复须薅，薅讫，决去水，曝根令坚……”①这与应劭所解释的“水耨”方法也基本相同。

西晋初咸宁四年（278），杜预上疏中说：东南的水田，“皆以火耕水耨为便”②，可见当时人民还保持这种传统的耕作方法。不过，当时杜预已不完全同意用这种方法，他认为，“往者东南草创人稀，故得火田之利”，这种方法，“施于新田草莱，与百姓居相绝离者”还可以，而“自顷户口日增，而陂堨岁决”③，条件已经变化，再恪守旧规已不合时宜。但是，杜预并没有就水田耕作提出新的耕作方式去代替传统的火耕水耨方法，只是主张将水田改为陆田。由此可见，在杜预的时代，水田还是采用火耕水耨的方法。西晋人陆云也说，当时会稽鄮县（今浙江宁波东）一带是“遏长川以为陂，燔茂草以为田，火耕水种，不烦人力”④。会稽郡是江南农业的发达地区，这里的水田仍然实行火耕水耨。东晋初，后军将军应詹上表说：“江西良田，旷废未久，火耕水耨，为功差易。宜简流人，兴复农官”⑤。江西指长江下游的长江北岸和淮水以南地区，这里是传统的稻作地区。《隋书·食货志》说：“晋自中原丧乱，元帝寓居江左……而江南之俗，火耕水耨……历宋、齐、梁、陈，皆因而不改。”⑥认为这种方法在整个南朝时还存在。这种看法可能是对的。北朝人郦道元在谈到九真郡（今越南境）从东汉任延担任太守“始教耕犁，俗化交土”以来，“六百余年，火耨耕艺，法与华同”⑦。可知，当时内地仍然采用“火耨耕艺”的方法。《齐民要术》记载北方种植水稻方法：“二月冰解地干，烧而耕之，仍即下水……”⑧北方种稻尚且烧田，南方采用此法固不足怪。梁元帝《玄览赋》有“家给火耕之田”⑨的词句。陈朝徐陵

---

① 《齐民要术校释》卷二《水稻第十一》，第138页。

② 《晋书》卷二六《食货志》，第788页。

③ 《晋书》卷二六《食货志》，第788页。

④ （晋）陆云撰，黄葵点校：《陆云集》卷一〇《答车茂安书》，中华书局1988年版，第175页。

⑤ 《晋书》卷二六《食货志》，第792页。

⑥ 《隋书》卷二四《食货志》，第673页。

⑦ 《水经注疏》卷三六《温水》，第3016页。

⑧ 《齐民要术校释》卷二《水稻第十一》，第138页。

⑨ （唐）欧阳询撰，汪绍楹校：《艺文类聚》卷二六《人部十·言志》引梁元帝《玄览赋》，上海古籍出版社1999年版，第475页。

作《广州刺史欧阳頠德政碑》说："进公位征南将军广州刺史，又都督东衡州二十州诸军事宜，公乃务是民天，敦其分地，火耕水耨，弥亘原野"[①]。欧阳頠都督东衡等二十州在梁末，可见其时在南方还是火耕水耨。

还有一种火耕的方法叫"畲"。《太平御览》引《魏名臣奏》曰："山居林泽有火耕畲种。"[②] 东晋诗人陶潜有"茅茨已就治，新畴复应畲"[③] 的诗句。陶潜为浔阳柴桑人，所反映的是江南的情况。北魏崔楷说："江淮之南，地势洿下，云雨阴霖，动弥旬月……南亩畲菑，微事耒耜。"[④] 刘宋大明（457—464）年间，孔灵符建议在余姚、鄞、鄮三县界，垦起湖田，宋孝武帝使公卿博议，尚书令柳元景等说："生计既完，畲功自息，宜募亡叛通恤及与乐田者，其往经创，须粗修立，然后徒居。"[⑤] "畲功"就是"烧田"。陈张正见诗句"烧田云色暗"[⑥]，就是对畲田的生动描绘。

东晋南朝时期，有不少关于"䆉田"的记载。东晋后期，殷浩北伐前秦，"开江西䆉田千余顷，以为军储"[⑦]，䆉田是什么呢？《说文·田部》："䆉，烧种也。"段注："谓焚其草木而下种，盖治山田之法为然。"[⑧] 据此，䆉田当是火田。然而，何超《音义》却说："通沟溉田亦为䆉。"[⑨] 则可通沟灌溉的土地即称䆉田。《宋书·周朗传》："田非䆉水，皆播麦菽"[⑩]。可知"䆉水"之田，用于种稻，非"䆉水"之田，则用以播麦菽。这样看来，䆉田是对陆田而言的水田。而江南水田使用火耕水耨方法，故二者似有可相通之处。刘宋大明五年（461）"时东土大旱，鄞县多䆉田，世祖使（刘）子尚上表至鄞县劝农"[⑪]。䆉田因可以通渠灌

① 《艺文类聚》卷五二《治政部上·善政》引徐陵《广州刺史欧阳頠德政碑》，第946页。

② 《太平御览》卷五六《地部二一·陆》引《魏名臣奏》，第271页。

③ 袁行霈撰：《陶渊明集笺注》卷二《和刘柴桑》，中华书局2011年版，第95页。

④ 《魏书》卷五六《崔楷传》，第1254—1255页。

⑤ 《宋书》卷五四《孔季恭附弟灵符传》，第1533页。

⑥ 《艺文类聚》卷二九《人部十三·别上》引张正见《征虏亭送新安王应令诗》，第526页。

⑦ 《晋书》卷七七《殷浩传》，第2045页。

⑧ （汉）许慎撰，（清）段玉裁注：《说文解字注》十三下《田部》，上海古籍出版社1988年版，第695页。

⑨ （清）夏味堂撰：《拾雅》卷一九《释地》引《晋书音义》，清嘉庆遂园刻本。

⑩ 《宋书》卷八二《周朗传》，第2093页。

⑪ 《宋书》卷八〇《孝武十四王·豫章王（刘）子尚传》，第2059页。

溉，故大旱时仍可“劝农”。谢灵运在会稽始宁的别业，远南有孟山，山有“芋薯之畴田”[①]。种植芋类“宜择肥缓土近水处”[②]，而畴田可以灌溉，故可种植芋薯。

我们说魏晋南北朝时期南方仍然使用火耕水耨的方法，并不是说这个时期南方的耕作制度和方法没有进步。这个时期的“火耕水耨”，既不同于原始农业阶段的火耕水耨，也与两汉时期的火耕水耨有所区别。从上面列举的“火田”材料中可见，这种方法主要用于开垦荒地和新田。更重要的是由于北方劳动人民的南迁，以及铁制农具的推广和改进，南方水田耕作技术也在提高。魏晋南北朝时期，稻田的耕作也形成了一套完整的耕、耙、耢作业。牛耕和铁犁在南方水田作业中逐步推广。广东省连县出土西晋永嘉（307—313）年间的犁田模型，已使用单牛牵引犁，这在当时是一种先进的耕作技术。西晋初的朱冲，南安（今四川乐山）人，“好学而贫，常以耕艺为事。邻人失犊，认冲犊以归，后得犊于林下，大惭，以犊还冲，冲竟不受。有牛犯其禾稼，冲屡持刍送牛而无恨色。主愧之，乃不复为暴。”[③] 这个记载表明当地牛耕已相当普及，贫富均有耕牛。当然一般来说，贫苦农民是缺乏耕牛的。南齐武帝时戴僧静为北徐州（辖境北起今安徽蚌埠，南至滁县、全椒一带）刺史，“买牛给贫民令耕种，甚得荒情”[④]，这一地区已用牛耕则属无疑。由重禁杀牛，也可以看出当时牛耕推广的情形。梁代有傅昭，“子妇尝得家饷牛肉以进，昭召其子曰：‘食之则犯法，告之则不可，取而埋之。’”[⑤] 水田作业除耕犁需用牛牵引外，耙、劳等作业也须牛力牵引方能进行。这一时期耕、耙、劳都基本使用牛力。广东连县出土的西晋永嘉年间的犁田模型，水田中还有耙田者，也使用一牛牵引的先进技术，耙具为长方形，下有六个较长的齿，上有横把。操作者手扶横把，跟在耙后，驱牛驶耙。这种耙属于当时先进的耖耙，是我国发现最早的耖耙实物模型。这种耙适

① 《宋书》卷六七《谢灵运传》，第1759页。
② 《齐民要术校释》卷二《种芋第十六》，第172页。
③ 《晋书》卷九四《隐逸·朱冲传》，第2430页。
④ 《南齐书》卷三〇《戴僧静传》，第556页。
⑤ 《梁书》卷二六《傅昭传》，第394页。

用于平整田面和搅拌田坭，以便于种植①。《齐民要术·水稻篇》的前一部分，有的学者认为反映的是淮河流域以南的水稻栽培法②。稻田放水十天后，要求"曳陆轴十遍"，陆轴是水田的整地农具，用畜力牵引辊压，"遍数唯多为良"，直到"地既熟"③ 才能下种。可见其耕作要求很高。

在汉代，由于生产工具和技术落后，"种稻，区不欲大，大则水深浅不适"④。可见当时还不能使大面积水田平整。到了魏晋南北朝时期，由于水田整地农具的进步，耖耙和陆轴的使用，"畦畤大小无定，须量地宜，取水均而已"⑤。水田面积无论大小都可以使其平整，做到水的深浅一致，保证作物顺利生长，可见水田耕作技术比汉代已有很大的进步。因此我们不能看见"火耕水耨"的字样就认为南方耕作方法原始落后，应当看到这个时期的"火耕水耨"已经发生了很大的变化。

五　农田灌溉事业的发展

农业的发展有赖于水利灌溉事业的发展。黄河流域的黄土与冲积土，一旦与水份结合就成为极其肥沃的土壤，具有"自行肥效"的能力⑥，江南广泛种植的水稻亦需要充沛的水源和便利的排灌。因此，不论在南方还是北方，水利都是农业发展的基础。不过，由于地理条件的差异，各地区发展水利的主要趋向有所不同，"在西北黄土地区，主要是用渠道进行灌溉的问题；在长江与珠江流域，主要是解决在肥沃的沼泽与冲积地带上进行排水、并对复杂的排灌系统进行维修的问题；而在黄河下游与淮水流域，实质上就是一个防洪问题。"⑦

魏晋南北朝时期，即使在分裂与战乱较频繁的情况下，农田水利事业仍有一定程度的发展，为这一时期农业生产的发展提供了条件。

---

① 徐恒彬：《简谈广东连县出土的西晋犁田耙田模型》，《文物》1976 年第 3 期。

② ［日］西嶋定生著，冯佐哲、邱茂、黎潮合译：《中国经济史研究》，农业出版社 1984 年版，第 140 页。

③ 《齐民要术校释》卷二《水稻第十一》，第 138 页。

④ 《齐民要术校释》卷二《水稻第十一》引《氾胜之书》，第 142 页。

⑤ 《齐民要术校释》卷二《水稻第十一》，第 139 页。

⑥ 冀朝鼎著，朱诗鳌译：《中国历史上的基本经济区与水利事业的发展》，中国社会科学出版社 1981 年版，第 17 页。

⑦ 《中国历史上的基本经济区与水利事业的发展》，第 15—16 页。

三国时期为了战争的需要，各个势力和政权在戎马倥偬之中即留意于水利，以发展农业、支援战争从而实现争霸目的。东汉末年军阀混战时，徐州牧陶谦即以陈登为典农校尉，“巡土田之宜，尽凿溉之利”，因而“秔稻丰积”①。曹操以夏侯惇为陈留、济阴太守，“乃断太寿水作陂，身自负土，率将士劝种稻，民赖其利”②。建安（196—220）初，曹操一方面倾全力与袁绍决战于官渡，一方面又留意东南与孙吴的争夺，于是表刘馥为扬州刺史，“单马造合肥空城”，在那里“广屯田，兴治芍陂及茄陂、七门、吴塘诸堨以溉稻田”，于是“官民有畜”，史称“陂塘之利，至今为用。”③

曹魏建国后，水利事业有了更进一步的发展。一方面地方长官为了劝课农桑而积极兴修水利。如贾逵为豫州刺史，“遏鄢、汝，造新陂，又断山溜长谿水，造小弋阳陂”④。郑浑为阳平、沛郡太守，“于萧、相二县界，兴陂遏，开稻田……躬率吏民，兴立功夫，一冬间皆成。”这项水利工程的效益非常显著，“比年大收，顷亩岁增，租入倍常，民赖其利，刻石颂之，号曰郑陂。”⑤ 青龙元年（233）于关中地区“开成国渠自陈仓至槐里；筑临晋陂，引汧洛溉舄卤之地三千余顷，国以充实焉。”⑥ 另一方面，为了继续大力屯田而兴修水利。屯田官常受命兴修水利，如司马孚为野王典农中郎将，受诏“兴河内水利”，堰沁水以“方石为门，若天亢旱，增堰进水；若天霖雨，陂泽充溢，则闭防断水，空渠衍涝，足以成河。云雨由人”，此地因名“石门”⑦。屯田的重要目的之一是为了伐吴，曹魏对于东南屯田予以格外关注，为此在淮南北大兴水利。正始（240—249）初，司马懿派邓艾巡行陈、项以东至寿春，邓艾认为这一带“田良水少，不足以尽地利，宜开河渠，可以引水浇溉，大积军粮，又通运漕之道”，建议“省许昌左右诸稻田，并水东下”，在司马懿的

---

① 《三国志》卷七《魏书·吕布传》注引《先贤行状》，第230页。

② 《三国志》卷九《魏书·夏侯惇传》，第268页。

③ 《三国志》卷一五《魏书·刘馥传》，第463—464页。

④ 《三国志》卷一五《魏书·贾逵传》，第482页。

⑤ 《三国志》卷一六《魏书·郑浑传》，第511页。

⑥ 《晋书》卷二六《食货志》，第785页。

⑦ 《水经注疏》卷九《沁水》，第826—827页。按，“若天亢旱”一句中的“亢”字，戴震改为“暘”，熊会贞疏亦云：《太平御览》亦引作“暘”。

赞许下，“事皆施行”[①]。“遂北临淮水，自钟离而南横石以西，尽沘水四百余里……且佃且守。兼修广淮阳、百尺二渠，上引河流，下通淮颍，大治诸陂于颍南、颍北，穿渠三百余里，溉田二万顷，淮南、淮北皆相连接。”[②] 这些巨大的水利工程，一方面可以漕运，“每东南有事，大军兴众，汎舟而下，达于江、淮”[③]；另一方面又可灌溉农田，“溉东南诸陂”[④]“资食有储，而无水害”[⑤]。对于长江中游地区，曹魏统治者也很重视，在这里兴修水利，发展农业，“江陵有沮、漳二水，溉灌膏腴之田以千数。安陆左右，陂池沃衍。”[⑥] 可见这一带农田灌溉事业有较大的发展。

曹魏时期在北方兴建的最重要的水利工程当推幽州的戾陵堰。刘靖都督河北诸军事，实地勘察了梁山（今石景山）㶟水（今永定河）一带的地形，于嘉平二年（250）督军士二千人于㶟水上建造戾陵堰，“积石笼以为主遏，高一丈，东西长三十丈，南北广七十余步。依北岸立水门，门广四丈，立水十丈。”在堰旁开凿一条车箱渠，向东连接高梁河，将㶟水引入高梁河，灌溉蓟城西郊，“灌田岁二千顷”[⑦]。“水溉灌蓟南北；三更种稻，边民利之。”[⑧] 而当山洪暴发时，洪水可越过戾陵堰顶仍由㶟水排泄。既可灌溉，又可防洪。景元三年（262）又派谒者樊晨重修戾陵堰，把车箱渠从高梁河继续往东延伸，“自蓟西北迳昌平，东尽渔阳潞县，凡所润含，四五百里，所灌田万有余顷”[⑨]，进一步扩大了其灌溉效益，对发展蓟城一带的农业发挥了巨大作用。这项工程建成后，历代不断修缮，在魏晋南北朝的三四百年中，一直发挥着它的效益，故郦道元称赞这项工程“施加于当时，敷被于后世。”[⑩]

---

① 《三国志》卷二八《魏书·邓艾传》，第 775 页。
② 《晋书》卷二六《食货志》，第 785 页。
③ 《三国志》卷二八《魏书·邓艾传》，第 776 页。
④ 《晋书》卷一《宣帝纪》，第 14 页。
⑤ 《晋书》卷二六《食货志》，第 786 页。
⑥ 《三国志》卷二七《魏书·王基传》，第 752 页。
⑦ 《水经注疏》卷一四《鲍丘水》，第 1224 页。
⑧ 《三国志》卷一五《魏书·刘馥传》，第 464—465 页。
⑨ 《水经注疏》卷一四《鲍丘水》，第 1224 页。
⑩ 《水经注疏》卷一四《鲍丘水》，第 1224 页。

与此同时，孙吴在江南的水利也有一定程度的发展。早在东汉顺帝永和五年（140），于会稽、山阴二县界开凿的镜湖，“堤塘周回三百一十里，溉田九千余顷”①。吴张昭在建康附近开凿娄湖，“溉田数十顷，周回七里”②。此外，吴兴郡之西湖，“溉田三万顷，有水门四十所”③。海盐县之临平湖，“溉田三百余顷”④。但是，永安三年（260）建丹阳湖田，作浦里塘却是一项失败的工程，“功费无数，而田不可成”⑤。

蜀汉国小力弱，疲于征战，无暇兴建水利工程，不过，对于前代所修都江堰，亦颇加留意，“诸葛亮北征，以此堰农本，国之所资，以征丁千二百人主护之，有堰官。”⑥

西晋时水利事业的特点是多为修复旧陂堨而少有新创。泰始十年（274），夏侯和曾“上修新渠、富寿、游陂三渠，凡溉田千五百顷。”⑦但是，这种新建的水利工程并不多。这是由于曹魏时所修陂堨，到了晋初有不少已反利为害，尤以东南兖、豫一带为甚。据咸宁（275—280）初年杜预上疏，由于东南地区连年水灾，这一带“陂堨岁决，良田变生蒲苇”，造成“陂之害也”⑧。他提出建议：“宜大坏兖、豫州东界诸陂，随其所归而宣导之”⑨“其诸魏氏以来所造立，及诸因雨决溢蒲苇马肠陂之类，皆决沥之。”⑩ 这样可以免生水患，增加良田。但是，对于经过考验有效益的“汉氏旧陂旧堨及山谷私家小陂，皆当修缮以积水”“其旧陂竭沟渠当有所补塞者，皆寻求微迹，一如汉时故事”加以修复⑪。类似杜预主张的，当时还有胡威，曾“启宜坏陂”，宋侯相应遵也上书“求坏泗

---

① 《太平御览》卷六六《地部三一·湖》引《会稽记》，第 315 页。

② （唐）李吉甫撰，贺次君点校：《元和郡县图志》卷二五《江南道一》，中华书局 1983 年版，第 595 页。

③ 《太平寰宇记》卷九四《江南东道六·湖州》，第 1894 页。

④ 《元和郡县图志》卷二五《江南道一》，第 604 页。

⑤ 《晋书》卷二七《五行志上》，第 813 页。

⑥ 《水经注疏》卷三三《江水》，第 2745 页。

⑦ 《晋书》卷二六《食货志》，第 787 页。

⑧ 《晋书》卷二六《食货志》，第 788 页。

⑨ 《晋书》卷二六《食货志》，第 787 页。

⑩ 《晋书》卷二六《食货志》，第 789 页。

⑪ 《晋书》卷二六《食货志》，第 789 页。

陂”[①]。束皙也曾上书指出：“汲郡之吴泽，良田数千顷，泞水停洿，人不垦植。闻其国人，皆谓通泄之功不足为难，舄卤成原，其利甚重”。他认为荆、扬、兖、豫四州“必多此类”“宜诏四州刺史，使谨按以闻。”[②]由此可知，这在晋初是一个普遍性的问题。杜预就是按照这个方针兴修水利的，他在镇荆州期间“修邵信臣遗迹，激用滍淯诸水以浸原田万余顷，分疆刊石，使有定分，公私同利。”[③]

曹魏嘉平二年（250）所建之戾陵堰，到西晋元康五年（295）已有四十五年。这年夏天洪水暴发，戾陵堰“毁损四分之三”，于是监幽州诸军事的刘弘又派将士二千人修缮戾陵堰，“起长岸，立石渠，修主遏，治水门，门广四丈，立水五尺”[④]，使这项工程继续发挥巨大效益。

东晋南朝时期，江南地区的水利事业又有了进一步的发展。“旧晋陵地广人稀，且少陂渠，田多恶秽”[⑤]。早在西晋末，陈敏据有江东，“务修耕绩，令弟（陈）谐遏马林溪以溉云阳，亦谓之练塘，溉田数百顷”[⑥]。晋元帝太兴四年（321），内史张闿又因“所部四县并以旱失田”[⑦]，乃奏立曲阿新丰塘，“创湖成溉灌之利”[⑧]“溉田八百余顷，每年丰稔”[⑨]。练塘、新丰塘的兴建，使晋陵一带的农业生产在东晋时期获得巨大发展。

三吴地区的水利原有较好的基础，这一时期更有了进一步的发展。东晋成帝咸康（335—342）中，孔愉出为会稽内史，“句章县有汉时旧陂，毁废数百年。愉自巡行，修复故堰，溉田二百余顷，皆成良业。”[⑩]吴兴乌程开荻塘，“溉田千顷”，又有谢塘为谢安所开[⑪]。刘宋时，吴兴太

---

① 《晋书》卷二六《食货志》，第789页。

② 《晋书》卷五一《束皙传》，第1431—1432页。

③ 《晋书》卷三四《杜预传》，第1031页。

④ 《水经注疏》卷一四《鲍丘水》，第1225页。按，“立水五尺”一句，或以为“水”字后脱一“堨”字。杨守敬谓：“立”字疑“遏”字之误。

⑤ 《元和郡县图志》卷二五《江南道一》，第592页。

⑥ 《元和郡县图志》卷二五《江南道一》，第592页。

⑦ 《晋书》卷七六《张闿传》，第2018页。

⑧ 《元和郡县图志》卷二五《江南道一》，第592页。

⑨ 《晋书》卷七六《张闿传》，第2018页。

⑩ 《晋书》卷七八《孔愉传》，第2053页。

⑪ 《太平寰宇记》卷九四《江南东道六·湖州》，第1885页。

守沈攸之建吴兴塘，“灌田二千余顷”[①]。在会稽郡长湖，“沿湖开水门六十九所，下溉田万顷”[②]。郦道元引伍子胥之语云：“吴、越之国，三江环之，民无所移矣。但东南地卑，万汉所凑，涛湖泛决，触地成川，枝津交渠，世家分夥，故川旧渎，难以取悉”[③]。东南地区以它独特的地理条件在六朝时期得到了大力开发，其水利事业的发展已堪称首屈一指了。

值得一提的是，刘宋时民间水利家姚峤曾提出一项大胆的水利工程计划。吴兴郡民姚峤认为吴郡、吴兴、晋陵、义兴四郡“同注太湖，而松江沪渎壅噎不利，故处处涌溢，浸渍成灾”。他经过二十多年的实地考察丈量，提出“从武康纻溪开漕谷湖，直出海口，一百余里，穿渠浛”，把积水直接引入大海，一举解决四郡的水涝问题[④]。但由于种种原因，这一大胆设想未能付诸实现。但这一计划的提出，表明当时水利工程技术已达到了较高水平。

三吴地区之外的水利事业也有不同程度的发展。南齐时，刘怀慰为齐郡太守，“垦废田二百余顷，决沈湖灌溉”[⑤]。沈瑀于句容筑赤山塘[⑥]，周山图为涟口戍主，遏涟水“并以溉田”[⑦]。萧梁时，夏侯夔为豫州刺史，“帅军人于苍陵立堰，溉田千余顷，岁收谷百余万石……境内赖之。”[⑧]

南朝时，长江中游的水利事业也有发展。刘宋时，张邵为雍州刺史，在襄阳“筑长围，修立隄堰，开田数千顷，郡人赖之富赡。”[⑨] 沈亮为南阳太守“郡界有古时石堨，芜废岁久，亮签世祖修治之”“又修治马人陂，民获其利”[⑩]。“马人陂”又作“马仁陂”，在今河南泌阳县西北，

---

① 《元和郡县图志》卷二五《江南道一》，第605页。

② 《水经注疏》卷四〇《渐江水》，第3305—3306页。

③ 《水经注疏》卷二九《沔水》，第2458页。按，“万汉所凑”之句中的“汉”字，疑是“流”之讹，未知系原书错误，抑或是出版社排印有误？

④ 《宋书》卷九九《二凶传》，第2435页。

⑤ 《南齐书》卷五三《良政·刘怀慰传》，第918页。

⑥ 《梁书》卷五三《良吏·沈瑀传》，第768页。

⑦ 《南齐书》卷二九《周山图传》，第541页。

⑧ 《梁书》卷二八《夏侯亶附弟夔传》，第421—422页。

⑨ 《宋书》卷四六《张邵传》，第1395页。

⑩ 《宋书》卷一〇〇《自序》，第2452页。

《水经注》记其情况说："城之东有马仁陂，郭仲产曰：陂在比阳县西北五十里，盖地百顷，其所周溉田万顷，随年变种，境无俭岁"①。襄阳旧有六门堰，良田数千顷，"堰决久坏，公私废业"，宋孝武帝时派刘秀之主持修复，"雍部由是大丰"②。刘宋末年在荆州筑获湖，"堰湖开渎，通引江水，田多收获"③。

淮水南岸的芍陂（今安徽寿县南）相传为春秋时楚相孙叔敖始建，这是一项历时久远、效益巨大的著名水利工程。魏晋南北朝时期，这项工程虽然兴废不一，但统治者一旦需要强兵足食，无不留意于此。建安五年（200），刘馥为扬州刺史，即整治芍陂"以溉稻田"④。魏晋时对芍陂经常进行修缮，"年用数万人"，以致"豪强兼并，孤贫失业"。后刘颂除淮南相，"使大小戮力，计功受分，百姓歌其平惠"⑤，使贫富合理负担修建芍陂的劳务。刘裕为了伐后秦，"先遣毛修之复芍陂，起田数千顷"⑥。元嘉七年（430），刘义欣为豫州刺史，当时"芍陂良田万余顷，堤堨久坏，秋夏常苦旱"，刘义欣派谘议参军殷肃"循行修理。有旧沟引淠水入陂，不治积久，树木榛塞。肃伐木开榛，水得通注，旱患由是得除。"⑦萧齐时，敕豫州刺史垣崇祖"修治芍陂田"⑧。萧梁普通四年（523）冬，裴邃主持修治芍陂⑨，后其侄裴之横"与僮属数百人，于芍陂大营田墅，遂致殷积"⑩，可知这一水利工程对于农业的作用是巨大的。郦道元对这一水利工程描述道："芍陂渎上承井门，与芍陂更相通注……陂周百二十许里……陂有五门，吐纳川流"⑪。历代不断修缮，使其水利设施日益完备，始终发挥着巨大的效益。

---

① 《水经注疏》卷三一《沅水》，第2631页。
② 《宋书》卷八一《刘秀之传》，第2073—2074页。
③ 《太平寰宇记》卷一四六《山南东道》，第2840页。
④ 《三国志》卷一五《魏书·刘馥传》，第463页。
⑤ 《晋书》卷四六《刘颂传》，第1294页。
⑥ 《宋书》卷四八《毛修之传》，第1429页。
⑦ 《宋书》卷五一《宗室·长沙景王（刘）道怜附子义欣传》，第1465页。
⑧ 《南齐书》卷二五《垣崇祖传》，第463页。
⑨ 《梁书》卷二八《裴邃传》，第415页。
⑩ 《梁书》卷二八《裴之横传》，第417页。
⑪ 《水经注疏》卷三二《肥水》，第2676—2679页。

十六国北朝时期，北方频遭战乱，水利事业的发展不如南方，但当政局稍显稳定之时，则水利之兴修亦随之实行。在十六国扰攘之际，前燕慕容皝就注重农桑，令曰："沟洫溉灌，有益官私，主者量造，务尽水陆之势。"① 其时成效较著者当推前秦苻坚时所修水利，"坚以关中水旱不时，议依郑白故事，发其王侯已下及豪望富室僮隶三万人，开泾水上源，凿山起堤，通渠引渎，以溉冈卤之田。及春而成，百姓赖其利。"②

拓跋魏建国后，逐步由畜牧业转向农业，同时也开始注意水利建设。拓跋珪定中原，即开始留意农业，登国九年（394），派东平公元仪屯田于黄河北岸之五原，直至棝阳塞外。为了防御柔然，在北部边境建立许多军镇，令士卒且佃且守。因此，北魏统治者对于北部边镇地区的水利建设，非常重视。太平真君五年（444），薄骨律（今宁夏灵武南）镇将刁雍上表兴修水利。这个地区雨水少，须引黄河水以灌溉农田。但是"观旧渠堰，乃是上古所制，非近代也""官渠乏水，不得广殖"。其主要原因是"河水激急，沙土漂流，今日此渠高于河水二丈三尺"，而"计昔为之，高于水不过一丈"，黄河泥沙的冲积，造成"渠溉高悬，水不得上"的情况，"虽复诸处案旧引水，水亦难求"。古代曾在富平县西南30里的艾山"凿以通河""其两岸作溉田大渠，广十余步，山南引水入此渠中"。但现在这种水渠已无法引黄河水以灌溉，因此他建议在艾山北面另开新渠，"今艾山北，河中有洲渚，水分为二。西河小狭，水广百四十步""于河西高渠之北八里，分河之下五里，平地凿渠，广十五步，深五尺，筑其两岸，令高一丈。北行四十里，还入古高渠，即循高渠而北，复八十里，合百二十里，大有良田"。但是，这一新凿渠口，仍高于河水五尺，水不得入，因此，"今求从小河东南岸斜断到西北岸，计长二百七十步，广十步，高二丈，绝断小河……小河之水，尽入新渠"。这样，"水则充足，溉官私田四万余顷。一旬之间，则水一遍，水凡四溉，谷得成实。官课常充，民亦丰赡。"③ 他的计划得到太武帝拓跋焘的积极支持，取得了预期的成功。

---

① 《晋书》卷一〇九《慕容皝载记》，第2825页。

② 《晋书》卷一一三《苻坚载记上》，第2899页。

③ 《魏书》卷三八《刁雍传》，第867—868页。

北魏太和十二年（488）五月，孝文帝“诏六镇、云中、河西及关内六郡，各修水田，通渠溉灌”①，在这时仍然把六镇地区的水利放在首位。第二年八月，又“诏诸州镇有水田之处，各通溉灌，遣匠者所在指授”②。北魏后期，宣武帝时，由于水利长期失修，“东北数州，频年淫雨……汎滥为灾”“定、冀水潦，无岁不饥；幽、瀛川河，频年汎溢”，崔楷上书认为“不可一准古法，皆循旧隄”，应“量其逶迤，穿凿涓浍，分立隄堨，所在疏通……随其高下，必得地形”，然后，“即以高下营田，因于水陆，水种秔稻，陆艺桑麻”③。崔楷的建议得到宣武帝的批准，“事遂施行”，但“楷用功未就，诏还追罢”④，遂不了了之。孝明帝正光年间（520—524），幽州刺史裴延儁在河北地区主持修复了两项重要水利工程。“范阳郡有旧督亢渠，径五十里，渔阳燕郡有故戾陵诸堰，广袤三十里。皆废毁多时，莫能修复。时水旱不调，民多饥馁”。于是裴延儁上书，主张“疏通旧迹”，并亲自勘察地形，“随力分督，未几而就，溉田百余万亩，为利十倍，百姓至今赖之。”⑤ 当时范阳涿人卢文伟被委派负责修复督亢陂，仅这项工程就可“溉田万余顷”。卢文伟原先“家素贫穷”，督亢陂修复后，他利用其水利条件，经营农田，“因此致富”⑥。可见这项水利工程对于发展这一地区农业的巨大作用。孝武帝太昌（532）中，李愍出为南荆州刺史，“于州内开立陂渠，溉稻千余顷，公私赖之”⑦。北齐皇建（560—561）中，由平州刺史嵇晔主持，再次修复督亢旧陂，竣工后“岁收稻粟数十万石，北境得以周赡”⑧。天统元年（565）幽州刺史斛律羡“导高梁水北合易京”，东会于潞河，“因以灌田，边储岁积，转漕用省，公私获利焉”⑨，这是在原来的戾陵堰水利工程基础上进一步扩展其水利效益。北周武帝保定二年（562），“初于蒲州开河渠，同州开龙首

① 《魏书》卷七下《高祖纪下》，第164页。
② 《魏书》卷七下《高祖纪下》，第165页。
③ 《魏书》卷五六《崔辩附崔楷传》，第1253—1254页。
④ 《魏书》卷五六《崔辩附崔楷传》，第1255页。
⑤ 《魏书》卷六九《裴延儁传》，第1529页。
⑥ 《北齐书》卷二二《卢文伟传》，第319页。
⑦ 《北齐书》卷二二《李元忠附宗人李愍传》，第318页。
⑧ 《隋书》卷二四《食货志》，第677页。
⑨ 《北齐书》卷一七《斛律金附斛律羡传》，第227页。

渠，以广灌溉。”①

纵观十六国北朝时期，北方水利事业虽也时有兴作，但总的看来不如南方，亦未超迈前代。

（原刊《魏晋南北朝史论》，学苑出版社 1999 年版。2022 年 3 月，我与黎虎先生通信，先生告知拟出版《魏晋南北朝史论》增订本。同时，先生将原版《魏晋南北朝史论》的文稿转换为 WORD 文档，全部发送给我，并新增一些篇目，让我按照最新的注释格式、注释标准对这些文章进行修订。我当时即应命而为，并立即着手此事，但是根据学苑出版社原版转换过来的 WORD 文档因为格式关系而无法编校，于是便将这些篇目分派给我的研究生重新录入校对，然后再由我覆校。6 月 1 日，先生再次来信，第一次告诉我，说他身体状况不好，《魏晋南北朝史论》增订本的整理工作只能完全依靠你来完成云云。我当时没有犹豫，当即复信先生，请先生安心静养，此事就由我一力承担。在刚接到这个任务的时候，我就和先生商量，所有注释的规范均按现行的标准进行整理，并对原文中的文字错讹进行订正，同时对于其中一些措辞不够雅训的地方也略为修订，先生对此均表示赞同，并让我放心大胆施为。我当即表示，这些修订丝毫不会影响原文主旨和意图。对于先生之信任重托，我是“蒙在驱使之末，铭感在心，岂胜言谢”，唯尽心而已。今以重新录入的 WORD 文稿为工作底本，参校原刊文进行修订整理，除订正原刊文错讹文字，并按最新标准统一规范引文注释，对原文主旨思想均未做任何改动。李文才敬识。）

---

① （唐）令狐德棻等撰：《周书》卷五《武帝纪上》，中华书局 1971 年版，第 66 页。

魏晋南北朝时期主粮作物品种的增加

魏晋南北朝时期的近4个世纪中，农业生产在两汉的基础上迂回曲折地前进，取得了长足的发展，在我国古代农业发展史上占居极其重要的地位。主粮作物品种的增加，是这一时期农业生产发展的突出表现之一，其成果是空前的，显示了社会经济的蓬勃生机。本文不拟全面论述这一时期农业发展状况，只是试图从主粮作物品种增加的一个侧面以窥视其时农业生产领域的成就。

一　麦、粟、稻、菽品种的增加

我国从古代就形成了以大田粮食生产为主体的传统农业，其中以麦、粟、稻、菽为最重要的主粮作物。它提供了我国人民赖以生存的主要食物，它是我国古代农业兴衰的重要标志。

农业生产的发展，除了取决于社会生产关系以外，还对自然环境有着直接的依赖关系。由于土质和气候等自然条件的差异，从古代已形成了黄河流域和长江流域两大农业区域。以黄河中下游为中心的北方农业区，发展了黍、稷、麦、菽为主的旱地作物，长江流域及其以南的珠江三角洲等农业区，则形成了以水稻为主的水田农作生产。随着农业生产的发展，魏晋南北朝时期，南北农业区粮食作物的品种都有了发展，粟、麦、稻、菽等主粮作物品种的繁衍，尤其令人瞩目。魏晋时期唯物主义思想家杨泉说：粱、稻、菽各有20个品种，这“三谷”，共为60种，再加上蔬、果各20种，共为100种①。虽然魏晋时“三谷”和蔬、果的品

① （后魏）贾思勰原著，缪启愉校释：《齐民要术校释》卷一《收种第二》引《物理论》，中国农业出版社1998年版，第54页。

种并非如此整齐划一，恰好各 20 种，这种说法是为了附会《诗经》“播厥百谷”的，不过，魏晋时期粮食作物品种有了很大增加，则是无疑的事实。

麦类是北方主要的旱田作物，也是“五谷”之首。董仲舒说：“《春秋》它谷不书，至于麦禾不成则书之，以此见圣人于五谷最重麦与禾也。”① 可见，麦类在粮食作物中占有极其重要的地位。从《四民月令》和《氾胜之书》看，秦汉时期麦类已有大麦、小麦、穬麦（元麦）等品种，后世所谓“三麦”，这时已经具备。小麦除了已经普遍种植的旋麦（即春小麦）外，又进一步推广了“宿麦”（即冬小麦）。“俗不好种麦”的关中地区，汉武帝时也采取措施“使关中民益种宿麦”②。到了魏晋时期，麦类的品种有了明显的发展。成书于公元 3 世纪的《广志》，记载了当时麦的品种有虏水（按，“水”字，《太平御览》卷八三八、《永乐大典》卷二二一八一引作“小”）麦、稊麦、旋麦、赤小麦、山提（渐西村舍本作“朱提”）小麦、半夏小麦、秃芒大麦、黑穬麦③。在这 8 个品种中，有小麦 6 种，大麦和穬麦各 1 种。由此可见当时对小麦品种的改良和引进取得了突出成绩。南北朝时期，又增加了“瞿麦”。农史学界对瞿麦有不同解释，缪启愉先生认为，从采用“浑蒸、曝干、舂去皮”的脱壳办法和“多秽”的特性看来，似是一种半栽培的野生燕麦④。石声汉先生认为可能是“雀麦”，即燕麦。因“雀”“瞿”二字容易混淆⑤。《齐民要术》中不仅记载了“瞿麦”的种植方法和特性，还详细记述了它的食用方法，可见这种作物是人们还不太熟悉的新品种。在这一时期里，引进中原地区的麦类还有“青稞麦”，《齐民要术》也比较详细地介绍了它的种植方法和食用方法⑥。

粟是我国北方古老的主粮作物，即董仲舒看作与麦同等重要的

① （汉）班固撰，（唐）颜师古注：《汉书》卷二四《食货志上》，中华书局 1962 年版，第 1137 页。

② 《汉书》卷二四《食货志上》，第 1137 页。

③ 《齐民要术校释》卷二《大小麦第十》引《广志》，第 126 页。

④ 《齐民要术校释》卷二《大小麦第十》注［一六］，第 132 页。

⑤ 石声汉：《齐民要术今释》，科学出版社 1957 年版，第 102 页。

⑥ 《齐民要术校释》卷二《大小麦第十》，第 133 页。

“禾”，南北朝时俗称为“谷”。这种作物在先秦古籍中称为“稷”。稷是什么作物？历来意见纷纭，主要有两派，一主稷即黍，一主稷即粟①。贾思勰明确说：“谷，稷也，名粟。”② 贾氏之书不仅“采捃经传”，而且“爰及歌谣，询之老成，验之行事”③，当可信从。

这种作物的品种在魏晋南北朝时期也有很大的发展。《广志》已著录有“赤粟”“黑格雀粟”等 11 种粟类的品名，这是我国历史上首次详细著录粟类的品种④。到了北魏时，100 多年间，粟类的品种已发展到 86 个。贾思勰按其性状及品质优劣分为四大类：第一类 14 种。它们具有“早熟，耐旱，熟早免虫”等特点，其中“聒谷黄、辱稻粮二种，味美”；第二类 24 种，它们具有“耐风，免雀暴”等特点，其中“一睍黄一种，易舂”；第三类 38 种，它们可能都属“单杆大谷”（原文作“中租大谷”，据缪启愉考释），即杆粗穗大的品种。其中“白鹾谷、调母梁二种，味美”“秆容青、阿居黄、猪矢青三种，味恶”，“黄穞稼、乐婢青二种，易舂”；第四类 10 种，它们的特点是“晚熟，耐水；有虫灾则尽矣。”⑤ 其分类标准是：“凡谷成熟有早晚，苗秆有高下，收实有多少，质性有强弱，米味有美恶，粒实有息耗”⑥，即以谷物的成熟期、植株高度、产量、抗风旱能力和出米率等进行分类。

稻与粟麦一样也是我国人民主要的粮食作物，它的品种在魏晋南北朝时期也有很大的发展。汉代稻作品种已有“秔稻”（即粳稻）、“秫稻”（即糯稻）等分类⑦，考古发掘还发现了粳稻的亚种——籼稻⑧，曹魏时张揖《广雅》首次著录了“籼稻”。到了西晋时，据《广志》所载，水稻品种已有 13 种，这是我国历史上首次对于水稻品种的详细记载。在这 13 个品种分别是虎掌稻、紫芒稻、赤芒稻、白米稻、蝉鸣稻、盖下白稻、青芋稻、累子稻、白汉稻、乌粳、黑穬、青函、

---

① 游修龄：《论黍和稷》，《农业考古》1984 年第 2 期。

② 《齐民要术校释》卷一《种谷第三》，第 60 页。

③ 《齐民要求校释》之《齐民要术序》，第 18 页。

④ 《齐民要术校释》卷一《种谷第三》引《广志》，第 61 页。

⑤ 《齐民要术校释》卷一《种谷第三》，第 61 页。

⑥ 《齐民要术校释》卷一《种谷第三》，第 65 页。

⑦ 万国鼎：《氾胜之书辑释》，中华书局 1957 年版，第 121—122 页。

⑧ 《长沙马王堆一号墓》，《文物资料丛刊》第 4 期。

白夏，后面四种明言其为粳稻[①]，那么其余 9 种“大而且长，当为籼稻”[②]。其中“蝉鸣稻”等 5 个品种是南方品种，“虎掌稻”等 4 个品种可能是北方品种。

到了南北朝时期，水稻品种又有了很大的增加。据《齐民要术》卷二《水稻》记载，当时有 24 个品种，其中 13 种为粳稻，11 种为秫稻[③]。除水稻外，这个时期还培育出了一种“旱稻”，贾思勰专辟《旱稻》篇以介绍此种作物，这个品种既可以在“下田”，即低洼易涝的地方种植，也适于在“高田”，即高原瘠薄之处种植[④]，他还专门介绍了把“旱稻、赤米”烧成白饭的方法。[⑤]

在众多的水稻品种中，有许多优质品种。“新城粳稻”早就享有盛誉，新城在今河南伊川，魏文帝说这种稻米“上风炊之，五里闻香。”邺城西部所产“清流之稻”，是品质优良的“御稻”[⑥]。“河内好稻”[⑦]，从东汉以来就很著名。汲郡共县（今河南辉县）有百门陂，“百姓引以溉稻田，此米明白香洁，异于他稻，魏齐以来，常以荐御。”[⑧] 江南稻米的品质一般不如北方，曹丕说：“江表唯闻长沙名好米，何时比新城粳稻也。”[⑨] 不过，东晋南朝时期，南方也出现了不少品质优良的稻米，豫章的槃石，所产“稻米之精者，如玉暎澈于器中。”[⑩] 蝉鸣稻也是一个优良品种，所谓“滍水鸣蝉，香闻七里。”[⑪] 桃花米也是南方所产一种优质稻

---

① 《齐民要术校释》卷二《水稻第十一》引《广志》，第 136 页。

② 游修龄：《我国水稻品种资源的历史考证》，《农业考古》1981 年第 2 期。

③ 《齐民要术校释》卷二《水稻第十一》，第 137 页。

④ 《齐民要术校释》卷二《旱稻第十二》，第 146—147 页。

⑤ 《齐民要术校释》卷九《飧、饭第八十六》，第 649 页。

⑥ （宋）李昉等撰：《太平御览》卷八三九《百谷部三·稻》引左思《魏都赋》，中华书局 1960 年版，第 3751 页。

⑦ （清）严可均校辑：《全上古三代秦汉三国六朝文》之《全三国文》卷三五（卢毓）《冀州论》，中华书局 1958 年版，第 1250 页。

⑧ （唐）李吉甫撰，贺次君点校：《元和郡县图志》卷一六《河北道一·卫州共城县》，中华书局 1983 年版，第 462 页。

⑨ 《太平御览》卷八三九《百谷部三·稻》，第 3751 页。

⑩ 《太平御览》卷八二一《资产部一·田》引《豫章记》，第 3658 页。

⑪ 《全上古三代秦汉三国六朝文》之《全梁文》卷六六（庾肩吾）《谢东宫赍米启》，第 3341 页。

米，其“为饭香软”①。长沙所产米的质地，南朝时也有提高，庾肩吾认为它已“味重新城，香逾涝水。”②

菽是豆类的总称，它也是古代人们的主粮之一。据《广雅》载，三国时有“大豆”“小豆”“豍豆”“豌豆”“胡豆”等5个品种③。晋时，《广志》所载有“重小豆”“白豆”“刺豆”“秬豆”以及“黄落豆”“御豆”“杨豆”等大豆品种④。青色、黄色的胡豆增加至八、九个品种。其中的“重小豆”可能是营豆之误，此豆并非始于魏晋，早在汉代已为人们食用，如《陈留耆旧传》载：小黄恒牧被赤眉军所获，“贼义释之，送营豆一斛。”⑤ 北朝时，豆类品种又有增加，仅大豆一项，从颜色分有白、黑2种，以及“长梢”“牛践”等别名，有“黄高丽豆”“黑高丽豆”“鷰豆”“豍豆”等品种。小豆有绿、赤、白3种，包括豌豆、江豆、营豆等品种⑥。这里贾思勰把豌豆、营豆和豍豆分别归类于大豆和小豆的品种中，分类较前更趋科学。大豆与小豆的区分，用科学的观点来说，不仅指豆的大小，还应与豆的成分和用途有关，大概蛋白质和脂肪含量较丰而经济价值较高的，为“大豆类”，反之则为“小豆类”⑦。

二　主粮作物品种增加的原因

以上仅从麦、粟、稻、菽等主要的粮食作物品种的增加中，不难看到魏晋南北朝时期农业生产取得了突出的成就，而它对于当时经济发展的巨大作用也是不言而喻的。现在需要提出并加以讨论的是，何以这个时期粮食作物有如此丰富多彩的品种？兹试析如下。

第一，占田、均田制的推行，使个体农民多少能够获得一块土地，有利于调动农民的生产积极性，从而促进了粮食品种的改良。

---

① （宋）乐史撰，王文楚等点校：《太平寰宇记》卷一〇四《江南东道》，中华书局2007年版，第2062页。

② 《全上古三代秦汉三国六朝文》之《全梁文》卷六六（庾肩吾）《谢湘东王赉米启》，第3342页。

③ 《齐民要术校释》卷二《大豆第六》引《广雅》，第109页。

④ 《齐民要术校释》卷二《大豆第六》引《广志》，第109页。

⑤ 《太平御览》卷八四一《百谷部五·豆》引《陈留耆旧传》，第3760页。

⑥ 《齐民要术校释》卷二《大豆第六》，第109页。

⑦ 《齐民要术校释》卷二《大豆第六》注［三］，第111—112页。

从上述作物品种的发展状况中，我们可以看到一个现象，即这些作物品种大量增加的时间主要是在西晋和北魏两个时期，这不是偶然的巧合。西晋灭吴统一全国后，颁布了占田令，把战国以来的占田制度法典化。它规定全国男女都有权分别占有70亩或30亩的土地。这在中国历史上是第一次以国家法令宣布公民占田的权利和定额。尽管这种权利有很大局限性，但毕竟使西晋占田制下的个体农民与秦汉时期的个体农民有了很大区别。秦汉时期个体农民没有这种法定的占田制度保障，“富者田连阡陌，贫者亡立锥之地”①，土地的占有极不稳定，他们可以“自由地”“卖田宅鬻子孙”②，不断破产流亡；而西晋占田制下的农民占有土地有了法令上的一定保障，其分化、破产就不致如两汉激烈，具有相对稳定性，个体农民有了改进和提高农业生产的条件和可能。北魏统一黄河流域以后，颁布了均田制，其目的之一，仍在保证个体农民占有一定数量的土地，并且通过还授规定和限制买卖等措施，力图使农民的土地占有更加稳定。这种土地占有制度使农民只能在有限的土地上去获取尽可能多的收获物。与占田制和均田制相配合而颁布的租调征收制度，使个体农民的布帛、粟米负担大体稳定在一个定额之内，亦有利于调动农民增加单位面积产量的积极性，从而推动农民改良作物品种的积极性。总之，这种土地制度和赋税制度，有利于调动农民的生产积极性，促使其在交纳额定的赋税之后，尽可能在有限的土地面积内去创获更高的产出，从而推动其不断改进粮食品种，向精耕细作农业的深度和广度发展。

因此，我国古代精耕细作农业，在魏晋南北朝时期进入一个重要发展阶段，其中尤以西晋和北魏为两个最重要的发展时期。西晋初年，傅玄提出了“不务多其顷亩，但务修其功力”的主张③。北朝时，劳动人民进一步总结出“顷不比亩善”的经验，主张“多恶不如少善”④，从而把精耕细作农业推向新的高峰。但由于西晋国祚短促，安定时期不长，故在这方面的成效要待北朝时期才得以更加充分地显示出来。

---

① 《汉书》卷二四上《食货志上》，第1137页。

② 《汉书》卷二四上《食货志上》，第1132页。

③ （唐）房玄龄等撰：《晋书》卷四七《傅玄传》，中华书局1974年版，第1321页。

④ 《齐民要术校释》卷一《种谷第三》引谚语，第83页。

这种精耕细作农业，对于作物品种必然提出更高的要求。因此魏晋南北朝时期，选种技术有了很大的提高。据《齐民要术》卷一《收种》记载，当时已认识到“种杂者，禾则早晚不均，春复减而难熟，粜卖以杂糅见疵，炊爨失生熟之节”，良莠混杂的种子，不仅会影响庄稼出苗早晚不均，而且影响粮食收成以后的使用价值和商品价格，因此选种工作“特宜存意，不可徒然。”①

选育良种的方法：第一步是在不同作物的地块中，选取饱满纯正者留作种子，“粟、黍、穄、粱、秫，常岁岁别收，选好穗纯色者，劁刈高悬之”②。第二步是“别种种子”，培育种子田，“至春治取，别种，以拟明年种子”。种子田之多少，各人“量家田所须种子多少而种之”。对于种子田要格外精心管理，“常须加锄”，因为“锄多则无秕也”③。第三步是精心收藏，其中心环节是“先治而别埋”，即种子田单独先收，以保证“场净不杂”；收下的种子要单独窖埋，“窖埋又胜器盛”，并用该种作物的秸秆去堵塞窖口，“不尔，必有为杂之患”④。收藏种子还要注意通风防潮，“凡五谷种子，浥郁（受潮发热）则不生，生者亦寻死”⑤。水稻种子收藏方法不同，须用箄贮藏，不能窖藏，因为它是水生谷类，“窖埋得地气则烂败也”⑥。最后一环是种子的播种，在播种前20多天，开窖取出种子，用“水洮”法，淘去浮秕，“浮秕去则无莠”，然后“即晒令燥，种之。”⑦

这一套从收到种的选种程序，表明及至北朝时选种技术已达到空前高度的水平。上述四项选种技术中，除第一项在汉代已经应用，即所谓“穗选法”，其余三项多是北朝时期所创造或进一步提高和完善的。如第二项关于种植种子田，就是北魏时期的新事物，这一技术措施的目的在于集中人力物力，提高精耕细作的水平，以保证培育出纯正的优良品种，这是种子繁殖技术上的一大进步。第三项关于种子的贮藏，总结了汉代器盛法的经

① 《齐民要术校释》卷一《收种第二》，第54页。
② 《齐民要术校释》卷一《收种第二》，第54页。
③ 《齐民要术校释》卷一《收种第二》，第54页。
④ 《齐民要术校释》卷一《收种第二》，第54—55页。
⑤ 《齐民要术校释》卷一《收种第二》，第54页。
⑥ 《齐民要术校释》卷二《水稻第十一》，第139页。
⑦ 《齐民要术校释》卷一《收种第二》，第55页。

验教训，改用窖藏法，并规定了“以所治蘘草蔽窖”等严格措施，以免“为杂之患”。第四项“水洮”法的技术，也是北朝时期的新技术，表明当时对良种的选择更加精益求精了。瞭解了北朝时期选种技术的进步和提高，我们就不难理解魏晋南北朝时期主粮作物品种迅速增加的原因了。

从粮食品种的命名上，可以反映出当时农民在培育良种方面的积极性和贡献。以粟为例，贾思勰说，“今世粟名，多以人姓字为名目”，如“张邻黄”“张蚁白”“魏爽黄”“刘沙白”“孙延黄”“宋冀痴”[①] 等品种，显然是一些普通劳动农民所培育，这些品种便以他们的姓名命名。其中刘猪一人即培育出“刘猪獬”“刘猪赤”两个品种，刘猪应当是当时一位种田能手和育种行家。

这个时期士族地主的田园，占有广阔的土地和众多的依附人口，进行多种经营，一个田庄往往种植多种粮食作物。如谢灵运的庄园中既有水田，也有陆田，水田种植秫稻、秔稻，陆田种植麻、麦、粟、菽。这有利于在不同品种之间进行比较和选择。

《齐民要术》主要以地主田庄作为经营单位以安排一年四季的农事活动，其对于种子选育的详细记载，也是吸收了当时地主田庄经营农业的经验。如其中记载西兖州刺史刘仁之，在洛阳“于宅田以七十步之地，试为区田，收粟三十六石”[②]，表明当时士族地主更有条件和能力进行种植试验，从而有可能推动良种的选育工作的进展。

第二，各族人民经济文化交流的发展，促进了粮食作物品种的引进与交流。

魏晋南北朝时期是各族人民经济文化交流空前发展的一个时期，边境各民族人民入居塞内和中原地区，建立政权，与汉族人民交错居处，大大促进了民族融合的发展。在这一过程中，各种农作物品种，包括粮食作物品种的交流和引进也随之空前活跃。

从北方或西北方少数民族和地区传入的品种，如粟类中的“竹叶青，一名胡谷”[③]；秫类中，“有胡秫，早熟及麦”[④]；麦类中的“䅟麦”“出凉

① 《齐民要术校释》卷一《种谷第三》，第61页。

② 《齐民要术校释》卷一《种谷第三》自注，第83页。

③ 《齐民要术校释》卷一《种谷第三》，第61页。

④ 《齐民要术校释》卷二《梁秫第五》引《广志》，第107页。

州”，“旋麦”“出西方”①；青稞麦原是西方少数民族所种植，也于这个时期传入；“虏小麦”疑亦是从少数民族地区传入，因为虏的本义是俘虏，后也用以指敌国或敌对的少数民族。此外，敦煌地区的瓜也已传入中原，如“瓜州大瓜，大如斛，出凉州。”②

从东北地区传入的，如粱类“有辽东赤粱，魏武帝尝以作粥”③；穄有“赤、白、黑、青、黄鸽，凡五种”④，王沈《魏书》说：乌丸“地宜青穄”⑤，是以青穄当从乌丸引进。北魏时大豆有黄高丽豆、黑高丽豆等⑥，当是从今朝鲜半岛输入的品种。“瓜之所出，以辽东、庐江、敦煌之种为美。有乌瓜、缣瓜、狸头瓜、蜜筩瓜、女臂瓜、羊髓瓜。”⑦

从西南地区传入的，如麦类中的“朱提小麦”，朱提，郡名，郡治在今四川宜宾。此种小麦“至粘弱，以贡御”⑧，是优质品种。水稻中的“青芋稻”“累子稻”“白汉稻”均“出益州”，“此三稻，大而且长，米半寸”⑨，是优质的籼稻。豆类中的秬豆“生朱提、建宁”⑩，建宁郡，郡治在今云南曲靖。此外如瓜类，“春白瓜”“秋泉瓜”亦原产于蜀地⑪。芋类，“蜀汉既繁芋，民以为资，凡十四等”⑫，但这种作物在中原推广不佳，贾思勰说：“芋可以救饥馑，度凶年。今中国多不以此为意，后至有耳目所不闻见者。”⑬ 他极力主张在中原地区推广此种作物。

---

① 《齐民要术校释》卷二《大小麦第十》引《广志》，第126页。

② 《齐民要术校释》卷二《种瓜第十四》引《广志》，第152页。

③ 《齐民要术校释》卷二《粱秫第五》引《广志》，第107页。

④ 《齐民要术校释》卷二《黍穄第四》引《广志》，第102页。

⑤ （晋）陈寿撰，（南朝·宋）裴松之注，陈乃乾校点：《三国志》卷三〇《魏书·乌丸鲜卑东夷传》注引《魏书》，中华书局1959年版，第832页。

⑥ 《齐民要术校释》卷二《大豆第六》，第109页。

⑦ 《齐民要术校释》卷二《种瓜第十四》引《广志》，第152页。

⑧ 按，此“朱提小麦”，缪启愉校释本《齐民要术》卷二《大小麦第十》引《广志》（第126页）、江苏古籍出版社2001年据中华书局聚珍仿宋本影印《齐民要术》卷二《大小麦第十》注（第68页），具作“山提小麦”。然据缪启愉校释本本卷注释②云，诸本俱作“山提”，唯渐西本根据其点校意见改为“朱提”（第128页）。但令人疑惑的是，缪本此处却并未改“山”为“朱”。

⑨ 《齐民要术校释》卷二《水稻第十一》引《广志》，第136页。

⑩ 《齐民要术校释》卷二《大豆第六》引《广志》，第109页。

⑪ 《齐民要术校释》卷二《种瓜第十四》引《广志》，第152页。

⑫ 《齐民要术校释》卷二《种芋第十六》引《广志》，第169页。

⑬ 《齐民要术校释》卷二《种芋第十六》引《广志》，第172页。

《齐民要术》还专辟《五谷、果蓏、菜茹非中国物产者》一篇，以介绍诸边民族地区以及外国的品种。如禾类中的“梁禾”“感禾”“扬禾”“大禾”等，其中“大禾，高丈余，子如小豆，出粟特国”“扬禾，似藋，粒细，左折右炊，停则牙生。此中国巴禾——木稷也。”[①] 木稷即高粱。东墙，“色青黑，粒如葵子，似蓬草，十一月熟。出幽、凉、并、乌丸地。”[②]《后汉书·乌桓传》载：“其土地宜穄及东墙。东墙似蓬草，实如穄子，至十月而熟。”[③] 东墙即今甘、凉一带俗名“沙米”者[④]。

第三，自然条件的恶化促使人们改进作物品种。

农业生产的发展对于自然环境有着直接的依赖关系，而气候条件对于农业的影响尤巨。魏晋南北朝时期是我国古代一个异常寒冷、干旱的时期。据竺可桢先生研究，我国古代气候呈波浪式变化，魏晋南北朝时期是秦汉、隋唐两个温暖时期中间的波谷，是一个低温寒冷的时期[⑤]。与此同时，魏晋南北朝时期自然灾害也非常频繁和严重。据邓云特先生研究，“三国承东汉之惫，灾患之作，有增无减。两晋继统，荒乱尤甚。终魏晋之世，黄河、长江两流域间，连岁凶灾，几无一年或断。总计200年中，遇灾凡304次。其频度之密，远逾前代。举凡地震、水、旱、风、雹、蝗螟、霜雪、疾疫之灾，无不纷至沓来，一时俱见。以言旱灾，则200年间，见于史书者，凡60次；以言水灾，亦达56次。至于风灾，共达54次；次为地震，计53次，频度亦密；再次为雨雹之灾，计亦35次。此外疫灾17次；蝗灾14次；歉饥13次。他如霜雪、‘地沸’各仅2次，不足述矣。当时受灾之程度，亦不亚于前代，甚或有过之。”[⑥]“东晋之后，继复有南北朝之割据。169年中，祸乱相承，所见之灾害更多。计水

---

① 《齐民要术校释》卷一〇《禾》，第695页。

② 《齐民要术校释》卷一〇《东墙》，第698页。

③ （南朝·宋）范晔撰，（唐）李贤等注：《后汉书》卷九〇《乌桓传》，中华书局1965年版，第2980页。

④ 《齐民要术校释》卷一〇《东墙》注［一］，第699页。

⑤ 竺可桢：《中国近五千年来气候变迁的初步研究》，《考古学报》1972年第1期。

⑥ 邓云特：《中国救荒史》，上海书店1984年版，第12—13页。按，本段引文中的阿拉伯数字，在原著中均为汉文书写方式，如“200年”原著作“二百年”，“304次”原著作“三百零四次”……后面引文中的数字同。本文将这些数据改用阿拉伯数字的书写方式，主要考虑方便后文相关数据的比较。特此说明。

旱、蝗螟、地震、霜雹、疫疠诸灾，总共达315次。以与169年之数目相较，所超者及一倍以上。……频数最高者为水旱之灾，计各77次；其次为地震，凡40次；再次为风灾，共33次。此外霜雪为灾20次；雨雹为灾18次；蝗灾17次，疫灾亦如之，歉饥16次。凡此各种灾害，其烈度更胜往时。”[①] 以风灾和旱灾为例，共计秦汉时期441年，发生风灾29次，旱灾81次；魏晋南北朝时期369年，风灾87次，旱灾137次；隋唐时期326年，风灾65次，旱灾134次。则年平均旱灾，秦汉0.1836次，魏晋南北朝0.371次，隋唐0.41次；年平均风灾，秦汉0.066次，魏晋南北朝0.24次，隋唐0.2次。除去文献记载后代详于前代的因素外，亦大体反映了魏晋南北朝时期的风、旱灾害均剧于秦汉时期，与隋唐时期相较，旱灾略少，风灾则甚。成书于公元6世纪的《齐民要术》，反映了当时黄河中下游地区这种“水旱不调”的气候特点，“春既多风”“春多风旱”，有时“竟冬无雪”“春雨难期，必须藉泽”。农业受气候条件的影响至巨。为了抗御水、旱、风、蝗等自然灾害，魏晋南北朝时期的劳动人民积极培育能够适应和对抗各种不利自然条件的优良品种。《齐民要术》所载北魏时期的86个谷类品种中，有14种具有“耐旱”和“免虫”的特点，有24种具有“耐风”的特点，有10种具有“耐水”的特点，从这里我们可以看到当时培育良种与抗御恶劣自然条件的密切关系。另外，还培养出“早熟”或“晚熟”的品种。“早熟者苗短而收多，晚熟者苗长而收少。强苗者短，黄谷之属是也；弱苗者长，青、白、黑者是也。”不同成熟期的品种，也有抗御水旱和因地制宜的作用，“山田种强苗，以避风霜；泽田种弱苗，以求华实也。”[②] 稻类也培育出了一种耐旱品种——旱稻。

除上述原因外，这个时期耕作工具和技术的改进，也有助于良种的培育。除了耕犁得到改进和推广外，还增加了整地和中耕所用的许多新式农具，如铁齿𨭆楱（即人字耙）、劳、锋、锹等工具的使用，使北方旱地农作的精耕细作水平大为提高，从而推动了作物品种的改良和培育。

粮食作物品种的增加和良种的繁殖，是农业生产水平提高的重要标

---

① 《中国救荒史》，第15页。

② 《齐民要术校释》卷一《种谷第三》自注，第65页。

尺，它反映了耕作技术、生产工具、农业科学水平等方面的提高，是劳动人民按照自己的意志改造自然能力提高的表现和结果。在这方面，魏晋南北朝时期取得了巨大的进展和光辉的成就，表明这一时期农业发展水平较两汉时期有了很大的提高。这一事实再次证明，那种把魏晋南北朝时期视作经济大破坏、大萧条、大倒退的观点是站不住脚的，是与这一时期历史发展的事实不相符合的。

（原刊《中国历史博物馆馆刊》1989 年总第 11 期。后收入学苑出版社 1999 年 7 月第 1 版《魏晋南北朝史论》。今据《魏晋南北朝史论》版文，并参考原刊文修订整理，主要就是按最新标准对引文注释进行了统一规范，并修正其中的文字错讹，其他均未作改动。李文才敬识。）

东晋南朝时期北方旱田作物的南移

东晋南朝时期是江南农业生产取得长足发展的一个重要时期，学术界对此略无异辞。然而，何以这个时期农业生产会得以迅速发展？过去论者多以北方人口之南移加以解释。这固然是其重要原因，但是农业生产的发展是一个极其复杂的过程，有它自身的规律，如果旧的农业生产结构不发生变化，则新的农业生产面貌的出现也是不可能的。我们注意到，在这一时期江南农业结构发生了显著的变化，以粮食生产而论，即由原先比较单一的水田农业，向水旱并举农业转变，从而促进了江南农业生产的迅速发展。这一转变则是由于北方旱田作物的大举南移而得以实现的。因此，东晋南朝时期北方旱田作物的南移，是这一时期江南农业得以迅速发展的又一重要原因，是我国古代农业发展史上的一件大事。

农业生产的发展，除了取决于社会生产关系以外，还对于自然环境有着直接的依赖关系。由于土质和气候等自然条件的差异，从古代已形成了黄河流域与长江流域两大农业区，以黄河中下游为中心的北方农业区，发展了以黍、稷、麦、菽为主的旱地作物，而长江流域及其以南地区，则形成了以水稻为主的水田农业区。这个特点到了魏晋南北朝时期基本仍然如此，但是，随着这一时期社会的、自然条件的不同程度的变化，这个古老的农业布局发生了变化，北方旱田作物在江南的推广就是其突出表现。本文所论仅为东晋南朝时期北方旱田作物南移的问题，其中最主要的是麦、粟、菽等耐旱、耐寒作物在江南的推广。

一　麦、粟、菽等旱田作物在江南的推广

江南在汉代已有麦类。考古发现在长江中下游某些地区出土了麦类品种，如长沙马王堆西汉 1 号墓发现有大、小麦品种；江苏邗江西汉墓

发现有小麦种子。孙吴时曾以麦𪎊招待蜀使费祎，席间费祎作《麦赋》，诸葛恪作《磨赋》。西晋太康六年（285），“武陵旱，伤麦”①，武陵郡治在今湖南常德。但在长江下游地区，除了在江北有少量麦类品种出土外，迄今为止在江左地区仍未见出土。可以肯定，魏晋以前麦类在江南种植远未普及。

大规模有目的地在南方推广类麦等旱田作物，是在东晋南朝时期。早在西晋时，杜预就曾提议在南方打破“以水田为业”的传统，推广“陆种”“大种五谷”②。但是，由于传统观念认为“此土不可陆种”③，因而收效甚微。元帝渡江以后，晋政权南移，开始运用政权力量推广种麦。晋元帝太兴元年（318）下诏：“徐、扬二州土宜三麦，可督令熯地，投秋下种，至夏而熟，继新故之交，于以周济，所益甚大。”④ 这是第一次明令在江南推广种麦。所谓“三麦”，即大麦、小麦和穬麦（又称元麦）。诏文所提到的徐州“凡领郡国七，县六十一，户八万一千二十一”⑤，辖境在今苏北、鲁南，地处长江以北；扬州“合统郡十八，县一百七十三，户三十一万一千四百”⑥，辖有今江苏、安徽、浙江、江西、福建等省，占东南大部分地区。这个诏令看来是认真贯彻执行了的。据《晋书·五行志》记载，太兴二年（319）五月，“淮陵、临淮、淮南、安丰、庐江等五郡蝗虫食秋麦。”⑦ “吴郡、吴兴、东阳无麦禾，大饥。”⑧ 上举八郡除安丰属豫州外，余者均分辖于徐、扬二州，北至苏北盱眙（临淮），南及江苏（吴郡治今苏州，吴兴郡治今吴兴），浙江（东阳郡治今金华），西至安徽（庐江郡治今安徽舒城），主要在今苏、浙、皖地区。这只是关于麦禾受灾地区的记载，没有受灾的地区应当还有。由此可知，在晋元帝诏书下达之后，在徐、扬二州曾普遍种植麦类作物。上举八郡之一临

① （唐）房玄龄等撰：《晋书》卷二八《五行志中》，中华书局1974年版，第839页。
② 《晋书》卷二六《食货志》，第788、788—789、787页。
③ 《晋书》卷二六《食货志》，第788—789页。
④ 《晋书》卷二六《食货志》，第791页。
⑤ 《晋书》卷一五《地理志下》，第451页。
⑥ 《晋书》卷一五《地理志下》，第459页。
⑦ 《晋书》卷二九《五行志下》，第881页。
⑧ 《晋书》卷二七《五行志上》，第808页。

淮郡，在此前一年（即太兴元年，318），史载“蝗虫害禾豆”[1]，第二年（319）即见“蝗虫食秋麦”的记载，可知此郡在太兴元年还并不种麦，只是在元帝诏令后才大规模种麦。此后，麦类在徐、扬地区便得以继续种植。因此，遇到灾荒而影响“麦禾”收成，便记入史册。据《晋书·五行志》记载，成帝咸和五年（330），“无麦禾，天下大饥”；穆帝永和十年（354），“三麦不登”；永和十二年（356），“大无麦”；孝武帝太元六年（380），“无麦禾，天下大饥”；安帝元兴元年（403），“无麦禾，天下大饥”[2]。值得注意的是，上述“无麦禾”的记载往往与“天下大饥”相联系，可知当时“麦禾”在南方农业生产中已占有重要地位，它的丰歉已系天下之饥饱了。

晋末宋初的一段时间里，种麦工作似有所停顿。因此，到刘宋元嘉二十一年（444），又需要再一次下诏在江南地区大规模推广种麦，诏称：“比年谷稼伤损，淫亢成灾，亦由播殖之宜，尚有未尽。南徐、兖、豫及扬州、浙江西属郡，自今悉督种麦，以助阙乏。”[3]所谓“播殖之宜，尚有未尽”当指种麦工作之废弛，因为上述地区均为东晋时期推广种麦的重点地区。南徐州辖境约今南京以东长江下游南岸至太湖一带；南兖州辖境约今苏北、皖东一带地区；南豫州辖境主要在今长江东西岸的安徽大部分地区；扬州、浙江西属郡，指今浙江西部和江苏南部地区。这次下令“悉督种麦”的地区，亦主要为今苏、浙、皖地区，与上举东晋太兴二年（319）“无麦禾”的地区基本一致。由此我们也可以知道，从东晋至南朝初期推广种麦的重点地区一直在于此。宋孝武帝大明七年（463）再次下诏：“近炎精亢序，苗稼多伤。今二麦未晚，甘泽频降，可下东境郡，勤课垦殖。尤弊之家，量贷麦种。”[4]这里所谓“东境郡”，是与上述“浙江西属郡”相对而言，元嘉二十一年（444）已令“浙江西属郡”全部种麦，这次则命令在浙江东部，亦即扬州“东境郡”，约当今浙江东部、江苏东南一带地区也要种麦。可见，宋孝武帝时又在宋文帝元

① 《晋书》卷二九《五行志下》，第881页。

② 《晋书》卷二七《五行志上》，第809页。

③ （梁）沈约撰：《宋书》卷五《文帝纪》，中华书局1974年版，第92页。

④ 《宋书》卷六《孝武帝纪》，第133页。

嘉二十一年的基础上进一步向东南推广麦类种植区域。至此，麦类种植已遍及今安徽、江苏、浙江广大地区。

齐明帝时，徐孝嗣表立屯田，议曰："今水田虽晚，方事菽麦……请即使至徐、兖、司、豫，爰及荆、雍，各当境规度，勿有所遗。"这个建议的目的在于使"缘边足食"①，因此不涉及南方腹地。但从他所建议种菽麦的范围看，除原先已推广种麦的徐、兖、豫等州外，又提出在司、雍、荆等州加以推广。司、雍、荆州包括今天的河南南部、湖北大部及湖南、江西部分地区，亦即长江中游地区。这表明到了南齐时，又在东晋和刘宋的基础上，力图将麦类种植进一步从长江下游向长江中游地区推广。

由于东晋南朝政府大力提倡并推广麦类作物种植，因此这时麦类已逐渐成为江南人民的日常主食之一了。王恭镇京口（今江苏镇江），于东晋安帝隆安元年（397）举兵诛王国宝，"百姓谣云：'昔年食白饭，今年食麦麸'。"② 撇去其中的政治含义不论，可知此地麦类与稻米一样已成为主粮了。不过由于饮食习惯和加工方法所限，南人视麦类为劣于稻米的粗粝食物，故当时为官清廉者常以麦类为主食，传为美谈。刘宋元嘉（424—453）间，何子平被辟为扬州从事史，"月俸得白米，辄货市粟麦。人或问曰：'所利无几，何足为烦？'子平曰：'尊老在东，不办常得生米，何心独享白粲。'"③ 何子平在建康做官，这里已有粟麦市场。梁敬帝太平元年（556）北齐攻建康，陈霸先"将战，调市人得麦饭，分给军士"④。历宋、齐、梁，建康均有粟麦市场，可见粟麦已成为当地人民的主食之一。当时何子平的母亲住在会稽，那里的老百姓也不能"常得生米"，享受"白粲"，可能也以粟麦为主食之一。故作为孝子的何子平不敢独享"白粲"而改食粟麦。会稽山阴人郭原平，在宋文帝死后，为了表示自己的哀痛，"日食麦𫗦一枚，如此五日"⑤。𫗦，面粉所作饼食。齐

---

① （梁）萧子显撰：《南齐书》卷四四《徐孝嗣传》，中华书局1972年版，第773—774页。

② 《晋书》卷二八《五行志中》，第848页。

③ 《宋书》卷九一《孝义·何子平传》，第2257页。

④ （宋）司马光编著，（元）胡三省音注：《资治通鉴》卷一六六，梁敬帝太平元年（556）六月，中华书局1956年版，第5145页。

⑤ （唐）李延寿撰：《南史》卷七三《孝义上·郭世通附子（郭）原平传》，中华书局1975年版，第1802页。按，郭世通，据本卷校勘记［二］，《宋书》前后均作"郭世道"，查《宋书》卷九一《孝义传》，作"郭世道"（第2243页）。未知孰是。

梁间人贺琛，会稽山阴人，“家贫，常往还诸暨贩粟以养母”[1]，则会稽一带人民已以粟麦为主食之一似无疑问。至于象何子平那样以粟麦为食的官吏，也不乏其人。如南齐时刘怀慰为齐郡（郡治瓜步，今江苏六合南）太守，“民有饷其新米一斛者，怀慰出所食麦饭示之，曰：‘且食有余，幸不烦此。’”[2] 梁武帝天监二年（503），任昉出为义兴太守（郡治今江苏宜兴），“在郡所得公田奉秩八百余石，昉五分督一，余者悉原，儿妾食麦而已。”[3] 陈武帝永定二年（558），沈众任起部尚书，在负责建造太极殿的工程期间，常“囊麦饭鉼以噉之”[4]。

此外，麦类也常为孝子居丧庐墓者所普遍选用，以示孝心，靡然成风。宋齐间人庾沙弥，母丧后葬在新林（今南京市南），庐墓时“初进大麦薄饮，经十旬方为薄粥。”[5] 萧衍父死，在京都守孝，“服内不复尝米，惟资大麦，日止二溢。”[6] 梁武帝普通七年（526），昭明太子生母丁贵嫔死，“至殡，水浆不入口……自是至葬，日进麦粥一升。”[7] 梁天监二年（503），吴兴武康（今浙江德清西）人沈崇傃母卒，“复以葬后更行服三年。久食麦屑，不噉盐酢，坐卧于单荐，因虚肿不能起。”[8] 梁武帝时，司马暠葬父新林，“庐于墓侧，日进薄麦粥一升。”[9] 陈时有吴郡吴（今苏州）人张昭，父卒，“兄弟并不衣绵帛，不食盐酢，日唯食一升麦屑粥。”[10]

不仅长江下游地区在南朝时已以麦类作为主食之一，长江中游地区亦复如是。齐初，临川王萧映临荆州，上表推荐居住于江陵的庾易，并“饷麦百斛”[11]，统治者以麦类赏赐逸民，表明当时那里的人民也已以麦为食了。

---

① 《南史》卷六二《贺瑒附贺琛传》，第1509页。
② 《南齐书》卷五三《良政·刘怀慰传》，第918页。
③ 《南史》卷五九《任昉传》，第1454页。
④ 《南史》卷五七《沈约附孙（沈）众传》，第1415页。
⑤ 《南史》卷七三《孝义上·庾道愍附族孙（庾）沙弥传》，第1829页。
⑥ （唐）姚思廉撰：《梁书》卷三《武帝纪下》，中华书局1973年版，第96页。
⑦ 《梁书》卷八《昭明太子传》，第167页。
⑧ 《南史》卷七四《孝义下·沈崇傃传》，第1838页。
⑨ 《南史》卷七四《孝义下·司马暠传》，第1850页。
⑩ 《南史》卷七四《孝义下·张昭传》，第1851页。
⑪ 《南齐书》卷五四《高逸·庾易传》，第940页。

六朝时期，除了麦类向南方大面积推广外，粟、菽等北方旱田作物也随之向南推广。

江南在汉代已种植粟、菽。考古工作者在今江苏省扬州市邗江区，湖北光化、江陵，湖南长沙，广西贵县和四川成都等地都发现了粟类。据《古今注》记，东汉建初二年（77），“九江寿春雨粟”①。汉末大饥，江淮间有童谣曰：“大兵如市，人死如林，持金易粟，粟贵于金。”② 其时“刘备在荆州，粟与金同价。”③ 西晋末年，王如在荆州“连年种谷，皆化为莠”④，可能种谷技术还不成熟。《述异记》又载：“晋末荆州久雨，粟化为虫。”⑤ 可知在魏晋时长江中游地区粟类种植较普遍。从三国以后，长江下游江左地区粟菽类谷物种植也逐步推广。据《晋书·五行志》记载，孙权嘉禾三年（234）“陨霜伤谷”⑥，可知在江东谷类作物种植已不少。到了南朝时，长江下游粟菽种植有了更大发展。宋孝武帝即位之初，周朗上书建议：“田非疁水，皆播麦菽”⑦。谢灵运在会稽始宁（今浙江上虞）的田庄中，即广种“麻麦粟菽”⑧。齐明帝时，徐孝嗣建议在徐、兖、司、豫以及荆、雍等州“方事菽麦”⑨，这包括了长江中下游广大地区。陈太建十年（578）“陨霜，杀稻菽”⑩。从上述材料可以约略窥见是时江南地区广为种植粟菽的情况。

由于粟菽种植的推广，因而粟、菽也已成为江南人民的主食之一了。前引刘宋时何子平在建康“市粟麦”⑪，表明粟与麦、稻同为市场上交易的重要粮食品种，它们自然也已成为人民日常的食粮之一了。南齐时傅琰为山阴（今浙江绍兴）县令，“二野父争鸡，琰各问何以食鸡，一人云

---

① （宋）李昉等撰：《太平御览》卷八四〇《百谷部四·粟》引《古今注》，中华书局1960年版，第3756页。

② 《太平御览》卷八四〇《百谷部四·粟》引《述异记》，第3757页。

③ 《太平御览》卷八四〇《百谷部四·粟》引《述异记》，第3757页。

④ 《晋书》卷一〇〇《王如传》，第2619页。

⑤ 《太平御览》卷八四〇《百谷部四·粟》引，第3757页。

⑥ 《晋书》卷二九《五行志下》，第872页。

⑦ 《宋书》卷八二《周朗传》，第2093页。

⑧ 《宋书》卷六七《谢灵运传》，第1760页。

⑨ 《南齐书》卷四四《徐孝嗣传》，第773页。

⑩ （唐）魏徵、令狐德芬撰：《隋书》卷二三《五行志下》，中华书局1973年版，第649页。

⑪ 《宋书》卷九一《孝义·何子平传》，第2257页。

粟，一人云豆。乃破鸡得粟，罪言豆者。”[①] 可见，当地人饲鸡主要以粟、菽为料。梁末“侯景之乱”时，吴明彻“有粟麦三千余斛”[②]，以周济邻里，“赖以存者甚众”[③]。

二　北方旱田作物南移的原因和意义

何以在东晋南朝时期麦、粟等北方旱田作物得以在南方推广种植呢？其原因试析如次。

第一，北方人口的南下，促进了北方旱田作物的南移。

六朝时期，北方人口南移曾出现三次高潮。第一次是在东汉末年，第二次是在西晋末年，第三次是在东晋和南朝初期。但是值得注意的是，第一次高潮之后未见促进北方旱田作物的南移，而是在第二次高潮之后才表现出来。其原因当然是多方面的，但其中有一点却是显而易见，即历次南迁人口所来自的地区不完全相同，第一次南迁的人民，大多来自徐淮地区，史称：“汉末大乱，徐方士民多避难扬土”[④]，如“曹公攻陶谦，徐土骚动，（笮）融将男女万口，马三千匹，走广陵。”[⑤] 鲁肃，临淮东城人，因中州扰乱，乃命其属曰：“淮泗间非遗种之地，吾闻江东沃野万里，民富兵强，可以避害”，遂将男女300余人南行[⑥]。而在其后的移民高潮中，据谭其骧先生的研究，南迁江左地区的流民，则以现在的山东、苏北为主，河北、皖北次之[⑦]。徐淮地区与江左地区紧接，其种植习惯亦无大异，故流民南渡之后仍可适应江左地区固有种植方法，不必急切从事旱田作物生产。而其后流民成份有了较大变化，包含了更多的黄河下游地区的人民，那里是传统的旱田作物种植区域，故他们南渡后直接促进了旱田作物的南移。这些流民南下的同时，不仅带去了北方先进的生产工具，同时也带去了北方的粮食品种及其种植技术。如祖逖率亲

① 《南史》卷七〇《循吏·傅琰传》，第1706页。

② （唐）姚思廉撰：《陈书》卷九《吴明彻传》，中华书局1972年版，第160页。

③ 《陈书》卷九《吴明彻传》，第160页。

④ （晋）陈寿撰，（南朝·宋）裴松之注，陈乃乾校点：《三国志》卷五二《吴书·张昭传》，中华书局1959年版，第1219页。

⑤ 《三国志》卷四九《吴书·刘繇传》，第1185页。

⑥ 《三国志》卷五四《吴书·鲁肃传》注引《吴书》，第1267页。

⑦ 谭其骧：《晋永嘉丧乱后之民族迁徙》，《燕京学报》1934年第15期。

党数百家南下时，就同时携带“衣粮”，这些粮食除路途消耗外，当有粮种随同到达南方，故他们到达江南后得以继续从事生产。如河内轵县（今河南济沅县南）人郭文于永嘉之乱时，“步担入吴兴、余杭大辟山中穷谷无人之地……区种菽麦”①。北方人民象这样来到南方“耕而后食”的情况是非常普遍的。

第二，统治阶级的推动，加速了北方旱田作物的南移。

魏晋以前，经济重心在黄河流域，政治中心也在黄河流域。皇权专制政权所需粮食主要由黄河流域供应，长江流域的作用还在其次。东晋南朝时期，由于皇权专制政权以及大量人口南移，长江下游形成以建康为代表的政治中心，扬州等同汉晋时期的司隶。政治中心必须有雄厚的经济力量以支持，而东晋南朝政权所赖之经济来源，已不能依靠传统经济区——黄河流域，而只能依靠长江流域。因此，保证南方政权粮食需求成为非常尖锐迫切的问题，而其出路只有发展长江流域经济一途。而要解决南方政权粮食供应，如果继续仰仗长江流域原先的单一水稻农业，是力不胜任的，因而必须改变粮食生产的旧格局，即在继续发展稻田农作的同时，大力发展旱田农作，水旱并举，以增加粮食生产，满足新的需求。因此，东晋南朝时期，统治阶级便着意大力推进旱田农作的生产事业。太兴元年（318）诏称推广三麦种植，“于以周济，所益甚大”②。宋文帝诏称：“悉督种麦，以助阙乏。”③ 周朗上宋孝武帝书，强调：“田非疁水，皆播麦菽，地堪滋养，悉艺纻麻。”④ 可见当时统治阶级对于发展旱田农作的重视。推广旱田作物的重点地区是长江下游的徐、扬二州，一方面因为“徐、扬二州，土宜三麦”⑤，有发展旱田作物的较好条件，另一方面是因为统治阶级的需要。这里既是政治中心所在，又是抵御北方政权南侵的前线，需要大批军粮供应。由于“连年虏动，军国虚乏”，徐孝嗣建议推广旱田作物，他说：“缘淮诸镇，皆取给京师，费引既殷，漕运艰涩，聚粮待敌，每苦不周”，而“淮南旧田，触处极目，陂遏不

---

① 《晋书》卷九四《隐逸·郭文传》，第 2440 页。

② 《晋书》卷二六《食货志》，第 791 页。

③ 《宋书》卷五《文帝纪》，第 92 页。

④ 《宋书》卷八二《周朗传》，第 2093 页。

⑤ 《晋书》卷二六《食货志》，第 791 页。

修，咸成茂草。平原陆地，弥望尤多”，这里拥有发展旱田农作的有利条件，因此建议在这一带“事菽麦”①。

第三，气候条件的变化，促进了北方旱田农作物的南移。

竺可桢先生根据物候学的资料而进行的研究结果表明，魏晋南北朝时期是我国古代气候的低温寒冷时期，是秦汉、隋唐两个温暖气候高峰中的一个波谷②。与此相应的是，这一时期风旱等自然灾害也非常频繁，据邓云特先生的研究，魏晋南北朝时期各种自然灾害“其频度之密，远逾前代”，而到南北朝的169年中，“所见之灾害更多，计水旱、蝗螟、地震、霜雹、疫疠诸灾，总共达三百十五次，以与一百六十九年之数目相较，所超者及一倍以上”③。如旱灾，秦汉81次，魏晋南北朝137次，隋唐134次；风灾，秦汉29次，魏晋南北朝87次，隋唐65次。以秦汉441年、魏晋南北朝369年、隋唐326年计，则年平均风旱灾害频度如下表：

秦汉—魏晋南北朝—隋唐风灾、旱灾频度对比简表

时期 / 年平均次数 / 灾害	秦汉	魏晋南北朝	隋唐
风灾	0.066	0.24	0.2
旱灾	0.184	0.371	0.41

由上表可见，魏晋南北朝时期的风灾剧于秦汉和隋唐，旱灾甚于秦汉，虽略减于隋唐，但一般来说，后世记载多详于前代，故两相比较亦大体持平。粟麦为北方耐寒耐旱作物，魏晋南北朝时期气温的降低，使高寒作物的南移有了适宜的气候条件，同时为了抗御这一时期频繁发作的风旱等自然灾害，也急需推广种植北方旱田农作物，以保证收成。史称自东晋在徐、扬二州推广三麦种植，“其后频年麦虽有旱蝗，而为益犹

① 《南齐书》卷四四《徐孝嗣传》，第773页。

② 竺可桢：《中国近五千年来气候变迁的初步研究》，《考古学报》1972年第1期。

③ 邓云特：《中国救荒史》，上海书店1984年版，第15页。

多”①，表明其在抗御旱蝗灾害中具有重要意义。

北方旱田作物的向南推广，在我国农业发展史上具有重大意义。它使江南地区的农业从原来比较单一的水田农业，向水陆兼营、稻麦兼济的农业结构转变。这一转变对于促进粮食生产具有重大作用。粟麦为耐旱耐寒作物，与水稻兼作，不仅可以充分开发和利用土地，使低洼易灌、水利和土质条件较好的平原继续发展水稻生产，又使南方丘陵地区得到充分开发和利用。种植粟、麦，起到水陆兼济的作用，而且由于水旱作物对于气候和节令有不同的要求，可以充分利用季节，达到早晚兼济、春秋互补的作用。太兴元年（318）诏书强调，推广三麦，“投秋下种，至夏而熟，继新故之交，于以周济，所益甚大。”② 北魏正始元年（504），命令在淮南北“及秋播麦，春种粟稻，随其土宜，水陆兼用，必使地无遗利。”③ 谢灵运记其在会稽始宁（今浙江上虞南）的田庄农业生产情况说：“田连岗而盈畴，岭枕水而通阡，阡陌纵横，塍埒交经。导渠引流，脉散沟并。蔚蔚丰秫，苾苾香秔，送夏蚤秀，迎秋晚成。兼有陵陆，麻麦粟菽。候时觇节，递艺递熟。”④ 这个田庄非常典型地反映了南朝时南方农业结构的变化及其意义。这个田庄中有平原，有丘陵，主人利用不同的土地和水利条件，分别种植水稻和麻麦粟菽，是一个典型的水陆兼营型农业结构。这种农业结构可以达到“送夏蚤秀，迎秋晚成”“候时觇节，递艺递熟”的良好效果。

每当饥旱发生之时，粟麦等旱田农作物的优越性愈益明显，政府尤大力督种，以克服灾荒。如刘宋元嘉二十年（443）“诸州郡水旱伤稼，民大饥”⑤，于是第二年便下令在江左地区大面积推广种麦，为此政府从彭城、下邳二郡调来麦种，令刺史贷民播种。当年的种麦诏书也说：“比年谷稼伤损，淫亢成灾”⑥，明白说出连年灾荒是这次政府下令普遍种麦的直接原因。再如，孝武帝大明七年（463）的种麦诏书也称：“近炎精

---

① 《晋书》卷二六《食货志》，第791页。
② 《晋书》卷二六《食货志》，第791页。
③ （北齐）魏收撰：《魏书》卷八《世宗纪》，中华书局1974年版，第198页。
④ 《宋书》卷六七《谢灵运传》，第1760页。
⑤ 《宋书》卷五《文帝纪》，第91页。
⑥ 《宋书》卷五《文帝纪》，第92页。

亢序，苗稼多伤。今二麦未晚，甘泽频降”，于是下令在东部郡县“勤课垦殖”[①]，这是在水田作物歉收后，于当年秋天补种二麦以事补救。梁末秦郡（今江苏六合）人吴明彻在家乡务农，“时天下亢旱，苗稼燋枯”，唯独他的田“秋而大获”。不久发生“侯景之乱”，“邻里饥馁”，而吴明彻却“有粟麦三千余斛”，于是他用以周济邻里，“赖以存者甚众”[②]。吴明彻的田地在大旱之年能获得丰收，当然不是如旧史所称因为他的孝心感动上天，而是因为他种植了大量的粟麦，可见这些作物对于抗御自然灾害的巨大作用。而在荒乱之年，也正是粟麦这类旱田作物拯救了饥荒。梁末，北齐攻建康，“时累岁兵荒，户口流散，勍敌忽至，征求无所”，陈霸先命令建康令孔奂“多营麦饭，以荷叶裹之，一宿之间，得数万裹。军人旦食讫，弃其余，因而决战，遂大破贼。”[③]

经过东晋南朝时期二百多年的努力，江南农业生产状况已大为改观，秦汉时期这里还是“地广人稀，饭稻羹鱼，或火耕而水耨”[④]，农业生产非常落后的地区。汉末吴初，“江淮之乡，尤缺储峙”[⑤]。孙吴时期仍然是“国无一年之储，家无经月之畜”[⑥]“常岁无水旱，苗稼丰美而实不成，百姓以饥，阖境皆然，连岁不已”[⑦]。可见这个时期农业生产水平还不高，粮食远不敷需求。“苗稼丰美而实不成”的记载，反映这种传统的水田农作技术仍然极其低下，仅靠单一的水田生产是满足不了江南日益增长的粮食需求的，因此，必须发展水旱并举农业。经过东晋南朝的努力，江南农业实现了巨大的跃进，刘宋时吴兴郡“地沃民阜，一岁称稔，则穰被京城”[⑧]，东部的会稽郡“良畴亦数十万顷，膏腴上地，亩直一金，鄠、杜之间，不能比也”[⑨]，农业水平已可与关中相比了。吴、会地区的发展

---

① 《宋书》卷六《孝武帝纪》，第 133 页。

② 《陈书》卷九《吴明彻传》，第 160 页。

③ 《陈书》卷二一《孔奂传》，第 284 页。

④ （汉）司马迁撰，（南朝·宋）裴骃集解，（唐）司马贞索隐，（唐）张守节正义：《史记》卷一二九《货殖列传》中华书局 1959 年版，第 3270 页。

⑤ 《晋书》卷二六《食货志》，第 782 页。

⑥ 《三国志》卷六五《吴书·贺邵传》，第 1458 页。

⑦ 《晋书》卷二七《五行志上》，第 808 页。

⑧ 《宋书》卷九九《二凶传》，第 2435 页。

⑨ 《宋书》卷五四“史臣曰”，第 1540 页。

带动了整个江南农业的发展，南朝时“自江以南，在所皆穰”[①]“氓庶繁息，至余粮栖亩”[②]“地广野丰……一岁或稔，则数郡忘饥”[③]。六朝时期农业的大发展，实际上主要是在东晋中后期以后，特别是在南朝时期，而这与从东晋开始推广北方旱田作物恰相一致，可知东晋、南朝江南农业的发展与这个时期北方旱田作物之大规模南移密切相关。可以说，这一时期江南农业的发展是由北方旱田作物的南移而得以突破和被带动起来的，它不仅保证了南朝政权和广大人民粮食的需求，而且为日后经济重心的南移奠定了基础。尽管学术界对于经济重心南移的时间估计不一，但有一点却是可以肯定的，即经济重心南移的过程至少从东晋南朝时期已经起步，而北方旱田作物的南移则是这一过程得以实现的推动力之一。

（原刊《北京师范大学学报》1988年第2期。中国人民大学报刊复印资料中心《魏晋南北朝隋唐史》1988年第5期全文转载；《全国高等学校文科学报文摘》1988年第4期详细转摘。后收入《魏晋南北朝史论》，学苑出版社1999年版。今据《魏晋南北朝史论》版文，并参考原刊文整理。李文才敬识。）

---

① 《宋书》卷八二《周朗传》，第2095页。

② 《宋书》卷五四“史臣曰”，第1540页。

③ 《宋书》卷五四“史臣曰”，第1540页。

六朝时期江沔地区的屯田和农业

六朝时期（3—6 世纪），长江中游江沔地区[①]的社会经济进入了一个新的发展阶段，屯田的兴建和农业生产的发展是其重要标志之一。

在中国古代，这个地区的农业生产不如黄河流域发达，所谓“厥土惟涂泥，厥田惟下中”[②]，土地低洼潮湿，在九州中属于第八等。西汉时期，仍然是“地薄，寡于积聚”[③]的农业不发达地区。从东汉以后，这里逐渐开始发展起来。到了六朝时期，已是“沃野万里，士民殷富”[④]，史称“荆、扬晏安，户口殷实”[⑤]“荆、扬二州，户口半天下”[⑥]“民户境域，过半于天下。”[⑦]

一　屯田的兴建和发展

江沔地区农业生产的发展，首先表现在屯田的兴建上，而屯田的兴建，又由荆州所处战略地位所决定。早在汉末纷争之时，诸葛亮就指出

---

① 江沔地区从广义说，可以指长江中游地区，在魏晋时期属荆州，其时“荆州之名，南北双立”［（唐）房玄龄等撰：《晋书》卷一五《地理志下》，中华书局 1974 年版，第 454 页］。东晋南朝时期，主要包括荆、郢、司、雍以及江、湘、梁、南秦等州部分地区。从狭义说，指长江中游江汉间的荆、雍、郢、司等州。本文所论主要指后者。

② （汉）孔安国传，（唐）孔颖达疏，廖名春、陈明整理，吕绍纲审定：《尚书正义》卷六《禹贡》，北京大学 2000 年版，第 179 页。

③ （汉）司马迁撰，（南朝·宋）裴骃集解，（唐）司马贞索隐，（唐）张守节正义：《史记》卷一二九《货殖列传》，中华书局 1959 年版，第 3267 页。

④ （晋）陈寿撰，（南朝·宋）裴松之注，陈乃乾校点：《三国志》卷五四《吴书·鲁肃传》，中华书局 1959 年版，第 1269 页。

⑤ 《晋书》卷六五《王导传》，第 1746 页。

⑥ （梁）沈约撰：《宋书》卷六六《何尚之传》，中华书局 1974 年版，第 1738 页。

⑦ 《宋书》卷六六“史臣曰”，第 1739 页。

"荆州北据汉沔，利尽南海，东连吴会，西通巴蜀，此用武之国。"① 鲁肃向孙权进言，也认为荆楚"外带江汉，内阻山陵，有金城之固……若据而有之，此帝王之资也。"② 东晋人何充说："荆楚国之西门，户口百万，北带强胡，西邻劲蜀，经略险阻，周旋万里。得贤则中原可定，势弱则社稷同忧。"③ 在南北对抗中处于重要战略地位，南北政权均以之为争夺对象。同时，在贯串于3至6世纪的荆扬之间的矛盾斗争中它也具有十分重要的战略地位。"荆州居上流之重"④ "割天下之半"⑤。因此，六朝时"以京师根本之所寄，荆楚为重镇，上流之所总，拟周之分陕。"⑥ 荆州这种重要的战略地位，决定了江南政权以它为命脉所系，故而着意经营。荆州在南北对立和荆扬之争中的特殊战略地位，对于3至6世纪这一地区的开发具有重要意义。

在荆州，又以长江北岸的襄沔地区战略地位最为重要。对于南北政权来说，襄阳都是必争之地。三国时司马懿曾对魏文帝说："襄阳水陆之衡，御寇要地，不可失也。"⑦ 这是北方政权对于襄阳战略地位的认识。对于南方政权来说，襄阳更是要害所在，"襄阳外接关河"⑧，乃是一个"兵马重镇"⑨，它与荆州腹地之间具有唇齿相依的关系："江陵去襄阳步道五百，势同唇齿，无襄阳则江陵受敌。"⑩ 史称"江陵素畏襄阳人"⑪ 就是这个意思。东晋时庾翼也说："计襄阳，荆楚之旧，西接益梁，与关陇咫尺，北去洛河，不盈千里，土沃田良，方城险峻，水路流通，转运

① 《三国志》卷三五《蜀书·诸葛亮传》，第912页。

② 《三国志》卷五四《吴书·鲁肃传》，第1269页。

③ 《晋书》卷七七《何充传》，第2030页。

④ 《宋书》卷五一《宗室·临川王（刘）道规传》，第1476页。

⑤ 《晋书》卷七六《王廙传》，第2010页。

⑥ （宋）李昉等撰：《太平御览》卷一六七《州郡部一三·荆州》引《荆州记》，中华书局1960年版，第813页。

⑦ 《太平御览》卷一六八《州郡部一四·襄州》引《楚地记》，第819页。《晋书》卷一《宣帝纪》所记与此基本相同，殆本于此。

⑧ 《宋书》卷七九《文五王·竟陵王（刘）诞传》，第2025页。

⑨ （梁）萧子显撰：《南齐书》卷二一《文惠太子（萧）长懋传》，中华书局1972年版，第397页。

⑩ 《南齐书》卷一五《州郡志下》，第273页。

⑪ （唐）姚思廉撰：《梁书》卷一〇《萧颖达传》，中华书局1973年版，第187页。

无滞，进可以扫荡秦赵，退可以保据上流。”[①] 在整个魏晋南北朝时期，只要南北分裂对峙的局面存在和持续，荆州和襄沔地区的这种战略地位就不会有根本的改变。因此，当时南北政权都极力争夺这个地区，在此驻守重兵。为了支持战争的需要，南北双方都非常重视这个地区屯田事业的兴建。

襄沔地区在魏晋南北朝时期一直是长江中游最重要的屯田区。早在曹操时，这里就已开始兴建屯田。建安二十四年（219）孙权擒杀关羽，占据江陵，将蜀汉势力逐出荆州，“魏武以荆州遗黎及屯田在颍川者逼近南寇，皆欲徙之”，但为司马懿劝止，“其后诸亡者悉复业”[②]。魏文帝即位后，孙权帅兵西进，“朝议以樊、襄阳无谷，不可以御寇”[③]，深知此处屯田的重要意义，因此，以司马懿为代表的大臣力主不能放弃襄樊。后来曹魏还是从襄阳撤退至宛（今河南南阳），在宛继续屯田，“诸军散屯”。正始（240—249）中，王昶为征南将军、假节都督荆、豫诸军事，从宛移治新野（今河南新野），又在这里“广农垦殖”，结果“仓谷盈积”。[④] 魏末晋初，宣布罢屯田为郡县，北方内地屯田已基本废止，但是襄沔地区的屯田却反而有了更大的发展。

晋武帝“将有灭吴之志，以（羊）祜为都督荆州诸军事”，羊祜深知“伐吴必藉上流之势”[⑤]，到任后，用计使孙吴罢石城（今湖北钟祥）守卫力量，“于是戍逻减半，分以垦田八百余顷。”屯田“大获其利。祜之始至也，军无百日之粮，及至季年，有十年之积。”[⑥] 羊祜又“进据险要，开建五城，收膏腴之地”，把孙吴的土地夺过来，“石城以西，尽为晋有”[⑦]。当时，大概双方都在这里屯田，由于羊祜与东吴守将陆抗实行“二境交和”的政策，“祜出军行吴境，刈谷为粮，皆计所侵，送绢偿之”[⑧]

① 《晋书》卷七三《庾亮附弟翼传》，第1934页。
② 《晋书》卷一《宣帝纪》，第3页。
③ 《晋书》卷一《宣帝纪》，第3页。
④ 《三国志》卷二七《魏书·王昶传》，第749页。
⑤ 《晋书》卷三四《羊祜传》，第1017页。
⑥ 《晋书》卷三四《羊祜传》，第1015页。
⑦ 《晋书》卷三四《羊祜传》，第1016页。
⑧ 《晋书》卷三四《羊祜传》，第1017页。

“于是吴、晋之间，余粮栖亩而不犯，牛马逸而入境，可宣告而取也”[①]，可见双方的屯田相邻，而且都是很有成绩的。羊祜死，杜预继镇荆州，太康元年（280）灭吴，杜预“又因兵威，徙将士屯戍之家以实江北。”[②]

南北统一后，襄沔地区的战略地位相对降低，于是屯田也就相应削弱下去。东晋以后南北分裂，这个地区的屯田又再度复兴。东晋南朝统治者，都深深认识“威虏之方，在于积粟塞下”[③]“方镇所资，实宜且田且守”[④]“屯田之略，实重战守”[⑤]。主张“缘边诸戍，练卒严城，凡诸督统，聚粮蓄田”[⑥]。当时“缘江上下，皆有良田”[⑦]，为屯田提供了有利条件。南方政权边境屯田重点，一在长江下游的江淮地区，一在长江中游的江沔地区。

东晋时对于长江中游地区的屯田给予格外的关注，温峤建议：“诸外州郡将兵者及都督府非临敌之军，且田且守。又先朝使五校出田，今四军五校有兵者，及护军所统外军，可分遣二军出，并屯要处”，屯田士兵“开荒须一年之后即易”。温峤的建议被明帝“多纳之”[⑧]，看来是执行了的。据《晋书·职官志》载，“荆州又置监佃督一人”[⑨]，当是特设管理荆州屯田事宜的，可见对于荆州屯田的重视。

襄沔地区仍然是当时屯田的重点。元帝时，周访为梁州刺史，屯襄阳，在这里“务农训卒”[⑩]。大兴二年（319）周访卒，甘卓继任梁州刺史，“散兵使大佃”[⑪]，继续在襄阳大兴屯田，同时悉除扰民甚深的“估税”和“鱼税”，“西土称为惠政”[⑫]。

---

① 《三国志》卷五八《吴书·陆抗传》注引《汉晋春秋》，第 1357 页。
② 《晋书》卷三四《杜预传》，第 1030 页。
③ 《宋书》卷九四《恩倖·徐爰传》，第 2308 页。
④ 《宋书》卷九四《恩倖·徐爰传》，第 2307 页。
⑤ 《南齐书》卷四四“史臣曰”，第 781 页。
⑥ 《宋书》卷九四《恩倖·徐爰传》，第 2307 页。
⑦ 《晋书》卷六七《温峤传》，第 1789 页。
⑧ 《晋书》卷六七《温峤传》，第 1789 页。
⑨ 《晋书》卷二四《职官志》，第 746 页。
⑩ 《晋书》卷五八《周访传》，第 1581 页。
⑪ 《晋书》卷七〇《甘卓传》，第 1866 页。
⑫ 《晋书》卷七〇《甘卓传》，第 1863 页。

东晋时，凡有志北伐者，都非常重视在襄沔地区兴建屯田，但由于受荆扬之争的牵制，这里的屯田事业大受影响。庾亮乘石勒新死的时机，咸康五年（339）表请北伐，上疏称："襄阳北接宛许，南阻汉水，其险足固，其土足食。臣宜移镇襄阳之石城下，并遣诸军罗布江沔"，以这里为北伐的根据地，"并佃并守，修进取之备"①。由于受到郗鉴等人的掣肘，庾亮的这个计划没有实现。

庾亮死，其弟庾翼为荆州刺史，代镇武昌，他也有北伐之志。在任期间，"每竭志能，劳谦匪懈，戎政严明，经略深远，数年之中，公私充实。"② 咸康八年（342）春，"上表请据乐乡（今湖北荆门北），广农稽谷，以伺二寇之衅"③。但由于"朝议纷纭"未能实现。康帝即位（344），庾翼欲帅众北伐，移镇襄阳，利用这里"土沃田良"④ 的条件开展屯田，作为北伐基地。其侄庾龢很赞成这个计划，认为襄阳作为对敌重镇，而"运漕供继有泝流之艰""廪粮有抄截之患"，因而必须在那里"且田且戍""勤耕农，练兵甲"⑤。但是，"翼迁襄阳，举朝谓之不可"⑥，计划也没有很好地实现。

东晋孝武帝太元四年（379），苻秦占据襄阳后，在沔北兴建屯田，种植水稻⑦，太元七年（382）桓冲派朱绰击苻秦荆州刺史郝贵于襄阳，"焚践沔北屯田，掠六百余户而还。"⑧

南朝时，这里的屯田又有所恢复发展。宋文帝元嘉五年（428），张邵为雍州刺史，"及至襄阳，筑长围，修立堤堰，创田数千顷，公私充给。"⑨ 元嘉二十年（443）萧思话为雍州刺史、襄阳太守，"遣土人庞道符统六门田，（武）念为道符随身队主"⑩。这种设官管理的"六门田"，

---

① 《晋书》卷七三《庾亮传》，第1923页。
② 《晋书》卷七三《庾亮附弟翼传》，第1932页。
③ 《晋书》卷七三《庾亮附弟翼传》，第1934页。
④ 《晋书》卷七三《庾亮附弟翼传》，第1934页。
⑤ 《晋书》卷七三《庾亮附子龢传》，第1925—1926页。
⑥ 《晋书》卷七三《庾亮附弟翼传》，第1934页。
⑦ 《晋书》卷七四《桓彝附子冲传》，第1952页。
⑧ 《晋书》卷一一四《苻坚载记》，第2911页。
⑨ （唐）李延寿撰：《南史》卷三二《张邵传》，中华书局1975年版，第825页。
⑩ 《宋书》卷八三《武念传》，第2112页。

当是屯田。元嘉二十二年（445）刘骏镇襄阳，以刘秀之为襄阳令，“襄阳有六门堰，良田数千顷，堰久决坏，公私废业”，刘骏“遣秀之修复，雍部由是大丰”①。梁元帝时，王琳求为雍州刺史，以镇武宁（今湖北宜城南），提出要在这里“自放兵作田，为国御捍”②。他虽未曾赴任，但说明镇守此地，必兼屯田。

除襄沔地区以外，长江中游还散布着许多屯田点。晋初为了伐吴，王基建议在江陵、安陆“水陆并农，以实军资”③。

孙吴在荆州地区也曾广设屯田。正始七年（246）袁淮曾说，孙权“以江汉为池”“自十数年以来，大畋江北”，因而“常为中国患”，因此他建议曹爽“宜捐淮、汉以南，退却避之”④。孙吴在长江北岸的屯田，如“江水左则巴水注之……吴时，旧立屯于水侧，引巴水（今湖北黄冈）以溉野。”⑤ 此外，据《水经注》记载，孙吴在江沔地区重要的屯田还有：陆水径下隽县（今湖北通城）北，“北对金城，吴将陆涣所屯也”⑥；“江水左得中阳水口，又东得白沙口……南直蒲圻洲，水北入百余里，吴所屯也”⑦；“又西北迳下雉县（今湖北省阳新县），王莽更名之润光矣，后并阳新。水之左右，公私裂溉，咸成沃壤。旧吴屯所在也。”⑧

东晋成帝咸和（326—334）年间，陶侃为荆州刺史，“练核庶事，勤务稼穑，虽戎陈武士，皆劝厉之”，由于大力推行屯田，“是以军民勤于农稼，家给人足”⑨。晋康帝建元二年（344），荆州刺史庾翼还镇夏口（今湖北武昌），在此“缮修军器，大佃积谷，欲图后举”⑩。桓冲为荆州

---

① 《宋书》卷八一《刘秀之传》，第 2073—2074 页。

② （唐）李百药撰：《北齐书》卷三二《王琳传》，中华书局 1972 年版，第 433 页。

③ 《三国志》卷二七《魏书·王基传》，第 752 页。

④ 《三国志》卷四《魏书·三少帝纪·齐王（曹）芳纪》注引《汉晋春秋》，第 122 页。

⑤ （北魏）郦道元著，（民国）杨守敬、熊会贞疏，段熙仲点校，陈桥驿复校：《水经注疏》卷三五《江水》，江苏古籍出版社 1989 年版，第 2917 页。

⑥ 《水经注疏》卷三五《江水》，第 2885 页。

⑦ 《水经注疏》卷三五《江水》，第 2886—2887 页。

⑧ 《水经注疏》卷三五《江水》，第 2927 页。

⑨ （南朝宋）刘义庆著，（南朝梁）刘孝标注，余嘉锡笺疏，周祖谟、余淑宜、周士琦整理：《世说新语笺疏》（增订本）卷上之下《政事第三》注引《晋阳秋》，上海古籍出版社 1993 年版，第 196—197 页。

⑩ 《晋书》卷七三《庾亮附弟翼传》，第 1935 页。

刺史，“既到江陵，时苻坚强盛，冲欲移阻江南”，乃上疏曰：“今宜全重江南，轻戍江北。南平孱陵县界，地名上明，田土膏良，可以资业军人。”[①] 于是移镇上明（今湖北松滋）进行屯田。在公安，有“南蛮府屯”[②]，南蛮校尉西晋时治襄阳，“江左初省，寻又置，治江陵”[③]。宋明帝泰豫元年（472），沈攸之为荆州刺史，在此“聚敛兵力，养马至二千余匹，皆分赋逻将士，使耕田而食”，残酷剥削屯田将士，“廪财悉充仓储”[④]。

梁武帝天监元年（502）萧憺为荆州刺史，“时军旅之后，公私空乏，憺励精为治，广辟屯田，减省力役，存问兵死之家，供其穷困，民甚安之。”[⑤] 天监三年（504），义阳（今河南信阳）为北魏所陷，司州移镇关南。第二年，郑绍叔为司州刺史，“广田积谷，招纳流民，百姓安之。”[⑥] 梁武帝中大通二年（530），陈庆之为南北二司州刺史，打败北魏，于是“罢义阳（今河南信阳）镇兵，停水陆转运，江湖诸州并得休息，开田六千顷，二年之后，仓廪充实。”[⑦] 梁末“侯景之乱”时，鲁悉达“纠合乡人，保新蔡（今湖北黄梅西南），力田蓄谷”，当时“兵荒饥馑，京都及上川饿死者十八九，有得存者，皆携老幼以归焉。悉达分给粮廪，其所济活者甚众，仍于新蔡置顿以居之”，在此基础上，他“招集晋熙等五郡，尽有其地……甚得民和，士卒皆乐为之用。”[⑧] 鲁悉达在新蔡置顿力田也可以看作是一种屯田形式，不过这不是由政府而是由地方豪强主持组织生产。与此类似者，占据临川的周迪，对其所部“并分给田畴，督其耕作”[⑨]。这是南朝后期中央统治权力削弱，豪强势力发展的结果。

---

① 《晋书》卷七四《桓彝附子冲传》，第1951页。

② 《水经注疏》卷三五《江水》，第2875页。

③ 《宋书》卷四〇《百官志下》，第1255页。

④ 《南史》卷三七《沈攸之传》，第966页。

⑤ 《梁书》卷二二《太祖五王·始兴忠武王（萧）憺传》，第354页。

⑥ 《梁书》卷一一《郑绍叔传》，第210页。

⑦ 《梁书》卷三二《陈庆之传》，第464页。

⑧ （唐）姚思廉撰：《陈书》卷一三《鲁悉达传》，中华书局1972年版，第198—199页。

⑨ 《陈书》卷三五《周迪传》，第483页。

二　水利的兴修与农业的发展

水利是发展农业的重要条件，也是农业发展的重要标志之一。魏晋南北朝时期，襄沔地区的水利事业也有所发展。早在两汉时，召信臣、杜诗先后为南阳太守，召信臣“开通沟渎，起水门提阏凡数十处，以广溉灌”[①]，杜诗也在此“修治陂池，广拓土田”[②]。召信臣所建“水门”，即著名的“六门堰”[③]。这些水利工程“汉末毁废，遂不修理”[④]。晋初，杜预镇襄阳时，才加以大力修复，“晋太康三年（282），镇南将军杜预，复更开广”[⑤]，他“继（召）信臣之业，复六门陂，遏六门之水，下结二十九陂。诸陂散流，咸入朝水，事见《六门碑》。六门既陂，诸陂遂断。”[⑥] 这个水利工程可“溉穰（今河南邓县）、新野、昆阳[⑦]三县五千余顷”[⑧]。这个水利工程到刘宋元嘉二十二年（445）以前，“堰久决坏，公私废业”[⑨]。这年刘骏镇襄阳，命刘秀之修复六门堰，灌溉良田数千顷，“雍部由是大丰”[⑩]。直到公元6世纪初，这个水利工程仍在发挥效益，故北魏郦道元说：“利加于民，今废不修矣。”[⑪]

除六门堰外，襄沔地区的水利工程几乎遍布沔水流域，西晋杜预

---

① （汉）班固撰，（唐）颜师古注：《汉书》卷八九《循吏传·召信臣传》，中华书局1962年版，第3642页。

② （南朝·宋）范晔撰，（唐）李贤等注：《后汉书》卷三一《杜诗传》，中华书局1965年版，第1094页。

③ 据《水经注疏》卷二九《湍水》记载，六门堰，又作“六门竭”“六门陂”，汉元帝时召信臣始创，西晋太康三年（282），杜预不仅修复已损坏的旧堰，更在原来基础上进一步拓展，从而“利加于民”。（第2466—2467页）

④ 《水经注疏》卷二九《湍水》，第2467页。

⑤ 《水经注疏》卷二九《湍水》，第2467页。

⑥ 《水经注疏》卷三一《淯水》，第2614页。

⑦ 昆阳在淮水上源的滍水，而六门堰在汉水支流湍水之上，在今河南邓县（穰县），昆阳与穰、新野相去甚远，六门水似不可能灌溉到那里。据熊会贞疏：“昆阳为滍水所迳，去此甚远。惟朝阳、涅阳接。涅与昆形尤相近，则此昆为涅之误。”（第2467页）熊说颇有道理，“昆阳”极有可能为“涅阳”之讹。

⑧ 《水经注疏》卷二九《湍水》，第2467页。

⑨ 《宋书》卷八一《刘秀之传》，第2074页。

⑩ 《宋书》卷八一《刘秀之传》，第2074页。

⑪ 《水经注疏》卷二九《湍水》，第2467页。

"激用滍、淯诸水以浸原田万余顷，分疆刊石，使有定分，公私同利，众庶赖之。"① 淯水即今白河，在襄樊注入汉水。据《水经注》说："淯水又南入新野县，枝津分脉，东南出，隰衍苞注，左积为陂，东西九里，南北十五里。陂水所溉，咸为良沃。"② "淯水又东南，迳士林东，戍名也，戍有邸阁。水左有豫章大陂，下灌良畴三千许顷也。"③ 豫章陂在今新野县。沔水东过中庐县（今湖北襄樊市南）东，"然候水诸蛮北遏是水，南壅淮川，以周田溉，下流入沔。"④ 距宜城（今湖北宜城）100里有"旧堨"，南北朝时称为"熨斗陂"。⑤ 宜城东有臭池，"后人因其渠流，以结陂田，城西陂谓之新陂，覆地数十顷。西北又为土门陂"⑥。"臭池溉田，陂水散流，又入朱湖陂，朱湖陂亦下灌诸田，余水又下入木里沟。木里沟是汉南郡太守王宠所凿故渠，引鄢水也，灌田七百顷。白起渠溉三千顷，膏良肥美，更为沃壤也。"⑦

刘宋元嘉五年（428），张邵为雍州刺史，"及至襄阳，筑长围，修立堤堰，开田数千顷，郡人赖之富赡。"⑧ 元嘉二十二年（445），刘骏出镇襄阳，"郡界有古时石堨，芜废岁久"，南阳太守沈亮请加修治，说："窃见郡境有旧石堨，区野腴润，实为神皋，而芜决稍积，久废其利……谓宜创立。"⑨ 因此刘骏在雍州曾大力整修旧陂，前述六门堰的兴建即是其一。此外，"又修治马人陂，民获其利"⑩，马人陂在沘水上游今河南泌阳、唐河间，"水积成湖，盖地百顷""以溉田畴，公私引裂"⑪。

水利灌溉的发展，使襄沔地区的农业有了很大起色。东汉末年这里遭受战乱破坏严重，"魏武平荆州，沔南彫散"⑫。到了南朝时，"襄阳左

---

① 《晋书》卷三四《杜预传》，第1031页。
② 《水经注疏》卷三一《淯水》，第2611—2612页。
③ 《水经注疏》卷三一《淯水》，第2620页。
④ 《水经注疏》卷二八《沔水》，第2387页。
⑤ 《水经注疏》卷二八《沔水》，第2395页。
⑥ 《水经注疏》卷二八《沔水》，第2396页。
⑦ 《水经注疏》卷二八《沔水》，第2398页。
⑧ 《宋书》卷四六《张邵传》，第1395页。
⑨ 《宋书》卷一〇〇《自序》，第2452页。
⑩ 《宋书》卷一〇〇《自序》，第2452页。
⑪ 《水经注疏》卷二九《比水》，第2480页。按，据《水经注》，马人陂作"马仁陂"。
⑫ 《水经注疏》卷二八《沔水》，第2399页。

右，田土肥良，桑梓野泽，处处而有”[①]“邑居隐赈，冠盖相望，一都之会也”[②]。在襄阳南部的柤中（今湖北南漳、宜城间），“土地平敞，宜桑麻，有水陆良田”，号称“沔南之膏腴沃壤”[③]，可谓“荆蕴玉以润其区，汉含珠而清其域”[④]，南朝人盛称“雍州士锐粮多”[⑤]。农业的发展，使荆、襄所产粮食有可能支援外地。宋武帝永初三年（422），关中秦、雍流民南入梁州，武帝“遣使送绢万匹，且漕荆、雍（治襄阳）之谷以赈之。”[⑥] 襄阳已不仅是一个军事重镇，而且是长江中游一处重要的农业区和经济重镇。

此外，江沔地区还有一些农业比较发达的地区。如临沮（今湖北当阳北）“道带蛮蜑，田土肥美”[⑦]，其“水白，田甚肥腴”[⑧]，江陵“膏腴之田以千数”，安陆“左右陂池沃衍”[⑨]，上明（今湖北松滋）“田地肥良”[⑩]。

蛮族人民对于这个地区农业生产的发展作出了不可磨灭的贡献。3—6 世纪蛮族与汉民族融合和经济文化交流，促进了蛮族人民的经济发展，加速了山区的开发。早在三国时，柤中夷王梅敷兄弟三人，就有“部曲万余家屯此，分布在中庐宜城西山鄢、沔二谷中”，在这里经营农业，种

---

① 《南齐书》卷一五《州郡志下》，第 281 页。

② 《水经注疏》卷二八《沔水》，第 2371 页。按，“邑居隐赈”，朱谋㙔《水经注笺》曰：“隐赈当作殷赈。薛综《西京赋·注》，殷赈谓富饶也。”全祖望、戴震，亦全部改为“殷赈”。赵一清《水经注释》云：“按《蜀都赋》邑居隐赈，刘渊林《注》，隐，盛也；赈，富也。”查张衡《西京赋》“郊甸之内，乡邑殷赈”之句，薛综注云：“殷赈，谓富饶也。”李善注引《尔雅》曰：“赈，富也。”左思《蜀都赋》“尔乃邑居隐赈，夹江傍山”，李善注：“隐，盛也。赈，富也。”[（梁）萧统编，（唐）李善注：《文选》卷二《西京赋》、卷四《蜀都赋》，上海古籍出版社 1986 年版，第 63、181 页。] 杨守敬疏：“殷音隐，古字多假借，正不必例彼规此。”因此，无论“隐赈”还是“殷赈”，其义皆通。

③ 《三国志》卷五六《吴书·朱然传》注引《襄阳记》，第 1307 页。

④ （唐）徐坚等：《初学记》卷七《汉水第二》引《荆州记》，中华书局 1962 年版，第 144 页。

⑤ 《梁书》卷一二《柳惔附弟忱传》，第 218 页。

⑥ （宋）司马光编著，（元）胡三省音注：《资治通鉴》卷一一九，宋武帝永初三年（422）三月，中华书局 1956 年版，第 3744 页。

⑦ 《南齐书》卷一五《州郡志下》，第 273 页。

⑧ 《南齐书》卷五八《蛮传》，第 1008 页。

⑨ 《三国志》卷二七《魏书·王基传》，第 752 页。

⑩ 《南齐书》卷一五《州郡志下》，第 273 页。

植桑麻[1]。到南北朝时，下山的蛮族已经学习了汉族的先进的农业生产技术，在山区的蛮族，则开发"蛮田"，由于生产技术的提高，这些"蛮田"往往可以获得丰收，史称"蛮田大稔，积谷重岩，未有饥弊"，沈庆之讨伐"沔北诸山蛮"时，"自冬至春，因粮蛮谷"[2]。蛮族人民开发山田的技术，也被汉族人民所学习，梁武帝大同八年（542），在江州新蔡、高塘立颂平屯，"垦作蛮田"[3]，表明蛮族、汉民族在生产上的交流和互相学习。

水稻是江沔地区主要的粮食作物，3—6 世纪，在劳动人民的努力下，水稻的种植和品种有了一定的改进和提高。魏晋时江南已有"国秔再熟之稻"[4] 的说法，江沔地区虽没有"两熟稻"的直接记载，但已有利用温泉使水稻一年二熟或三熟的记载。据盛弘之《荆州记》载，桂阳郡西北耒阳县有温泉，"其下流百里，恒资以溉灌，常十二月一日种，至明年三月新谷便登，重种一年三熟"[5]"郴县温泉，下流有田，资以溉灌，常十二月下种，至明年三月，新谷便登。"[6]《水经注·耒水》郴县"温水所溉，年可三登"[7]。这虽然不能代表水稻种植的普遍情况，但也表明当时江沔地区劳动人民已能巧妙地利用独特的自然条件以获得更高的收获，为日后连作稻的推广打下了基础。

水稻的品质一般南方不如北方，三国时"江表唯长沙名好米"[8]。但在当时北方人心目中，长沙好米还不能与北方的新城（今河南伊川）粳稻相比。到了南朝时，长沙的好米已经"味重新城，香逾涝水"[9]，品质可与北方优良稻米相比美。晋人郭义恭《广志》记"南方有蝉鸣稻"[10]。

---

① 《三国志》卷五六《吴书·朱然传》注引《襄阳记》，第 1307 页。

② 《宋书》卷七七《沈庆之传》，第 1997 页。

③ 《梁书》卷三《武帝纪下》，第 87 页。

④ 《太平御览》卷八三九《百谷部三·稻》引《吴都赋》，第 3751 页。

⑤ 《太平御览》卷八三七《百谷部一·谷》引《荆州记》，第 3741 页。

⑥ 《初学记》卷八《江南道第十》引《荆州记》，第 191 页。

⑦ 《水经注疏》卷三九《耒水》，第 3216 页。

⑧ 《太平御览》卷八三九《百谷部三·秔》引《魏文帝与朝臣书》，第 3751 页。

⑨ （清）严可均校辑：《全上古三代秦汉三国六朝文》之《全梁文》（庾肩吾）《谢湘东王赉米启》，中华书局 1958 年版，第 3342 页。

⑩ （后魏）贾思勰原著，缪启愉校释：《齐民要术校释》卷二《水稻第十一》引《广志》，中国农业出版社 1998 年版，第 136 页。

南朝人盛赞“滍水鸣蝉，香闻七里”[①]。滍水与襄阳北面的淯水相邻，襄沔地区当亦有种植。

水利和农业的发展，也促进了其他副业生产的发展。如襄阳的渔业生产有悠久历史，东汉末习郁在这里“作大陂，陂长六十步，广四十步”，修建养鱼池，又在宅北作小鱼池，“池长七十步，广二十步”，依“范蠡《养鱼法》”而养鱼[②]。这里的鱼池在东晋南朝时依然存在，“常出名鱼”[③]。荆州刺史刘弘曾在荻兰桥旁“大养猪”，因此中猪屎臭，襄阳太守将此桥易名为“猪兰桥”[④]。江陵一带不仅农业发达，尤盛产柑橘，汉代已有“江陵千树橘”[⑤] 的美称，到了魏晋南北朝时期继续得到发展。孙吴时李衡在武陵龙阳汜洲上种柑橘千株，“吴末，衡甘橘成，岁得绢数千匹”，直到东晋咸康（335—342）年间，其“枯树犹在”[⑥]。夷道县（今湖北宜都）有湖里渊，“渊上橘柚蔽野，桑麻暗日”[⑦]。上明（今湖北松滋）“县左右有数十洲，槃布江中，其百里洲最为大也。中有桑田甘果，映江依洲。”[⑧]

三 农业发展的原因

六朝时期江沔地区农业生产得以发展的原因是什么呢？

首先，是由于劳动人手的增加。劳动人手增加的途径主要有两个，一是北方人口的南移，二是蛮族人民的出山。

3—6 世纪南北对立，促进了北方人口的大量南移。江沔地区是北方人民南迁的重要目的地之一。在将近 4 个世纪中，大约有三次南迁高潮。

---

① 《全上古三代秦汉三国六朝文》之《全梁文》（庾肩吾）《谢东宫赉米启》，第 3341 页。

② 《水经注疏》卷二八《沔水》，第 2381 页。又，同书载：“桥北有习郁宅，宅侧有鱼池，池不假功，自然通洫，长六七十步，广十丈，常出名鱼。”杨守敬疏：“前叙郁大小鱼池及宅，在今襄阳县南，此又一池宅则在今宜城县东。”（第 2392 页）据此可知在，习郁曾在沔水流域经营不止一处宅院，并掘池养鱼。

③ 《水经注疏》卷二八《沔水》，第 2392 页。

④ 《水经注疏》卷二八《沔水》，第 2391—2392 页。

⑤ 《史记》卷一二九《货殖列传》，第 3272 页。

⑥ 《三国志》卷四八《吴书・三嗣主传・孙休传》注引《襄阳记》，第 1157 页。

⑦ 《水经注疏》卷三四《江水》，第 2851 页。

⑧ 《水经注疏》卷三四《江水》，第 2855 页。

第一次是在汉末魏初，仅关中人民“流入荆州者十万余家”①；第二次是在西晋末年，“于时流人在荆州十余万户”②；第三次是在十六国时期，“咸和中，寇难南逼，户口南渡”③“胡亡氐乱，雍秦流民多南出樊、沔”④。南下江沔地区的流民，主要来自关中、河南一带，这些地方是当时北方农业最发达的先进地区，必然将先进的农业生产技术带进，从而促进这一地区农业生产的发展。

为了安置大量涌入的流民，南方政权在江沔地区广设侨州郡县。州一级的侨治，主要有江沔北部的雍州和司州。雍州始建于东晋孝武帝时，州治襄阳，主要安置从秦、雍流入樊沔的流民⑤。宋孝武帝大明（457—467）中，“分实土郡县以为侨郡县境”⑥。司州，宋文帝元嘉（424—453）末年“侨立于汝南（今河南汝南）”，但不久之后“省废”，宋明帝泰始（465—471）年间，又在南豫州之义阳郡（今河南信阳）侨立司州，“渐成实土焉”⑦。郡一级的侨治，主要有南义阳（今湖北安乡）、汝南（郡治涂口，今湖北武昌南）、南河东（今湖北松滋）、东义阳、长宁（今湖北荆门）等。从侨州郡的设置可见，当时的侨治大多分布于江北，尤其集中于南阳→襄阳→江陵这一线，这条路线自古以来即为北人南下荆郢的通道，也是这一时期流民南下的重要路线，侨州郡县就是在沿途流民密集的地方设置的。在这些侨州郡中，“旧民甚少，新户稍多”⑧。

江沔地区世代居住着许多蛮族人民。他们“种类繁多，言语不一，咸依山谷，布荆、湘、雍、郢、司等五州界”⑨“北接淮、汝，南极江、汉，地方数千里”⑩，分布遍及江沔地区。然而他们“所居皆深山重阻，

---

① 《三国志》卷二一《魏书·卫觊传》，第610页。
② 《晋书》卷六六《刘弘传》，第1766页。
③ 《水经注疏》卷三五《江水》，第2891页。
④ 《宋书》卷三七《州郡志三》，第1135页。
⑤ 《宋书》卷三七《州郡志三》，第1135页。
⑥ 《宋书》卷三七《州郡志三》，第1135页。
⑦ 《宋书》卷三六《州郡志二》，第1104页。
⑧ 《南齐书》卷一五《州郡志下》，第282页。
⑨ 《南齐书》卷五八《蛮传》，第1007页。
⑩ 《宋书》卷九七《夷蛮·豫州蛮传》，第2398页。

人迹罕至焉”[①]“所在并深岨，种落炽盛”[②]。人口数量很多，但居住在山区。“其于魏氏之时，不甚为患，至晋之末，稍以繁昌，渐为寇暴矣。”[③]东晋南朝以来，大量蛮族人口被南朝统治者掠为“生口”“营户”，史言“自江汉以北，庐江以南，搜山荡谷，穷兵罄武，系颈囚俘，盖以数百万计。”[④]如刘宋荆州刺史沈庆之“连年讨蛮”[⑤]“前后所获蛮，并移京邑，以为营户”[⑥]“攻战经年，皆悉平定，获生口数万人”[⑦]。另一方面，许多蛮族人民在这个时期从山区进入平川。刘宋时刘道产为雍州刺史，“善抚诸蛮”“皆引出平土，多缘沔为居”[⑧]“悉出缘沔为居。百姓乐业，民户丰赡，由此有《襄阳乐歌》。”[⑨]出山的蛮族，与汉族人民错居，“南郡、夷陵、竟陵、沔阳、沅陵、清江、襄阳、舂陵、汉东、安陆、永安、义阳、九江、江夏诸郡，多杂蛮左，其与夏人杂居者，则与诸华不别。”[⑩]“襄阳之屯，民夷散杂”[⑪]，可见当时蛮汉杂居已非常普遍。也常有汉族人民进入蛮族地区，“宋民赋役严苦，贫者不复堪命，多逃亡入蛮”[⑫]，如桓天生“流窜大阳蛮中，遂习其俗。及长，多智谋，为群蛮所归。”[⑬]为了统治“布在诸郡县”的蛮族，“荆州置南蛮，雍州置宁蛮校尉以领之”[⑭]，下设左郡、县以安置蛮族人民。

南北两支劳动人口的汇流，以及他们与江沔地区原住民的结合，显然将使这一地区的劳动人口增加，对这一地区的开发必然发生巨大作用。然而，从官方的户口数字来看，东汉时荆州有户 1399394，口 6265952，

---

① 《宋书》卷九七《夷蛮·荆、雍州蛮传》，第 2396 页。
② 《宋书》卷九七《夷蛮·豫州蛮传》，第 2398 页。
③ （北齐）魏收撰：《魏书》卷一〇一《蛮传》，中华书局 1974 年版，第 2245—2246 页。
④ 《宋书》卷九七《夷蛮传》“史臣曰”，第 2399 页。
⑤ 《宋书》卷九七《夷蛮·荆、雍州蛮传》，第 2397 页。
⑥ 《宋书》卷七七《沈庆之传》，第 1998 页。
⑦ 《宋书》卷七七《沈庆之传》，第 2003 页。
⑧ 《宋书》卷九七《夷蛮·荆、雍州蛮传》，第 2396 页。
⑨ 《宋书》卷六五《刘道产传》，第 1719 页。
⑩ （唐）魏徵、令狐德棻撰：《隋书》卷三一《地理志下》，中华书局 1973 年版，第 897 页。
⑪ 《宋书》卷六四《何承天传》，第 1707 页。
⑫ 《宋书》卷九七《夷蛮·荆、雍州蛮传》，第 2396 页。
⑬ 《魏书》卷一〇一《蛮传》，第 2246 页。
⑭ 《宋书》卷九七《夷蛮·荆、雍州蛮传》，第 2396 页。

西晋太康（280—289）初即降至户389548，户数减少100余万。刘宋时，荆州及由它分出的郢、雍、司、梁、秦、湘、江等八州合计户264408，口1497979，户数少于西晋10余万，口数只及东汉的1/6强。从东汉到六朝户口的大幅度下降，并不反映江沔地区的实际情况，从上述北方人口南下和蛮族人口出山来看，户口实际上应该有所增加。所以出现这种现象，根本原因是这个时期劳动人手的依附化和流亡不著籍而造成的。

江沔地区农业在六朝时期得以发展的另一主要原因，是由于在南北对立和荆扬之争中这个地区特殊的战略地位，因而统治阶级着意经营这个地区，重视这里的农业生产。

建安（196—220）初，曹操以杜袭为西鄂（今河南南阳北）长，“县滨南境，寇贼纵横。时长吏皆敛民保城郭，不得农业。野荒民困，仓庾空虚。袭自知恩结于民，乃遣老弱各分散就田业，留丁强备守，吏民欢悦”①，在极端困难的战争条件下，组织人民生产，以加强守备。西晋末年，刘弘“专督江汉，威行南服”②，在任期间“劝课农桑，宽刑省赋，岁用有年，百姓爱悦。”③

东晋以后，江沔地区更是南方政权“阃外之寄”“荆、扬司牧，事同二陕。宋室受命，权不能移，二州之重，咸归密戚”④“上游之寄，必详择其人”⑤。其中“襄阳又是名郡，名器宜慎”⑥。由于惧怕上游，故又不得不以贵戚重臣镇守这里。当然其中不乏贪纵暴虐之徒，“裒刻所在，多营财货……百姓嗷然，不复堪命”⑦“贪纵过甚，畜聚财货，常若不足，去镇之日，府库为之空虚”⑧“恣意剽虏，赃私万计”⑨“为政严暴，聚敛

① 《三国志》卷二三《魏书·杜袭传》，第665—666页。

② 《晋书》卷六六《刘弘传》，第1766页。

③ 《晋书》卷六六《刘弘传》，第1765页。

④ 《宋书》卷六六“史臣曰”，第1739页。

⑤ （唐）杜佑撰，王文锦、王永兴、刘俊文、徐庭云、谢方点校：《通典》卷一八三《州郡典十三》，中华书局1988年版，第4892页。

⑥ 《晋书》卷六六《刘弘传》，第1765页。

⑦ 《宋书》卷七二《文九王·晋平剌王（刘）休祐传》，第1880页。

⑧ 《宋书》卷五一《宗室·长沙景王（刘）道怜传》，第1462页。

⑨ 《宋书》卷八三《吴喜传》，第2116页。

无节”①。但也有不少励精图治者，如桓宣“久在襄阳，绥抚侨旧，甚有称绩”“劝课农桑，简刑罚，略威仪，或载锄耒于轺轩，或亲芸获于陇亩。”② 因此，“十余年间，石季龙再遣骑攻之，宣能得众心，每以寡弱距守，论者以为次于祖逖、周访。”③ 庾龢劝说前往镇守襄阳的叔父庾翼，建议他就任后应该“修城池，立垒壁，勤耕农，练兵甲”④。庾翼代兄庾亮镇武昌，“每竭志能，劳谦匪懈，戎政严明，经略深远，数年之中，公私充实，人情翕然。”⑤ 刘宋时，刘道规为荆州刺史，“善于为治，刑政明理”⑥，雍州刺史刘粹“在任简役爱民”⑦，褚叔度“在任每以清简致称”⑧。萧齐时，萧赤斧为雍州刺史，“在州不营产利”⑨，王僧虔为湘州刺史，“清简无所欲，不营财产，百姓安之”⑩。张惠绍为司州刺史，“在州和理，吏民亲爱之”⑪。雍州刺史萧范“作牧莅民，甚得时誉”⑫，萧恭在州“有声绩”⑬，萧景在“修营城垒，申警边备”⑭ 的同时，“理辞讼，劝农桑。郡县皆改节自励”⑮。韦放为襄阳、竟陵太守，“在郡和理，为吏民所称。”⑯

四 荆、扬农业发展水准平议

六朝时期，江沔地区的农业生产比两汉有所发展，但是，它的发展与长江下游地区相比还在其次。

---

① 《宋书》卷五一《宗室·营浦侯（刘）遵考传》，第1481页。
② 《晋书》卷八一《桓宣传》，第2117页。
③ 《晋书》卷八一《桓宣传》，第2117页。
④ 《晋书》卷七三《庾亮附子龢传》，第1926页。
⑤ 《晋书》卷七三《庾亮附弟翼传》，第1932页。
⑥ 《宋书》卷五一《宗室·临川烈武王（刘）道规传》，第1472页。
⑦ 《宋书》卷四五《刘粹传》，第1380页。
⑧ 《宋书》卷五二《褚叔度传》，第1505页。
⑨ 《南齐书》卷三八《萧赤斧传》，第665页。
⑩ 《南齐书》卷三三《王僧虔传》，第596页。
⑪ 《梁书》卷一八《张惠绍传》，第286页。
⑫ 《梁书》卷二二《太祖五王·鄱阳忠烈王（萧）恢附子范传》，第352页。
⑬ 《梁书》卷二二《太祖五王·南平元襄王（萧）伟附子恭传》，第349页。
⑭ 《梁书》卷二四《萧景传》，第369页。
⑮ 《梁书》卷二四《萧景传》，第369页。
⑯ 《梁书》卷二八《韦放传》，第423页。

第一，从人口而论，东汉魏晋时，荆州人口多于扬州，到了南朝却反过来，荆州人口少于扬州。荆、扬二州户口数占全国诸州户口总数的百分比：在东汉时，荆州户数占14.99%，口数占13.08%，扬州户数占10.94%，口数占9.06%。西晋太康（280—289）初，荆州户数占15.62%，扬州户数占12.45%。从东汉到西晋初，荆州的户口数均高于扬州。但到了南朝发生了变化，刘宋时期，荆州（包括郢、司、湘、雍、梁、秦等州）户数占23.37%，口数占22.68%，扬州（包括南豫州、江州）户数占35.98%，口数占41.23%。扬州已大大超过了荆州[①]。

第二，就农业发展水平来看，荆州也逊于扬州。荆州虽有江陵、上明、襄阳、柤中、安陆等农业比较发展的地区，但是它们还不能与下游太湖平原和浙东会稽等农业发达区相提并论，东晋时已有"今之会稽，昔之关中"[②]的说法，到了南朝，会稽"良畴亦数十万顷，膏腴上地，亩直一金，鄠、杜之间，不能比也。"[③]这里的农业生产水平已超过了古代农业最发达的关中平原。再从农作物品种来看，东晋南朝以后，长江下游大力推广种麦，晋元帝大兴元年（318）诏称："徐、扬二州，土宜三麦，可督令熯地，投秋下种"[④]，这一命令是认真执行了的，据《晋书·五行志》记载：大兴二年（319）淮陵、临淮、淮南、安丰、庐江等五郡"蝗虫食秋麦"[⑤]，吴郡、吴兴、东阳"无麦禾，大饥"[⑥]。可见诏书下达之后的第二年，即普遍种麦，从苏北、皖南直至浙江的广大地区。麦类为旱田作物，它的推广，使南方得以水田种稻，旱田种麦，稻麦兼作，水陆并用，对农业发展具有巨大意义，"其后频年麦虽有旱蝗，而为益犹多"[⑦]。荆楚地区虽也种麦，但其推广远不如下游地区，这不能不影响其

① 以上数据录自梁方仲编著：《中国历代户口、田地、田赋统计》，详见该书甲编《甲表6. 后汉各州户口数、平均户口数及各州户口数的比重》《甲表14. 西晋太康初年各州户数、平均户数及各州户数的比重》《甲表16. 刘宋各州户口数、平均户口数及各州户口数的比重》，上海人民出版社1980年版，第22、40、47页。

② 《晋书》卷七七《诸葛恢传》，第2042页。

③ 《宋书》卷五四"史臣曰"，第1540页。

④ 《晋书》卷二六《食货志》，第791页。

⑤ 《晋书》卷二九《五行志下》，第881页。

⑥ 《晋书》卷二七《五行志上》，第808页。

⑦ 《晋书》卷二六《食货志》，第791页。

粮食产量的提高。

总之，六朝时期江沔地区的农业生产与两汉相比，虽有长足的发展，但与长江下游相比，其发展规模、速度和水平都要稍逊一筹。

（原刊中国唐史学会、湖北省社会科学院历史研究所编《古代长江中游的经济开发》〔黄惠贤、李文澜主编，武汉出版社1988年版〕。后收入《魏晋南北朝史论》，学苑出版社1999年版，文中小标题系当时所加。据《魏晋南北朝史论》文后跋语，本文系黎虎先生参加1986年5月19—23日在湖北蒲圻召开的“3—9世纪长江中游社会经济讨论会”时所提交论文中的一部分。今据《魏晋南北朝史论》所刊文为底本整理。李文才敬识。）

六朝时期荆州地区的人口

六朝时期（公元3—6世纪）是荆州地区[①]人口剧烈变动的时期，它是这个时代社会历史变化的直接反映，同时又给予这一时期社会历史的发展以深刻的影响。因此，人口问题是研究六朝时期长江中游地区历史发展和社会经济的重要课题之一。

一　北方人口的南下

六朝时期政治上的一个显著特点是：除了西晋皇朝曾短期统一之外，在长达4个世纪中，基本上处于南北分裂和对立状态之中。荆州处于南北对立的前沿。北方的战乱和民族矛盾，南北政权的分裂和对立，推动了北方人口的大量南迁，而荆州地区是北方人口南徙的主要目标之一。这种迁徙活动，经历了三次高潮。

第一次高潮在汉末魏初。东汉末年黄河流域战乱蜂起，破坏严重，长江中游的荆州地区是一个安定的所在，“自（中平）以来，荆州独全”[②]“荆州丰乐，国未有衅”[③]。因此，这里成了北方流民南下的一个重要目标地域。流民主要来自东汉的政治中心和经济发达的地区——司隶部，尤以三辅为多。建安四年（199）卫觊镇关中，与荀彧书曰：“关中

---

① 汉代荆州辖境当长江中游地区。六朝时期辖区有所变化。魏晋时“荆州之名，南北双立”［（唐）房玄龄等撰：《晋书》卷一五《地理志下》，中华书局1974年版，第454页］。东晋南朝时陆续从荆州分置郢、湘、雍、司等州及江、梁州部分地区。由于从汉代始荆州有户口数字可据，故本文所论大体以汉代荆州为基准。

② （晋）陈寿撰，（南朝·宋）裴松之注，陈乃乾校点：《三国志》卷六《魏书·刘表传》注引《搜神记》，中华书局1959年版，第214页。

③ 《三国志》卷二五《魏书·辛毗传》，第696页。

膏腴之地，顷遭荒乱，人民流入荆州者十万余家"[①]，据《续汉书·郡国志》，关中的京兆、左冯翊、右扶风共有户十万余家，流民几乎占三辅地区户数的绝大部分。除此之外，尚有河内[②]、河东[③]、颍川[④]、汝南[⑤]，以及荆州北部的南阳[⑥]等地人民流入荆州。

第二次高潮在西晋末年。"八王之乱"，胡羯贵族乘虚而起，北方又陷入干戈扰攘的时代，社会经济又一次遭受空前浩劫。"于时天下虽乱，荆州安全"[⑦]，流民又一次纷纷涌向荆州地区。早在"元康（291—299）中，氐齐万年反，关西扰乱，频岁大饥，百姓乃流移就谷，相与入汉川者数万家。"[⑧] "永嘉之乱"后，秦、雍流民一方面流向梁益[⑨]，一方面则流向荆襄，"永嘉之乱，三辅豪族流于樊沔"[⑩] "雍州流民多在南阳"[⑪]。王如，"京兆新丰人……遇乱流移至宛……众至四五万……大掠沔汉，进逼襄阳"[⑫]。流入梁益的饥民，由于受到当地统治者的迫害，又东向流入荆州。"成平寇将军李凤……屡寇汉中，汉中民东走荆沔"[⑬]。"巴蜀流人……数万家布在荆湘间"[⑭] "益梁流人萧条猥集"[⑮]。统治阶级残酷镇压，"于是益梁流人四五万家一时俱反"[⑯]。两路流人汇集荆州，使这一地

---

① 《三国志》卷二一《魏书·卫觊传》，第 610 页。

② 《三国志》卷一二《魏书·司马芝传》，第 386 页。

③ 《三国志》卷二三《魏书·裴潜传》，第 671 页。

④ 《三国志》卷二一《魏书·王粲传》，第 602 页；卷二三《魏书·赵俨传》，第 668 页；卷三五《蜀书·诸葛亮传》注引《魏略》，第 911 页。

⑤ 《三国志》卷一《魏书·武帝纪》注引皇甫谧《逸士传》，第 31 页。

⑥ 《三国志》卷二四《魏书·韩暨传》，第 677 页。

⑦ 《三国志》卷一五《魏书·刘馥传》注引《晋诸公赞》，第 465 页。

⑧ 《晋书》卷一二〇《李特载记》，第 3022 页。

⑨ 《晋书》卷一二〇《李特载记》，第 3023 页。

⑩ （宋）李昉等撰：《太平御览》卷一六八《州郡部一四·山南道下》引《南雍州记》，中华书局 1960 年版，第 819 页。

⑪ （宋）司马光编著，（元）胡三省音注：《资治通鉴》卷八七，晋怀帝永嘉四年（310）九月，中华书局 1956 年版，第 2752 页。

⑫ 《晋书》卷一〇〇《王如传》，第 2618 页。

⑬ 《资治通鉴》卷八六，晋怀帝永嘉二年（308）十二月，第 2739 页。

⑭ 《晋书》卷一〇〇《杜弢传》，第 2621 页。

⑮ 《晋书》卷六六《刘弘传》，第 1764 页。

⑯ 《晋书》卷四三《王澄传》，第 1240 页。

区人口顿增，史称“于时流人在荆州十余万户”①。

第三次高潮是在十六国时期。十六国时期，由于北方的战乱和民族压迫，以及北方政权乘南方政权内争之机不断南逼，导致北方人口的再度南流。咸和（326—334）年间，东晋内部发生“苏峻之乱”，后赵乘机南下，“咸和中，寇难南逼，户口南渡”②“自江陵至于建康，三千余里，流人万计，布在江州”③。于是在长江中游设置侨郡县以安置南下流民，如以豫州汝南郡流民，于涂口（今湖北武昌县东）侨立汝南郡，以司州“河东人南寓者，于汉武陵郡孱陵县界上明地侨立河东郡”④，晋穆帝时，“以义阳流人在南郡者立为义阳郡”⑤。“淝水之战”以后，北方陷入分裂与战乱，人口又大量南移。“秦雍流人多南出樊沔”⑥“胡亡氐乱，雍、秦流民多南出樊沔。”⑦ 如刘宋名将王镇恶，原籍北海劇县（今山东寿光南），“年十三而苻氏败亡，关中扰乱，流寓崤渑之间……后随叔父曜归晋，客居荆州”⑧。席固，“其先安定（今甘肃镇原）人也。高祖衡，因后秦之乱，寓居于襄阳”⑨。于是，晋孝武帝时于襄阳侨立雍州及一些郡县，以安置秦、雍流民。晋安帝时又以南下流民侨立南义阳、东义阳、长宁三郡⑩。晋末宋初，北方人口仍相继南下。如：康绚，华山蓝田（今陕西蓝田）人，其先出自康居，晋时陇右乱，康氏迁于蓝田。宋永初（420—422）中，其祖康穆“举乡族三千余家，入襄阳之岘南，宋为置华山郡蓝田县，寄居于襄阳”⑪。“宋景平（423—424）初，失河南地”⑫，

---

① 《晋书》卷六六《刘弘传》，第1766页。

② （北魏）郦道元著，（民国）杨守敬、熊会贞疏，段熙仲点校，陈桥驿复校：《水经注疏》卷三五《江水》，江苏古籍出版社1989年版，第2891页。

③ 《晋书》卷八一《刘胤传》，第2114页。

④ 《晋书》卷一四《地理志上》，第418页。

⑤ 《晋书》卷一五《地理志下》，第458页。

⑥ 《晋书》卷一四《地理志上》，第432页。

⑦ （梁）沈约撰：《宋书》卷三七《州郡志三》，中华书局1974年版，第1135页。

⑧ 《宋书》卷四五《王镇恶传》，第1365页。

⑨ （唐）令狐德棻等撰：《周书》卷四四《席固传》，中华书局1971年版，第798页。

⑩ 《晋书》卷一五《地理志下》，第458页。

⑪ （唐）姚思廉撰：《梁书》卷一八《康绚传》，中华书局1973年版，第290页。

⑫ （梁）萧子显撰：《南齐书》卷一五《州郡志下》，中华书局1972年版，第278页。

宋文帝元嘉（424—453）末，以司州流民侨立司州；以“三辅流民出襄阳”[1]，于元嘉六年（429）立冯翊郡以安置。焦度，南安氐人，“祖文珪，避难居仇池。宋元嘉（424—453）中，裴方明平杨难当，度父明与千余家随居襄阳，乃立天水郡略阳县以居之。”[2] 南下的北方流民除汉族以外，还有西域胡与氐人等少数民族。

不过，到了南朝，由于北方少数民族政权的封建化[3]与民族融合的发展，北方人口南渡逐渐趋于低潮。

二 蛮族人口的出山

六朝时期荆州地区人口的变化，不仅有北方人口的南下，还有当地蛮族人口的大量出山。后者对于荆州地区的人口的影响，其重要性比前者实有过之而无不及。由于长江下游是六朝政治中心所在地，所以早在孙吴时山越人口出山的问题已基本解决。如果说山越的出山与“永嘉之乱”以后南下的人口相结合，使东晋南朝时期长江下游地区得以迅速开发，那么中游地区的开发也有待于蛮族人口的出山及其与南下人口相结合才能得以实现。而中游地区蛮族人口的出山较下游地区山越人口的出山，要晚了约两个世纪（主要在南朝时期），这也是长江中游地区社会经济发展滞后于下游地区的重要原因之一。

蛮族广泛分布于长江中游地区，“种类繁多，言语不一”[4]，并非同一

---

① 《宋书》卷三七《州郡志三》，第 1142 页。

② （唐）李延寿撰：《南史》卷四六《焦度传》，中华书局 1975 年版，第 1152 页。

③ 【整理者按】“封建化”“封建主义”“封建社会”等语汇乃是中华人民共和国成立以后，中国学术界统一、法定的用法，一般用以指称人类社会历史演变“五种社会形态”之第三个历史阶段。黎虎先生晚年构建了关于中国古史分期暨社会性质问题的新理论体系，提出中国古史自太古至清朝（鸦片战争前）先后经历了“无君群聚社会——王权众庶社会——皇权吏民社会”三个历史阶段，用以取代此前所沿用的“五种社会形态”论（“五种生产方式”论）。上述“五种社会形态”理论体系中的“封建社会”大致与黎虎先生三阶段论中的“皇权吏民社会”相对应。不过，出于尊重历史考虑，对于本文中有关“封建化”“封建文化”“封建依附关系”“封建国家”等说法，均保持原貌而不作修改。同时这也是黎虎先生最后的决定，2022 年 4 月学苑出版社拟出版黎虎先生的《魏晋南北朝史论》增订本，因为先生当时将修订的任务交由整理者负责，故整理者曾就此类问题和先生进行过交流，先生当时指示应尊重历史，盖因当年撰写此文时尚未形成其关于中国古史分期暨社会性质问题的理论体系，因而只能采用当时学术界习用的“五种社会形态”论的历史分期法。

④ 《南齐书》卷五八《蛮传》，第 1007 页。

种族。大略而言，荆、雍州蛮，“盘瓠之后也”[①]，豫州蛮，“廪君后也”[②]。前者主要分布于今湖北西部北部，以及川东、陕豫南部，后者主要分布于湖北东部，以及豫东南、皖西南等地。他们“所居皆深山重阻，人迹罕至焉”[③]，不仅分布广泛，而且人数众多，“种落炽盛”[④]“布在诸郡县”[⑤]。

六朝时期，蛮族的社会结构仍未超越氏族部落阶段。从秦汉以来，蛮族人民由本族“邑君长”[⑥]统率，这当是氏族组织，然后“分建种落”[⑦]，组成部落，由“蛮王”“夷王”统治。蛮王所统部众多者有“部曲万余家”[⑧]，或“万有余落”[⑨]。他们往往“阻藉山川，世为抄暴”[⑩]“恃险作梗”[⑪]。

六朝时期蛮族人口陆续出山，其出山方式及途径主要有如下三种。

（一）武力逼降

六朝时期统治阶级对于蛮族频繁用兵，除了许多蛮族人民被屠杀外，还以武力迫使蛮族“邑君”“酋帅”率领部众归降。“赤壁之战”后，曹操以乐进留屯襄阳，“南郡诸郡山谷蛮夷诣进降”[⑫]。与此同时，“武陵蛮夷反乱”，孙权以黄盖领武陵太守，“诛讨魁帅，附从者赦之。自春讫夏，寇乱尽平，诸幽邃巴、醴、由、诞邑侯君长，皆改操易节，奉礼请见，郡境遂清。”[⑬]建安二十四年（219），陆逊为宜都太守，“蛮夷君长皆降”[⑭]。西晋永嘉元年（307），应詹督南平、天门、武陵三郡军事，“天

① 《南史》卷七九《夷貊下·荆、雍州蛮》，第1980页。

② 《南史》卷七九《夷貊下·豫州蛮》，第1982页。

③ 《南史》卷七九《夷貊下·荆、雍州蛮》，第1980—1981页。

④ 《南史》卷七九《夷貊下·豫州蛮》，第1982页。

⑤ 《南史》卷七九《夷貊下·豫州蛮》，第1980页。

⑥ （南朝·宋）范晔撰，（唐）李贤等注：《后汉书》卷八六《南蛮传》，中华书局1965年版，第2829—2830页。

⑦ 《宋书》卷九七《夷蛮·荆、雍州蛮传》，第2396页。

⑧ 《三国志》卷五六《吴书·朱然传》注引《襄阳记》，第1307页。

⑨ 《周书》卷一一《晋荡公（宇文）护传》，第166页。

⑩ 《水经注疏》卷三二《蕲水》，第2658页。

⑪ 《周书》卷一一《晋荡公（宇文）护传》，第166页。

⑫ 《三国志》卷一七《魏书·乐进传》，第521页。

⑬ 《三国志》卷五五《吴书·黄盖传》，第1285页。

⑭ 《三国志》卷五八《吴书·陆逊传》，第1345页。

门、武陵谿蛮并反，詹讨降之……召蛮酋，破铜券与盟，由是怀詹，数郡无虞。”[①] 刘宋时，统治阶级加强了对于蛮族人民的镇压，而蛮族人民的反抗也愈加剧烈。宋文帝元嘉二十六年（449），“雍州蛮屡为寇”，沈庆之率部“分道攻之，群蛮大溃”。接着，南新郡蛮田彦生“率部曲反叛”，又被镇压，“群蛮由是畏服”[②] “大破之，威震诸山，群蛮皆稽颡”[③]。接着，沈庆之又率军讨幸诸山犬羊蛮，“置东冈、蜀山、宜民、西柴、黄徼、上夌六戍而还。蛮被围守日久，并饥乏，自后稍出归降。”[④] 宋顺帝昇明（477—479）中，武陵酉溪蛮田思飘“寇抄”，巴陵内史王文和率军讨之，田思飘中弩矢死，“蛮众以城降”[⑤]。

（二）虏掠蛮口

六朝时期，蛮汉民族矛盾有一个发展过程。虽然早在三国时统治者即已在镇压蛮族时虏掠人口，如孙权派潘濬镇压五谿蛮，“斩首获生，盖以万数”[⑥]。但是，“其于魏氏，不甚为患，至晋之末，稍以繁昌，渐为寇暴矣。自刘、石乱后，诸蛮无所忌惮，故其族渐得北迁，陆浑以南，满于山谷”[⑦]。可知在三国西晋时，蛮汉民族矛盾还不太突出。“永嘉之乱”以后，随着统一政权的瓦解和南北分裂的发展，蛮汉民族矛盾亦随之加剧。“及于宋之方盛，盖亦屡兴戍役”[⑧]，刘宋时蛮汉民族矛盾达于高潮，大量虏掠蛮口也主要发生于这一时期。

宋文帝元嘉五年（428），张邵为雍州刺史，“丹、淅二川蛮屡为寇，邵诱其帅并出，因大会诛之，遣军掩其村落，悉禽。”[⑨] 像这样虏掠蛮口而不见具体数字的记载，充斥南朝史乘，兹仅就有具体数字记载者，缕述如下。

元嘉十八年（441），天门溇中蛮田向求等反抗，荆州刺史刘义季遣

---

① 《晋书》卷七〇《应詹传》，第 1858 页。
② 《宋书》卷七六《宗悫传》，第 1972 页。
③ 《宋书》卷七七《沈庆之传》，第 1998 页。
④ 《宋书》卷七七《沈庆之传》，第 1998 页。
⑤ 《南齐书》卷五八《蛮传》，第 1008 页。
⑥ 《三国志》卷六一《吴书·潘濬传》，第 1397 页。
⑦ （唐）李延寿撰：《北史》卷九五《蛮传》，中华书局 1974 年版，第 3149 页。
⑧ 《南史》卷七九《夷貊传下》，第 1980 页。
⑨ 《南史》卷三二《张邵传》，第 825 页。

行参军曹孙念讨破之，“获生口五百余人”①。元嘉十九年（442），雍州“群蛮大动”，建威将军沈庆之“专军进讨，大破缘沔诸蛮，禽生口七千人。进征湖阳，又获万余口。”② 元嘉二十二年（445），刘骏出为雍州刺史，“时蛮寇大甚，水陆梗碍，世祖（刘骏）停大隄不得进。分军遣（沈）庆之掩讨，大破之，降者二万口。”③ 此后“连年讨蛮，所向皆平殄”④。沈庆之与王玄谟、王方回联军，“平定诸山，获七万余口。”“郧山蛮最强盛”，沈庆之“翦定之，禽三万余口。”⑤ 接着，又“引军自茹丘山出检城，大破诸山，斩首三千级，虏生蛮二万八千余口，降蛮二万五千口，牛马七百余头，米粟九万余斛。”为此，雍州刺史刘诞“筑纳降、受俘二城于白楚。”⑥ 元嘉二十八年（451），刘诞“又遣军讨沔北诸蛮”“大破之，斩首二百级，获生蛮千口，牛马八十头”⑦。大明四年（460），西阳五水蛮“复为寇”，沈庆之率军讨之，“攻战经年，皆悉平定，获生口数万人。”⑧

以上仅元嘉、大明之世不过20年间，以沈庆之为主虏掠蛮口而有具体人数记载的，就已达20余万人。刘宋大明八年（464），雍州人口不过157999人左右⑨，可见蛮族人口被虏数量之巨。其余不见具体数字的“禽获”，人数必定还很多。沈约在论刘宋镇压蛮族问题时说：“自元嘉将半，寇慝弥广，遂盘结数州，摇乱邦邑。于是命将出师，恣行诛讨，自江汉以北，庐江以南，搜山荡谷，穷兵罄武，系颈囚俘，盖以数百万计。至于孩年耋齿，执讯所遗，将卒申好杀之愤，干戈穷酸惨之用，虽云积怨，为报亦甚。”⑩ 数百万计的蛮族人口被俘、降出山，其数量已大大超

---

① 《宋书》卷九七《夷蛮·荆、雍州蛮传》，第2396页。

② 《宋书》卷七七《沈庆之传》，第1996—1997页。

③ 《宋书》卷七七《沈庆之传》，第1997页。

④ 《宋书》卷九七《夷蛮·荆、雍州蛮传》，第2397页。

⑤ 《宋书》卷七七《沈庆之传》，第1997页。

⑥ 《宋书》卷七七《沈庆之传》，第1998页。

⑦ 《宋书》卷九七《夷蛮·荆、雍州蛮传》，第2397页。

⑧ 《宋书》卷七七《沈庆之传》，第2003页。

⑨ 梁方仲编著：《中国历代户口、田地、田赋统计》甲编《甲表17. 刘宋各州郡户口数及每县平均户数和每户平均口数（大明8年，公元464年）》，上海人民出版社1980年版，第52页。

⑩ 《宋书》卷九七《夷蛮传》“史臣曰”，第2399页。

过当时长江中游地区原有的全部在籍人口。

（三）招抚出山

南朝统治阶级对于蛮族实行的主要是镇压政策，但也有少数官吏执行较为和缓的政策。不以杀戮而以招抚为主，因而蛮族人口在这个时期也有自动下山的。雍州刺史刘道产就是其中的突出者。元嘉八年（431），刘道产为宁蛮校尉、雍州刺史，他“善抚诸蛮，前后不附官者，莫不顺服，皆引出平土，多缘沔为居。”[①] 出山蛮族人民的村落布于汉水沿岸，“户口殷盛”[②]。他们在比山区优越的平原地区发展农业，“百姓乐业，民户丰赡，由此有襄阳乐歌，自道产始也”。这不仅有利于蛮族人民的社会发展，也促进了当地社会经济的发展。后刘道产死，“及丧还，诸蛮皆备衰绖，号哭追送，至于沔口”[③]。刘道产死后，统治阶级又将民族压迫政策施于出山蛮族，于是“蛮又反叛”[④] 后来，朱修之为宁蛮校尉、雍州刺史，他在任期间亦能“唯以抚纳群蛮为务”[⑤]。

对于出山的蛮族人口，东晋南朝政府的处置措施主要有四项。

第一，纳入左郡县而为编户

将蛮族人口纳入编户的具体措施是设置左郡县。早在东晋安帝时，桓玄便“以沮、漳降蛮”[⑥] 设立武宁郡。当时有降蛮2千户[⑦]，“分南郡立”[⑧]。但到刘宋时，只剩958户，少了1千余户，这当是蛮族人口逃亡等原因所致。刘宋以后，随着蛮族人口大量出山，左郡县也相应剧增。据《宋书·州郡志》，分别在南豫州、荆州、郢州设置左郡4、左县18，此外西阳郡虽不是左郡，但该郡领县10，却有5个左县。庐江、晋熙二郡各有左县1。早在宋文帝元嘉二十五年（448），就曾分别在南豫州弋阳郡立左县7，晋熙郡立左县2，在郢州西阳郡立18左县。据《南齐书·州郡志》：分别在豫、南豫、郢、司、雍5州，设左郡43，左县140。此外，

① 《宋书》卷九七《夷蛮·荆、雍州蛮传》，第2396页。
② 《宋书》卷七七《柳元景传》，第1981页。
③ 《宋书》卷六五《刘道产传》，第1719页。
④ 《宋书》卷九七《夷蛮·荆、雍州蛮传》，第2397页。
⑤ 《宋书》卷七六《朱修之传》，第1970页。
⑥ 《宋书》卷三七《州郡志三》，第1123页。
⑦ 《晋书》卷九九《桓玄传》，第2590页。
⑧ 《晋书》卷一五《地理志下》，第458页。

豫州的南汝阴郡、晋熙郡，南豫州庐江郡，郢州的西阳郡，虽不是左郡，但都分别领有左县。

左郡县所领蛮族户口数量并不多。如边城左郡领县 4，有户 417，口 2479，平均每县仅 104 户，619 口。武宁郡领县 2，有户 958，口 4914，平均每县 479 户，2457 口。西阳郡领县 10，户 2983，口 16120，有左县 5，假定有一半户口属左郡县，每县平均不过户 298，口 1612。由此可见，左县户口多者四五百户，2000 余口，少者 100 余户，600 余口。如果我们取其中，以每县 300 户，1500 口计，则刘宋时左县 16，计有户 4800，口 24000。萧齐时左县 140，计有户 42000，口 224000。估计左郡县的编户最多不过 20 余万人。

左郡县编户为蛮族人口。如元嘉二十五年（448）弋阳郡所设 7 个左县，西阳郡所设 18 个左县，均“以豫部蛮民立”①。泰始元年（465）“以蛮户立宋安、光城二郡”②。左郡县蛮户，需要交纳赋税，“蛮民顺附者，一户输谷数斛，其余无杂调”③，与一般郡县编户民有所区别。

左郡县的隶属关系有二：一是隶属于地方州郡，如南陈左郡、边城左郡、光城左郡隶属于南豫州④。此外如荆、郢、豫、司等州的不少左郡县都属此类。二是隶属于蛮府。如雍州置宁蛮校尉，“部领蛮左，故别置蛮府焉”⑤。雍州的 24 个左郡均为宁蛮府所领⑥。荆州有南蛮校尉，但并不领左郡县。可见南蛮、宁蛮校尉是全面负责荆雍二州蛮族事务，并非专领左郡县，不是所有左郡县都归它所管辖。此外，庐江、晋熙、西阳太守由镇蛮护军兼领⑦。左郡县的官吏，与地方郡县官吏一样，一般由汉族官僚担任，如萧梁时臧严“历监义阳、武宁郡，累任皆蛮左，前郡守常选武人，以兵镇之；严独以数门生单车入境，群蛮悦服，遂绝寇盗”⑧。但是为了笼络蛮族上层，也往往以蛮酋担任左郡太守，如刘宋时以西阳

① 《宋书》卷三七《州郡志三》，第 1128 页。
② 《宋书》卷九七《夷蛮・豫州蛮传》，第 2398 页。
③ 《宋书》卷九七《夷蛮・荆、雍州蛮传》，第 2396 页。
④ 《宋书》卷三六《州郡志二》，第 1080 页。
⑤ 《南齐书》卷一五《州郡志下》，第 282 页。
⑥ 《南齐书》卷一五《州郡志下》，第 284—287 页。
⑦ 《宋书》卷四〇《百官志下》，第 1255 页。
⑧ 《梁书》卷五〇《文学下・臧严传》，第 719 页。

蛮田义之为宋安太守，田光兴为光城太守[①]。萧齐永明六年（488），以郢州蛮田驷路为试守北遂安左郡太守，田驴王为试守宜人左郡太守，田何代为试守新平左郡太守[②]。

第二，收为营户

对于归顺的蛮族，一般编入左郡县以为编户民，而对于虏掠来的“生口”，则往往收为“营户”。以镇压蛮族人民和虏掠“蛮口”而著称的沈庆之，“前后所获蛮，并移京邑，以为营户”[③]，仅他一人在元嘉、大明不过20年间，即虏掠“蛮口”20余万人，可见数量之巨。元嘉二十二年（445）刘骏出为雍州刺史，他指使沈庆之等人“讨缘沔蛮”，一次就“移一万四千余口于京师”[④]。这部分“蛮户”是封建国家和官僚将领直接役使的依附人口，如宋孝武帝大明五年（461），下诏给赵、萧、臧、袁诸后及其亲属墓地“各给蛮户三，以供洒扫”[⑤]。沈庆之“产业累万金，奴僮千计”[⑥]，当有不少奴僮来自“蛮口”。此外，以“蛮口”为兵，更是屡见不鲜，如泰始（465—471）初，柳世隆在上庸起兵，“合率蛮、宋二千余人”[⑦]。昇明元年（477）荆州刺史沈攸之起兵反对萧道成，豫州刺史刘怀珍统“蛮汉军万人出西阳”以抵抗[⑧]。

第三，保落奉政

南朝政府对于那些还无力控制的蛮民，一般令其“保落奉政”，即保持其原来的氏族部落组织，而服从南朝政府的统治。刘宋时，即已给蛮酋以封侯，称为“蛮封”，如封西阳蛮梅虫生为高山侯，田治生为威山侯，梅加羊为扞山侯，依其习惯“酋豪世袭”，以这类“疏爵”令其“保落奉政”。到萧齐时，继续执行前代政策，保持“蛮封”[⑨]。这对于安抚蛮众起了很大作用，如由于沈攸之残酷镇压和剥削，酉溪蛮王田头拟

---

① 《宋书》卷九七《夷蛮·豫州蛮传》，第2398页。

② 《南齐书》卷五八《蛮传》，第1008—1009页。

③ 《宋书》卷七七《沈庆之传》，第1998页。

④ 《宋书》卷五《文帝纪》，第93页。

⑤ 《宋书》卷四一《后妃传》，第1286页。

⑥ 《宋书》卷七七《沈庆之传》，第2003页。

⑦ 《宋书》卷八四《邓琬传》，第2141页。

⑧ 《南齐书》卷二七《刘怀珍传》，第502页。

⑨ 《南齐书》卷五八《蛮传》，第1007页。

被迫害致死，导致“蛮部大乱”，头拟弟娄侯篡立，头拟子田都逃亡入獠中。豫章王萧嶷诛娄侯，“命田都继其父，蛮众乃安”[①]。这类蛮族，“结党连群，动有数百千人……户口不可知也”[②]。

第四，与汉族杂居

还有一部分出山蛮族则与汉族错居杂处。到了南朝后期，“南郡、夷陵、竟陵、沔阳、沅陵、清江、襄阳、春陵、汉东、安陆、永安、义阳、九江、江夏诸郡，多杂蛮左，其与夏人杂居者，则与诸华不别。”[③] 上述十四郡几乎遍及长江中游地区。以襄阳为例，“境域之内，含带蛮、蜑”[④]。前述刘道产将蛮族引出平土，“缘沔为村落，户口殷盛”[⑤]，当与汉族在此杂居，因缘沔地早经汉族人民开发并居住，而这里在刘宋时又未设左郡县，史称“襄阳之屯，民夷散杂”[⑥]。

三　户口有减无增的原因

北方人口的南下，与蛮族人口的出山，南北两支人口汇聚荆州，加上当地的原住民，荆州地区的人口应当大大增加。然而，从官方的户口数来看却不仅没有增加，反而一再减少。东汉时荆州有户1399394，口6265952，西晋太康（280—289）初户数降至389548减少100余万。刘宋时，荆州及由它分出的郢、雍、司、湘等州，及江州之安成郡、梁州之新城、上庸等郡，合计有户195821，口1082729[⑦]，户数比西晋减少1/2，口数只及东汉的1/6。

造成这种现象的原因是复杂的，试分析如下。

（一）战乱频仍，役刻民散

荆州为四战之地。在六朝时期，这里是南北矛盾、荆扬矛盾、蛮汉

---

① 《南齐书》卷二二《豫章文献王（萧）嶷传》，第405—406页。

② 《宋书》卷九七《夷蛮·荆、雍州蛮传》，第2396页。

③ （唐）魏徵、令狐德棻撰：《隋书》卷三一《地理志下》，中华书局1973年版，第897页。

④ 《南齐书》卷一五《州郡志下》，第273页。

⑤ 《宋书》卷七七《柳元景传》，第1981页。

⑥ 《宋书》卷六四《何承天传》，第1707页。

⑦ 据《宋书》卷三七《州郡志三》，第1117—1147页。参考前揭《中国历代户口、田地、田赋统计》甲编《甲表17. 刘宋各州郡户口数及每县平均户数和每户平均口数（大明8年，公元464年）》，第50—51页。

民族矛盾和阶级矛盾的集合点，因而在这四个世纪中战乱不已，人民负担特别沉重，导致户口严重流失。早在汉末，战乱已使“荆州荒残，人物殚尽”①。诸葛亮对刘备说：“今荆州非少人也，而著籍者寡……令国中凡有游户，皆使自实，因录以益众可也”“备从其计，故众遂强”②，可见户口流失相当严重。西晋末年流民起义和统治者的残酷镇压，使“江州萧条，白骨涂地，豫章一郡，十残其八。继以荒年……赋敛搜夺，周而复始，卒散人流，相望于道”③。湘州“蜀寇之余，人物彫尽”④。淝水之战后第二年（384），桓伊迁江州刺史，上疏：“江州虚耗，加连岁不登，今余户有五万六千，宜并合小县，除诸郡逋米”“以宽恤为务”⑤，企图稳定户口。义熙（405—418）年间，东晋连年对外北伐，对内镇压卢循、徐道覆，刘毅为江州都督，上表曰：“自顷戎车屡骇，干戈溢境”“统旅鳞次，未获减息”“所统江州，以一隅之地当逆顺之冲，自桓玄以来，驱蹙残败，至乃男不被养，女无匹对，逃亡去就，不避幽深，自非财殚力竭，无以至此”⑥，因而“百姓辽落”“属县凋散”⑦。不久他又进为荆州刺史，这里的情况亦然，“荆州编户不盈十万，器械索然”⑧。

南朝时，一方面与北方政权连年战争，加重了人民负担，导致人口流散。“自虏侵境以来，公私彫弊”⑨，如元嘉二十七年（450），“北狄南侵，戎役大起，倾资扫蓄，犹有未供，于是深赋厚敛，天下骚动。自兹至于孝建，兵连不息，以区区之江东，地方不至数千里，户不盈百万，荐之以师旅，因之以凶荒，宋氏之盛，自此衰矣。”⑩ 这段话是就整个南朝地区而言，而其中荆州地区又尤为突出，“自汉氏以来，民户彫耗，荆

---

① 《三国志》卷三七《蜀书·庞统传》注引《九州春秋》，第955页。
② 《三国志》卷三五《蜀书·诸葛亮传》注引《魏略》，第913页。
③ 《晋书》卷七一《王鉴传》，第1889页。
④ 《晋书》卷三七《宗室·闵王（司马）承传》，第1104页。
⑤ 《晋书》卷八一《桓宣附族子（桓）伊传》，第2119页。
⑥ 《晋书》卷八五《刘毅传》，第2208页。
⑦ 《晋书》卷八五《刘毅传》，第2209页。
⑧ 《晋书》卷八五《刘毅传》，第2209页。
⑨ 《宋书》卷六八《武二王·南郡王（刘）义宣传》，第1803页。
⑩ 《宋书》卷九二《良吏传序》，第2261—2262页。

楚四战之地，五达之郊，井邑残亡，万不余一也”① “虏连岁南侵，征役不息，百姓死伤”② “旧楚萧条，仍岁多故，荒民散亡”③，战乱使这里人口大量流失，直至南朝后期，陈文帝天嘉元年（560）还说：“自丧乱以来，十有余载，编户凋亡，万不遗一，中原氓庶，盖云无几。顷者寇难仍接，筭敛繁多，且兴师已来，千金日费，府藏虚竭，杼轴岁空。”④ 另一方面南朝统治者残酷镇压蛮族人民，激化了民族矛盾，成为导致荆州地区民户流散的突出原因之一。如，原来巴东、建平二郡，“军府富实，与江夏、竟陵、武陵并为名郡”⑤，由于连年征蛮战争和蛮族人民的反抗，到孝武帝大明（457—464）中，巴东、建平、宜都、天门四郡，“蛮为寇，诸郡人户流散，百不存一”⑥ “巴东、建平为峡中蛮所破，至是民人流散，存者无几”⑦。竟陵也因“群蛮充斥，役刻民散”⑧，于是“竟陵、武陵亦并残坏”⑨。第三方面，统治阶级内部的斗争——荆扬之争，更加甚了这里人民的痛苦。如萧衍以雍州为基地发动夺取政权的斗争，“义师发后，州内储备及人皆虚竭”⑩。最后，以上这些矛盾进一步激化了这个地区的阶级矛盾，人民纷起反抗，大批逃脱州郡控制。如齐末梁初，湘州“寇乱累年，民多流散”，杨公则为刺史，“轻刑薄敛，顷之，户口充复”⑪。大同九年（543），张缵为湘州刺史，由于采取一些减轻剥削、缓和阶级矛盾的措施，“在政四年，流人自归，户口增益十余万”⑫。这从反面暴露了重刑厚敛导致人民流散的情况。

（二）劳动人口的依附化

六朝时期官僚士族荫庇大量依附人口，使国家户籍人口大为减少，

① 《宋书》卷五四“史臣曰”，第1540页。
② 《南齐书》卷四八《孔稚珪传》，第838页。
③ 《南齐书》卷二二《豫章文献王（萧）嶷传》，第407页。
④ （唐）姚思廉撰：《陈书》卷三《世祖纪》，中华书局1972年版，第49页。
⑤ 《宋书》卷七四《沈攸之传》，第1932页。
⑥ 《南史》卷七九《夷貊下·荆、雍州蛮》，第1981页。
⑦ 《宋书》卷七四《沈攸之传》，第1932页。
⑧ 《宋书》卷六八《武二王·南郡王（刘）义宣传》，第1798页。
⑨ 《宋书》卷七四《沈攸之传》，第1932页。
⑩ 《梁书》卷二二《太祖五王·南平元襄王（萧）伟传》，第346页。
⑪ 《梁书》卷一〇《杨公则传》，第196页。
⑫ 《梁书》卷三四《张缵传》，第502页。

荆楚地区亦然。三国时襄阳人李衡，密遣10户客于武陵龙阳汜洲上“作宅，种甘橘千株”①，经过七八年，其妻竟不知他们的去向，可见拥有不少客，而李衡自称“家穷”，还不是大地主，即已如此，当时地主阶级荫客之普遍及数量之多可以想见。如张光，江夏钟武人，“少为郡吏，家世有部曲”②。至于大官僚士族占有荫客就更多了，如荆州刺史桓谦，“江左贵族，部曲遍于荆楚”③。莅荆多年的陶侃，“媵妾数十，家僮千余”④。荆州刺史殷仲堪被桓玄袭杀，其子殷简之，“率私僮客”⑤，参加讨桓玄。梁张孝秀，南阳宛人，“去职归山，居于东林寺。有田数十顷，部曲数百人，率以力田，尽供山众，远近归慕，赴之如市”⑥。一个退职的官僚，隐居深山，却掌握有数百部曲，可知劳动人口依附化之严重。梁贺琛分析了造成百姓流入私门的原因，说：“百姓不能堪命，各事流移，或依于大姓，或聚于屯封，盖不获已而窜亡，非乐之也。”⑦ 这只是问题的一方面，造成百姓流亡，流入私门的另一重要原因，是南朝没有象北朝那样实行均田制，因而不能如北朝那样较为有效地控制小农，于是造成大量人民亡乡失土，如荆州刺史庾翼镇武昌时，“诸郡失土荒民数千无佃业，翼表移西阳、新蔡二郡荒民就陂田于寻阳”⑧。这种“无佃业”的小农被政府移就陂田的必不能太多，大多数只能成为“游户”或“依于大姓”“聚于屯封”。

饱受战乱和赋役之苦的人民，除了荫庇于豪强大姓之外，也有不少流入寺院。襄阳郭祖深指出南朝僧尼“皆不贯人籍，天下户口几亡其半”“所在郡县，不可胜言”⑨，荆州地区也不例外。元嘉（424—453）初刘粹在襄阳、新野二郡，仅一次就“罢诸沙门二千余人，以补府史”⑩。

---

① 《三国志》卷四八《吴书·三嗣主传·孙休传》注引《襄阳记》，第1156页。
② 《晋书》卷五七《张光传》，第1563页。
③ 《晋书》》卷一一八《姚兴载记下》，第2994页。
④ 《晋书》卷六六《陶侃传》，第1779页。
⑤ 《晋书》卷八四《殷仲堪传》，第2199页。
⑥ 《梁书》卷五一《处士·张孝秀传》，第752页。
⑦ 《梁书》卷三八《贺琛传》，第543页。
⑧ 《南齐书》卷一四《州郡志上》，第249页。
⑨ 《南史》卷七〇《循吏·郭祖深传》，第1721—1722页。
⑩ 《宋书》卷四五《刘粹传》，第1380页。

（三）南下侨民多不“属籍”

东晋南朝时期为了安置南下流民，在荆州地区广置侨郡县，这里“旧民甚少，新户稍多”①。但是，新来的侨民多不“属籍”，针对这种情况，东晋南朝一再在荆州地区实行土断，检括人口。除全国性土断以外，宋齐时还单独在这里进行土断。如刘宋大明元年（457），“土断雍州诸侨郡县”②。萧齐建元二年（480）“土断郢、司二境”③。“土断”的目的之一是使流民著籍。

户口不实是当时全国普遍存在的严重问题，但在荆州地区由于特殊的地理和政治、军事环境，这个问题比长江下游又有其突出之处，虞玩之说扬州等九郡曾“四号黄籍”，仍然“奸弥深”，其中也包括户口不实的问题。他慨叹“神州奥区，尚或如此，江、湘诸部，倍不可念”④。“神州奥区”，指长江下游，“江、湘诸部”泛指长江中游地区。大明元年（457），王玄谟在雍州“请土断流民”，令其“属籍”，但是“当时百姓不愿属籍”⑤，只得“罢之”，似乎没有实行。但据《南齐书·张敬儿传》：“初，王玄谟为雍州，土断敬儿家属舞阴”，实际上还是实行了。前引宗越本徙南阳宛县，后“土断属叶”⑥，都属于使流民附籍。南齐建元二年（480）吕安国主持的土断，主要任务与此相同。吕安国为司州刺史，这里与北边接境，“郢、司之间，流杂繁广”，因此齐高帝命他“安集民户”⑦，在他的主持下，对郢、司二州边境杂民，“并加区判，定其隶属”⑧，也是使流民“附籍”。这一工作取得了成绩，“大佳，民殆无惊恐”⑨。

但是，土断并不能从根本上解决流民附籍的问题，当时不少侨郡县仍然是“牧司之任，示举大纲而已。县邑户口，不可具知”⑩。

---

① 《南齐书》卷一五《州郡志下》，第282页。
② 《宋书》卷六《孝武帝纪》，第120页。
③ 《南齐书》卷二四《柳世隆传》，第451页。
④ 《南齐书》卷三四《虞玩之传》，第609页。
⑤ 《宋书》卷七六《王玄谟传》，第1975页。
⑥ 《宋书》卷八三《宗越传》，第2109页。
⑦ 《南齐书》卷二九《吕安国传》，第538页。
⑧ 《南齐书》卷二九《吕安国传》，第538页。
⑨ 《南齐书》卷二四《柳世隆传》，第451页。
⑩ 《宋书》卷三六《州郡志二》，第1103页。

（四）蛮族未出山者仍多

六朝时期虽有不少蛮族陆续出山，但是出山蛮族并未全部纳入编户，而且还有许多蛮族仍保持其原有氏族部落组织而没有出山。因此，尽管六朝时期荆州地区的实际人口数并不少，但在国家户籍上却不能反映出来。

三国时，梅敷兄弟三人有“部曲万余家”，屯于柤中（今湖北襄阳南），“分布在中庐宜城西山鄢、沔二谷中”①。所谓“部曲”，即指蛮王所统之氏族部落成员。东晋南朝时期，蛮族未出山者仍多，“在江淮之间，依托险阻，部落滋蔓，布于数州，东连寿春，西通上洛，北接汝颍，往往有焉。”② 其中“冉氏、向氏、田氏者，陬落尤盛。余则大者万家，小者千户。更相崇树，僭称王侯”③。仅大阳蛮，蛮首桓诞所领即有“八万余落”，田育丘所领有 28000 户④。其余拥众万余、几千、千余者，不可胜数。直到南朝后期，仍然如此，如梁武帝天监（502 年—519）年间，马仙琕先后任宋安、安蛮、南义阳太守，“累破山蛮，郡境清谧”⑤。天监七年（508）萧秀为荆州刺史，“巴陵马营蛮为缘江寇害”⑥，萧秀率军“燔其林木，绝其蹊径，蛮失其险”⑦，才镇压下去。“襄阳蛮帅向天保等万有余落，恃险作梗”，西魏大统十五年（549），宇文护与于谨征江陵时回师“讨平之”⑧。北周大象二年（580），“豫州、荆州、襄州三总管内诸蛮，各率种落反”⑨。可见当时蛮族保守邑落而不归附的还不少，故《隋书·地理志下》在叙述与夏人杂居在各郡的蛮族后，接着说还有“其僻处山谷者，则言语不通，嗜好居处全异”⑩，就是反映了这种情况。

东晋南朝时汉族人民逃亡入蛮的现象也时有发生。王敦叛乱失败后，

---

① 《三国志》卷五六《吴书·朱然传》注引《襄阳记》，第 1307 页。

② （北齐）魏收撰：《魏书》卷一〇一《蛮传》，中华书局 1974 年版，第 2245 页。

③ 《周书》卷四九《异域上·蛮传》，第 887 页。

④ 《北史》卷九五《蛮传》，第 3150 页。

⑤ 《梁书》卷一七《马仙琕传》，第 280 页。

⑥ 《梁书》卷二二《太祖五王·安成康王（萧）秀传》，第 343 页。

⑦ 《梁书》卷二二《太祖五王·安成康王（萧）秀传》，第 344 页。

⑧ 《周书》卷一一《晋荡公（宇文）护传》，第 166 页。

⑨ 《周书》卷八《静帝纪》，第 132 页。

⑩ 《隋书》卷三一《地理志下》，第 897 页。

其党周抚、邓岳等“共入西阳蛮中，蛮酋向蚕纳之……由是俱得免”①。前述投奔北魏的大阳蛮首桓诞，本桓玄子，桓玄失败被杀后，“诞时年数岁，流窜大阳蛮中，遂习其俗。及长，多智谋，为群蛮所归。”② 刘宋时，“宋民赋役严苦，贫者不复堪命，多逃亡入蛮”③。元嘉二十九年（452），新蔡蛮2000余人破大雷戍，“有亡命司马黑石在蛮中，共为寇盗”④。齐雍州刺史张敬儿跋扈，“遣使与蛮中交关”“自以子弟在西，足动殊俗，招扇群蛮，规扰樊、夏”⑤，永明元年（483）被齐武帝所杀，其弟恭儿“在襄阳，闻敬儿败，将数十骑走入蛮中，收捕不得。”⑥ 可见当时不仅百姓逃亡入蛮以避赋役，官僚贵族在政治斗争中也以逃亡入蛮作为一条退路。

（五）边境人口争夺与南方人口向北方倒流

六朝时期的荆州，不仅北方人口南移，同时南方人口也向北方倒流。过去论者注意了前者而忽略了后者，其实后者的数量也是非常惊人的。这种倒流现象有两种情况：一是北方政权的虏掠，二是南方人民自动北徙。

1. 北方政权对荆州人口的虏掠

由于荆州地区处于南北对立的前沿，因此在北方人口南渡的同时，南北政权在边境地区争夺人口的斗争也非常激烈。虽然互有胜负，但总的看来以北方政权虏掠南人为多。

三国时，魏吴双方经常在边界“略户口”⑦，正始七年（246），“吴寇柤中，夷夏万余家避寇北渡沔”，司马懿主张将他们安置于沔北，曹爽执意将他们遣还沔南，吴人“果袭破柤中，所失万计”⑧。曹魏荆州刺史

① 《晋书》卷五八《周访附子（周）抚传》，第1582页。

② 《魏书》卷一〇一《蛮传》，第2246页。

③ 《宋书》卷九七《夷蛮·荆、雍州蛮传》，第2396页。

④ 《宋书》卷九七《夷蛮·豫州蛮传》，第2398页。

⑤ 《南齐书》卷二五《张敬儿传》，第474页。

⑥ 《南齐书》卷二五《张敬儿传》，第475页。

⑦ 《晋书》卷三四《羊祜传》，第1020页。

⑧ 《晋书》卷一《宣帝纪》，第16页。又见《三国志》卷四《魏书·三少帝纪·齐王（曹）芳纪》注引《汉晋春秋》，第122页。

王基，虏吴将谭正，“纳降数千口。于是移其降民，置夷陵县”[①]。曹仁破吴将陈邵，“遂入襄阳，使将军高迁等徙汉南附化民于汉北”[②]。

东晋成帝咸和五年（330）石勒使其将郭敬寇襄阳，“中州流人悉降于勒”[③]，郭敬“毁襄阳，迁其百姓于沔北，城樊城以戍之”[④]。咸康五年（339），石虎派夔安“统五将步骑七万寇荆扬北鄙……掠七万户而还”[⑤]。石虎死，“羌胡相攻，无月不战。青、雍、幽、荆州徙户及诸氐、羌、胡、蛮数百余万，各还本土，道路交错，互相杀掠，且饥疫死亡，其能达者十有二三。”[⑥] 这数百万人，包括从荆州掠去的蛮、汉族人民。东晋太和元年（366），苻坚使王猛、杨安等率众2万寇荆州北鄙诸郡，“掠汉阳万余户而还”[⑦]。太元三年（378）苻丕以“十倍之众，积粟如山”久围襄阳，其主要目的便是“但掠徙荆、楚之人内于许洛”[⑧]。苻坚建元（365—385）之末，曾“徙江汉之人万余户于敦煌”[⑨]。有的不法之徒还越界向北方贩卖人口，萧梁时郭祖深曾上书“请断界首将生口入北”[⑩]，可见这一问题的严重性。

此外，蛮族人口也是北方政权虏掠的对象。北魏宣武帝景明三年（502），派李崇讨鲁阳蛮，“徙万余家于河北诸州及六镇”[⑪]。北边蛮族也参与掠夺南方蛮族人口，太和十八年（494）魏孝文帝诏称：“比闻缘边之蛮多有窃掠，致有父子乖离，室家分绝，既亏和气，有伤仁厚。方一区宇，子育万姓，若苟如此，南人岂知朝德哉？可诏荆、郢、东荆三州勒敕蛮民，勿有侵暴。”[⑫] 宣武帝永平二年（509）诏称：“樊襄已南，仁乖道政，被拘隔化，非民之咎。而无赖之徒，轻相劫掠，屠害良善，离

---

① 《三国志》卷二七《魏书·王基传》，第752页。

② 《三国志》卷九《魏书·曹仁传》，第276页。

③ 《晋书》卷七《成帝纪》，第175页。

④ 《晋书》卷一〇五《石勒载记下》，第2747页。

⑤ 《晋书》卷一〇六《石季龙载记上》，第2769页。

⑥ 《晋书》卷一〇七《石季龙载记下》，第2795页。

⑦ 《晋书》卷一一三《苻坚载记上》，第2889页。

⑧ 《晋书》卷一一三《苻坚载记上》，第2900页。

⑨ 《晋书》卷八七《凉武昭王李玄盛传》，第2263页。

⑩ 《南史》卷七〇《循吏·郭祖深传》，第1723页。

⑪ 《魏书》卷一〇一《蛮传》，第2247页。

⑫ 《魏书》卷七下《高祖纪下》，第175页。

人父兄。”[①] 实际上这些事件不少是北朝统治者所主使。如太和四年（480），北魏以投降蛮首桓诞“为前驱”，授以“使持节、南征西道大都督”，南袭义阳郡；太和十七年（493）又加其以“征南将军，中道大都督”[②]，指使其南袭竟陵。延昌三年（514），北魏南荆州刺史桓叔兴与投降蛮酋楚石廉“督集蛮夏二万余人”[③] 袭雍州等。北魏统治者为了缓和民族矛盾和南北对立的紧张状况，不得不下令：“便可放彼掠民，示其大惠，舍此残贼，未令之愆。并敕缘边州镇，自今已后，不听境外寇盗，犯者罪同境内。”[④] 北朝后期继续虏掠蛮族人口。西魏恭帝二年（555），荆州蛮帅文子荣，“据沮漳为逆”，派贺若敦、潘招等讨之，“擒子荣，并虏其众”[⑤]。北周天和元年（566），陆腾率军讨文州蛮，“获贼帅冉承公并生口三千人，降其部众一千户”，又攻陷水逻城，“蛮众大溃，斩首万余级，虏获一万口”，接着“又别下其二十余城，获蛮帅冉三公等”[⑥]。同时又攻破石默、双城二城，“悉斩诸向首领。生禽万余口”[⑦]。天和六年（571）又镇压了冉氏蛮的反抗。经过这几次大规模镇压后，“自此群蛮慑息，不复为寇矣”[⑧]。

2. 南方人民自动北徙

六朝时期荆州人民北徙有两个不同阶段。第一阶段汉末三国时期，主要是北方南下的流民向北倒流。由于曹操统一北方，实行一系列发展生产，扶植自耕农经济的政策，北方社会经济得以迅速恢复发展，他们一旦“闻本土安宁，皆企望思归”[⑨]。因此，汉末流入荆州的人民纷纷返回北方，如从关中流入荆州的10万余户，即于建安四年（199）左右大部分返回北方。

第二阶段南朝时期，主要是蛮族人民向北迁移。由于南朝统治者实

---

① 《魏书》卷八《世宗纪》，第208页。
② 《魏书》卷一〇一《蛮传》，第2246页。
③ 《魏书》卷一〇一《蛮传》，第2247页。
④ 《魏书》卷八《世宗纪》，第208页。
⑤ 《周书》卷二八《贺若敦传》，第475页。
⑥ 《周书》卷四九《异域上·蛮传》，第889页。
⑦ 《周书》卷四九《异域上·蛮传》，第890页。
⑧ 《周书》卷四九《异域上·蛮传》，第890页。
⑨ 《三国志》卷二一《魏书·卫觊传》，第610页。

行民族压迫政策，蛮族人民不堪痛苦，纷纷北徙。仅魏、周二书《蛮传》所载，从刘宋景平元年（423）至梁绍泰元年（555）的130多年中，蛮族人民大规模北徙即有19次之多。其中有明确的户口数记载的有以下几次。

（1）延兴（471—476）中，“大阳蛮酋桓诞拥沔水以北，滍叶以南八万余落，遣使内属……听自选郡县”。（2）太和十七年（493）“蛮酋田益宗率部曲四千余户内属”。（3）“襄阳酋雷婆思等十一人率户千余内徙，求居大和川”。（4）景明（500—503）初，“大阳蛮酋田育丘等二万八千户内附，诏置四郡十八县”。（5）正始二年（505）沔东太守田清喜“拥七郡三十一县，户万九千遣使内附”。（6）永平（508—512）初，桓叔兴“前后招慰大阳蛮归附者一万七百户，请置郡十六、县五十，诏前镇东府长史郦道元检行置之”。（7）延昌三年（514）“萧衍遣兵讨江沔，破掠诸蛮，百姓扰动。蛮自相督率二万余人，频请统帅为声势”，北魏南荆州刺史桓叔兴“为之节度，蛮人遂安”。（8）正光（520—525）中，“蛮首成龙强率户数千内附，拜为刺史”。（9）“蛮帅田午生率户二千内徙扬州，拜为郡守”。（10）边城文僧明、田官德等“率户万余举州内属”“蛮出山至边城、建安者八九千户”①。

仅上述记载，就有户（落）近20万。如以每户（落）5人计，已达100万人。刘宋时长江中游地区荆、郢等州户籍所注不过18余万户，100余万人。可见南朝时蛮族人口北徙的数量是相当可观的。而除了上述有明确数字记载者外，尚有许多北徙事件户口数不明，但其数量并不为少，如萧梁时蛮酋田超秀死，“其部曲相率内附，徙之六镇、秦陇”②。大统五年（537）“蔡阳蛮王鲁超明内属，以为南雍州刺史”；大统十一年（545）“蛮帅杜青和自称巴州刺史，以州入附”；魏废帝（552—553）初，“蛮酋樊舍举落内附”；魏恭帝二年（555），“蛮酋宜民王田兴彦、北荆州刺史梅季昌等相继款附”③，等。

上述北徙事件有一现象值得注意，即其时间主要发生在魏孝文帝时期及其后，这与孝文帝改革促进了北方政治稳定、经济发展、民族关系

---

① 以上均见《魏书》卷一〇一《蛮传》，第2246—2248页。

② 《魏书》卷一〇一《蛮传》，第2248页。

③ 《周书》卷四九《异域上·蛮传》，第888页。

的相对和睦，以及迁都洛阳和实行均田制，对于南方人民具有一定的吸引力当不无关系。

四 结语

对六朝时期制州地区的人口进行初步探讨后，我们可以得出如下认识：（1）六朝时期是荆州地区人口剧烈变动的时期。这个时期不仅北方人口大量南入荆州，而且当地蛮族亦纷纷出山。南北二支劳动大军加上荆州地区原住民三支劳动大军的会合、交融，荆州地区的实际人口数比两汉时期应当有所增加，其素质也有所提高。他们是推动这一时期荆州地区社会经济发展的基本力量。（2）这一时期表现在国家户籍上，人口不但没有增加，反而一再下降。其根本原因在于南朝政权没有像北朝政权那样推行均田制，其对个体小农的控制远不如北方政权有效；南方士族地主势力的发展及其对人口的荫附甚于北方；而荆州“四战之地”的特殊战略地位，加重了这个地区人民的痛苦，加速了小农的破产流亡；六朝时期不仅北方人口南下，南方人口亦向北方倒流，这是由于南方政权的民族压迫政策，迫使大量蛮族北徙，大大影响了南方政权的户籍数。

（原刊《北京师范大学学报》1991 年第 4 期。曾全文转载于中国魏晋南北朝史学会编《魏晋南北朝史论文集》，齐鲁书社 1991 年版。本文是在 1986 年 5 月参加于湖北蒲圻召开的“3—9 世纪长江中游社会经济讨论会”提交论文中部分内容基础上写成的。后收入《魏晋南北朝史论》，1999 年 7 月第 1 版。今据《魏晋南北朝史论》刊文，并参考原刊文整理。李文才敬识。）

魏晋徭役制度三题

研究魏晋时期的徭役制度，是一个困难的课题，这是由于魏晋时期徭役制度本身就是极其混乱，而其材料又残缺不全。加以魏晋之前的两汉徭役制度亦较混乱，更增加了这个问题的研究难度。但是，厘清这一时期的徭役制度，对于认识这一时期的社会及其变化是有意义的，因此这是一个不能回避的问题。现仅就这一时期的役龄、役期及徭役征发对象等问题略述于后。

一　服役年龄

在封建社会里①，徭役负担的轻重，主要表现在徭役的起止年龄及服役期限的长短上面。

关于魏晋时期劳动者的服役年龄，众所周知，在西晋平吴后所颁布的户调式中作了明确的规定："男女年十六已上至六十为正丁，十五以下至十三、六十一已上至六十五为次丁，十二以下六十六已上为老小，不

---

① 【整理者按】"封建社会"一词乃是中华人民共和国成立以后，中国学术界统一、法定的用法，用以指称人类社会历史演变过程所经历的"五种社会形态"（"五种生产方式"）中的第三个历史阶段。黎虎先生晚年构建了中国古史分期暨社会性质的新理论体系，提出中国古史自太古至清（鸦片战争前）先后经历了"无君群聚社会——王权众庶社会——皇权吏民社会"三个阶段，不再沿用此前所持"五种社会形态"论（"五种生产方式"论）的观点。上述"五种社会形态"论体系中的"封建社会"大致与黎虎先生的"皇权吏民社会"相对应。不过，出于尊重历史考虑，本文有关"封建统治者""封建地主阶级""封建依附关系""封建国家"等说法，此番修订一律保持原貌而不作修改。同时这也是黎虎先生的决定，2022 年 4 月学苑出版社拟出版黎虎先生的《魏晋南北朝史论》（增订本），因为先生当时将修订的任务交由整理者负责，故整理者曾就此类问题和先生进行过交流，先生当时指示应尊重历史，盖因当年撰写此文时尚未形成其关于中国古史分期暨社会性质问题的理论体系，而只能采用当时学术语境下的统一称呼。

事。"[①] 根据这个规定，男女年13以上至65以下为法定服役年龄，亦即当时人民一生有52年须承担封建徭役义务。那么，这一规定是如何产生的呢？在此之前的役龄又是多少呢？

东汉的起役年龄曾经历了由低而高的变化。秦的始"傅"年龄，过去并不清楚，后赖云梦秦简之出土，其中有《大事记》记载喜生于秦昭王四十五年（前262），至秦始皇元年（前246）而"傅"，故知为15岁[②]。到了西汉又提高了始役年龄，景帝二年（前155）"令天下男子年二十始傅"[③]。昭帝时，"宽力役之政，二十三始傅，五十六而免"[④]，这是西汉时期法定的服役年限，即规定服役年限为23岁至56岁。可见从秦而汉，起役年龄在不断提高，到了汉昭帝以后，达到了顶峰。那么，西汉昭帝时的这个制度何以转变为西晋的13岁起役、65岁免役的呢？从西汉昭帝到西晋平吴的360余年间，其间又是如何演进的呢？我们迄今未发现有关这一时期役龄的明文规定，因此，只能从一些蛛丝马迹中去探寻这种演变轨迹。

早在西汉中叶以后，封建统治者就不断违反法定役龄的规定，任意延展服役年龄。《居延汉简》所记戍卒年龄，已有23岁以下、56岁以上者。如："□昌里卢武彊年十三"（一七一·一八）[⑤]；"昭武骑士并廷里苏宪十四"（五六二·二三，五六四·一四）[⑥]；"□□市阳里上造王福，

---

① （唐）房玄龄等撰：《晋书》卷二六《食货志》，中华书局1974年版，第790页。

② 高敏：《云梦秦简初探》，河南人民出版社1981年版，第18—19页。

③ （汉）班固撰，（唐）严师古注：《汉书》卷五《景帝纪》，中华书局1962年版，第141页。

④ 王利器校注：《盐铁论校注》卷三《未通第十五》，中华书局1992年版，第192页。

⑤ 中国简牍集成编辑委员会编：《中国简牍集成（标注本）》第六册《居延汉简二》，敦煌文艺出版社2001年版，第157页。

⑥ 中国简牍集成编辑委员会编：《中国简牍集成（标注本）》第八册《居延汉简四》，敦煌文艺出版社2001年版，第224页。按，此条史料分见于简562·23、简564·14，据编者所加注释［一］："苏宪十四，苏宪，复姓；十四，人名。"此处编者将"苏宪十四"解释为一个人的姓名，当为误读。参考所徵引的其他简牍之记事格式，"苏宪"应是人名，"十四"应该是指其年龄，只不过在前年少写了一个"年"字。类似记事格式的简牍颇多，兹略举几例以为说明，如简520·3："田卒济阴郡定陶西阳里胡定，年廿五。"（第179页）简533·2："戍卒河东皮氏成都里上造傅咸，年二十。"（第196页）简540·6："戍卒淮阳郡扶沟完里公士张安，年廿二。"（第204页）可见，"军中身份+籍贯+（民爵）+姓名+年龄"，应当是居延汉简记述屯戍吏士身份的一种相对固定的书写格式。

年六十，长七尺二寸，黑色”（一四・一三）[①]；“觻得武安里黄寿，年六十五”（二八四・一二）[②]。从这些材料可见，在实际执行中，西汉已有把服役年龄段延长为13岁至65岁者。这应当是西晋徭役制度的最早渊源。

到了汉末三国时期，由于战乱和人口的减少，统治阶级对于人民的擅徭逾役益无限制，逐渐成为既成事实。当时，有以12岁以下为“幼”的规定。建安二十三年（218）曹操在一道命令中说：“去冬天降疫疠，民有凋伤，军兴于外，垦田损少，吾甚忧之。其令吏民男女：女年七十已上无夫子，若年十二已下无父母兄弟，及目无所见，手不能作，足不能行，而无妻子父兄产业者，廪食终身。幼者至十二止，贫穷不能自赡者，随口给贷。老耄须待养者，年九十已上，复不事，家一人。”[③] 这虽然不是关于徭役年龄的直接规定，但它与当时的徭役制度不无一定的关系。例如它规定“年九十已上，复不事，家一人”，就是依据汉代徭役制度的传统而作出的一项规定。据《汉书・贾山传》，西汉文帝时“礼高年，九十者一子不事。”[④] 值得注意的是，它规定“幼者至十二止”“十二已上”则不再是“幼”，即以十三成丁。这同晋制“十二已下”为“小”的规定也是一致的。

魏明帝景初二年（238）司马懿奉命讨辽东公孙渊，率“步骑四万，发自京都”[⑤]，战争结束后，“时有兵士寒冻，乞襦，帝弗之与……乃奏军人年六十已上者罢遣千余人，将吏从军死亡者致丧还家。”[⑥] 在四万人的军队中，除去战死者外，尚有“六十已上”者1000多人，可知当时以“六十已上”者服役已是较为普遍的现象。这是西晋平吴之前一直在实行的制度，如太康元年（280）五月庚午，晋武帝“诏诸士卒年六十已上罢

---

① 中国简牍集成编辑委员会编：《中国简牍集成（标注本）》第五册《居延汉简一》，敦煌文艺出版社2001年版，第39页。

② 中国简牍集成编辑委员会编：《中国简牍集成（标注本）》第七册《居延汉简三》，敦煌文艺出版社2001年版，第199页。

③ （晋）陈寿撰，（南朝宋）裴松之注，陈乃乾校点：《三国志》卷一《魏书・武帝纪》引《魏书》，中华书局1959年版，第51页。

④ 《汉书》卷五一《贾山传》，第2335页。

⑤ 《晋书》卷一《宣帝纪》，第10页。

⑥ 《晋书》卷一《宣帝纪》，第12页。

归于家”[①]。这表明在太康元年（280）户调式颁布之前，西晋仍以“六十已上者”服役为常制。然而，苛重的服役年龄规定，统治阶级也并未真正认真执行，在实际执行中经常任意延长服役年限。如曹植在封国中分得士兵150人，“皆年在耳顺，或不踰矩”，已是六七十岁的老人，此外，“尚有小儿，七八岁已上，十六七已还，三十余人。”[②] 这虽然是魏文帝曹丕为防范诸王而采取的削弱藩国军事力量的政策，但其中似也透露了役龄方面突破传统的“老”“小”规定的某些情况。王朗曾上疏“劝育民省刑”，针对当时徭役繁重的情况，建议“宽徭以乐其业”，指出：“壮而后役，则幼者无离家之思。”[③] 可见役及“幼”者的情况是相当普遍的。晋武帝伐吴诏规定调取“限年十七以上至五十以还”者从军[④]，但事实上，西晋伐吴之士卒并不受这一年龄规定限制，如上引太康元年（280）“罢士卒六十已上者归家”的诏令即其明证。

由此我们可以得出一个结论，西晋太康元年（280）平吴之后所颁布的服役年龄规定，乃是汉魏以来实际执行的服役年龄的一个总结，不过是在全国统一之后从法令制度上加以划一并明确地肯定下来罢了。

这个役龄规定，一直实行于西晋时期。东晋孝武帝时，范宁陈时政曰：“今以十六为全丁，则备成人之役矣。以十三为半丁，所任非复童幼之事矣。岂可伤天理，违经典，困苦万姓，乃至此乎！”他提出：“今宜修礼文，以二十为全丁，十六至十九为半丁”[⑤]，建议提高始役年龄。但是这个意见并未被采纳，直到南北朝时期，役龄才得以逐步提高。刘宋时提至15以上为半丁，17以上为全丁[⑥]，北魏亦规定15为及役之年[⑦]。此后直到隋唐上升为21岁起役。由此可见，汉唐之间的徭役年龄大致呈一马鞍形状，两汉、隋唐是这个马鞍形的两端，而魏晋时期则是这个马鞍形的谷底。从役龄的变化可以看出，魏晋时期处于从两汉向隋唐的一

① 《晋书》卷三《武帝纪》，第72页。

② 《三国志》卷一九《魏书·陈思王（曹）植传》引《魏略》，第575页。

③ 《三国志》卷一三《魏书·王朗传》，第409页。

④ （唐）许敬宗编，罗国威整理：《日藏弘仁本文馆词林校证》卷六六二《西晋武帝伐吴诏》，中华书局2001年版，第221—222页。

⑤ 《晋书》卷七五《范汪附子（范）宁传》，第1987—1988页。

⑥ （梁）沈约撰：《宋书》卷四二《王弘传》，中华书局1974年版，第1321页。

⑦ （北齐）魏收撰：《魏书》卷一一〇《食货志》，中华书局1974年版，第2855页。

个转变时期。

何以魏晋时期役龄之长上超两汉，下逾南北朝隋唐呢？首先是由于东汉以来豪族地主势力的发展和农民身份的不断下降而造成的。汉末魏晋时期，劳动人民对于封建地主阶级及其国家政权的依附性大大加强，随着私家地主之把西汉时期大量的自耕农变为自己的佃客、部曲，国家也不断把大量农民变为自己直接的依附民，从自耕农中分割出来的兵家和屯田户则是其突出的表现。经过魏晋时期社会生产的发展和阶级关系的演进，劳动人民的身份到南北朝开始逐步上升，因而徭役制度亦随之而产生这一曲线运动。其次是与魏晋时期国家编户急剧减少有关。由于封建依附关系的发展，魏晋时期荫附人口、隐丁匿口大量增加，国家户籍中的人口较两汉时期大幅减少，而徭役主要征发对象是在编人口，统治者为了满足徭役需要，故而大大扩展服役年龄。最后，也与汉末三国时期战乱频仍，中原人口大量流亡、减少等因素有关，统治阶级为了支持战争和奢侈欲望，便肆无忌惮地加重有限人口的徭役负担。因此，那种认为统一的中央集权下劳动人民的处境还不如分裂割据时期的论点是不符合历史事实的，从汉唐间役龄的变化中得出的结论恰恰相反。

二 服役期限

西汉徭役主要有“更卒”（力役）和“正卒”（兵役）两种。“更卒”的期限，据《汉书·昭帝纪》注引如淳曰：“一月一更，是谓卒更也。”① 每个男子一生服兵役二年，称为“正卒”，卫宏《汉仪注》说：“民年二十三为正，一岁为卫士，一岁为材官骑士，习射御骑驰战陈。”② 关于“正卒”即兵役的争论颇多，兹仅就更卒而言，“一月一更”的制度为两汉常制，但实际上早在西汉中叶，统治阶级“逾时之役”“过年之繇”已属常事，《盐铁论·徭役篇》说：“古者，无过年之繇，无逾时之役。今近者数千里，远者过万里，历二期。长子不还，父母愁忧，妻子咏叹，愤懑之恨发动于心；慕思之积痛于骨髓。”③

---

① 《汉书》卷七《昭帝第七》引“如淳曰”，第230页。

② 《汉书》卷一上《高帝纪上》引“服虔曰”，第37—38页。

③ 《盐铁论校注》卷九《徭役第四十九》，第520页。

到了魏晋时期，两汉时期的“一月一更”制度已破坏殆尽，“逾时之役”“过年之繇”已成惯例。不独汉末魏初战乱之时。如此，即使魏国建立之后理应恢复正常时亦然。《晋书·礼志下》曰：“魏文帝值天下三分，方隅多事，皇舆亟动，役无宁岁，盖应时之务，非旧章也。”① 所谓旧章，应指两汉制度，“应时之务”即当时统治阶级的需要。如魏明帝景初（237—239）年间，“宫室盛兴，民失农业，期信不敦”②。他曾集中三、四万人修建宫室，王肃谏曰：“诚愿陛下发德音，下明诏，深愍役夫之疲劳，厚矜兆民之不赡，取常食廪之士，非急要者之用，选其丁壮，择留万人，使一期而更之，咸知息代有日，则莫不悦以即事，劳而不怨矣。计一岁有三百六十万夫，亦不为少。当一岁成者，听且三年。分遣其余，使皆即农，无穷之计也。”③ 从王肃的谏言我们可以知道，当时的劳役几乎是没有时间限制的，王肃建议“一期而更之”，这里的一期究竟是多少呢？他建议留下一万人继续劳作，然后“分遣其余，使皆即农”，这样“计一岁有三百六十万夫，亦不为少”，可见这“一期”是指一年。王肃还建议：“自今已后，倘复使民，宜明其令，使必如期；以次有事，宁使更发，无或失信。”胡三省对这句话注曰：“谓始焉于甲处营造，发民就役，次焉于乙处营造，不可仍用甲处就役之民，宁使更发民以供乙处之役也。”④ 可见，在当时经常是将征发的人民无限期地役使，并不按照“一期”的时限“更发民”以役之。

但是，种种迹象表明王肃以一年为“一期”的建议并未付诸实施。逾“期”服役是整个魏晋时期的普遍现象。直至东晋初年，贺循仍建议“所给人以时番休，役不至困，代易有期。”⑤ 可见经常的做法是“代易无期”的。桓温北伐时，“发州人筑广陵城，移镇之。时温行役既久，又兼疾疠，死者十四五，百姓嗟怨。”⑥ 这些被发筑城的州人，因“行役既久”

---

① 《晋书》卷二一《礼志下》，第 652 页。

② 《三国志》卷一三《魏书·王朗附子肃传》，第 416 页。

③ 《三国志》卷一三《魏书·王朗附子肃传》，第 416—417 页。

④ （宋）司马光编著，（元）胡三省音注：《资治通鉴》卷七三，魏明帝青龙三年（235）八月，中华书局 1956 年版，第 2312 页。

⑤ 《晋书》卷六八《贺循传》，第 1827 页。

⑥ 《晋书》卷九八《桓温传》，第 2577 页。

而不得更换。

统治阶级在召集役民时是有严急的期限的，东晋范宁说："凡荒郡之人，星居东西，远者千余，近者数百，而举召役调，皆相资须，期会差违，辄致严坐，人不堪命，叛为盗贼。"① 可是召去之后，统治者对于役民则不讲什么期限了，孙晧时华覈上疏指出："而都下诸官，所掌别异，各自下调，不计民力，辄与近期。长吏畏罪，昼夜催民，委舍佃事，遑赴会日，定送到都，或蕴积不用，而徒使百姓消力失时。到秋收月，督其限入，夺其播殖之时，而责其今年之税，如有逋悬，则籍没财物，故家户贫困，衣食不足。"② 从"蕴积不用，而徒使百姓消力失时"一语中，我们可以看到当时的役期是没有什么限制的。在王肃看来，只要做到一年一更，就算是"咸知息代有日，莫不悦以即事，劳而不怨矣"，可见在当时实际上是"息代无日"的。《三国志·魏书·孙礼传》记魏明帝修宫室时，孙礼"固争，罢役，诏曰：'敬纳谠言，促遣民作'。时李惠监作，复奏留一月，有所成讫。礼径至作所，不复重奏，称诏罢民"③。可见当时征调与罢遣均凭皇帝一纸诏书，召之即来，挥之即去，根本谈不上一定的期限。官吏为了邀宠于皇帝，往往加意兴作，如正始七年（246）齐王曹芳诏曰："吾乃当以十九日亲祠，而昨出已见治道，得雨当复更治，徒弃功夫。每念百姓力少役多，夙夜存心。道路但当期于通利，闻乃挝捶老小，务崇修饰，疲困流离，以至哀叹"④。如果说有什么役期限定的话，那么统治阶级的需要便是期限，史称魏明帝"宫室盛兴，而期会迫急，有稽限者，帝亲召问，言犹在口，身首已分"⑤，《通鉴》胡注曰："立为期限，以必其成，及期而不成，为稽限。"⑥

在魏晋时期，经常的做法是事成方罢，完全根据徭役本身的需要而定。魏明帝景初（237—239）年间，王肃疏称："前车驾当幸洛阳，发民

① 《晋书》卷七五《范汪附子（范）宁传》，第1986页。

② 《三国志》卷六五《吴书·华覈传》，第1468页。

③ 《三国志》卷二四《魏书·孙礼传》，第691页。

④ 《三国志》卷四《魏书·三少帝纪·齐王（曹）芳纪》，第121页。

⑤ 《晋书》卷三〇《刑法志》，第916页。

⑥ 《资治通鉴》卷七三，魏明帝青龙三年（235）八月，第2312页。

为营，有司命以营成而罢。既成，又利其功力，不以时遣。”① 事成之后，仍不遣散。东晋孝武帝太元三年（378）二月，为了修筑新宫，“日役六千人，（谢）安与大匠毛安之决意修定”，也采取了不完工不休息的做法②，东晋范宁说：“古者使人，岁不过三日，今之劳扰，殆无三日休停。”③ 这是对于魏晋时期“息代无日”这一情况的很好概括。直到南朝才逐渐规定每人每年服役20日，这也表现了魏晋时期徭役制度为两汉和南北朝之转变阶段的特色。

三　徭役的征发对象

从秦汉到魏晋，徭役的征发制度发生了巨大的变化。两汉时期天下适龄男子均须服“更卒”（力役）、“正卒”（兵役）等徭役，到了魏晋时期，兵役落到一部分特定的人——兵户身上。关于这个问题，学界已多所论列，兹不赘述。现在我们再从徭役制度的角度对这一变化作进一步的探讨。

两汉的编户齐民，到魏晋时期已被分割为两个部分，即：（1）国家的普通民户——州郡所辖编户；（2）国家的依附民，包括兵户、屯田户和吏户等。王隐《蜀记》载蜀汉士民簿“领户二十八万，男女口九十四万，带甲将士十万二千，吏四万人。”④《晋阳秋》载孙吴有“户五十二万三千，吏三万二千，兵二十三万，男女口二百三十万。”⑤ 说明当时兵、吏另有户籍，与普通民户有所不同⑥。现在我们就来看这两部分人对于国

---

① 《三国志》卷一三《魏书·王朗附子肃传》，第417页。

② （唐）许嵩撰，张忱石点校：《建康实录》卷九《晋中下·烈宗孝武皇帝》，中华书局1986年版，第265页。

③ 《晋书》卷七五《范汪附子（范）宁传》，第1985—1986页。

④ 《三国志》卷三三《蜀书·后主传》注引《蜀纪》，第901页。

⑤ 《三国志》卷四八《吴书·三嗣主传·孙晧传》注引《晋阳秋》，第1177页。

⑥ 按，魏晋南北朝时期的“兵”另编户籍，称为“兵户”，这个没有问题。“吏”也另编户籍，则是错误的，此文写作年代较早，其时长沙走马楼三国吴简尚未出土，更谈不上研究，故而在“吏”另编户籍的问题上沿用了学术界通行的“吏户”论观点。如今通过对走马楼吴简所涉“吏民”“吏户”等问题的研究，笔者已经完全抛弃了传统“吏户”论观点，认为“吏”并无另编的特殊户籍，魏晋南北朝时期并不存在单独编制户籍的“吏户”，“吏”与“民”一样共同编户，合称“吏民”，他们身份相同，皆为国家编户齐民。本文后面专门谈到“吏户”，自然也是错误的。由于本篇论文最初发表时，是承认“吏户”存在的，如今重新编订，之所以没有对原文的这些错误看法进行直接修正，完全出于尊重历史考虑。特此说明。

家徭役负担的情况。

（一）国家普通民户——州郡所辖编户的徭役负担

从表面来看，到了魏晋时期兵役、吏役似已从普通编户中分离出去，由特定的人户承担，那么魏晋时期普通民户的徭役负担应当有所减轻。实则不然。这一变化不是徭役负担的减轻，而是封建国家进一步加强对于农民压迫剥削的方式，农民的徭役负担较两汉加重。具体来说就是，普通编户农民除了传统的力役负担之外，仍要负担兵役，兵户、屯田户、吏户除了承担他们的主要劳役兵役、田役、吏役之外，仍须负担其他力役。所以，国家对于两种民户的徭役剥削均比两汉加重。

1. 普通民户是力役的主要担当者

同秦汉的编户齐民一样，魏晋的民户是国家力役的主要担当者。《太平御览》卷六〇六《文部》引《晋令》曰："郡国诸户口黄籍……已在官役者载名。"[①] 户籍是国家征发徭役的主要依据。刘备屯樊城时，诸葛亮曾对他说："今荆州非少人也，而著籍者寡，平居发调，则人心不悦；可语镇南，令国中凡有游户，皆使自实，因录以益众可也。""备从其计，故众遂强"[②]。关于"调"的含义，唐长孺先生《魏晋户调制及其演变》一文中已作了精辟的论述，指出它是政府对钱物的征纳。但是，在魏晋时期，"调"也指劳役的征发，如《三国志·司马朗传》载："先时，民有徙充都内者，后县调当作船"[③]；《晋书·段灼传》："其晋人自可差简丁强，如法调取"[④]；《晋书·戴若思传》："调扬州百姓家奴万人为兵配之"[⑤]；《晋书·王弥传》："与刘曜、石勒等攻魏郡、汲郡、顿丘，陷五十余壁，皆调为军士"[⑥]；《晋书·张昌传》："会《壬午诏书》发武勇以赴益土，号曰'壬午兵'……及此调发，人咸不乐西征"[⑦]；《晋书·东夷传》："（马韩）国中有所调役，及起筑城隍，年少勇健者皆凿其背皮，

---

① （宋）宋昉等撰：《太平御览》卷六〇六《文部二二·札》引《晋令》，中华书局1960年版，第2726页。

② 《三国志》卷三五《蜀书·诸葛亮传》引《魏略》，第913页。

③ 《三国志》卷一五《魏书·司马朗传》，第467页。

④ 《晋书》卷四八《段灼传》，第1348页。

⑤ 《晋书》卷六九《戴若思传》，第1847页。

⑥ 《晋书》卷一〇〇《王弥传》，第2610页。

⑦ 《晋书》卷一〇〇《张昌传》，第2612页。

贯以大绳，以杖摇绳，终日讙呼力作，不以为痛。”① 所以《魏略》所谓“平居发调”当是指调发劳役。令民自实户口以后，即据以“录以益众”，才可能“故众遂强”。

州郡编户齐民是魏晋统治者征发徭役的主要对象。杜恕疏称：“冀州户口最多，田多垦辟，又有桑枣之饶，国家征求之府。”② 高柔上魏明帝疏：“中间以来，百姓供给众役，亲田者既减。”③ 孙权诏责诸葛瑾等曰：“自孤兴军五十年，所役赋凡百皆出于民。”④ 《三国志·赵云传》注引《云别传》：“益州既定，时议欲以成都中屋舍及城外园地桑田分赐诸将。云驳之曰：‘……益州人民，初罹兵革，田宅皆可归还，令安居复业，然后可役调，得其欢心。’”⑤ 这些记载都表明普通民户是国家徭役的主要征发对象，因此这种州郡编户齐民亦径被称为“役伍”⑥。

2. 普通民户仍须负担兵役

世兵制的建立，使兵役专业化，似可解脱普通民户的兵役。事实不尽然。魏晋时期普通民户在事实上仍须负担兵役。曹操破袁绍得冀州后对崔琰说：“昨案户籍，可得三十万众，故为大州也。”崔琰批评曹操“校计甲兵，唯此为先”⑦，可见普通民户仍是甲兵的重要来源。普通民户除被招募为兵外，还常被征调为兵。三国时期如：贾逵为弘农太守，“其后发兵，逵疑屯田都尉藏亡民”⑧。东吴的孙休“遣使邓句，敕交阯太守锁送其民，发以为兵。”⑨ 卫固在河东行郡丞事，“欲大发兵”⑩。以上为郡守、郡丞发民为兵之事实。司马芝为菅长，“时天下草创，多不奉法。郡主簿刘节，旧族豪侠，宾客千余家，出为盗贼，入乱吏治。顷之，芝差节客王同等为兵，掾史据白：‘节家前后未尝给繇，若至时藏匿，必为

① 《晋书》卷九七《东夷·马韩传》，第2533页。
② 《三国志》卷一六《魏书·杜恕传》，第499页。
③ 《三国志》卷二四《魏书·高柔传》，第689页。
④ 《三国志》卷四七《吴书·吴主传》，第1142页。
⑤ 《三国志》卷三六《蜀书·赵云传》引《云别传》，第950页。
⑥ 《三国志》卷五二《吴书·顾雍传》，第1229页。
⑦ 《三国志》卷一二《魏书·崔琰传》，第367—368页。
⑧ 《三国志》卷一五《魏书·贾逵传》，第481页。
⑨ 《三国志》卷四《魏书·三少帝纪·陈留王（曹）奂纪》，第151页。
⑩ 《三国志》卷一六《魏书·杜畿传》，第495页。

留负。’芝不听，与节书曰：‘君为大宗，加股肱郡，而宾客每不与役，既众庶怨望，或流声上闻。今［调］同等为兵，幸时发遣。’兵已集郡，而节藏同等，因令督邮以军兴诡责县，县掾史穷困，乞代同行。芝乃驰檄济南，具陈节罪。太守郝光素敬信芝，即以节代同行，青州号芝‘以郡主簿为兵’”①。这是县发民为兵之事实。

两晋时期亦然。《晋书·段灼传》：“臣前为西郡太守，被州所下《己未诏书》：‘羌胡道远，其但募取乐行，不乐勿强。’臣被诏书，辄宣恩广募，示以赏信，所得人名即条言征西。其晋人自可差简丁强，如法调取；至于羌胡，非恩意告谕，则无欲度金城、河西者也。”② 这就表明，对羌胡等少数民族采取募兵政策的同时，对于晋人则采用征兵制，按照定制“如法调取”。此外还有特殊情况下的征发，如东晋时，江道万里多有盗贼，有人建议“使所在百姓与军家杂其徼备”③，这是调发普通民户与兵户共同承担警备任务。桓玄之乱时，司马元显等“发京邑士庶数万人，据石头以距之”④，这是战争状态下紧急调发普通民户参战。

十六国时期亦然。石季龙将讨慕容皝，“令司、冀、青、徐、幽、并、雍兼复之家五丁取三，四丁取二，合邺城旧军满五十万……以备征军之调。”⑤ 慕容儁“令州郡校阅见丁，精覆隐漏，率户留一丁，余悉发之，欲使步卒满一百五十万……武邑刘贵上书极谏，陈百姓凋弊，召兵非法，恐人不堪命……付公卿博议……乃改为三五占兵。”⑥“时苻坚遣军围襄阳，车骑将军桓冲御之，诏玄发三州人丁”⑦。在石赵统治区，“雍、秦二州望族，自东徙以来，遂在戍役之例”⑧。“衣冠华胄”尚有“戍役”，一般人民则更不能免除了。

魏晋时期，普通州郡民户还常被远戍所困扰。建安二十三年（218），

---

① 《三国志》卷一二《魏书·司马芝传》，第386—387页。
② 《晋书》卷四八《段灼传》，第1348页。
③ 《晋书》卷六八《贺循传》，第1827—1828页。
④ 《晋书》卷六四《简文三子·会稽文孝王（司马）道子传》，第1737页。
⑤ 《晋书》卷一〇六《石季龙载记上》，第2770页。
⑥ 《晋书》卷一一〇《慕容儁载记》，第2840页。
⑦ 《晋书》卷七九《谢玄传》，第2081页。
⑧ 《晋书》卷一〇六《石季龙载记上》，第2770页。

“陆浑长张固被书调丁夫，当给汉中。百姓恶惮远役，并怀扰扰”①。嘉平四年（252）“雍州刺史陈泰求敕并州并力讨胡，（司马）景王从之。未集，而雁门、新兴二郡以为将远役，遂惊反”②。晋惠帝元康（291—299）中，“梁国女子许嫁，已受礼娉，寻而其夫戍长安，经年不归，女家更以适人。”③ 东晋孝武帝时，“尚书下以益州所统梁州三郡人丁一千番戍汉中，益州未肯承遣。仲堪仍奏之曰：‘……巴西、梓潼、宕渠三郡去汉中辽远……’”④

由此可见，魏晋时期普通民户不仅力役负担大大超过前代，兵役负担亦相当繁重。赤乌三年（240）孙权诏曰：“顷者以来，民多征役。”⑤ 安定太守孟达语曰：“今涿郡领户三千，孤寡之家，参居其半。”⑥ 杜恕上疏，说当时“农桑之民，竞干戈之业。”⑦ 傅玄上疏曰：“加以服役为兵，不得耕稼，当农者之半。”⑧

（二）国家依附民的徭役负担

当时的国家依附民主要包括士家、吏户和屯田客三种，他们承担着沉重的徭役负担。兹分别论叙如下。

1. 士家

士家是魏晋时期的专职军人，自当以兵役为主，但实际上士籍之独立，并未使这些本来就是编户农民的人摆脱徭役的负担，而是在兵役之外又加上了繁重的劳役。

孙皓时陆凯上疏指出：“先帝战士，不给他役，使春惟知农，秋惟收稻，江渚有事，责其死效。今之战士，供给众役”⑨。照陆凯的话，似乎早先士兵是无役的。其实早在孙权时，士兵的劳役就已非常沉重，“是时征役繁数，重以疫疠，民户损耗，（骆）统上疏曰：‘……三军有无已之役，

---

① 《三国志》卷一一《魏书·管宁传》，第362页。
② 《三国志》卷四《魏书·三少帝纪·齐王（曹）芳纪》引《汉晋春秋》，第125页。
③ 《晋书》卷二九《五行志下》，第908页。
④ 《晋书》卷八四《殷仲堪传》，第2195页。
⑤ 《三国志》卷四七《吴书·吴主传》，第1144页。
⑥ 《三国志》卷二四《魏书·崔林传》引《魏名臣奏》，第680页。
⑦ 《三国志》卷一六《魏书·杜畿附子（杜）恕传》，第499页。
⑧ 《晋书》卷四七《傅玄传》，第1319页。
⑨ 《三国志》卷六一《吴书·陆凯传》，第1407页。

江境有不释之备，徵赋调数，由来积纪……且又前后出为兵者，生则困苦无有温饱，死则委弃骸骨不反，是以尤用恋本畏远，同之于死。每有徵发，羸谨居家重累者先见输送。小有财货，倾居行赂，不顾穷尽……'"① 赤乌十年（247），孙权改作太初宫，"诸将及州郡皆义作"②，这是以诸将所统士兵与州郡所隶农民共同"义作"。孙亮时，诸葛恪上疏指出："而闻顷至武昌以来，多违诏敕，不拘制度，擅发诸将兵治护宫室。"③

孙休永安三年（260），"都尉严密建丹杨湖田，作浦里塘。诏百官会议，咸以为用功多而田不保成，唯（濮阳）兴以为可成。遂会诸兵民就作，功佣之费，不可胜数，士卒死亡，或自贼杀，百姓大怨之。"④

孙皓时倖臣何定用事，贺邵谏曰："（何）定间妄兴事役，发江边戍兵以驱麋鹿，结罝山陵，芟夷林莽，殚其九野之兽，聚于重围之内，上无益时之分，下有损耗之费。而兵士罢于运送，人力竭于驱逐，老弱饥冻，大小怨叹。"⑤ 建衡二年（270）秋九月，"何定将兵五千人上夏口猎"⑥。

孙吴对于兵家的赋役并非偶然的，而是经常性的，其繁重程度比普通民户有过之无不及。贺邵说："又江边戍兵，远当以拓土广境，近当以守界备难，宜特优育，以待有事，而徵发赋调，烟至云集，衣不全短褐，食不赡朝夕，出当锋镝之难，入抱无聊之感。是以父子相弃，叛者成行。愿陛下宽赋除烦，振恤穷乏，省诸不急，荡禁约法"⑦。

曹魏的情况亦然。

高堂隆曾上《陈灾异表》曰："宜罢省百役，勿使士卒怨于勤苦而为乱。"⑧ 士卒所怨之勤苦，就是指劳役。王濬为巴郡太守时，"郡边吴境，兵士苦役，生男多不养。濬乃严其科条，宽其徭课，其产育者皆与休复，

---

① 《三国志》卷五七《吴书·骆统传》，第1335页。
② 《三国志》卷四七《吴书·吴主传》，第1146页。
③ 《三国志》卷五九《吴书·孙奋传》，第1374页。
④ 《三国志》卷六四《吴书·濮阳兴传》，第1451页。
⑤ 《三国志》卷六五《吴书·贺邵传》，第1457页。
⑥ 《三国志》卷四八《吴书·三嗣主传·孙晧传》，第1168页。
⑦ 《三国志》卷六五《吴书·贺邵传》，第1458页。
⑧ 《太平御览》卷三五七《兵部八十八·棓》引高堂隆《陈灾异表》，第1644页。

所全活者数千人”。[1] 后王濬统兵伐吴，“先在巴郡之所全育者，皆堪徭役供军，其父母戒之曰：‘王府君生尔，尔必勉之，无爱死也！’”[2] 可见当时士家负担徭役是一种常制。

曹操把两汉以来的军士屯垦制度化，推广兵屯，“于征伐之中，分带甲之士，随宜开垦。”[3] 其中实行“分田之术”的是和分成制的兵屯有所区别的另一种军屯，屯兵除得到廪食之外，收获物全部上交[4]。这种兵屯实质上也是对士兵的一种徭役剥削。如邓艾在东南的兵屯，“令淮北屯二万人，淮南三万人，十二分休，常有四万人，且田且守。”[5] 这种军屯所以实行分休制，就是因为这种屯兵对于屯田毫无支配权力，他们的田作只是在履行徭役义务而已。

除了专业性的屯田兵之外，其他士兵也常须承担田作之役。魏文帝时王朗说：“吏士小大，并勤稼穑，止则成井里于广野，动则成校队于六军”[6]，指出当时士兵动则成军以作战，止则成井里以耕稼。魏明帝时蒋济说：“宿兵边陲，且耕且战，怨旷积年。”[7] 也强调了耕和战都是士兵必须承担的徭役。

不仅前线或戍边士兵须承担耕、战双重徭役，内地士兵也如此，如曹植所属“士息”曾被征发去三批，只剩下七、八岁以上，十六、七以下的小儿30余人，“惟正须此小儿，大者可备宿卫，虽不足以御寇，粗可以警小盗；小者未堪大使，为可使耘鉏秽草，驱护鸟雀。”[8] 一则负责宿卫，一则负责耘锄。

除了耕、战这两种主要徭役之外，还有许多杂役和“暴徭”。王朗曾建议对于“吏士”要“省其暴徭，赡其衣食”[9]，可见“吏士”常有“暴

---

① 《晋书》卷四二《王濬传》，第1208页。
② 《晋书》卷四二《王濬传》，第1209页。
③ 《晋书》卷二六《食货志》，第792页。
④ 黄惠贤：《试论魏晋时军屯的两种类型》，《武汉大学学报》1980年第4期。
⑤ 《三国志》卷二八《魏书·邓艾传》，第775页。
⑥ 《三国志》卷一三《魏书·王朗传》引《魏名臣奏》，第410页。
⑦ 《三国志》卷一四《魏书·蒋济传》，第453页。
⑧ 《三国志》卷一九《魏书·陈思王植传》引《魏略》，第575页。
⑨ 《三国志》卷一三《魏书·王朗传》引《魏名臣奏》，第410页。

徭”。史称曹魏时“外勤征役，内务宫室”①，修建宫室也是士兵的重要徭役。如魏明帝曾发三四万人兴建宫室，王肃上疏建议：“取常食廪之士，非急要者之用，选其丁壮，择留万人，使一期而更之……分遣其余，使皆即农”②。这里的“食廪之士”即是相对于农民而言的包括士家在内的国家依附民。

魏明帝太和四年（230），曹真征蜀，王肃上疏曰：“闻曹真发已踰月而行裁半谷，治道功夫，战士悉作。”③ 这是以士兵修筑道路。曹丕受禅时，“辄治坛场之处”，后因“且天寒，罢作坛士使归”④。这是以士兵修建坛场。

由于士兵徭役繁重，因而激起他们的反抗。如曹操死时，“时太子在邺，鄢陵侯未到，士民颇苦劳役，又有疾疠，于是军中骚动。群寮恐天下有变，欲不发丧……而青州军擅击鼓相引去。”⑤ 这是由于“横徭”而引起的士兵骚动。

蜀汉的情况亦然。

诸葛亮北伐时，“使诸军运米”⑥，又“分兵屯田，为久驻之基。耕者杂于渭滨居民之间”⑦。《三国志·诸葛亮传》注引《袁子》曰：“亮率数万之众，其所兴造，若数十万之功……所至营垒、井灶、圊溷、藩篱、障塞皆应绳墨，一月之行，去之如始至，劳费而徒为饰好……”⑧ 可见其劳役士兵之甚。

到了两晋时，士兵的劳役仍然十分繁重。

晋武帝时刘颂上书要求“士卒百役不出其乡”⑨，他以“百役”形容士卒所受之徭役，可见其繁多。事实正是如此，在同一疏中，刘颂揭露说：“至于平吴之日，天下怀静，而东南二方，六州郡兵，将士武吏，戍

① 《三国志》卷一四《魏书·蒋济传》，第453页。

② 《三国志》卷一三《魏书·王郎附子（王）肃传》，第416—417页。

③ 《三国志》卷一三《魏书·王郎附子（王）肃传》，第414页。

④ 《三国志》卷二《魏书·文帝纪》引《献帝传》，第68页。

⑤ 《三国志》卷一五《魏书·贾逵传》引《魏略》，第481—482页。

⑥ 《三国志》卷三三《蜀书·后主传》，第896页。

⑦ 《三国志》卷三五《蜀书·诸葛亮传》，第925页。

⑧ 《三国志》卷三五《蜀书·诸葛亮传》注引《袁子》曰，第934—935页。

⑨ 《晋书》卷四六《刘颂传》，第1295页。

守江表，或给京城运漕，父南子北，室家分离，咸更不宁。又不习水土，运役勤瘁，并有死亡之患，势不可久。”① 晋武帝得表后，诏答曰：“得表陈……六州将士之役，居职之宜，诸所陈闻，具知卿之乃心为国也。动静数以闻。”② 可见晋武帝并不否认士兵所受“百役”之苦。武帝时，司马骏曾都督豫州、扬州、雍、凉等州诸军事，史称其“善抚御，有威恩，劝督农桑，与士卒分役，己及僚佐并将帅兵士等人限田十亩”。后司马骏将这一做法报告了晋武帝，武帝“诏遣普下州县，使各务农事”③，把这一役使士卒的做法，加以普遍推广。

东晋明帝时，温峤建议说：“诸外州郡将兵者及都督府非临敌之军，且田且守。又先朝使五校出田，今四军五校有兵者，及护军所统外军，可分遣二军出，并屯要处。缘江上下，皆有良田，开荒须一年之后即易。且军人累重者在外，有樵采蔬食之人，于事为便。”④ 甚至祖逖北伐时，还佃于谯城北，使从军士卒“丁夫战于外，老弱获于内。”⑤

此外，士兵还被用于各种杂役。“每大军征举，运兵过半”⑥，这是以士兵服运役。杜预建议修复豫州界内水利工程，“其旧陂堨沟渠当有所补塞者，皆寻求微迹，一如汉时故事，豫为部分列上，须冬东南休兵交代，各留一月以佐之。”⑦ 这是将番休士兵留下兴修水利。

士兵不仅用于公家的劳役，亦被用于官僚私役。王沈死后，晋武帝下诏曰：“沈素清俭，不营产业。其使所领兵作屋五十间。”⑧ 晋武帝登基后，以镇东将军鲁芝“素无居宅，使军兵为作屋五十间。”⑨ 士兵为私人役使须经皇帝批准，而私自役使在法律上是不被允许的，如“又司隶校尉石鉴奏，郁林太守介登役使所监，求召还”⑩。

---

① 《晋书》卷四六《刘颂传》，第1305页。
② 《晋书》卷四六《刘颂传》，第1307页。
③ 《晋书》卷三八《宣五王·扶风王（司马）骏传》，第1125页。
④ 《晋书》卷六七《温峤传》，第1789页。
⑤ 《晋书》卷七七《蔡谟传》，第2037页。
⑥ 《三国志》卷二八《魏书·邓艾传》，第775页。
⑦ 《晋书》卷二六《食货志》，第789页。
⑧ 《晋书》卷三九《王沈传》，第1146页。
⑨ 《晋书》卷九〇《良吏·鲁芝传》，第2329页。
⑩ 《晋书》卷四六《李重传》，第1311页。

但是实际上，私自役使士兵的情况是经常之事。晋元帝称制时，丁潭上书曰："夫兵所以防御未然……无事则优其身，有难则责其力。窃闻今之兵士，或私有役使，而营阵不充。"[①] 由于士兵为私人执役相当普遍，所以在当时便产生了以士兵为"送故"之资的制度。范宁指出："方镇去官，皆割精兵器仗以为送故，米布之属不可称计……送兵多者至有千余家，少者数十户。既力入私门，复资官廪布。兵役既竭，枉服良人，牵引无端，以相充补。"[②] 去官之方镇须割配如此之多的士兵，当然不是作战的需要，而是为了私自役使，从而出现"力入私门"的情况。值得注意的是，这些"送故"之兵仍然由国家给予"廪布"，因此这批士兵不同于私家的部曲佃客，他们仍然是国家的士兵，他们之"入私门"乃是去尽徭役义务。

由于魏晋时期士兵有劳役，所以当时的徭役中经常是兵、民同作，史称"士民颇苦劳役"[③]。高堂隆上魏明帝疏称："崇侈无度，役其士民"[④]"崇饰居室，士民失业"[⑤]。如魏明帝兴建宫室时，王肃谏曰：可由"食廪之士"继续劳作，而"分遣其余，使皆即农"[⑥]。可见参加修建宫室的劳力有两种人，一种是州郡普通农民，一种是"食廪之士"，即士兵。孙吴亦然，赤乌十年（247）改作太初宫，"诸将及州郡皆义作"[⑦]，诸将所领为兵，州郡所领为民，由兵民共同劳役兴建太初宫。其他劳役也大多如此，如永安三年（260）兴建浦里塘，"遂会诸兵、民就作"[⑧]，也是由这两种人劳役。

运役是当时人民一项沉重的徭役负担，这项徭役也分为兵运与民运两类。

---

① 《晋书》卷七八《丁潭传》，第2062—2063页。

② 《晋书》卷七五《范汪附子（花）宁传》，第1987页。按，中华书局点校本此处句读，将"送故"二字点断，"故"字被断在"米"前，此二句遂为"皆割精兵器仗以为送，故米布之属不可称计……"云云，如此句读当误。

③ 《三国志》卷一五《魏书·贾逵传》注引《魏略》，第481页。

④ 《三国志》卷二五《魏书·高堂隆传》，第714页。

⑤ 《三国志》卷二五《魏书·高堂隆传》，第711页。

⑥ 《三国志》卷一三《魏书·王朗附子（王）肃传》，第417页。

⑦ 《三国志》卷四七《吴书·吴主传》，第1146页。

⑧ 《三国志》卷六四《吴书·濮阳兴传》，第1451页。

先来看民运。曹操征汉中时，河东太守杜畿“遣五千人运，运者自率勉曰：‘人生有一死，不可负我府君’，终无一人逃亡，其得人心如此。”[①] 与此同时，郑浑为京兆尹，亦派遣民丁“运转军粮为最”[②]。这些都是以郡县编户充运。

孙皓徙都武昌，“扬土百姓泝流供给，以为患苦”[③]。“百姓”当主要为普通民户。

晋惠帝时，成都王（司马）颖表称：“大司马前在阳翟，与强贼相持既久，百姓创痍，饥饿冻馁，宜急振救。乞差发郡县车，一时运河北邸阁米十五万斛，以振阳翟饥人”[④]，这是调发郡县车辆以运米。

晋成帝咸和六年（331），“以运漕不继，发王公以下千余丁，各运米六斛”[⑤]，这也是以普通民户为运丁。到了晋穆帝时，更将其制度化，“穆帝之世，频有大军，粮运不继，制王公以下十三户共借一人，助度支运。”[⑥]

再来看兵运。孙皓时，“兵士罢于运送”[⑦]。诸葛亮也“使诸军运米”[⑧]。这是吴、蜀以兵运。邓艾曾经指出：“每大军征举，运兵过半，功费巨亿，以为大役。”[⑨] 这是曹魏以兵运。

晋元帝即位后，纪瞻拜侍中，转尚书，上疏曰：“臣之职掌，户口租税，国之所重……发卒转运，皆须人力。”[⑩] 这是东晋以兵运。

2. 吏户

吏户是魏晋时期一种供官府徭役的专业队伍。如果说士家和世兵制度的确立，使两汉时期的兵役——“正卒”专业化，那么在一定意义上“吏户”的产生就使力役——“更卒”徭役专业化了。但是，正如士家和

---

① 《三国志》卷一六《魏书·杜畿传》，第496—497页。
② 《三国志》卷一六《魏书·郑浑传》，第511页。
③ 《三国志》卷六一《吴书·陆凯传》，第1400页。
④ 《晋书》卷五九《成都王（司马）颖传》，第1616页。
⑤ 《晋书》卷七《成帝纪》，第176页。
⑥ 《晋书》卷二六《食货志》，第792页。
⑦ 《三国志》卷六五《吴书·贺邵传》，第1457页。
⑧ 《三国志》卷三三《蜀书·后主传》，第896页。
⑨ 《三国志》卷二八《魏书·邓艾传》，第775页。
⑩ 《晋书》卷六八《纪瞻传》，第1822页。

世兵制的产生没有使编户齐民减轻兵役负担一样，吏户的出现也没有使编户齐民减轻力役的负担。而吏户除了供官府役使之外，也和民户一样还承担兵役、杂徭和赋税。这是魏晋时期徭役剥削较两汉加重的又一表现。在吴、蜀的国家户籍中均将“吏”另立户籍，与兵、民之户相对存在。吏与兵一样，也有招募而来者，如《三国志·武帝纪》载，兴平元年（194），“是岁谷一斛五十余万钱，人相食，乃罢吏兵新募者。”[①] 但主要还是征发而来。

从中央到地方各级政权机构均置有数量不等的吏。曹魏时一郡大约置吏200余人。如正始（240—248）中，孟康为弘农太守，“郡领吏二百余人”[②]。嘉平（249—253）中，刘类为弘农太守，亦有吏二百余人[③]。西晋初，规定：“大郡置武吏百人，小郡五十人。”[④]《晋书·职官志》对此作了更详细的记载，当时州郡县置吏数，州置吏41人，卒20人；郡国依户数多少分别为职吏50人、63人、69人三等，散吏13人、21人、39人三等。县则从五等县不满300户者置职吏18人，散吏4人，至第一等县3000户以上置职吏88人，散吏26人。据此则郡国之吏最多不过108人，县最多不过114人。但实际数量往往超过这个规定。

吏的成份复杂，但除少数跻身官僚阶层或在官府从事行政事务之外，大多数是官府徭役的对象。东晋末年袁豹曾说：“置吏以周役”[⑤]，吏的徭役被称为“吏役”[⑥]，这是魏晋时期的徭役项目之一。吏役相当繁重，故东晋王彪之曾建议：“简吏寺之烦役矣”[⑦]。

吏的主要任务是给官府差役。孙休永安元年（258）诏曰：“诸吏家有五人，三人兼重为役，父兄在都，子弟给郡县吏。”[⑧]

见于文献记载的吏役，主要包括如下几种。（1）为郡县令长之侍从杂役，如：孟康为弘农太守，时出案行，“常豫敕吏卒，行各持镰，所在

---

① 《三国志》卷一《魏书·武帝纪》，第12页。

② 《三国志》卷一六《魏书·杜畿附子（杜）恕传》注引《魏略》，第506页。

③ 《三国志》卷一五《魏书·梁习传》注引《魏略·苛吏传》，第471页。

④ 《晋书》卷四三《山涛传》，第1227页。

⑤ 《宋书》卷五二《袁湛附弟（袁）豹传》，第1499页。

⑥ 《晋书》卷四六《刘颂传》，第1306页。

⑦ 《晋书》卷七六《王廙附侄（王）彪之传》，第2009页。

⑧ 《三国志》卷四八《吴书·三嗣主传·孙休传》，第1157页。

自刈马草……所从常不过十余人。”[①] 郡县之长可以任意役使他们，刘类为弘农太守，有吏200多人，“专使为不急”[②]。除公务以外，州郡长官常私自役使吏。王戎为荆州刺史，“坐遣吏修园宅，应免官，诏以赎论。”[③]（2）送迎，如太和（227—232）中，仓慈为敦煌太守，有西域胡商来，仓慈“使吏民护送道路”[④]。傅咸称：“而中间以来，长吏到官，未几便迁，百姓困于无定，吏卒疲于送迎。”[⑤] 琅邪王澄行经陈留，“太守吕豫遣吏迎之”[⑥]。虞预上书陈时政得失，曰：“……自顷长吏轻多去来，送故迎新，交错道路。受迎者惟恐船马之不多，见送者惟恨吏卒之常少……送者经年，永失播植。”[⑦]（3）耕种公田，如邓艾少时，“为都尉学士，以口吃，不得作干佐。为稻田守丛草吏”[⑧]。应詹向东晋明帝建议：“都督可课佃二十顷，州十顷，郡五顷，县三顷。皆取文武吏医卜，不得挠乱百姓。”[⑨] 以文、武吏作为屯田的主要劳力。陶潜为彭泽令时，“公田悉令吏种秫稻”[⑩]。（4）监鱼梁，如陶侃家贫贱，“少为寻阳县吏，尝监鱼梁。”[⑪]（5）土木造筑，如东晋末年刘裕讨桓玄时，发布文告指责在他统治下“士庶疲于转输，文武困于造筑，父子乖离，室家分散。”[⑫] 这里所谓“文武”即前文所述文、武吏。

吏除承担上述5种一般吏役之外，尚有如下几项。（1）兵役，如孙休永安元年（258）诏曰：“诸吏家……既出限米，军出又从。”[⑬] 魏明帝时，“有司徒吏解弘遭父丧，后有军事，受敕当行，以疾病为辞”[⑭]。这些

---

① 《三国志》卷一六《魏书·杜畿附子（杜）恕传》引《魏略》，第506页。

② 《三国志》卷一五《魏志·梁习传》引《魏略·苛吏传》，第471页。

③ 《晋书》卷四三《王戎传》，第1232页。

④ 《三国志》卷一六《魏书·仓慈传》，第512页。

⑤ 《晋书》卷四七《傅玄附子（傅）咸传》，第1329页。

⑥ 《晋书》卷七七《蔡谟传》，第2034页。

⑦ 《晋书》卷八二《虞预传》，第2144页。

⑧ 《三国志》卷二八《魏书·邓艾传》，第775页。

⑨ 《晋书》卷七〇《应詹传》，第1860页。

⑩ 《宋书》卷九三《隐逸·陶潜传》，第2287页。

⑪ 《晋书》卷九六《列女·陶侃母湛氏传》，第2512页。

⑫ 《宋书》卷一《武帝纪上》，第7页。

⑬ 《三国志》卷四八《吴书·三嗣主传·孙休传》，第1157页。

⑭ 《三国志》卷二四《魏书·高柔传》，第687页。

材料表明出军时吏须从行，实际也是服兵役。又，东晋时，尚书下以益州所统梁州三郡人丁一千番戍汉中，殷仲堪奏曰："昔三郡全实，正差文武三百，以助梁州。今浮没蛮獠，十不遗二，加逐食鸟散，资生未立……谓今正可更加梁州文武五百，合前为一千五百，自此之外，一仍旧贯。"[①] 这是以梁州三郡之文武吏番戍汉中。这种戍役实际上也是兵役。（2）运役，如西晋刘颂疏曰："六州郡兵，将士武吏，戍守江表，或给京城运漕……运役勤瘁。"[②] 可见吏与兵一样不仅有戍守之役，还有运役的负担。

吏役之征发颇为严峻。孙休时"诸吏家有五人，三人兼重为役……至于家事无经护者"[③]。曹魏"时制，吏遭大丧者，百日后皆给役。有司徒吏解弘遭父丧，后有军事，受敕当行，以疾病为辞。诏怒曰：'汝非曾、闵，何言毁邪？'促收考竟。（高）柔见弘信甚羸劣，奏陈其事，宜加宽贷。帝乃诏曰：'孝哉弘也！其原之。'"[④]

吏有番休。孙权时，诸葛融"摄兵业驻公安，部曲吏士亲附之。疆外无事，秋冬则射猎讲武，春夏则延宾高会，休吏假卒，或不远千里而造焉"。[⑤] 正始（240—248）中，孟康为弘农太守，"郡领吏二百余人，涉春遣休，常四分遣一。"[⑥] 有些苛酷的令长则任意取消吏的番休，如刘类为弘农太守，他对吏"不与休假，专使为不急。"[⑦]

由于不堪苛重的徭役，吏曾与农民一起反抗徭役。建安二十四年（219），"是时南阳间苦徭役，（侯）音于是执太守，与吏民共反。"[⑧]

3. 屯田客

屯田民是国家的佃户，他们以相当于"或耕豪民之田见税什五"[⑨] 的高额租税上交国家。其所受剥削之苛重，大大超过州郡农民。曹魏开始

① 《晋书》卷八四《殷仲堪传》，第 2195—2196 页。
② 《晋书》卷四六《刘颂传》，第 1305 页。
③ 《三国志》卷四八《吴书·三嗣主传·孙休传》，第 1157 页。
④ 《三国志》卷二四《魏书·高柔传》，第 687 页。
⑤ 《三国志》卷五二《吴书·诸葛瑾传》，第 1235 页。
⑥ 《三国志》卷一六《魏书·杜恕传》引《魏略》，第 506 页。
⑦ 《三国志》卷一五《魏书·梁习传》引《魏略·苛吏传》，第 471 页。
⑧ 《三国志》卷一《魏书·武帝纪》引《曹瞒传》，第 51 页。
⑨ 《汉书》卷二四上《食货志上》，第 1137 页。

屯田是为解决当时紧迫的乏粮问题，因此，在早期屯田民一般是没有徭役的。故司马芝说："武皇帝特开屯田之官，专以农桑为业。"[①] 后来随着三国政权的建立，政局的相对稳定和粮食问题的逐步解决，各种徭役遂逐渐加在屯田民的身上。司马芝说："自黄初以来，听诸典农治生，各为部下之计，诚非国家大体所宜也……今诸典农，各言'留者为行者宗田计，课其力，势不得不尔。不有所废，则当素有余力。'臣愚以为不宜复以商事杂乱，专以农桑为务，于国计为便。"[②] 这虽然是指以屯田民"末作治生，以要利入"之事，但表明在曹魏政权建立后，屯田民已不再"专以农桑为务"了。不过，毕竟屯田民主要为国家提供田役，所以其力役负担也不能与州郡民户等同。

正元二年（255），因洮西之役将士死伤过多，高贵乡公曹髦下诏曰："其令所在郡典农及安抚夷二护军各部大吏慰恤其门户，无差赋役一年；其力战死事者，皆如旧科，勿有所漏。"[③] 同年毌丘俭、文钦罪状司马懿表文曰："募取屯田，加其复赏。"[④] 可见屯田民也是有"役"的。

孙权赤乌八年（245），"遣校尉陈勋将屯田及作士三万人凿句容中道，自小其至云阳西城，通会市，作邸阁。"[⑤] 这是孙吴以屯田客服力役。

司马芝为大司农，时诸典农以屯田民经商牟利，芝指出当时屯田民有"运输租赋"的义务，这是以屯田民为运役的事实。

魏明帝时度支尚书司马孚，"又以关中连遭贼寇，谷帛不足，遣冀州农丁五千屯于上邽，秋冬习战阵，春夏修田桑。"[⑥] 甘露二年（257），诸葛诞"敛淮南及淮北郡县屯田口十余万官兵、扬州新附胜兵者四五万人，聚谷足一年食，闭城自守。"[⑦] 高平陵之变时，"（曹）爽留车驾宿伊水南，伐木为鹿角，发屯田兵数千人以为卫。"[⑧] 以上是以屯田民服兵役之事实。

---

① 《三国志》卷一二《魏书·司马芝传》，第388页。
② 《三国志》卷一二《魏书·司马芝传》，第388—389页。
③ 《三国志》卷四《魏书·三少帝纪·高贵乡公（曹）髦纪》，第134页。
④ 《三国志》卷二八《魏书·毌丘俭传》注引毌丘俭、文钦等《表》曰，第764页。
⑤ 《三国志》卷四七《吴书·吴主传》，第1146页。
⑥ 《晋书》卷三七《宗室·安平献王（司马）孚传》，第1083页。
⑦ 《三国志》卷二八《魏书·诸葛诞传》，第770页。
⑧ 《三国志》卷九《魏书·曹爽传》引《晋纪》，第287页。

（三）役及少数民族

除上述普通编户及国家依附民这两类封建国家徭役主要征发对象之外，魏晋时期还进一步役及少数民族。

两汉时期一般不对少数民族加以徭役。正如江统《徙戎论》所说："夫夷蛮戎狄，谓之四夷……赋役不及，正朔不加"[①]。淮南王刘安上武帝书说："越人名为藩臣，贡酎之奉，不输大内，一卒之用不给上事。"[②]《后汉书·南蛮西南夷列传》称其"无关梁符传，租税之赋。"李贤注曰："优宠之，故蠲其赋役也。"[③] 只有少数地区偶见以少数民族为兵或服其他徭役的情况。板楯蛮，"至高祖为汉王，发夷人还伐三秦""至于中兴，郡守常率以征伐"[④]。东夷，"王莽初，发句骊兵以伐匈奴，其人不欲行，强迫遣之，皆亡出塞为寇盗。"[⑤] 东汉也曾发羌胡之兵，"骑都尉王弘发金城、陇西、汉阳羌数百千骑征西域，弘迫促发遣，群羌惧远屯不还。"[⑥] 这类征发或徭役往往遭到少数民族的强烈反抗，"武帝末，珠崖太守会稽孙幸调广幅布献之，蛮不堪役，遂攻郡杀幸。"[⑦] 安帝元初二年（115），"澧中蛮以郡县徭税失平，怀怨恨，遂结充中诸种二千余人，攻城杀长吏"[⑧]。板楯蛮在东汉时，"愁苦赋役，困罹酷刑。故邑落相聚，以致叛戾。"[⑨] 这些徭役以临时调发较多，且遭到少数民族人民的反抗而无法经常实行。

到了魏晋时期，少数民族的内迁日益发展，史称："自魏氏以来，夷虏内附……与百姓杂处"[⑩]。如"荥阳句骊本居辽东塞外，正始（240—248）中，幽州刺史毌丘俭伐其叛者，徙其余种。始徙之时，户落百数，

---

① 《晋书》卷五六《江统传》，第 1529 页。

② 《汉书》卷六四上《严助传》，第 2778 页。

③ （南朝·宋）范晔撰，（唐）李贤等注：《后汉书》卷八六《南蛮西南夷列传》，中华书局 1965 年版，第 2829—2830 页。

④ 《后汉书》卷八六《南蛮西南夷列传》，第 2842—2843 页。

⑤ 《后汉书》卷八五《东夷列传》，第 2814 页。

⑥ 《后汉书》卷八七《西羌传》，第 2886 页。

⑦ 《后汉书》卷八六《南蛮西南夷列传》，第 2835 页。

⑧ 《后汉书》卷八六《南蛮西南夷列传》，第 2833 页。

⑨ 《后汉书》卷八六《南蛮西南夷列传》，第 2843 页。

⑩ 《晋书》卷五二《阮种传》，第 1445 页。

子孙孳息，今以千计”[①] “关中之人百余万口，率其少多，戎狄居半”[②]。特别是吴蜀两个政权的建立，使汉族皇朝统治区域进一步扩展，更把民族关系推进到一个新的发展阶段。于是，到了魏晋时期，汉族政权的徭役制度便相继加在了许多少数民族地区和人民身上，这是多民族统一国家发展过程中的一个必然的阶段。

先看曹魏统治区。

早在曹操时，以梁习为并州刺史，那里“胡狄在界”，自有部落。梁习到官后，先“礼召其豪右”“豪右已尽，乃次发诸丁强以为义从；又因大军出征，分请以为勇力。”逐步征发“胡狄”服兵役。对于不服从者，则施以武力，于是“单于恭顺，名王稽颡，部曲服事供职，同于编户。”[③]这里的少数民族已与汉族编户民差不多，纳入徭役征发体系之中了。又如“乌丸者，东胡也……大人已下，各自畜牧治产，不相徭役。”[④] 而在魏文帝时，牵招“出为雁门太守……招既教民战阵，又表复乌丸五百余家租调，使备鞍马，远遣侦候。虏每犯塞，勒兵逆击，来辄摧破，于是吏民胆气日锐，荒野无虞。”[⑤] 免乌丸租调，是为了使其服兵役以抵御外虏。

正始五年（244），曹爽伐蜀，“是时，关中及氐、羌转输不能供，牛马骡驴多死，民夷号泣道路。”[⑥] 蜀将“费祎进兵据三岭以截（曹）爽，（曹）爽争险苦战，仅乃得过。所发牛马运转者，死失略尽，羌、胡怨叹，而关右悉虚耗矣。”[⑦] 这是以氐、羌与关中汉族劳动人民一起充运役。正始六年（245），“乐浪太守刘茂、带方太守弓遵以领东濊属句丽，兴师伐之，不耐侯等举邑降。其八年（247），诣阙朝贡，诏更拜不耐濊王。居处杂在民间，四时诣郡朝谒。二郡有军征赋调，供给役使，遇之如民。”[⑧] 这是役使东濊夷人之事实。

---

① 《晋书》卷五六《江统传》，第1534页。

② 《晋书》卷五六《江统传》，第1533页。

③ 《三国志》卷一五《魏书·梁习传》，第469页。

④ 《三国志》卷三〇《魏书·乌丸传》注引《魏书》，第832页。

⑤ 《三国志》卷二六《魏书·牵招传》，第731页。

⑥ 《三国志》卷九《魏书·曹爽传》，第283页。

⑦ 《三国志》卷九《魏书·曹爽传》引《汉晋春秋》，第284页。

⑧ 《三国志》卷三〇《魏书·乌丸鲜卑东夷传》，第849页。

再看蜀汉统治区。

南中地区是在诸葛亮南征后才开始服徭役的。谯周说："南方远夷之地，平常无所供为，犹数反叛，自丞相（诸葛）亮南征，兵势偪之，穷乃幸从。是后供出官赋，取以给兵，以为愁怨"[①]。平南后，诸葛亮"移南中劲卒青羌万余家于蜀，为五部"[②]。《三国志·诸葛亮传》注引《汉晋春秋》载，诸葛亮自称蜀汉有"賨、叟、青羌散骑、武骑一千余人，此皆数十年之内所纠合四方之精锐，非一州之所有"[③]。魏明帝太和二年（228）露布曰："亮又侮易益土，虐用其民，是以利狼、宕渠、高定、青羌莫不瓦解，为亮仇敌。"[④] 这些是蜀汉政权以少数民族为兵的事实。除发少数民族为兵外，地方官亦发夷人服力役。张嶷为越巂太守，"始嶷以郡郛宇颓坏，更筑小坞。在官三年，徙还故郡，缮治城郭，夷种男女莫不致力。"[⑤]

曹奂景元四年（263）诏中说："蜀，蕞尔小国，土狭民寡，而姜维虐用其众，曾无废志；往岁破败之后，犹复耕种沓中，刻剥众羌，劳役无已，民不堪命。"[⑥] 可知羌人除服兵役之外，尚有其他劳役，而且相当苛重。

孙吴的情况如下。

孙吴境内山越广布，其地"山谷万重，其幽邃民人，未尝入城邑，对长吏，皆仗兵野逸，白首于林莽……自前世以来，不能羁也"[⑦]，本来也没有徭役负担。

嘉禾四年（235），吕岱分兵讨平庐陵、会稽、临海三郡反叛，孙权诏岱曰："自今已去，国家永无南顾之虞，三郡晏然，无怵惕之惊，又得恶民以供赋役，重用叹息。"[⑧] 所谓"恶民"，即包括三郡之少数民族人民

---

① 《三国志》卷四二《蜀书·谯周传》，第1030—1031页。

② （晋）常璩撰，任乃强校注：《华阳国志校补图注》卷四《南中志》，上海古籍出版社1987年版，第241页。

③ 《三国志》卷三五《蜀书·诸葛亮传》注引《汉晋春秋》，第923页。

④ 《三国志》卷三《魏书·明帝纪》注引《魏略》，第95页。

⑤ 《三国志》卷四三《蜀书·张嶷传》，第1053页。

⑥ 《三国志》卷四《魏书·三少帝纪·陈留王（曹）奂纪》，第149页。

⑦ 《三国志》卷六四《吴书·诸葛恪传》，第1431页。

⑧ 《三国志》卷六〇《吴书·吕岱传》，第1385页。

在内。可见孙吴在征服少数民族后即加以徭役。

东吴经常简料山越等少数民族为兵。“会建安、鄱阳、新都三郡山民作乱，出（钟离）牧为监军使者，讨平之……出其部伍，以充兵役。”[①]陆逊讨平丹阳山越后，“遂部伍东三郡，强者为兵，羸者补户，得精卒数万人”[②]。张承“讨平山寇，得精兵万五千人”[③]。陆胤为交州刺史，“复讨苍梧建陵贼，破之，前后出兵八千余人，以充军用”[④]。顾承“后为吴郡西部都尉，与诸葛恪等共平山越，别得精兵八千人”[⑤]。凡此，皆为孙吴征发少数民族人民服徭役或岳役之事实。

（黎虎先生原文跋尾：原刊《何兹全先生八十五华诞纪念文集》，中国社会科学出版社 1997 年版。此文草于 1983 年，原拟写 5 个问题，尚有两个问题未写即因故中断，弃捐箧笥多年，时移事易，未再续写。）

（原刊《何兹全先生八十五华诞纪念文集》，中国社会科学出版社 1997 年版。后收入《魏晋南北朝史论》，学苑出版社 1999 年版。按，整理者对于此文颇有印象，我在北京师范大学随黎虎先生攻读博士学位期间，大约是 1996 年三、四月间，黎虎先生找到我，拿出一篇稿纸已经泛黄的手写文稿，命我誊录。先生当时告知，说何兹全先生要庆祝 85 岁寿辰，他得提供一篇论文以事祝贺。但因当时手头没有现成合适的文稿，只能用从前的一篇旧稿以应此盛举。由于文章写作时间较早，彼时尚未使用电脑，故手写稿需要重新整理。因为这是我在随黎虎先生学习的三年中，替先生所誊抄整理的唯一一篇文章，故至今记忆犹新。今据原刊文，并参校《魏晋南北朝史论》刊文整理。李文才敬识。）

---

① 《三国志》卷六〇《吴书·钟离牧传》，第 1393 页。
② 《三国志》卷五八《吴书·陆逊传》，第 1344 页。
③ 《三国志》卷五二《吴书·张昭附子（张）承传》，第 1224 页。
④ 《三国志》卷六一《吴书·陆凯附弟（陆）胤传》，第 1409 页。
⑤ 《三国志》卷五二《吴书·顾雍附孙（顾）承传》，第 1231 页。

三国时期的自耕农经济

秦汉时期繁荣起来的自耕农经济，到了东汉末年，由于长期的战乱，这种柔弱的个体经济遭到空前的摧残，濒于土崩瓦解的境地。其时“兵难日起，州郡鼎沸，郊境之内，民不安业，捐弃居产，流亡藏窜”①，在战乱中抛弃家园的自耕小农，或沦为流民，或投靠大族豪强而成为私家的依附农民，或被政府收编而为国家依附民——士家或屯田客。但是，在三国时期的农民中，除了这些公私依附民之外，仍然存在大量的自耕小农；除了屯田这种国有土地形式外，还有许多自耕农的小块土地。过去学术界重视对于屯田制和依附农民的研究，而对于自耕农及其小土地所有制则未予足够的重视，这样对于三国时期社会经济的认识便不能够全面。因此，我们必须对这个时期社会经济的重要成份——自耕农经济的研究给予足够的重视。今就此问题略述于后。

一　三国政权恢复自耕农经济的政策和措施

在东汉末年自耕农纷纷瓦解流离的情况下，三国统治者，特别是曹魏政权，一方面招集流民，大兴屯田，使之成为国家的依附农民——屯田客，另一方面则积极采取复活和扶植自耕农经济的政策和措施，使濒于崩溃的自耕农经济又得以恢复和发展起来。

（一）迁徙人民，充实内地

汉末扰攘之际，“兵乱相寻三十余年，三方既宁，万不存一”②，是时

---

① （晋）陈寿撰，（南朝·宋）裴松之注，陈乃乾校点：《三国志》卷一五《魏书·司马朗传》，中华书局1959年版，第466页。

② （南朝·宋）范晔撰，（唐）李贤等注：《后汉书》卷四九《仲长统传》李贤注，中华书局1965年版，第1650页。

“天下户口减耗，十裁一在”[①]，足见其时州郡编户耗减之甚。因此，三国统治者为了恢复自耕农经济，首先致力于迁徙人民，以充实编户，增加内地郡县所领之自耕小农。

早在建安元年（196）钟繇督关中诸军时，因见“自天子西迁，洛阳人民单尽”，于是“徙关中民，又招纳亡叛以充之，数年间民户稍实”[②]，这是以关中民户充实洛阳。

建安九年（204），曹操“使（张）辽与乐进拔阴安，徙其民河南”[③]，这是以冀州民户充实司隶。

建安十九年（214），曹操派夏侯渊等破枹罕宋建，河西诸羌皆降，“是时，太祖徙民以充河北，陇西、天水、南安民相恐动，扰扰不安。”[④]这里没有说明将三郡人民迁往河北何地。西晋时束皙上疏说：“又昔魏氏徙三郡人在阳平、顿丘界，今者繁盛，合五六千家。二郡田地逼狭，谓可徙还西州，以充边土，赐其十年之复，以慰重迁之情。”[⑤]束皙所谓魏氏所徙三郡人乃来自“西州”，而阳平、顿丘二郡在河北之冀州，故上述建安十九年“太祖徙民以充河北”，与束皙上院所云：“魏氏徙三郡人在阳平、顿丘界”，此二者实为一事。这是以凉州民户充实冀州。

建安二十年（215），曹操破张鲁后，“（张）既说太祖拔汉中民数万户以实长安及三辅”[⑥]。“太祖还，拜（杜）袭驸马都尉，留督汉中军事。绥怀开导，百姓自乐出徙洛、邺者，八万余口。”[⑦]“太祖还，留（张）郃与夏侯渊等守汉中，拒刘备。郃别督诸军，降巴东、巴西二郡，徙其民于汉中。”[⑧]“太祖克张鲁，（和）洽陈便宜以时拔军徙民，可省置守之费。太祖未纳，其后竟徙民弃汉中。”[⑨]建安二十四年（219），杨阜徙武都民、氐“使居京兆、扶风、天水界者万余户，徙郡小槐里，百姓襁负

① 《三国志》卷八《魏书·张绣传》，第262页。

② 《三国志》卷一三《魏书·钟繇传》，第393页。

③ 《三国志》卷一七《魏书·张辽传》，第518页。

④ 《三国志》卷一五《魏书·张既传》，第472页。

⑤ （唐）房玄龄等撰：《晋书》卷五一《束皙传》，中华书局1974年版，第1432页。

⑥ 《三国志》卷一五《魏书·张既传》，第472页。

⑦ 《三国志》卷二三《魏书·杜袭传》，第666页。

⑧ 《三国志》卷一七《魏书·张郃传》，第525—526页。

⑨ 《三国志》卷二三《魏书·和洽传》，第657页。

而随之”[①]。这些是以益、凉州民户充实司、冀诸州及汉中等地。

在整个建安（196—220）年间，这种迁徙人民以充实内地州郡的工作一直在进行，直到咸熙元年（264）还“劝募蜀人能内移者，给廪二年，复除二十岁”[②]。其迁徙重点是从边远地区迁至曹魏政权腹心地区的司、冀等州。

（二）招怀流民，兴复县邑

汉末天下大乱，人民“流迸山泽”[③]，以致县邑空虚，编户耗减。于是三国统治者致力于“招怀流民，兴复县邑”[④]。建安（196—220）初，曹操以吕虔为泰山太守，“郡接山海，世乱，闻民人多藏窜。袁绍所置中郎将郭祖、公孙犊等数十辈，保山为寇，百姓苦之。（吕）虔将家兵到郡，开恩信，祖等党属皆降服，诸山中亡匿者尽出安土业。”[⑤]“泰山多盗贼，以（凉）茂为泰山太守，旬月之间，襁负而至者千余家。”[⑥] 郑浑为冯翊太守，“时梁兴等略吏民五千余家为寇钞，诸县不能御，皆恐惧，寄治郡下”，郑浑采取分化瓦解与武力征讨的措施，使“前后归附四千余家，由是山贼皆平，民安产业”[⑦]。曹操破张鲁以后，以苏则为金城太守，“是时丧乱之后，吏民流散饥穷，户口损耗，（苏）则抚循之甚谨。外招怀羌胡，得其牛羊，以养贫老。与民分粮而食，旬月之间，流民皆归，得数千家。乃明为禁令，有干犯者辄戮，其从教者必赏。亲自教民耕种，其岁大丰收，由是归附者日多。”[⑧] 有的地方政府还为“新集”的百姓制订“移居之法”，令其伍、比相保，不使流散。建安二十年（215），曹操攻汉中，以郑浑为京兆尹，“（郑）浑以百姓新集，为制移居之法，使兼复者与单轻者相伍，温信者与孤老为比，勤稼穑，明禁令，以发奸者。由是民安于农，而盗贼止息。及大军入汉中，运转军粮为最。”[⑨] 这种

---

① 《三国志》卷二五《魏书·杨阜传》，第 704 页。

② 《三国志》卷四《魏书·三少帝纪·陈留王（曹）奂纪》，第 153 页。

③ 《三国志》卷二八《魏书·诸葛诞传》，第 770 页。

④ 《三国志》卷一五《魏书·张既传》，第 472 页。

⑤ 《三国志》卷一八《魏书·吕虔传》，第 540—541 页。

⑥ 《三国志》卷一一《魏书·凉茂传》，第 338 页。

⑦ 《三国志》卷一六《魏书·郑浑传》，第 510—511 页。

⑧ 《三国志》卷一六《魏书·苏则传》，第 491 页。

⑨ 《三国志》卷一六《魏书·郑浑传》，第 511 页。

“移居之法”是针对社会秩序混乱而采取的，对于稳定流民附着于农起了积极的作用。

在招集流民归还本土，充实原有县邑的同时，又在一些空虚之地兴复县邑，以安置流民。并州新兴郡就是曹操为鸠集流民而新置的一个郡。“汉末大乱，匈奴侵边，自定襄以西尽云中、雁门之间遂空。建安中，丞相曹公集荒郡之户以为县，聚之九原县界。新兴郡领九原等县，属并州”①。又据《元和郡县图志》卷十四“云州”条载：“曹公鸠集荒散，又立平城县，属新兴郡。”② 同书“朔州”条云：“汉末大乱，郡遂荒废，建安中，曹公又立马邑县，属新兴郡。”③

魏文帝黄初二年（221），重置西河郡，也是为了居处流民。据《水经注》卷六《原公水》载：“魏黄初二年，分太原，复置西河郡。”并引司马子盛庙碑文云：“西河旧处山林，汉末扰攘，百姓失所。魏兴，更开疆宇，分割太原四县以为邦邑。”④《元和郡县图志》卷十三“汾州”条：“献帝末荒废，魏黄初二年（221），乃于汉兹氏县置西河郡。”⑤

景初二年（238），魏遣司马懿伐辽东公孙渊之后，曾几次将辽东人民徙充青州齐郡，设新沓、新汶、南丰等县以居之。景初三年（239）夏六月，“以辽东东沓县吏民渡海居齐郡界，以故纵城为新沓县，以居徙民。”⑥ 正始元年（240）春二月，又“以辽东汶、北丰县民流徙渡海，规齐郡之西安、临淄、昌国县界为新汶、南丰县，以居流民。”⑦《水经注》引晏谟曰：“司马宣王伐公孙渊，北徙丰人，住于此城，遂改名为南丰城也”⑧。

---

① （宋）李昉等撰：《太平御览》卷一六三《州郡部九·河东道下·忻州》引阚骃《十三州志》，中华书局1960年版，第795页。

② （唐）李吉甫撰，贺次君点校：《元和郡县图志》卷一四《河东道三·云州》，中华书局1983年版，第409页。

③ 《元和郡县图志》卷一四《河东道三·朔州》，第407页。

④ （北魏）郦道元著，（民国）杨守敬、熊会贞疏，段熙仲点校，陈桥驿复校：《水经注疏》卷六《原公水》，江苏古籍出版社1989年版，第599页。

⑤ 《元和郡县图志》卷一三《河东道二·汾州》，第377页。

⑥ 《三国志》卷四《魏书·三少帝纪·齐王（曹）芳纪》，第118页。

⑦ 《三国志》卷四《魏书·三少帝纪·齐王（曹）芳纪》，第119页。

⑧ 《水经注疏》卷二六《巨洋水》，第2213页。

嘉平五年（251）荆州刺史王基，击吴将步协于夷陵，“纳降数千口，于是移其降民，置夷陵县。”①

兴复这些郡县的目的，都是为了安置流民或降民，这些郡县多在旧有郡县的边界或荒废县邑的废墟上重建。这项工作，从时间上说，自建安（196—220）年间到曹魏建国以后均有所进行；从地域上看，自曹魏腹地至南方的荆州，自西部的并州到东海之滨都有，分布十分广泛。

（三）驱民务本，劝课农桑

劝课农桑是曹魏政权对于州郡牧守提出的一项重要的要求。“四州之牧守，独修务本之业”②，乃当时统治阶级的迫切意愿。正始（240—249）年间，司马懿征询时政，夏侯玄上议改革州郡县地方行政机构，建议“自长以上，考课迁用，转以能升”③，其考课标准即视其劝课农桑的成绩如何。夏侯玄甚至建议在州郡县三级中精简一级机构，使“郡吏万数，还亲农业，以省烦费，丰财殖谷”④。在这个政策背景下，许多郡县守令在劝课农桑方面，都做出了可观的成绩。

郑浑历任郡县守令，一贯大力执行劝课农桑的政策，成绩显著。其为下蔡长、邵陵令时，“天下未定，民皆剽轻，不念产殖，其生子无以相活，率皆不举。浑所在夺其渔猎之具，课使耕桑，又兼开稻田，重去子之法。民初畏罪，后稍丰给，无不举赡；所育男女，多以郑为字。”⑤ 汉末战乱破坏了自耕农的生产条件，普遍缺乏生产积极性，甚至出现了弃农而渔猎的倒退现象。郑浑采取措施使他们弃猎归农，并提倡繁殖人口，迅速地恢复了自耕小农的生产和生活。他任魏郡太守时，“又以郡下百姓，苦乏材木，乃课树榆为篱，并益树五果；树皆成藩，五果丰实。入魏郡界，村落齐整如一，民得财足用饶。”⑥ 在发展农业生产的同时，大力发展林业，收到了良好的效果，既解决了农民建房材木之需，又增加了经济收益，促进了农村经济的恢复。

---

① 《三国志》卷二七《魏书·王基传》，第752页。

② 《三国志》卷一六《魏书·杜畿附子（杜）恕传》，第500页。

③ 《三国志》卷九《魏书·夏侯玄传》，第297页。

④ 《三国志》卷九《魏书·夏侯玄传》，第297页。

⑤ 《三国志》卷一六《魏书·郑浑传》，第509页。

⑥ 《三国志》卷一六《魏书·郑浑传》，第511—512页。

京兆太守颜斐也是劝课农桑成绩显著的一个地方官吏，被誉为“良二千石”[①]。史载其事迹曰：“始，京兆从马超破后，民人多不专于农殖，又历数四二千石，取解目前，亦不为民作久远计。（颜）斐到官，乃令属县整阡陌，树桑果。”经过他的努力，京兆郡的农村面貌大为改观，“京兆与冯翊、扶风接界，二郡道路既秽塞，田畴又荒莱，人民饥冻，而京兆皆整顿开明，丰富常为雍州十郡最”[②]，史称京兆“遂以丰沃”[③]。杜畿为河东太守，“是时天下郡县皆残破，河东最先定，少耗减。畿治之，崇宽惠，与民无为”，结果是“百姓勤农，家家丰实”[④]。苏则为金城太守，“亲自教民耕种，其岁大丰收”[⑤]。

以上为郡守中劝课农桑之佼佼者。次一级的县令、长中亦不乏其人，如：邢颙“除行唐令，劝民农桑，风化大行”[⑥]。杜袭为西鄂长，“县滨南境，寇贼纵横。时长吏皆敛民保城郭，不得农业。野荒民困，仓庾空虚。袭自知恩结于民，乃遣老弱各分散就田业，留丁强备守，吏民欢悦。”[⑦]

通过地方守令劝课农桑的工作，三国时期自耕农经济有了不同程度的恢复和发展，尤以曹魏政权腹地司、冀、雍、豫等州更有明显的起色。

（四）繁殖耕牛，兴修水利

汉末战乱使社会生产力遭到空前的破坏，农村劳动资料严重缺少，其中尤以耕牛、农具最为匮乏。为了恢复自耕农经济，必须大力恢复农业生产力，解决农业生产手段的问题。

魏明帝太和（227—233）年间，杜恕上疏说：“往年牛死，通率天下十能损二”[⑧]，他估计汉末大乱中损失耕牛十分之二。当时普遍苦于耕牛的不足，因此国家严禁宰杀耕牛，“曲周民父病，以牛祷，县结正弃市”[⑨]。这个农民因为父亲生病而杀牛祈祷，结果被处以死刑，由此可见

① 《三国志》卷一六《魏书·仓慈传》，第513页。
② 《三国志》卷一六《魏书·仓慈传》注引《魏略》，第513页。
③ 《晋书》卷二六《食货志》，第784页。
④ 《三国志》卷一六《魏书·杜畿传》，第496页。
⑤ 《三国志》卷一六《魏书·苏则传》，第491页。
⑥ 《三国志》卷一二《魏书·邢颙传》，第383页。
⑦ 《三国志》卷二三《魏书·杜袭传》，第665—666页。
⑧ 《三国志》卷一六《魏书·杜畿附子（杜）恕传》，第499页。
⑨ 《三国志》卷二二《魏书·陈矫传》，第643页。

政府保护耕牛之力度。徵诸史载，曹魏政权解决耕牛问题的措施有二。

一是由政府贷民耕牛。建安四年（199）卫觊留镇关中，关中地区经董卓之乱，人民流散四方，当政局稍安定后，流民闻本土安宁，纷纷来归，而“归者无以自业”，缺乏生产资料。卫觊建议由国家专营盐，“以其直益市犁牛。若有归民，以供给之。勤耕积粟，以丰殖关中，远民闻之，必日夜竞还”①。曹操接受了卫觊的建议，“始遣谒者仆射监盐官”②，取得了良好的效果。

二是课民自力更生繁殖耕牛。前述劝课农桑有成绩的州郡，其原因之一便是在这方面的工作做得较好。杜畿在河东郡“课民畜牸牛、草马，下逮鸡豚犬豕，皆有章程”③。颜斐为京兆太守，“是时民多无车牛。（颜）斐又课民以闲月取车材，使转相教匠作车。又课民无牛者，令畜猪狗，卖以买牛。始者民以为烦，一二年间，家家有丁车、大牛”④。《晋书·食货志》载此事曰：“一二年中编户皆有车牛，于田役省赡，京兆遂以丰沃。”⑤ 可知所课为编户齐民。

此外，嘉平（249—254）中，皇甫隆为敦煌太守，“初，敦煌不甚晓田，常灌溉滀水，使极濡洽，然后乃耕。又不晓作耧犁，用水，及种，人牛功力既费，而收谷更少。隆到，教作耧犁，又教衍溉，岁终率计，其所省庸力过半，得谷加五”⑥。这是以先进的耕作技术与农具推广于落后地区，从而提高了劳动效率与单位面积产量。

为了提供更多的铁制农具，三国政权均注重发展冶铁业。曹魏地区在冶铁技术上，更有新的发展。曹操以韩暨为“监冶谒者”，在他主持下，大力改进鼓风设备及其动力。曹魏时恢复并推广了“水排”，同时又有“马排”“人排”⑦。蜀汉亦置有铁官，“典作农战之器”⑧。

三国时期曾大力兴修水利，除军事目的之外，其为农业生产目的者

---

① 《三国志》卷二一《魏书·卫觊传》，第610页。

② 《三国志》卷二一《魏书·卫觊传》，第611页。

③ 《三国志》卷一六《魏书·杜畿传》，第496页。

④ 《三国志》卷一六《魏书·仓慈传》注引《魏略》，第513页。

⑤ 《晋书》卷二六《食货志》，第784页。

⑥ 《三国志》卷一六《魏书·仓慈传》注引《魏略》，第513页。

⑦ 《三国志》卷二四《魏书·韩暨传》，第677页。

⑧ 《三国志》卷四一《蜀书·张裔传》，第1011页。

有两种情形：一类是直接为屯田目的而兴修的，如刘馥所修的芍陂、茹陂、七门、吴塘诸堨，主要就是为了“广屯田”[①]。司马孚为野王典农中郎将时所修石门堰，也主要是为了满足屯田之需[②]。但这些水利工程不仅屯田可用，广大自耕小农亦可得到利益。如前述刘馥所修水利，就使“公私有蓄”[③]。刘靖在河北，“修广戾陵渠大堨，水溉灌蓟南北，三更种稻”，亦使“边民利之”[④]。《水经注》卷十四《鲍邱水》对这项水利工程有较为详细的记载：刘靖于“嘉平二年（250）立遏于水，导高梁河，造戾陵遏，开车箱渠……灌田岁二千顷，凡所封地百余万亩。至景元三年（262）辛酉，诏书以民食转广，陆费不赡，遣谒者樊晨，更制水门，限田千顷，刻地四千三百一十六顷，出给郡县，改定田五千九百三十顷。水流乘车箱渠，自蓟西北迳昌平，东尽渔阳潞县，凡所润含，四五百里，所灌田万有余顷。”[⑤] 可见郡县从这项水利工程中得益匪浅。

还有一些水利工程则纯系为发展编户民生产而兴修的。如郑浑为沛郡太守时，“郡界下湿，患水涝，百姓饥乏。浑于萧、相二县界，兴陂遏，开稻田。郡人皆以为不便，浑曰：‘地势洿下，宜溉灌，终有鱼稻经久之利，此丰民之本也。’遂躬率吏民，兴立功夫，一冬间皆成。比年大收，顷亩岁增，租入倍常，民赖其利，刻石颂之，号曰‘郑陂’。”[⑥] 这项水利工程是由“郡人”自修自益的，从修渠后“租入倍常”，可知他们是负担国家租税的自耕农民。

（五）检括户籍，扩充编民

汉末大乱，国家户籍大遭破坏，编户脱籍现象严重。袁绍子袁谭都督青州，“邑有万户者，著籍不盈数百，收赋纳税，参分不入一”[⑦]。刘备屯樊城时，诸葛亮曰：“今荆州非少人也，而著籍者寡。”[⑧] 雍州刺史张既答魏明帝问时说：“金城郡，昔为韩遂所见屠剥，死丧流亡，或窜戎狄，

---

① 《晋书》卷二六《食货志》，第784页。

② 《水经注疏》卷九《沁水》引司马孚《表》，第826—827页。

③ 《晋书》卷二六《食货志》，第784页。

④ 《三国志》卷一五《魏书·刘馥传》，第464—465页。

⑤ 《水经注疏》卷一四《鲍丘水》，第1223—1224页。

⑥ 《三国志》卷一六《魏书·郑浑传》，第511页。

⑦ 《三国志》卷六《魏书·袁绍传》注引《九州春秋》，第196页。

⑧ 《三国志》卷三五《蜀书·诸葛亮传》注引《魏略》，第913页。

或陷寇乱，户不满五百。”① 可见，当时著籍者寡的现象非常普遍，究其原因一为遭受战乱而死丧流离，一为依托大族豪强而成为不注名籍的隐丁匿口。

三国统治者为了巩固自己统治的基础，必须大力整顿户籍，鸠集离散，充实著籍农民。曹操“领冀州牧，辟（崔）琰为别驾从事，谓琰曰：‘昨案户籍，可得三十万众，故为大州也。’”② 其为冀州牧之头一件事情便是“案户籍”，因为户籍多寡决定了其统治的强弱，正如马克思所说：“封建主的权力不是由他的地租的多少，而是由他的臣民的人数决定的，后者又取决于自耕农的人数。”③ 故三国统治者莫不“校计甲兵，唯此为先。”④

曹魏政权考核地方官吏治绩的一项重要标准就是看其整顿户籍的成效如何。刘廙表论治道曰：考课地方长吏，“皆当以事，不得依名。事者，皆以户口率其垦田之多少，及盗贼发兴，民之亡叛者，为得负之计。”⑤

苏则为金城太守，原来“户不满五百”，苏则到官后，“内抚彫残，外鸠离散，今见户千余。又梁烧杂种羌……越出障塞。（苏）则前后招怀，归就郡者三千余落，皆恤以威恩，为官效用。”⑥ 象苏则这样致力于充实户口的地方官吏不乏其人，通过他们的努力，郡县编户日渐增加，杜恕疏言：“冀州户口最多，田多垦辟，又有桑枣之饶，国家征求之府。”⑦ 这并非夸大之辞，观冀州所辖邺县情况即知，曹操曾言：“邺县甚大，一乡万数千户。”⑧

在曹魏统治区，户口管理工作也比较严格。河东郡的焦先，中平（184—189）末因白波黄巾起，与同郡侯武阳相随东奔扬州，“建安（196—220）初来西还，（侯）武阳诣大阳占户，（焦）先留陕界。至十六年，关

① 《三国志》卷一六《魏书·苏则传》注引《魏名臣奏》，第491页。

② 《三国志》卷一二《魏书·崔琰传》，第367—368页。

③ ［德］卡尔·马克思：《资本论》卷一，郭大力、王亚南译，人民出版社1975年版，第785页。

④ 《三国志》卷一二《魏书·崔琰传》，第368页。

⑤ 《三国志》卷二一《魏书·刘廙传》注引《廙别传》，第617页。

⑥ 《三国志》卷一六《魏书·苏则传》注引《魏名臣奏》，第491页。

⑦ 《三国志》卷一六《魏书·杜畿附子（杜）恕传》，第499页。

⑧ （唐）虞世南辑录：《北堂书钞·1》卷七七《设官部二十九·吏一百七十三》引魏武《选举令》，学苑出版社2015年版，第574页。

中乱。(焦)先失家属，独窜于河渚间，食草饮水，无衣履。时大阳长朱南望见之，谓为亡士，欲遣船捕取。武阳语县：'此狂痴人耳!'遂注其籍。给廪，日五升。"[①] 由此可见，流民回乡后必须向地方政府“占户”，即呈报登记户籍，否则便可能被当作“亡士”而被逮捕。焦先因侯武阳向大阳县长关说，得以“痴人”为由而免于被捕，而“遂注其籍”，即登记个正式户口，并享受日廪五升的救济，这样他才可以“合法”地继续过他的“隐者”生活。同传注引《魏略》还记有扈累、寒贫等像焦先那样流浪的“痴人”，“郡县以其鳏穷，给廪日五升”[②]。他们大概也是经地方政府“注籍”之后才得到廪食的。

《三国志·华歆传》注引《列异传》记有如下一则传奇故事：“歆为诸生时，尝宿人门外。主人妇夜产。有顷，两吏诣门，便辟易却，相谓曰：'公在此。'踌躇良久，一吏曰：'籍当定，奈何得住?'乃前向歆拜，相将入。出并行，共语曰：'当与几岁?'一人曰：'当三岁。'天明，歆去。后欲验其事，至三岁，故往问儿消息，果已死。"[③] 婴儿出生后，地方官吏即登门登记户籍。这虽为传奇故事，但应是当时户籍制度现实的一种反映，表明当时户籍管理工作细致和严格的某些情况。

吴、蜀两国也曾进行了一些检括户籍的工作。刘备在樊城时，诸葛亮建议，由于荆州人民著籍者寡，故“平居发调，则人心不悦；可语镇南（刘表)，令国中凡有游户，皆使自实，因录以益众可也。”“(刘)备从其计，故众遂强。”[④] 可知，刘备在荆州时曾进行令“游户”“自实”的括户工作，并收到一定成效。蜀汉建国后，这一政策仍在推行。吕乂为蜀郡太守，“蜀郡一都之会，户口众多，又（诸葛）亮卒之后，士伍亡命，更相重冒，奸巧非一。乂到官，为之防禁，开喻劝导，数年之中，漏脱自出者万余口。”[⑤]

孙吴统治者为了充实编户，往往以收降之山越“强者为兵，羸者补户”[⑥]。

---

① 《三国志》卷一一《魏书·管宁传》附《胡昭传》注引《魏略》，第 363 页。
② 《三国志》卷一一《魏书·管宁传》附《胡昭传》注引《魏略》，第 365 页。
③ 《三国志》卷一三《魏书·华歆传》注引《列异传》，第 405 页。
④ 《三国志》卷三五《蜀书·诸葛亮传》注引《魏略》，第 913 页。
⑤ 《三国志》卷三九《蜀书·吕乂传》，第 988 页。
⑥ 《三国志》卷五八《吴书·陆逊传》，第 1344 页。

骆统试用为乌程相，“民户过万，咸叹其惠理”①。陈表受赐复人得二百家，“表简视其人，皆堪好兵，乃上疏陈让，乞以还官”，于是孙权“下郡县，料正户羸民以补其处”②。所谓“还官”，即编入郡县之“正户”。孙吴也曾做了一些括户工作，如凤凰三年（274）秋七月，孙皓曾“遣使者二十五人分至州郡，科出亡叛。”③

（六）颁布租调新科，挫抑豪强兼并

田租户调是专制皇朝对自耕农民的主要剥削方式。在我国皇权专制社会中曾长期实行的租调制度，基本上定型于曹魏时期。建安五年（200），曹操“始制新科下州郡，又收租税绵绢”④，租调的征收亦包括在“新科”之内。建安九年（204），对租调制作了更具体的规定，曹操说：“袁氏之治也，使豪强擅恣，亲戚兼并；下民贫弱，代出租赋，衒鬻家财，不足应命”。因此他下令：“其收田租亩四升，户出绢二匹、绵二斤而已，他不得擅兴发。郡国守相明检察之，无令强民有所隐藏，而弱民兼赋也。”⑤ 曹魏租调制的用意在于挫抑豪强而扶植“弱民”。所谓“弱民”，主要就是指自耕农民。亩收四升的田租是一种土地税，这是对于土地所有者的课税；户调绵绢则是对于个体农民家庭手工业的征发。所以，曹魏的田租户调制，是在男耕女织的自然经济条件下的剥削制度。挫抑豪强兼并与扶植自耕小农是一个问题的两个方面。史称曹操“重豪强兼并之法，百姓喜悦”⑥，这里所谓的“百姓”即指“弱民”。再从租调征收办法可知，其征收对象主要是有家赀者（包括地主与自耕小农）。三国时期继续实行汉代的计赀定赋制度。“初，太祖为司空时，以己率下，每岁发调，使本县平赀。于时谯令平（曹）洪赀财与公家等。太祖曰：‘我家赀那得如子廉耶！’”⑦ 可见，曹魏征收户调是以家赀高低为依据，而有赀之家，除了地主阶级外，主要就是自耕农民。

---

① 《三国志》卷五七《吴书·骆统传》，第1335页。
② 《三国志》卷五五《吴书·陈武附子（陈）表传》，第1290页。
③ 《三国志》卷四八《吴书·三嗣主传·孙皓传》，第1170页。
④ 《三国志》卷一二《魏书·何夔传》，第380页。
⑤ 《三国志》卷一《魏书·武帝纪》注引《魏书》，第26页。
⑥ 《三国志》卷一《魏书·武帝纪》，第26页。
⑦ 《三国志》卷九《魏书·曹洪传》注引《魏略》，第278页。

曹魏政权在征收田租户调时，采取了某些扶植“弱民”的措施，减免租调之事屡见不鲜。早在建安五年（200），阳安郡都尉李通录户调，因“百姓穷困”和曹操需要从袁绍手中争取人民，于是“公文下郡，绵绢悉以还民。”① 建安九年（204）九月曹操令曰：“河北罹袁氏之难，其令无出今年租赋。”② 延康元年（220）夏四月，“赐饶安田租”③，七月“其复谯租税二年”④。牵招为雁门太守，“表复乌丸五百余家租调”⑤。黄初二年（221）春，“复颍川郡一年田租”⑥。青龙元年（233）二月，“鳏寡孤独无出今年租赋”⑦。景元四年（263）灭蜀以后，“特赦益州士民，复除租赋之半五年”⑧。这些措施虽然获利最多的是大土地所有者，但对于扶植自耕农经济也有一定的作用。

徭役的主要承担者也是自耕农民。魏明帝“景初（237—239）间，宫室盛兴，民失农业，期信不敦，刑杀仓卒。（王）肃上疏曰：‘……今见作者三四万人……取常食廪之士，非急要者之用，选其丁壮，择留万人，使一期而更之……分遣其余，使皆即农……’”⑨，可见当时服役之人有两部分，一为“食廪之士”，一为自耕农民。王肃建议留下前者而遣放后者，以便让他们“即农”，改变“农者离其南亩”的情况，以期达到“省徭役而勤稼穑”的目的。

（七）赐爵廪谷，羁縻民心

自西汉文景以后，秦汉赐爵制度的重点已由赐吏爵、军功爵而转为赐民爵，普遍地给予自耕农和中小地主以爵赏，以此为手段而把小农固着于土地，这对于西汉小农经济的勃兴起了一定的促进作用。到了东汉，赐民爵的对象已明显地以小农为主，以鼓励“流民自占”与“孝悌力

---

① 《三国志》卷二三《魏书·赵俨传》，第 668 页。

② 《三国志》卷一《魏书·武帝纪》，第 26 页。

③ 《三国志》卷二《魏书·文帝纪》注引《魏书》，第 59 页。

④ 《三国志》卷二《魏书·文帝纪》注引《魏书》，第 61 页。

⑤ 《三国志》卷二六《魏书·牵招传》，第 731 页。

⑥ 《三国志》卷二《魏书·文帝纪》，第 77 页。

⑦ 《三国志》卷三《魏书·明帝纪》，第 99 页。

⑧ 《三国志》卷四《魏书·三少帝纪·陈留王（曹）奂纪》，第 149 页。

⑨ 《三国志》卷一三《魏书·王朗附子（王）肃传》，第 416—417 页。

田”[①]。三国统治者继承了这一政策，以赐民爵为手段恢复和发展自耕农经济。具体情况如下：

> 魏文帝黄初元年（220）十一月，“赐男子爵人一级，为父后及孝悌力田人二级”[②]。
>
> 黄初三年（222）九月，“赐天下男子爵人二级；鳏寡笃癃及贫不能自存者赐谷”[③]。
>
> 魏明帝太和元年（227）十一月，“赐天下男子爵人二级，鳏寡孤独不能自存者赐谷”[④]。
>
> 青龙元年（233）二月，“赐男子爵人二级，鳏寡孤独无出今年租赋”[⑤]。
>
> 景初二年（238）十二月，“赐天下男子爵人二级，鳏寡孤独谷”[⑥]。
>
> 甘露五年（260）六月，曹奂继位，“赐民爵及谷帛各有差”[⑦]。

由此可见，曹魏时期的赐爵对象与东汉一样，仍以“天下男子”及“孝悌力田”为主，其主要成份应是自耕农民。赐爵的同时，往往免鳏寡孤独租赋，或赐其“贫不能自存者”以谷帛。可知赐爵对象大部分应是承担国家租赋的、可以“自存”的自耕农民。

与此相应的措施是赐民廪食与振贷。建安二十三年（218），由于“去冬天降疫疠，民有凋伤，军兴于外，垦田损少”，于是曹操下令曰：“吏民男女：女年七十已上无夫子，若年十二已下无父母兄弟，及目无所见，手不能作，足不能行，而无妻子父兄产业者，廪食终身。幼者至十二止，贫穷不能自赡者，随口给贷。老耄须待养者，年九十以上，复不

---

① 高敏：《论两汉赐爵制度的历史演变》，《文史哲》1978 年第 1 期。

② 《三国志》卷二《魏书·文帝纪》，第 76 页。

③ 《三国志》卷二《魏书·文帝纪》，第 80 页。

④ 《三国志》卷三《魏书·明帝纪》，第 92 页。

⑤ 《三国志》卷三《魏书·明帝纪》，第 99 页。

⑥ 《三国志》卷三《魏书·明帝纪》，第 113 页。

⑦ 《三国志》卷四《魏书·三少帝纪·陈留王（曹）奂纪》，第 147 页。

事，家一人。”① 其赐廪与优复对象，为没有“产业”而“贫穷不能自赡者”，可见他们中大多数原来是有产业的，须负担国家租税徭役的自耕农民。这些赏赐对象是从自耕农中破产沦落的一部分农民。对于破产自耕农的廪食制度，在曹魏统治区曾普遍实行。

振贷也具有同样的意义。曹魏时期的振贷事例如下：

> 魏文帝黄初三年（222），“秋七月，冀州大蝗，民饥，使尚书杜畿持节开仓廪以振之。”②
>
> 黄初五年（224）十一月，“以冀州饥，遣使者开仓廪振之。”③
>
> 黄初六年（225）春二月，“遣使者循行许昌以东尽沛郡，问民所疾苦，贫者振贷之。”④
>
> 魏明帝太和六年（232）三月，“行东巡，所过存问高年鳏寡孤独，赐谷帛。”⑤
>
> 景初元年（237）九月，“冀、兖、徐、豫四州民遇水，遣侍御史循行，没溺死亡及失财产者，在所开仓振救之。”⑥
>
> 齐王芳正始元年（240）八月，“车驾巡省洛阳界秋稼，赐高年力田各有差。”⑦

这些振贷与赏赐对象当然不尽是自耕农民，但其主要成份当是自耕农民。这一措施对于羁縻人心，稳定自耕农经济起了一定的作用。

二　三国时期自耕农土地及其特点

汉魏之际在中国历史上经历了一次土地所有制关系的巨大变动，“往者以民各有累世之业，难中夺之，是以至今。今承大乱之后，民人分散，

---

① 《三国志》卷一《魏书·武帝纪》注引《魏书》，第51页。
② 《三国志》卷二《魏书·文帝纪》，第80页。
③ 《三国志》卷二《魏书·文帝纪》，第84页。
④ 《三国志》卷二《魏书·文帝纪》，第84页。
⑤ 《三国志》卷三《魏书·明帝纪》，第99页。
⑥ 《三国志》卷三《魏书·明帝纪》，第109—110页。
⑦ 《三国志》卷四《魏书·三少帝纪·齐王（曹）芳纪》，第119页。

土业无主"[1]，司马朗的这段名言，概括了这种土地关系变动的情形。由于这一变动，使三国时期的土地所有制形态呈现诸多特异色彩，国有土地制度空前膨胀而私有土地制度却相对削弱，国家以主权者与地主的双重身份经营的屯田，成为这一时期令人瞩目的一种土地所有制形式。但是，即使在这个时期，土地私有制仍然是主要的，其中自耕农小土地所有制仍然是一个不容忽视的客观存在，它占据着社会经济的重要地位。

三国时期自耕农土地形成的途径及其存在的形态，大致如下：

（一）开垦荒地

汉末大乱之后，"土广民稀，中地未垦"[2]，因此，其时自耕农取得土地的一种重要方式便是开垦荒地。就地域而言，有在内地州郡原有农耕区的开垦，有向边远地区的开垦；就开垦的形式而言，有官府督课之下的开垦，有民间自发的，包括以宗族屯坞形式而进行的开垦。大致包括如下情形。

1. 官府督课下在内地州郡的开垦

建安（196—220）年间，刘廙向曹操建议"以户口率其垦田之多少"[3]，对于地方官吏督课开垦作了明确的要求，规定了农户垦田数量的标准。其中心精神在于鼓励开垦以安置自耕农民。许多州郡长吏在执行课民垦荒中做出了成绩。郑浑为下蔡长、邵陵令时，即"课使耕桑，又兼开稻田"[4]。其为沛郡太守时，又课民"于萧、相二县界，兴陂遏，开稻田"，使"顷亩岁增，租入倍常"[5]。《晋书·食货志》称："当黄初（220—226）中，四方郡守垦田又加，以故国用不匮。"[6] 魏明帝太和（227—233）年间，钟毓"又上宜复关内开荒地，使民肆力于农，事遂施行"[7]。稍后的杜恕上疏中即盛称冀州"田多垦辟"[8]，就是垦荒政策施行的结果。

---

① 《三国志》卷一五《魏书·司马朗传》，第467—468页。
② 《后汉书》卷四九《仲长统传》引《损益篇》，第1656页。
③ 《三国志》卷二一《魏书·刘廙传》注引《廙别传》，第617页。
④ 《三国志》卷一六《魏书·郑浑传》，第509页。
⑤ 《三国志》卷一六《魏书·郑浑传》，第511页。
⑥ 《晋书》卷二六《食货志》，第784页。
⑦ 《三国志》卷一三《魏书·钟繇附子（钟）毓传》，第400页。
⑧ 《三国志》卷一六《魏书·杜畿附子（杜）恕传》，第499页。

2. 自耕农自发的开垦

三国时期，许多农民流入山区，开垦无主荒地为生。常林，河内温人，“少单贫。虽贫，自非手力，不取之于人。性好学，汉末为诸生，带经耕鉏。其妻常自馈饷之，林虽在田野，其相敬如宾。”① 这个书生常林显然是一个自耕农，后来他“避地上党，耕种山阿”②，开垦山区无主荒地而取得土地。从其有“比邻”者，可知与他一起在此地开荒种地而名不见史传的自耕农不是个别的。此外见诸记载的还有，颍川人胡昭，“始避地冀州”，后又“转居陆浑山中，躬耕乐道，以经籍自娱，闾里敬而爱之。”③ 其时与胡昭一起“避兵入山者千余家”④。河内温县人司马芝，亦曾避乱荆州，“居南方十余年，躬耕守节”⑤。

所垦荒田，不尽是无主荒地，亦有有主之荒田。钟离牧，会稽山阴人，“少爰居永兴，躬自垦田，种稻二十余亩。临熟，县民有识认之，牧曰：‘本以田荒，故垦之耳。’遂以稻与县人。县长闻之，召民系狱，欲绳以法，牧为之请。长曰：‘君慕承宫，自行义事，仆为民主，当以法率下，何得寝公宪而从君邪？’牧曰：‘此是郡界，缘君意顾，故来蹔住。今以少稻而杀此民，何心复留？’遂出装，还山阴，长自往止之，为释系民。民惭惧，率妻子舂所取稻得六十斛米，送还牧，牧闭门不受。民输置道旁，莫有取者。”⑥ 县长所称承宫之事迹，在同传注引《续汉书》曰：承宫，“琅邪人，尝在蒙阴山中耕种禾黍，临熟，人就认之，宫便推与而去，由是发名”⑦。从钟离牧与承宫事迹中，我们可以看到：在汉末三国时期，有主之荒田亦可任民开垦，谁垦种即归谁所有，钟离牧与承宫以自耕所得收获物“推与”原主，因而“发名”，可见从当时社会舆论与国家法律来说，一般是不必理会前来“识认”之原主的。当时的法律保护垦种者的利益，原主如占而不耕，即丧失所有权，社会舆论与国家法律

① 《三国志》卷二三《魏书·常林传》注引《魏略》，第659页。

② 《三国志》卷二三《魏书·常林传》，第659页。

③ 《三国志》卷一一《魏书·胡昭传》，第362页。

④ 《三国志》卷一一《魏书·胡昭传》注引《高士传》，第363页。

⑤ 《三国志》卷一二《魏书·司马芝传》，第386页。

⑥ 《三国志》卷六〇《吴书·钟离牧传》，第1392页。

⑦ 《三国志》卷六〇《吴书·钟离牧传》注引《续汉书》，第1393页。

均未对此二人垦种有主之荒地提出任何异议，相反，原主如侵占耕种人之所得，则为舆论所非，甚至要绳之以法。其时占有荒田而不加耕种的现象可能相当普遍，故政府法令之精神便鼓励那些实际耕种者。

但是，如田主还能耕种的土地，别人亦不得任意垦种。任嘏，乐安博昌人，“比居者擅耕嘏地数十亩种之，人以语嘏，嘏曰：‘我自以借之耳。’耕者闻之，惭谢还地”[①]。由此可见，“擅耕”有主之田，亦不被允许。任嘏有权将土地“借”与他人，他对这块土地是拥有所有权的。《晋书·隐逸传》，记郭翻“居贫无业，欲垦荒田，先立表题，经年无主，然后乃作”[②]。确系无主之荒田，始可任人垦种。此虽系晋事，但亦可推知三国时的情况。

3. 以宗族屯坞的形式在山区垦荒

山区垦荒的另一形式是在宗族屯坞的组织下进行的，这种宗族屯坞在三国时期是自耕农经济的一种形式。不少著述把这种屯坞一律视为一种地主经济形式，窃以为其中除地主经济外，尚有不少属于自耕农经济向山区的移植。如田畴率举宗族及其他附从数百人入徐无山中所建屯坞即属此类。他们“营深险平敞地而居”[③]，这种土地为无主荒地，自然是谁垦归谁所有。后来“百姓归之，数年间至五千余家”。他们“众成都邑，而莫相统一”[④]，大部分还保持着自耕农的独立身份。田畴自已也过着“躬耕以养父母”[⑤]“耕而后食”[⑥]的生活。后来他被推择为主，才上升为地主，曾率部曲协助曹操平定乌丸，其所率之兵有500人。后来他迁居邺时，所率家属及宗人不过300余家，5000余家农民大部分没有跟随而去，继续留在徐无山中，可见他们与田畴并无牢固的依附关系，而是保持着自耕农的身份。

管宁、邴原、王烈等在辽东的屯落，也具有类似的性质。管宁等人“躬秉农器，编于四民，布衣疏食，不改其乐”。在其屯落中“强不凌弱，

① 《三国志》卷二七《魏书·王昶传》注引《（任嘏）别传》，第748页。
② 《晋书》卷九四《隐逸·郭翻传》，第2446页。
③ 《三国志》卷一一《魏书·田畴传》，第341页。
④ 《三国志》卷一一《魏书·田畴传》，第341页。
⑤ 《三国志》卷一一《魏书·田畴传》，第341页。
⑥ 《三国志》卷一一《魏书·田畴传》注引《先贤行状》，第343页。

众不暴寡，商贾之人，市不二价”① “每所居姻亲、知旧、邻里有困穷者，家储虽不盈担石，必分以赡救之”②。杨俊等百余家在京、密山间亦过着“通共有无”③ 的生活。不论这类移民坞主原先是否地主，他们在迁居山险之后，不少人在一定时期是过着自耕农生活的。屯中居民各有自己的经济生活，他们之间在身份上是平等的，屯坞中的“礼让”关系是建立在他们土地占有关系的平等的基础之上的。

（二）占田

《魏略列传·杨沛传》记载杨沛的事迹说：杨沛“前后宰历城守，不以私计介意，又不肯以事贵人，故身退之后，家无余积。治疾于家，借舍从儿，无他奴婢。后占河南几阳亭部荒田二顷，起瓜牛庐，居止其中，其妻子冻饿。”④ 这个退职城守，过的应是自耕农民的生活。他的土地来源是占田，可见占田也是三国时期自耕农取得土地的一种方式。

占田之制渊源于战国秦汉。《汉书》卷八《宣帝纪》：“流民自占八万余口。”颜师古注曰：“谓自隐度其户口，而著名籍也。”⑤ 随着东汉流民日增，政府更竭力鼓励流民占户，“民无名数及流民欲占者（爵）一级”⑥ 之类的记载更是史不绝书。所谓“占”，即向政府登记户口成为国家编户民，而著籍农民被允许垦种一定数量的土地，就是“占田”。仲长统曰：“其地有草者，尽曰官田，力堪农事，乃听受之。”⑦ 当时荒地甚多，凡荒地均属官田，凡官田均允许人民占垦。杨沛所占应是这种有草之官田。它与第一点所述在实质上是一回事。杨沛占田是前代占田制的继续，而西晋占田法，则是三国时期占田制的发展及其法典化。

（三）恢复旧业

流民回乡后取得土地的另一重要方式便是恢复他们旧有的田业。吕虔为泰山太守时，以武力肃清“保山为寇”的地方豪强势力后，亡匿

① 《三国志》卷一一《魏书·管宁传》注引《先贤行状》，第356页。

② 《三国志》卷一一《魏书·管宁传》注引《傅子》，第360页。

③ 《三国志》卷二三《魏书·杨俊传》，第663页。

④ 《三国志》卷一五《魏书·贾逵传》注引《魏略列传·杨沛传》，第486—487页。

⑤ （汉）班固撰，（唐）颜师古注：《汉书》卷八《宣帝纪》，中华书局1962年版，第248页。

⑥ 《后汉书》卷四《孝和帝纪》，第181页。

⑦ 《后汉书》卷四九《仲长统传》引《损益篇》，第1656页。

山中的百姓纷纷返回故土，以“安土业”[①]。郑浑为冯翊太守时，平定梁兴等叛乱后，5000 余家被略吏民有4000 余家回乡“安产业”[②]。杜袭为西鄂长时，“遣老弱各分散就田业”[③]。刘备定益州后，实行“田宅皆可归还，令安居复业”[④] 的政策。这些自耕农民回乡之后所安之“土业”，应是他们原有的田业，战乱使他们不得不忍痛抛弃这些田业，当社会秩序稍稍安定之后，或在政府武力的保护之下，他们便有可能恢复旧业。

（四）买卖土地

三国时期由于土地私有制的破坏和商品货币经济的削弱，土地买卖的现象已大不如前，不过也并未绝迹。和洽“清贫守约，至卖田宅以自给”[⑤]。鲁肃在临淮时，亦曾“摽卖田地”[⑥]。张裔与犍为杨恭友善，杨恭死，子息长大，张裔为之“买田宅产业，使立门户”[⑦]。除地主官僚外，也会有自耕农民通过买卖而得到部分土地。

太和（227—233）年间，仓慈为敦煌太守，“郡在西陲，以丧乱隔绝，旷无太守二十岁，大姓雄张，遂以为俗……（仓）慈到，抑挫权右，抚恤贫羸，甚得其理。旧大族田地有余，而小民无立锥之土；（仓）慈皆随口割赋，稍稍使毕其本直。”[⑧] 仓慈的措施是“犹当限以大家，勿令过制”[⑨] 精神的体现，也是曹操打击豪强兼并、扶植“弱民”政策的具体贯彻执行。但是，仓慈毕竟不能完全依仗国家权力无偿地剥夺大族的土地，这些无地农民在获得土地时，还必须稍稍“毕其本直”，即以买卖形式而转让土地的所有权。

从上述自耕农土地的状况中，我们可以看到这一时期自耕农土地制度的一些特点，具体如下。

---

① 《三国志》卷一八《魏书・吕虔传》，第 541 页。
② 《三国志》卷一六《魏书・郑浑传》，第 511 页。
③ 《三国志》卷二三《魏书・杜袭传》，第 665—666 页。
④ 《三国志》卷三六《蜀书・赵云传》注引《云别传》，第 950 页。
⑤ 《三国志》卷二三《魏书・和洽传》，第 657 页。
⑥ 《三国志》卷五四《吴书・鲁肃传》，第 1267 页。
⑦ 《三国志》卷四一《蜀书・张裔传》，第 1012 页。
⑧ 《三国志》卷一六《魏书・仓慈传》，第 512 页。
⑨ 《后汉书》卷四九《仲长统传》附《损益篇》，第 1656 页。

第一，从战国秦汉以来，自耕农土地所有制的基本性质是私有的，三国时期亦复如是。

从上述材料可见，三国时期自耕农的土地，一部分是占、垦无主荒地而来的，这种荒地的名义的主权者虽然是国家，但实际的所有者却是这些个体小农。自耕农民的这种土地所有权，是得到国家的承认和“法律”保护的。一部分土地是他们自己的“世业”，或通过土地买卖而获得的。三国统治者采取一系列措施使他们恢复并维持其“世业”，重新与土地结合起来。至于仓慈在敦煌所为，在实质上是将政府的强力和偿付的方式相结合而把被大族侵占的自耕农的“世业”复归自耕农所有。这是三国时期自耕农土地所有制的基本特征和性质。

第二，国家对于自耕农土地的干预大大加强，盛行于三国时期的迁徙自耕农的政策，就是其突出表现。

建安十四年（209），曹操“欲徙淮南民”，蒋济对曰：“百姓怀土，实不乐徙，惧必不安。”曹操不从，致使“江淮间十余万众，皆惊走吴”①。建安十九年（214），曹操欲以陇西、天水、南安三郡人迁往河北，“民相恐动，扰扰不安。（张）既假三郡人为将吏者休课，使治屋宅，作水碓，民心遂安”②。可见他们都是有自己土地和产业的自耕农。而当统治者感觉需要时，又可以再次把他们重新迁回或迁往别地。这样迁来迁去，对于自耕农的土地所有权来说，无疑是一种极大的干预，其土地私有权是极不稳定的。

第三，自耕农土地占有关系的相对平均。

由于这一时期“国有”的荒地大为增加，而政府对于自耕农实行土地开放政策，鼓励人民开垦荒地，一般实行谁耕谁有的政策，这样自耕农获得土地相对地容易一些（当然，丧失土地也是容易的），因此这个时期的土地占有关系一般表现得比较平均，两极分化的现象还不那么突出。这种情况在山区的新开发地区表现得更为明显。

三国时期，由于实行上述政策，自耕农经济不仅在内地州郡有所

---

① 《三国志》卷一四《魏书·蒋济传》，第450页。

② 《三国志》卷一五《魏书·张既传》，第472页。

恢复和发展，并且向边远地区和山区发展，在这些地方次第出现许多新的居民点。如田畴在徐无山中，“众成邑落”。管宁之在辽东，“旬月而成邑”[①]。史称“辽东多虎，（邴）原之邑落独无虎患”[②]，这实际上反映了关内移民对于开发辽东山区所起的作用。在这些新的居民点中，其土地占有关系一般表现得比较平均，故他们之间那种带有互助性质的公社色彩就比较浓厚。如常林在上党山中，收获后“尽呼比邻，升斗分之”[③]。胡昭在陆浑山中，“三百里无相侵暴者”[④]。管宁之在辽东，“强不凌弱，众不暴寡”[⑤]“左右无斗讼之声”[⑥]“邻里有困穷者，家储虽不盈担石，必分以赡救之”[⑦]。杨俊“扶持老弱诣京、密山间，同行者百余家。俊振济贫乏，通共有无”[⑧]。田畴为徙民制定二十余条约束，“众皆便之，至道不拾遗”[⑨]。这种具有浓厚的公社色彩的互助关系，应是建立在其土地占有关系的相对平等的基础上才可能出现的。

三　自耕农经济的地位和作用

三国时期自耕农经济的地位和作用，是与屯田经济相比较而言的。关于屯田经济的作用，古今学者已作了充分的论述和肯定。在三国时期，特别是汉末三国之际，屯田制对于稳定当时形势，克服群雄，形成三国鼎立局面起了积极作用。但是，就三国时期的全部社会经济而言，屯田所起的作用还在其次，自耕农经济的恢复和发展才是主要的。如果没有自耕农经济的复活和一定程度的发展，要从汉末分崩离析的政局中实现局部统一，并建立三国政权是不可能的。自耕农的经济仍然是三国经济赖以建立的重要基础。马克思指出：“小块土地所有制按其本性说来是全

---

① 《三国志》卷一一《魏书·管宁传》注引《傅子》，第354页。

② 《三国志》卷一一《魏书·邴原传》注引《原别传》，第352页。

③ 《三国志》卷二三《魏书·常林传》，第659页。

④ 《三国志》卷一一《魏书·管宁传》注引《高士传》，第363页。

⑤ 《三国志》卷一一《魏书·管宁传》注引《先贤行状》，第356页。

⑥ 《三国志》卷一一《魏书·管宁传》注引黄甫谧《高士传》，第355页。

⑦ 《三国志》卷一一《魏书·管宁传》注引《傅子》，第360页。

⑧ 《三国志》卷二三《魏书·杨俊传》，第663页。

⑨ 《三国志》卷一一《魏书·田畴传》，第341页。

能的和无数的官僚立足的基地。”[①] 这个论断对于三国社会来说也是适用的。曹魏之所以能在分裂的废墟上重建集权的国家机器，并最后由北方统一南方，归根结底还是由于它的复活自耕农经济政策的成功。

关于三国时期自耕农经济与屯田经济的地位和作用，我们可以从以下几个方面加以考察和比较。

首先，自耕农土地是当时小块土地所有制中的大部分，相对而言，屯田只是其中的一小部分。

曹魏统治区计有 12 州、92 郡、714 县[②]。但是见诸记载的只有二三十郡有屯田，只占全部郡数 1/3 左右，2/3 以上为州郡编户。而在这 1/3 的郡中，还不是所有的县份都设有屯田，如：司州河内郡领县 10，只见怀、汲、野王等县有屯田；冀州广平郡领县 15，只见列人 1 县有屯田，等等。由此可见，所谓“州郡例置田官”[③] 的说法虽然大体不错，但实际屯田的地区并不如想像之大。当然，郡县有大小，人口亦有众寡之别，其地位也就有轻重不同，如屯田最多的司、豫二州就是曹魏时期“天下之腹心”[④]。司州 6 郡中 5 郡有屯田，豫州 12 郡中 6 郡有屯田，其余各州则不过一、二个郡有屯田，可见曹魏屯田在“腹心”之区占有相当重要的地位，但是，就全国而言，屯田土地对自耕农土地来说仍然是少数。

随着曹魏政权的建立和巩固，以及内地自耕农经济的恢复和发展，在内地的屯田，往往于空虚贫瘠之地进行，如魏文帝“以谯旧乡，故大徙民充之，以为屯田。而谯土地垸瘠，百姓穷困，（卢）毓愍之，上表徙民于梁国就沃衍，失帝意”[⑤]；或开辟荒莱而屯田，如王昶为洛阳典农，“时都畿树木成林，（王）昶斫开荒莱，勤劝百姓，垦田特多”[⑥]。至于在边境地区的屯田，更多在空虚之地，如淮南郡是曹魏电田较多的一个地

---

① 《马克思恩格斯选集》卷一《路易·波拿马的雾月十八日》，人民出版社 1972 年版，第 697 页。

② （清）杨晨撰：《三国会要》卷八《方域志·州郡》，中华书局 1956 年版，第 93—115 页。按：清钱仪吉《三国会要》卷三五《舆地二·魏州郡上》，曹魏统治区有 12 州、93 郡国、720 县（上海古籍出版社 1991 年版，第 687 页）。

③ 《三国志》卷一《魏书·武帝纪》注引《魏书》，第 14 页。

④ 《三国志》卷一六《魏书·杜畿附子（杜）恕传》，第 500 页。

⑤ 《三国志》卷二二《魏书·卢毓传》，第 651 页。

⑥ 《三国志》卷二七《魏书·王昶传》，第 744 页。

方，这里“三国时，江淮为战争之地，其间不居者各数百里，此诸县并在江北淮南，虚其地，无复民户”，直至“吴平，民各还本，故复立焉。”[①]

其次，自耕农仍是农民中的大多数，而屯田民相对来说是其中的少数。

曹魏时期一个屯田点的人数是不多的。如梁习在上党屯田，不过“置屯田都尉二人，领客六百夫”[②]。汝南宋县“领应佃二千六百口”[③]。司马懿于嘉平四年（452）“表徙冀州农夫五千人佃上邽”[④]。少则几百人，多则数千人。

军屯比民屯人数要多。邓艾在淮南屯田，“淮北屯二万人，淮南三万人，十二分休，常有四万人”[⑤]。魏明帝时曾欲徙冀州士家 10 万户实河南，由于群臣反对而“遂徙其半”[⑥]。这是记载人数较多的两起。

如每郡屯田人数以 4 万为计，大略以 25 郡推算之，合计为 100 万屯田民，而曹魏户口，据《通典·食货典》所记，户 66.3423 万，口 443.2881 万，如此则屯田人数最多只占全国总人口的 1/4，仍有 3/4 为编户民[⑦]。

最后，国家财政收入主要依靠编户而不是屯田。

屯田对于解决军粮供应和某些特殊需要方面起了很大作用，尤其是在建安（196—220）年间。但是，随着政治军事形势的相对稳定，以及自耕农经济的恢复和发展，国家经常性的财政收入便进一步建立在对自耕农征收的基础之上了。建安元年（196）曹操已在许下大规模实行屯田，但建安五年（200）官渡之战时，仍然是“众少粮尽，士卒疲乏”[⑧]，

---

① （梁）沈约撰：《宋书》卷三五《州郡志一》，中华书局 1974 年版，第 1033 页。

② 《三国志》卷一五《魏书·梁习传》，第 469 页。

③ 《晋书》卷二六《食货志》，第 789 页。

④ 《晋书》卷二六《食货志》，第 785 页。

⑤ 《三国志》卷二八《魏书·邓艾传》，第 775 页。

⑥ 《三国志》卷二五《魏书·辛毗传》，第 697 页。

⑦ （唐）杜佑撰，王文锦、王永兴、刘俊文、徐庭云、谢方点校：《通典》卷七《食货典七》，中华书局 1988 年版，第 145 页。

⑧ 《三国志》卷一《魏书·武帝纪》，第 21 页。

因而“议欲还许”①。在这种情况下，曹操“制新科，下州郡，颇增严峻，而调绵绢方急”②，郡县“急录户调”③以上，才得以支持这场战争。可知即使在建安（196—220）初，当军资缺乏之时，亦仰仗调发自耕农以解决问题。“绍既破败，臣粮亦尽”④，建安六年（201）不得不“就谷东平之安民，粮少，不足与河北相支”⑤。故“官渡之战”后四年，曹操进一步颁布了田租户调制，作为国家财政收入的正常来源。

屯田是一种断断续续地实行，时起时伏地发展，为解决某种特定需要而采取的措施，它不可能成为国家财政收入的正常、稳定来源。淮南与许下是曹魏时期规模最大的两个屯田区，它们都经历过几起几落。

先看淮南屯田。建安（196—220）中，仓慈曾“开募屯田于淮南”⑥。建安五年（200）由于“孙策所置庐江太守李述攻杀扬州刺史严象，庐江梅乾、雷绪、陈兰等聚众数万在江、淮间”，于是曹操派刘馥为扬州刺史，“单马造合肥空城”，招集流民“广屯田，兴治芍陂及茹陂、七门、吴塘诸堨以溉稻田”⑦。可是，建安十四年（209）曹操又“引水军自涡入淮，出肥水，军合肥，开芍陂屯田”⑧，又“使庐江谢奇为蕲春典农，屯皖田乡”⑨。建安十三年（208）赤壁之战曹操失败后，“孙权率十万众攻围合肥城百余日”⑩，大概由于这个原因，而使这里的屯田受到破坏。建安十八年（213），曹操“欲徙淮南民”，结果“江淮间十余万众皆惊走吴”⑪“江西遂虚，合肥以南，唯有皖城”⑫，淮南屯田再次遭到破坏，

① 《三国志》卷一《魏书·武帝纪》，第20页。

② （宋）司马光编著，（元）胡三省音注：《资治通鉴》卷六三，汉献帝建安五年（200）七月，中华书局1956年版，第2030页。

③ 《三国志》卷二三《魏书·赵俨传》，第668页。

④ （清）严可均辑：《全上古三代秦汉三国六朝文》之《全三国文》卷一（曹操）《请增封荀彧表》，中华书局1958年版，第1056页。

⑤ 《三国志》卷一〇《魏书·荀彧传》，第314页。

⑥ 《三国志》卷一六《魏书·仓慈传》，第512页。

⑦ 《三国志》卷一五《魏书·刘馥传》，第463页。

⑧ 《资治通鉴》卷六六，汉献帝建安十四年（209）七月，第2098页。

⑨ 《三国志》卷五四《吴书·吕蒙传》，第1275页。

⑩ 《三国志》卷一五《魏书·刘馥传》，第463页。

⑪ 《三国志》卷一四《魏书·蒋济传》，第450页。

⑫ 《资治通鉴》卷六六，汉献帝建安十八年（213）四月，第2119页。

于是建安十九年（214），曹操派朱光为庐江太守，“屯皖，大开稻田”[①]，不久吕蒙“破之，获朱光及男女数万口”[②]。淮南屯田又一次遭到破坏。直至正始二年（241）因“三隅已定，事在淮南”[③]，于是使邓艾行陈、项以东至寿春，于正始四年（243）又大规模屯田于淮南北。

从建安五年（200）至正始四年（243）的43年中，淮南地区的屯田曾经四起四落，往往为了特定的军事目的而随时“大兴”，也因被对方战败而遭到破坏或军事目的已达到而放弃或荒废。

许下屯田也是这样。建安元年（196）许下屯田后，黄初五年（224），魏文帝“车驾徙许昌，大兴屯田，欲举军东征”[④]。为了东征的军事目的，又打算在许下“大兴屯田”，可见期间许下屯田亦曾有所削弱。正始四年（243）邓艾在淮南北屯田时，又“省许昌左右诸稻田，并水东下”[⑤]，以满足东南屯田之需，又一次收缩了许下屯田。

淮南和许下是曹魏最著名的两个屯田区，这两个地区尚且如此，其他屯田据点之时有起伏兴废自不待言。如梁习之在上党屯田，是为了“于上党取大材供邺宫室”这一特定需要而建立，“于道次耕种菽粟，以给人牛之费”[⑥]，随着这一特定任务之完成亦有可能随之而宣告结束。

而州郡编户齐民的生产却是持续不断的，它才是曹魏政权财政收入的源源不断的可靠保证。随着三国时期自耕农经济的恢复和发展，屯田的地位和作用日益退居其次，于是便在咸熙元年（264）、泰始二年（266）先后两次宣布取消屯田，“以均政役”[⑦]“罢农官为郡县”[⑧]，以自耕农民为主干而将屯田农民也转变为州郡编户齐民。而这部分人在西晋初年也都成了占田制下的国家编户——自耕农民。从这个意义上可以说，西晋占田、课田制的实行，是三国时期自耕农经济发展的必然结果。

---

① 《三国志》卷五四《吴书·吕蒙传》，第1276页。

② 《资治通鉴》卷六七，汉献帝建安十九年（214）五月，第2127页。

③ 《晋书》卷二六《食货志》，第785页。

④ 《三国志》卷一三《魏书·王朗传》，第411页。

⑤ 《三国志》卷二八《魏书·邓艾传》，第775页。

⑥ 《三国志》卷一五《魏书·梁习传》，第469页。

⑦ 《三国志》卷四《魏书·三少帝纪·陈留王（曹）奂纪》，第153页。

⑧ 《晋书》卷三《武帝纪》，第55页。

（原刊《北京师范大学学报》1984 年第 2 期。中国人民大学报刊复印资料中心《三国两晋南北朝史》1984 年第 4 期、《经济史》1984 年第 3 期分别全文转载。原刊文因受限于篇幅，曾有所删节。收入学苑出版社 1999 年 7 月第 1 版《魏晋南北朝史论》时，黎虎先生依据原稿进行复原。今据《魏晋南北朝史论》刊文整理。李文才敬识。）

曹魏屯田始于何时

关于曹魏开始屯田的年代，史学界几乎一致认为是在建安元年（196）。因为《三国志·魏书·武帝纪》明确记载建安元年“用枣祗、韩浩等议，始兴屯田”①；同书《任峻传》注引《魏武故事》亦谓：“及破黄巾定许，得贼资业，当兴立屯田”②。而“定许”亦在建安元年。最近，高敏同志在《关于曹魏屯田制的几个问题》③一文中，认为曹魏屯田制萌芽于汉献帝初平三年（192）毛玠建议“修耕植，畜军资”。这一意见发前人之所未发，对人们是有启发的。但是，其中也还存在若干问题，似应提出来进一步商榷。

首先，关于曹魏屯田制萌芽于初平三年（192）的问题。主要根据是《三国志·魏书·毛玠传》谓：“太祖（曹操）临兖州，辟（毛玠）为治中从事。玠语太祖曰：‘今……宜奉天子以令不臣，修耕植，畜军资，如此则霸王之业可成也。’太祖敬纳其言”④。此为初平三年曹操领兖州牧时事。在这里，高敏同志不是把毛玠的建议作为屯田思想的“萌芽”，而径直认为“从这时开始，就应有了后来屯田制（即建安元年所推行的民屯——引者注）的某种萌芽”⑤，因为这年曹操镇压了青州黄巾军，有了实行屯田制的客观条件。

我认为把曹操实行屯田定于初平三年是值得商榷的。因为毛玠向曹

---

① （晋）陈寿撰，（南朝·宋）裴松之注，陈乃乾校点：《三国志》卷一《魏书·武帝纪》，中华书局1959年版，第14页。

② 《三国志》卷一六《魏书·任峻传》注引《魏武故事》，第490页。

③ 高敏：《关于曹魏屯田制的几个问题》，《史学月刊》1981年第1期。

④ 《三国志》卷一二《魏书·毛玠传》，第374—375页。

⑤ 前揭高敏：《关于曹魏屯田制的几个问题》，《史学月刊》1981年第1期。

操进言与曹操收降青州黄巾军，《通鉴》均系于初平三年十二月。其时曹操从黄巾军中“得戎卒三十余万，男女百余万口”[①]。当时节令已届冬季，已不能从事生产。因此，曹操要将所得青州黄巾军用于屯田，最早也只能在初平四年，而决不能在初平三年。但是，现在还没有任何材料可以证明初平四年曹操已将青州黄巾用于屯田。一百余万之农民被安置屯田，在历史上竟没有留下任何踪迹，不能不令人怀疑。

其次，把毛玠“修耕植，畜军资”的建议看作就是向曹操建议实行屯田亦有问题。在汉末群雄争斗中，谋士向主子提出类似的建议，不止毛玠一人，如田丰曾向袁绍建议“外结英雄，内修农战”[②]，恐怕不能认为田丰也在向袁绍建议实行屯田。在毛玠建议“修耕植”的第二年，韩浩也曾建议曹操“当急田”[③]。既然曹操已接受毛玠建议施行屯田，何以第二年又有“当急田”之议呢？史传明言建议屯田者，只有枣祗、韩浩等人[④]，而不言毛玠。这样看来，毛玠的建议只可视为有屯田之意向在内，而并不等于就是屯田建议，高文没有举出任何事实证明毛玠建议与曹魏屯田有直接联系。

最后，曹操实行屯田的重要条件之一是：“及破黄巾定许，得贼资业”[⑤]。此处所谓“破黄巾”，不是指初平三年收降青州黄巾，而是指建安元年破汝南、颍川黄巾。《三国志·魏书·武帝纪》称：“汝南、颍川黄巾何仪、刘辟、黄邵、何曼等，众各数万，初应袁术，又附孙坚。（建安元年）二月，太祖进军讨破之，斩辟、邵等，仪及其众皆降。”[⑥] 曹操大破颍川、汝南黄巾后，定都于许。此即“及破黄巾定许”的具体含义，在这次镇压黄巾军后，曹操才“得贼资业”，从而有可能在许下，即颍川、汝南一带兴立屯田。

那么，曹操屯田究竟从何年开始呢？

---

① （宋）司马光编著，（元）胡三省音注：《资治通鉴》卷六〇，汉献帝初平三年（192）十二月，中华书局1956年版，第1940页。

② 《三国志》卷六《魏书·袁绍传》，第200页。

③ 《三国志》卷九《魏书·夏侯惇传附韩浩传》注引《魏书》，第269页。

④ 《三国志》卷一《魏书·武帝纪》载，建安元年（196）“是岁用枣祗、韩浩等议，始兴屯田。”（第14页）

⑤ 《三国志》卷一六《魏书·任峻传》注引《魏武故事》，第490页。

⑥ 《三国志》卷一《魏书·武帝纪》，第13页。

我们认为，曹操开始屯田是在兴平（194—195）年间。不过，那时所实行的是军屯而不是民屯，而民屯是在其后的建安元年才正式实行的。

现在我们来看一看曹魏实行军屯的情况。

第一，兴平二年（195），曹操已在兖州实行屯田。这年，曹操与吕布争夺兖州，曹操驻军于乘氏，吕布与陈宫率兵万人从东缗来攻打曹操的一个军营，《三国志·魏书·武帝纪》注引《魏书》对这个军营有一段生动的记载：

> 于是兵皆出取麦，在者不能千人，屯营不固。太祖乃令妇人守陴，悉兵拒之。屯西有大隄，其南树木幽深。布疑有伏，乃相谓曰："曹操多谲，勿入伏中"。引军屯南十余里。明日复来，太祖隐兵隄里，出半兵隄外。布益进，乃令轻兵挑战，既合，伏兵乃悉乘隄，步骑并进，大破之，获其鼓车，追至其营而还。①

这是一段十分宝贵的史料，可惜从来没有引起研究曹魏屯田者的注意。它告诉我们：（1）曹操的这个基地称为"屯营"或"屯"，周围有防御性的女墙——"陴"，屯外则麦田。（2）屯营中有兵士，有家属。其居民人数颇多，除外出收麦之精壮劳力外，剩下的士兵和"妇女"还有近千人之多，故其总数当在一二千人左右。（3）屯营的成员既要负责作战，又要负责生产——"取麦"。《通鉴》记此事曰："（曹）操兵皆出收麦"②。兵士外出收麦时，屯营中还有留守部队。在紧急情况下，妇女也要"守陴"，参加战斗。

上述情况表明，这种"屯营"既是一个战斗单位，又是一个生产单位。它显然具有"且战且田"的军屯性质。我们知道，曹魏屯田一般称民屯为"屯"，军屯为"营"，兴平二年的"屯营"，当是军屯雏形。

东晋应詹在上晋元帝表中说："近魏武皇帝用枣祗、韩浩之议，广建屯田，又于征伐之中，分带甲之士，随宜开垦"③，即指曹操在建安元年

---

① 《三国志》卷一《魏书·武帝纪》注引《魏书》，第 12—13 页。

② 《资治通鉴》卷六一，汉献帝初平二年（195）闰四月，第 1964 页。

③ （唐）房玄龄等撰：《晋书》卷二六《食货志》，中华书局 1974 年版，第 792 页。

实行民屯之事；并告诉我们，曹操早在“征伐之中”实行了军屯。值得注意的是，军屯是在“征伐之中”开始实行的，采取“分带甲之士，随宜开垦”的方式。曹操在乘氏的“屯营”，就是在“征伐之中”而采取的军屯方式。应詹的后面一句话非常重要，它告诉我们曹操实行军屯并不是在建安末年三国鼎峙局面形成之后，而是在汉末群雄混战中，因当时编户齐民流散四方，正常的租调制度尚未建立的条件下而采取的应急措施。

第二，曹操这种边战斗边生产的屯田措施，应该说在兖州他的势力范围内已比较普遍地推行了。兴平二年曹操军于乘氏时，曾打算乘陶谦死的机会先东取徐州，再还定兖州吕布。荀彧谏曹操曰：“昔高祖保关中，光武据河内，皆深根固本以制天下……将军本以兖州首事，平山东之难，百姓无不归心悦服。且河、济，天下之要地也，今虽残坏，犹易以自保，是亦将军之关中、河内也，不可以不先定。今以破李封、薛兰（按，二人均为吕布将），若分兵东击陈宫，宫必不敢西顾，以其间勒兵收熟麦，约食畜谷，一举而布可破也。”[①] 曹操接受了荀彧的意见，于是命将士“大收麦，复与布战，分兵平诸县。布败走，兖州遂平。”[②] 这件事告诉我们：（1）荀彧建议“勒兵收熟麦”，是指曹操统辖的所有部队，故曹操命所属将士“大收麦”。可知上述“屯营”已不是个别现象，而是在曹操所属各部队中普遍推行的。（2）当时曹操在军食并非全靠租赋供给的情势下，让士兵在战斗间隙从事生产以解决军粮，即所谓“约食畜谷”。曹操正是较好地解决了军粮问题，才战胜吕布，收复兖州。

第三，兴平二年的“大收”是怎样获得的呢？如果不是在上一年（即兴平元年）开始种植，是不可能有此收获的。事实上，曹操在兴平元年（194）即已开始实行军屯。一般论屯田者均认为曹魏屯田是先实行民屯，后实行军屯。故有人认为曹魏军屯最早见于建安十二年（207）稍前的夏侯惇屯田，而且不过是个别将领临时性质的屯田[③]。这种看法并不确切，我们认为夏侯惇屯田不在建安十二年，而应在兴平元年。《三国志·

① 《三国志》卷一〇《魏书·荀彧传》，第309页。

② 《三国志》卷一〇《魏书·荀彧传》，第310页。

③ 黄惠贤：《试论曹魏西晋时期军屯的两种类型》，《武汉大学学报》1980年第4期。

魏书·夏侯惇传》曰："太祖自徐州还，惇从征吕布，为流矢所中，伤左目。复领陈留、济阴太守……时大旱，蝗虫起，惇乃断太寿水作陂，身自负土，率将士劝种稻，民赖其利。转领河南尹。太祖平河北，为大将军后拒。"① 所谓"太祖自徐州还"，是指曹操征徐州陶谦事。曹操于初平四年（193）秋征徐州，于兴平元年（194）春自徐州还。是年夏，复征陶谦，击郯，会张邈、陈宫叛迎吕布，曹操乃引军还，与吕布展开争夺兖州的战争。本传所谓"从征吕布"是紧接着曹操"自徐州还"之后，故知即指兴平元年征吕布事，而不是建安三年征吕布事。所谓"太祖征河北"，乃建安五年官渡之战。据此则知，夏侯惇屯田在兴平元年后，在建安五年前，必是在公元194年至公元200年这七年之间。那么，夏侯惇屯田究竟在这七年中的何年呢？夏侯惇屯田之年有一个重要的气候和年成特征："时大旱，蝗虫起"。从兴平元年至建安五年的七年间，史籍所载旱、蝗灾害情况如下：

兴平元年（194），"三辅大旱，自四月至于是月（秋七月）。"②"蝗虫起，百姓大饿……是岁谷一斛五十余万钱，人相食"③。

兴平二年（195），四月，"大旱"④。

建安元年（196），无灾害记载。

建安二年（197），"夏五月，蝗。"⑤

建安三年至五年（198—200），无灾害记录。

从上述记载可见，唯独兴平元年既有大旱，又有蝗灾，与夏侯惇屯田时的气候年成特征正相合。据此，则知夏侯惇屯田当在兴平元年（194）。这年曹操即令"带甲之士，随宜开垦"，于是第二年（兴平二年，195）荀彧谏曹操"勒兵收熟麦"，曹操之军众"皆出收麦"，而且获得了"大

---

① 《三国志》卷九《魏书·夏侯惇传》，第268页。

② （南朝·宋）范晔撰，（唐）李贤等注：《后汉书》卷九《孝献帝纪》，中华书局1965年版，第376页。

③ 《三国志》卷一《魏书·武帝纪》，第12页。

④ 《后汉书》卷九《孝献帝纪》，第378页。

⑤ 《后汉书》卷九《孝献帝纪》，第380页。

收麦”的结果，就是顺理成章之事了。

由此，我们也可以得知，兴平元年（194）之大旱与蝗灾是促使曹操实行军屯的重要原因。史称这年的大旱、蝗灾引起了普遍的粮荒，“是岁谷一斛五十余万钱，人相食”，不仅“百姓大饿”，而且曹操与吕布双方的军粮均罄绝，其时曹操“新失兖州，军食尽”，吕布“粮食亦尽，各引去”①。在这种情况下，如不马上解决军粮问题，便将如荀彧所言：“则十万之众未战而自困耳”②。曹操正是采取了上述军屯措施，使其得以“约食畜谷”，一定程度上解决了军食供应问题，从而得以战胜吕布，收复兖州，站稳了脚跟。

当然曹操这时的军屯，是属于临时性的应急措施。从屯田之组织形式来看，它显然首先是一个军事单位，只是由于解决军粮之急需，故令将士均承担一定的生产任务。这种军屯当然还谈不上日后实行的“分成制”，其收获物必是全部充作军粮，以便统一“约食畜谷”，战胜敌手。大概在魏国始建之后，司马懿向曹操提出“且耕且守”的建议后，军屯才逐渐制度化。

至此，还会产生这样一个疑问：既然曹操之军屯已于兴平年间开始实行，何以史书一再称建安元年曹操破黄巾定许之后，接受枣祗、韩浩等人建议，才“始兴屯田”呢？我们认为二者是不矛盾的。因为建安元年枣祗、韩浩等人建议实行的是“民屯”，而不是先已有之的“军屯”。我们知道，“屯田”（指军屯）这一国有土地的经营方式早在西汉已经出现，而在曹操的时代，施行军屯者已不限于曹操一家，如兴平二年（195）公孙瓒败于袁绍之后，“遂保易京，开置屯田，稍得自支”③，这看来也是一种军屯。故在魏晋时期已形成“出战入耕，虽自古之常”④的观念，军屯已不是什么新鲜的事情。至于民屯，虽然过去不是完全没有类似的形式，但毕竟没有在内地大规模地实行过，所以枣祗、韩浩等人的建议，某种意义上便是一个创新。他们建议的核心是“募民屯田”，即

---

① 《三国志》卷一《魏书·武帝纪》，第12页。

② 《三国志》卷一〇《魏书·荀彧传》，第309页。

③ 《后汉书》卷七三《公孙瓒传》，第2363页。

④ 《晋书》卷二六《食货志》，第787页。

民屯制度，并将其制度化，规定了民屯生产物的分配制度——分成制的剥削方式。这套民屯制度使曹操找到了解决当时劳动者与生产资料结合的好方式，因而得以首次在内地大规模地推行，“于是州郡列置田官”[①]，开创了经营国有土地的一个新形式。

总之，我们认为曹魏屯田是军屯在先，民屯在后。军屯开始于兴平元年（194），地点在兖州；民屯开始于建安元年（196），地点是从许下开始而推向全国。

（原刊《学术月刊》1983年第2期。中国人民大学报刊复印资料中心《中国古代史》1983年第3期全文转载。今据原刊文整理，主要统一规范了引文注释的格式，并修订一些文字方面的错讹疏漏，思想观点则保持原样不动。李文才敬识。）

① 《三国志》卷一《魏书·武帝纪》注引《魏书》，第14页。

曹魏屯田的历史作用与地位

曹魏屯田是史学界向来关注的一个课题，对它的研究在许多方面均有了长足的进展。然而关于曹魏屯田的历史作用与地位，似乎还有必要作进一步的研究和探讨，我以为在某些地方还存在评价过高的倾向，其主要表现是：第一，认为屯田解决了军粮问题，从而是曹操克服群雄、统一北方的决定性措施；第二，认为屯田解决了当时的流民问题，对恢复中原社会经济起了决定性作用；第三，认为屯田是曹魏政权榨取粮谷和征集兵员的主要对象，是曹魏政权赖以建立的“雄厚经济基础”，等等。

以上这些看法是否符合当时的历史实际呢？兹分别提出一些粗浅的认识，以求正于同志们。

一　屯田是曹操克服群雄、统一北方的决定性措施吗？

持这种看法的同志，其主要根据是以下的几条材料：“是岁乃募民屯田许下，得谷百万斛。于是州郡例置田官，所在积谷。征伐四方，无运粮之劳，遂兼灭群贼，克平天下”①；曹操自己也说：“后遂因此大田，丰足军用，摧灭群逆，克定天下，以隆王室”②；史称建安元年（196）许下屯田之后，“数年中所在积粟，仓廪皆满”③“五年中仓廪丰实”④。

那么，历史事实究竟如何呢？

建安元年（196）许下屯田之后 5 年发生的官渡之战（建安五年，

---

① （晋）陈寿撰，（南朝·宋）裴松之注，陈乃乾校点：《三国志》卷一《魏书·武帝纪》注引《魏书》，中华书局 1959 年版，第 14 页。

② 《三国志》卷一六《魏书·任峻传》注引《魏武故事》，第 490 页。

③ 《三国志》卷一六《魏书·任峻传》，第 489 页。

④ 《三国志》卷一一《魏书·国渊传》，第 339 页。

200)，是曹操平定北方的决定性战役。试以这一战役中的情况而论之。战争初起，袁绍的谋士沮授分析了袁曹双方的长短优劣："北兵数众而果劲不及南，南谷虚少而货财不及北；南利在于急战，北利在于缓搏"①，指出曹军最大的问题是缺乏粮食。沮授的话并非夸张之辞，当时袁绍"辎重有万余乘"②，并有"运谷车数千乘至"③，而曹操则"众少粮尽，士卒疲乏"④，他自己承认因"众寡粮单"而"图欲还许"⑤。其拮据之态暴露无遗，袁绍谋士许攸投降曹操后，头一件事便询问"今有几粮乎?"曹操谎称可支"一岁""半岁"，许攸均不置信，最后不得不承认"实可一月，为之奈何?"许攸指出曹操已陷于"孤军独守，外无救援而粮谷已尽"⑥ 的困境。他建议以轻兵袭击袁军辎重所在地故市、乌巢，打破袁绍在粮食物资方面的优势，才使曹操扭转局势，取得战争的胜利。

袁曹双方粮食数量多寡不同，最主要的原因应是袁绍所占领的地区比曹操广大，而且号称"国家征求之府"⑦ 的冀州掌握在袁绍手中。不过，"官渡之战"距曹操始兴屯田已历 5 年，这时曹操的军粮还是那样匮乏，所谓"数年中所在积谷""仓廪丰实"云云，不能不令人怀疑。

当然，屯田也确乎支持了官渡之战，如任峻为典农中郎将时，"官渡之战，太祖使（任）峻典军器粮运"⑧ 即是其例。

但是更为主要的是，州郡编户也大力支援了这场战争，史载"是时太祖始制新科下州郡，又收租税绵绢"⑨，紧急向州郡编户民征取租调。《资治通鉴》系此事于建安五年（200）。其时各地确实在普遍征取租调以供前线，如阳安郡都尉李通即于是时"急录户调""收其绵绢"⑩ 以供曹

---

① 《三国志》卷六《魏书·袁绍传》，第 199 页。

② 《三国志》卷一《魏书·武帝纪》注引《曹瞒传》，第 21 页。

③ 《三国志》卷一《魏书·武帝纪》，第 21 页。

④ 《三国志》卷一《魏书·武帝纪》，第 21 页。

⑤ （南朝·宋）范晔撰，（唐）李贤等注：《后汉书》卷七〇《荀彧传》，中华书局 1965 年版，第 2287 页。

⑥ 《三国志》卷一《魏书·武帝纪》注引《曹瞒传》，第 21 页。

⑦ 《三国志》卷一六《魏书·杜畿附子（杜）恕传》，第 499 页。

⑧ 《三国志》卷一六《魏书·任峻传》，第 489 页。

⑨ 《三国志》卷一二《魏书·何夔传》，第 380 页。

⑩ 《三国志》卷二三《魏书·赵俨传》，第 668 页。

军。钟繇为司隶校尉，时“太祖在官渡，与袁绍相持，繇送马二千余匹给军。太祖与繇书曰：‘得所送马，甚应其急’”①，而此前曹军“骑不满六百”②，故曹操得钟繇支援后感到“甚应其急”。黄初二年（221），为免除颍川郡一年田租，魏文帝诏称：“颍川，先帝所由起兵征伐也。官渡之役，四方瓦解，远近顾望，而此郡守义，丁壮荷戈，老弱负粮。”③《三国志·李典传》亦谓：“时太祖与袁绍相拒官渡，（李）典率宗族及部曲输谷帛供军。”④

“官渡之战”以后情况并没有多少好转。建安六年（201）曹操“就谷东平之安民，粮少，不足与河北相支”⑤，打算放弃河北而回师南向荆州刘表。曹操自称：“绍既破败，臣粮亦尽，将舍河北之规，改就荆南之策”，荀彧认为这是以“饥军深入”⑥，既不可能得到荆州，亦将丧失兖、豫本据，曹操这才决定渡河北进。

建安十六年（211），曹操西征关中，平定马超、韩遂时，亦仰仗于州郡编户的支援。一则得力于司隶校尉，时钟繇为司隶校尉，治洛阳，“洛阳人民单尽，繇徙关中民，又招纳亡叛以充之，数年间民户稍实。太祖征关中，得以为资”⑦；一则有赖于河东的支援，时杜畿为河东太守，“韩遂、马超之叛也，弘农、冯翊多举县邑以应之。河东虽与贼接，民无异心。太祖西征至蒲阪，与贼夹渭为军，军食一仰河东。及贼破，余畜二十余斛”⑧。后曹操追叙杜畿功劳说：“顾念河东吾股肱郡，充实之所，足以制天下”⑨。建安二十年（215）攻取汉中亦然。时郑浑为京兆尹，“及大军入汉中，运转军粮为最”⑩，河东郡亦“遣五千人运”⑪。

---

① 《三国志》卷一三《魏书·钟繇传》，第393页。

② 《三国志》卷一《魏书·武帝纪》，第19页。

③ 《三国志》卷二《魏书·文帝纪》注引《魏书》，第77页。

④ 《三国志》卷一八《魏书·李典传》，第533页。

⑤ 《三国志》卷一〇《魏书·荀彧传》，第314页。

⑥ 《后汉书》卷七〇《荀彧传》，第2288页。

⑦ 《三国志》卷一三《魏书·钟繇传》，第393页。

⑧ 《三国志》卷一六《魏书·杜畿传》，第496页。

⑨ 《三国志》卷一六《魏书·杜畿传》，第497页。

⑩ 《三国志》卷一六《魏书·郑浑传》，第511页。

⑪ 《三国志》卷一六《魏书·杜畿传》，第496页。

还应当指出，所谓“无运粮之劳”的说法，亦有夸张的成份，不可作刻板的理解。如“官渡之战”时，任峻典军器粮运，“贼数寇钞绝粮道，乃使千乘为一部，十道方行，为复陈以营卫之，贼不敢近”[①]。曹操曾谓运者曰：“却十五日为汝破绍，不复劳汝矣。”[②] 由于劳民过甚，“百姓疲乏，多叛应绍，军食乏”[③]。建安九年（204）为了攻打据守邺城的袁尚，曹操“济河，遏淇水入白沟以通粮道”，又以“武安长尹楷屯毛城，通上党粮道”[④]。建安十一年（206）将击乌丸，乃“凿平虏渠、泉州渠以通运”[⑤]。由于粮运不济，“军又乏食，杀马数千匹以为粮”[⑥]。建安二十年（215）攻汉中而发河东、京兆民运粮已见上述。故邓艾指出曹魏时“每大军征举，运兵过半，功费巨亿，以为大役。”[⑦]

上述事实表明，屯田对于支援战争无疑起过巨大的作用，特别是在曹操初起军食极度匮乏之时，以及后来如淮南屯田对于东南方的战争的支持等，但是支持曹操克服群雄并最后统一北方的，更加重要的还是州郡编户。曹操所推行的打击豪强兼并，颁布租调新科等措施，都起到了恢复州郡个体农业的积极作用，随着社会经济的日益恢复和发展，屯田的作用更退居次要地位，导致魏末晋初宣布罢除民屯制度。

二　曹魏解决流民问题的决定性措施是什么？

屯田对于解决当时的流民问题固然起了重要作用，但是，仅靠屯田是做不到的，从曹魏社会经济的整体及其各项措施观之，如果不致力于充实州郡编户而要解决这个问题是不可想象的。曹魏政权正是通过招纳流民，充实编户的措施逐步解决流民问题的。

建安四年（199）卫觊留镇关中，“时四方大有还民，关中诸将多引为部曲，觊书与荀彧曰：‘关中膏腴之地，顷遭荒乱，人民流入荆州者十

---

① 《三国志》卷一六《魏书·任峻传》，第489页。

② 《三国志》卷一《魏书·武帝纪》，第21页。

③ 《三国志》卷六《魏书·袁绍传》，第199页。

④ 《三国志》卷一《魏书·武帝纪》，第25页。

⑤ （宋）司马光编著，（元）胡三省音注：《资治通鉴》卷六五，汉献帝建安十一年（206）八月，中华书局1956年版，第2069页。

⑥ 《三国志》卷一《魏书·武帝纪》注引《曹瞒传》，第30页。

⑦ （唐）房玄龄等撰：《晋书》卷二六《食货志》，中华书局1974年版，第785页。

万余家，闻本土安宁，皆企望思归。而归者无以自业，诸将各竞招怀，以为部曲。郡县贫弱，不能与争，兵家遂强。'" 他建议由政府专卖盐，"以其直益市犁牛。若有归民，以供给之。勤耕积粟，以丰殖关中"[①]，曹操接受了这一建议。这是以国家力量支持郡县，与兵家争夺流民，使之成为郡县编户。这种工作当时是在普遍地进行着的，如：（1）钟繇为司隶校尉，治洛阳，以"洛阳人民单尽"，乃"徙关中民，又招纳亡叛以充之，数年间民户稍实。"[②]（2）张既为京兆尹，"招怀流民，兴复县邑，百姓怀之。"[③]（3）吕虔为泰山太守，"郡接山海，世乱，闻民人多藏窜"，吕虔到郡后，恩威并用，"诸山中亡匿者尽出安土业"[④]。（4）凉茂为泰山太守，"时泰山多盗贼"，经过努力，"旬月之间，襁负而至者千余家。"[⑤]（5）杜畿为河东太守，平定卫固等叛乱，"其余党与皆赦之，使复其居业。是时天下郡县皆残破，河东最先定，少耗减。"[⑥]（6）郑浑为左冯翊太守，"时梁兴等掠吏民五千余家为寇钞"，郑浑在武力镇压同时，"又遣吏民有恩信者，分布山谷告喻，出者相继，乃使诸县长吏各还本治以安集之……前后归附四千余家，由是山贼皆平，民安产业。"[⑦]（7）苏则为金城太守，"是时丧乱之后，吏民流散饥穷，户口损耗，（苏）则抚循之甚谨。外招怀羌胡，得其牛羊，以养贫老。与民分粮而食，旬月之间，流民皆归，得数千家。"[⑧]

从上述事实可知，招纳流民、充实编户是曹魏地方政权的重要职责之一，东至海滨、西至河西，都在普遍地进行，其数量之巨，少则千余家，多则十余万家。这是屯田所不能比拟的。

此外，曹魏还设置新的县邑，以安置流民。汉末大乱，人民流入辽东者无数，景初二年（238）司马懿伐公孙渊；第二年"以辽东东沓县吏

---

① 《三国志》卷二一《魏书·卫觊传》，第610页。

② 《三国志》卷一三《魏书·钟繇传》，第393页。

③ 《三国志》卷一五《魏书·张既传》，第472页。

④ 《三国志》卷一八《魏书·吕虔传》，第540—541页。

⑤ 《三国志》卷一一《魏书·凉茂传》，第338页。

⑥ 《三国志》卷一六《魏书·杜畿传》，第495—496页。

⑦ 《三国志》卷一六《魏书·郑浑传》，第510、511页。

⑧ 《三国志》卷一六《魏书·苏则传》，第491页。

民渡海居齐郡界，以故纵城为新沓县以居徙民”①；正始元年（240）又“以辽东汶、北丰县民流徙渡海，规齐郡之西安、临菑、昌国县界为新汶、南丰县，以居流民”②。

对于回乡流民，曹魏政权通过制定“移居之法”和劝课农桑等政治、经济措施，使其免于再度流亡。如：（1）郑浑“迁下蔡长、邵陵令。天下未定，民皆剽轻，不念产殖；其生子无以相活，率皆不举。浑所在夺其渔猎之具，课使耕桑，又兼开稻田，重去子之法。民初畏罪，后稍丰给，无不举赡；所育男女，多以‘郑’为字。”③ 后迁京兆尹，“以百姓新集，为制移居之法，使兼复者与单轻者相伍，温信者与孤老为比，勤稼穑，明禁令，以发奸者。由是民安于农，而盗贼止息。”④（2）苏则为金城太守，在招纳流民数千家后，“乃明为禁令，有干犯者辄戮，其从教者必赏。亲自教民耕种，其岁大丰收，由是归附者日多。”⑤（3）颜斐治京兆，“始，京兆从马超破后，民人多不专于农殖，又历数四二千石，取解目前，亦不为民作久远计。斐到官，乃令属县整阡陌，树桑果”，于是郡界之内“皆整顿开明，丰富常为雍州十郡最。”⑥

经过曹魏政权的努力，早先那种“州郡鼎沸，郊境之内，民不安业，捐弃居产，流亡藏窜”⑦ 的景况，有了很大改变，小农农村呈现了“百姓劝农，家家丰实”⑧“村落齐整如一，民得财足用饶”⑨ 的景象，这虽有史家夸张成份在内，然而中原社会经济得到复苏却是无容置疑的。

屯田在安置流民方面当然也起了很大作用，但是，由于屯田的军事性质和剥削的苛重，其作用不免受到很大局限。早在屯田初期，屯田民

① 《三国志》卷四《魏书·三少帝纪·齐王（曹）芳纪》，第118页。

② 《三国志》卷四《魏书·三少帝纪·齐王（曹）芳纪》，第119页。

③ 《三国志》卷一六《魏书·郑浑传》，第509页。按中华书局校点本此处引文句读略有误，今径改。

④ 《三国志》卷一六《魏书·郑浑传》，第511页。

⑤ 《三国志》卷一六《魏书·苏则传》，第491页。

⑥ 《三国志》卷一六《魏书·仓慈传》注引《魏略》，第513页。

⑦ 《三国志》卷一五《魏书·司马朗传》，第466页。

⑧ 《三国志》卷一六《魏书·杜畿传》，第496页。

⑨ 《三国志》卷一六《魏书·郑浑传》，第511—512页。

逃亡、反抗事件即已比比发生，“是时，新募民开屯田，民不乐，多逃亡。”[①] 建安（196—220）初，襄陵校尉杜松部屯田民炅母等人即已聚众起义[②]，建安二十年（215）又有“屯田客吕并，自称将军，聚党据陈仓。”[③] 所以，屯田这种形式是不可能真正解决流民归农的社会问题的，这个问题归根结底还是有赖于充实、稳定州郡编户才有可能解决。

三　曹魏政权奠定在什么样的“经济基础”之上?

从前述两种观点出发，有的著作认为曹魏政权榨取粮谷和征集兵员的主要对象是屯田，因而得出曹魏政权赖以建立的“雄厚经济基础”是屯田的结论。

曹魏政权究竟建立在什么样的“经济基础”之上呢?

在中国皇权政治社会中屯田最盛的时期，当首推曹魏时期，然而即使在这个时期，屯田土地也只能是占全部耕地的次要部分而不是主要部分。曹魏统治区有12州、92郡、714县[④]，在这些郡县中，只有20余郡有屯田的记载，大约只占全部郡县的1/3左右。而在这些郡中，也不是所有县均有屯田，如司州河内郡领县10，只有怀、汲、野王三县有屯田，冀州广平郡领县15，仅列人1县有屯田。由此可知，当时大部分土地为州郡农民土地，而不是屯田土地。同样，其时农民的主要成员也不是屯田民，而是州郡编户农民。

屯田固然是曹魏政权剥削的重要对象，但是它不可能成为国家财政收入正常的、经常性的来源。屯田往往为特定的需要而设，也常因特定需要的满足或其他原因而取消或减少或转移，断断续续地时起时伏地进行。如淮南和许下是曹魏最著名最重要的两个屯田区，淮南屯田曾经历五次兴废，许下屯田亦有三次起落[⑤]。

---

① 《三国志》卷一一《魏书·袁涣传》，第334页。

② 《三国志》卷一八《魏书·吕虔传》，第540页。

③ 《三国志》卷二三《魏书·赵俨传》，第669页。

④ （清）杨晨撰:《三国会要》卷八《方域下·州郡》，中华书局1956年版，第93—115页。按，清钱仪吉《三国会要》卷三五《舆地二·魏州郡上》载曹魏统治区有12州、93郡国、720县（上海古籍出版社1991年版，第687页）。

⑤ 详见拙作《三国时期的自耕农经济》，《北京师范大学学报》1984年第2期。

曹魏政权主要的剥削对象只能是州郡农民。马克思在分析19世纪中叶法国波拿巴王朝的统治基础时，指出个体小农是法国农村的基本单位，“一批这样的单位就形成一个村子，一批这样的村子就形成一个省”①，而他们“不能代表自己，一定要别人来代表他们。他们的代表……是不受限制的政府权力”②。这种小农对政府“肩负着赋税的重担。赋税是官僚、军队、教士和宫庭的生活来源，一句话，它是行政权的整个机构的生活来源。强有力的政府和繁重的赋税是一回事。小块土地所有制按其本性说来是无数全能的官僚立足的基础”③。这同样适用于中国的皇权专制社会，州郡编户主要就是这种个体小农。他们就是曹魏政权赋税的主要对象，并赖之而建立“雄厚的经济基础”。

在我国皇权专制社会中曾长期实行的对于个体农民的租调制度，基本上定型于曹魏时期。在屯田的同时，曹魏政权制订并逐步完善了租调制度，史言“初，太祖为司空时，以己率下，每岁发调，使本县平赀”④。曹操于建安元年（196）拜司空，其时沿袭东汉制度，可知对于个体农民的赋敛不存在空白时期。建安五年（200）“始制新科下州郡，又收租税绵绢”⑤，对租调制度作了新的规定。建安九年（204）进一步作出明确规定：“其收田租亩四升，户出绢二匹、绵二斤。”⑥

对于州郡编户的租调剥削是曹魏政权赖以建立的“经济基础”。对此，当时的政治家就有明确的认识，杜恕认为，兖、豫、司、冀四州是曹魏“天下之腹心”，如果“腹心充实，四支虽病，终无大患”，足以“堪四支之重”⑦。事实也正是如此，以冀州为例，建安九年（204）曹操领冀州牧后，即“案户籍，可得三十万众，故为大州”，故崔琰说他“校计甲兵，唯此为先。”⑧ 随着社会经济的发展，其重要性日益增加，杜恕

---

① 中共中央马克思恩格斯列宁斯大宁著作编译局编译：《马克思恩格斯选集》第1卷《路易·波拿巴的雾月十八日》，人民出版社2012年版，第762页。

② 《马克思恩格斯选集》第1卷《路易·波拿巴的雾月十八日》，第763页。

③ 《马克思恩格斯选集》第1卷《路易·波拿巴的雾月十八日》，第766页。

④ 《三国志》卷九《魏书·曹洪传》注引《魏略》，第278页。

⑤ 《三国志》卷一二《魏书·何夔传》，第380页。

⑥ 《三国志》卷一《魏书·武帝纪》注引《魏书》，第26页。

⑦ 《三国志》卷一六《魏书·杜畿附子（杜）恕传》，第500页。

⑧ 《三国志》卷一二《魏书·崔琰传》，第367—368页。

盛称“冀州户口最多，田多垦辟，又有桑枣之饶，国家征求之府。”① 可见这里是曹魏政权榨取粮谷和征集兵员的重要基地之一。

四 关于屯田史料运用的问题

对于屯田的作用与地位之所以估计过高，除了认识上的原因之外，我想史料运用方面的问题也是一个重要的原因。有的著作为了强调屯田的作用，往往把本不属于屯田的材料，也当作屯田材料加以运用。兹将个人肤浅的认识提出以供商讨。

为了强调屯田对于恢复社会经济的作用，有的著作认为“贾逵之为豫州，颜斐为京兆太守，郑浑为沛郡太守，徐邈为凉州，皇甫隆为敦煌太守，都修水利，课佃耕，因此屯田在全国范围推行起来”②，有一些著作除了列举上述州郡牧守外，还加上杜畿为河东太守等事，以证明屯田对于“兴复农业，充实仓储的重大作用”。

但是事实上，在上述州郡牧守中，除徐邈在凉州曾“广开水田，募贫民佃之”③ 之外，并不见其他人有“课佃耕”、开屯田之事实。

如贾逵于魏文帝时为豫州刺史，史载其在州“外修军旅，内治民事”④。所谓“治民事”，当主要指郡县之事，而非屯田。恰是这位贾逵，此前在任弘农太守时，曾与屯田都尉发生争执，“都尉自以不属郡，言语不顺”⑤，论者常徵引以证明郡县与屯田为互不统属之两个系统。

颜斐为京兆太守，所主为民事而非屯田，更有明确的事实。他到官后，“乃令属县整阡陌，树桑果。”⑥ 京兆郡境之屯田归长安典农负责，二者并列而互不统属。同书称：“至青龙（233—236）中，司马宣王在长安立军市，而军中吏士多侵侮县民，（颜）斐以白宣王。宣王乃发怒召军市候，便于斐前杖一百。时长安典农与斐共坐，以为斐宜谢，乃私推筑斐。

---

① 《三国志》卷一六《魏书·杜畿附子（杜）恕传》，第499页。

② 侯外庐、赵纪彬、杜国庠、邱汉生：《中国思想通史》第3卷，人民出版社2011年版，第9页。

③ 《三国志》卷二七《魏书·徐邈传》，第740页。

④ 《三国志》卷一五《魏书·贾逵传》，第482页。

⑤ 《三国志》卷一五《魏书·贾逵传》，第481页。

⑥ 《三国志》卷一六《魏书·仓慈传》注引《魏略》，第513页。

斐不肯谢，良久乃曰：‘斐意观明公受分陕之任，乃欲一齐众庶，必非有所左右也。而典农窃见推筑，欲令斐谢；假令斐谢，是更为不得明公意也。’宣王遂严持吏士。自是之后，军营、郡县各得其分。”① 从这段记载可知：与京兆太守并立的还有长安典农，颜斐所主为“县民”，典农所主为“军中吏士”，二者互不统属，“军营、郡县各得其分”。

杜畿在河东，所主为民事而非屯田，亦有明确之事实。其在郡内实行“与民无为”政策，这在军事性的屯田中是不可能的。除课民农桑和畜养牲畜外，杜畿还受理民之辞讼，为之耐心“陈大义，遣令归谛思之”②；他还“班下属县，举孝子、贞妇、顺孙，复其繇役，随时慰勉之。”③ 徭役为郡县编户民之负担，屯田民没有明确的徭役负担。

同样，郑浑、皇甫隆等所主为民事而非屯田，亦属不言自明，无庸赘述。

有的著作为了强调屯田对于兴修水利的作用，几乎把曹魏时期的水利都看作是发展屯田带来的成就。如有些著作说：“曹魏时兴修水利不少，有淮南的芍陂、茹陂、七门、吴塘诸堨，有贾逵所修鄢、汝新陂，有郑浑所修萧、相二县内的郑陂，有夏侯惇所修太寿陂，有刘靖所修幽州的戾陵堨、车箱渠，有青龙年间所修成国渠、临晋陂，以及邓艾所修淮阳、百尺二渠及淮、颍诸陂等……这些都是当时较大的水利工程，在当时广开屯田的要求下兴修的。”④

在这些水利工程中，有的是因屯田而兴修的，如夏侯惇“断太寿水作陂”，是为了“率将士劝种稻”，用于军屯之需⑤；刘馥在扬州“广屯田，兴治芍陂及茹陂、七门、吴塘诸堨以溉稻田”⑥；邓艾“修广淮阳、百尺二渠”“大治诸陂于颍南、颍北”⑦，是为两淮军屯所需。而有一些水利工程，则与屯田并无关系，是为郡县农民所用者。如郑浑在沛郡，“郡

① 《三国志》卷一六《魏书·仓慈传》注引《魏略》，第 513—514 页。
② 《三国志》卷一六《魏书·杜畿传》，第 496 页。
③ 《三国志》卷一六《魏书·杜畿传》，第 496 页。
④ 韩国磐：《魏晋南北朝史纲》，人民出版社 1983 年版，第 51—52 页。
⑤ 《三国志》卷九《魏书·夏侯惇传》，第 268 页。
⑥ 《三国志》卷一五《魏书·刘馥传》，第 463 页。
⑦ 《晋书》卷二六《食货志》，第 785 页。

界下湿，患水涝，百姓饥乏。浑于萧、相二县界，兴陂遏，开稻田。郡人皆以为不便，浑曰：‘地势洿下，宜溉灌，终有鱼稻经久之利，此丰民之本也。’遂躬率吏民，兴立功夫，一冬间皆成。比年大收，顷亩岁增，租入倍常，民赖其利，刻石颂之，号曰郑陂。”① 这显然是郡民自修自益之水利工程。贾逵在豫州，“遏鄢、汝，造新陂，又断山溜长溪水，造小弋阳陂，又通运渠二百余里，所谓贾侯渠者也。”② 这些水利一部分当属其“治民事”所为，属郡县民所用，至于贾侯渠则因“州南与吴接”③，为战备粮运之所需。

还有一些水利则郡县与屯田均可受益，并非单为屯田而修。如嘉平二年（250）由刘靖始建，景元三年（262）樊晨更修的戾陵渠大堨，是河北最大水利工程之一，“水流乘车箱渠，自蓟西北径昌平，东尽渔阳潞县，凡所润含四五百里，所灌田万有余顷”④，其中“出给郡县”受益面积为“五千九百三十顷”⑤，可知有一半属郡县所用，“三更种稻，边民利之”⑥。同样，关中的成国渠也必不仅为屯田，因为这里除几处屯田点外，还有广大郡县个体农民。

有的著作为了强调屯田对于开垦荒田、恢复和发展农业方面的作用，把一些不属屯田的材料也当作屯田所为而用之。除了把上述郑浑、贾逵、杜畿、颜斐等人在郡县督劝开荒说成屯田成绩外，还把冀州“户口最多，田多垦辟”⑦，西晋初汲郡太守王宏“督劝开荒五千余顷”⑧ 等，都作为“由于广开屯田，兴修水利，因而开垦了不少荒地”的例证。冀州虽置有屯田，但是冀州所垦辟之田不可能全因屯田而开。杜恕此疏是专论州郡牧守“独修务本之业”的重要性的，以冀州垦田为例证之，故所指似应属州郡编户所垦。史载王宏“为汲郡太守，抚百姓如家，耕桑树艺，屋

---

① 《三国志》卷一六《魏书·郑浑传》，第511页。

② 《三国志》卷一五《魏书·贾逵传》，第482页。

③ 《三国志》卷一五《魏书·贾逵传》，第482页。

④ （北魏）郦道元著，（民国）杨守敬、熊会贞疏，段熙仲点校，陈桥驿复校：《水经注疏》卷一四《鲍丘水》，江苏古籍出版社1989年版，第1223—1224页。

⑤ 《水经注疏》卷一四《鲍丘水》，第1224页。

⑥ 《三国志》卷一五《魏书·刘馥附子（刘）靖传》，第465页。

⑦ 《三国志》卷一六《魏书·杜畿附子（杜）恕传》，第499页。

⑧ 《晋书》卷九〇《良吏·王宏传》，第2333页。

宇阡陌，莫不躬自教示，曲尽事宜，在郡有殊绩”①，其“督劝开荒五千余顷”即为“殊绩”之一，显然指郡县编户所开。王宏为汲郡太守在泰始（265—274）初，曹魏咸熙元年（264）已宣布罢屯田，泰始二年（266）再次下令罢屯田，其督劝开荒即在其时，故亦不属屯田。要之，曹魏时期垦荒是在郡县和屯田普遍地开展的，其时“土广民稀，中地未垦”②，魏晋考课地方官吏的依据之一是“皆以户口率其垦田之多少”③。

有的著作为了强调屯田对于解决流民问题的作用，也往往把本不属屯田的材料算在屯田的帐上。如《三国志·卫觊传》所记招抚从荆州回归关中流民十万余户，就常常被当作屯田安置流民的例证。当时负责这项工作的是司隶校尉钟繇，史称“司隶校尉留治关中以为之主”④，据《资治通鉴》卷六十三《汉纪五十五》建安四年（199）注：“时以钟繇为司隶校尉。据《魏略》及《三国志》，繇实治洛阳，盖暂治弘农，以招抚关中也。”⑤ 据《钟繇传》，“自天子西迁，洛阳人民单尽，繇徙关中民，又招纳亡叛以充之，数年间民户稍实”，则其所招纳之流民乃被安置为“民户”。

史传中也零星地留下了这十万余流民回乡为编户民的记载，如《魏略·勇侠传》载：鲍出，京兆新丰人，“兴平（194—195）中，三辅乱”，他携老母、兄弟“相扶持，客南阳。建安五年（200），关中始开，（鲍）出来北归……到乡里。乡里士大夫嘉其孝烈，欲荐州郡，郡辟召出，出曰：‘田民不堪冠带。’”⑥ 杜畿，京兆杜陵人，“会天下乱，遂弃官客荆州，建安（196—219）中乃还”⑦，“在荆州数岁……以三辅开通，负其母丧北归……到乡里”⑧。他们均返回原籍，多数应象鲍出一样成为“田民”。

以上所述，并无否定屯田作用与地位的意思。曹魏屯田毕竟是中国皇权政治社会史上一项重要措施，是历代屯田中成绩最著者，对于汉末

① 《晋书》卷九〇《良吏·王宏传》，第2333页。
② 《后汉书》卷四九《仲长统传》，第1656页。
③ 《三国志》卷二一《魏书·刘廙传》注引《廙别传》，第617页。
④ 《三国志》卷二一《魏书·卫觊传》，第610页。
⑤ 《资治通鉴》卷六三，汉献帝建安四年（199）十一月胡注，第2018页。
⑥ 《三国志》卷一八《魏书·阎温传》注引《魏略·勇侠传》，第553页。
⑦ 《三国志》卷一六《魏书·杜畿传》，第494页。
⑧ 《三国志》卷一六《魏书·杜畿传》注引《魏略》，第494页。

遭受严重破坏的社会经济来说，无疑起了拯时救弊的积极作用。但是，通观曹魏时期社会经济全貌及其各项措施，屯田所起的作用应在州郡个体农民之下，对其历史地位应作恰如其分的估价。州郡编户及其经济是中国皇权政治社会主要剥削对象和统治基础，曹魏时期也不例外。

（原刊《四川师院学报》1985 年第 1 期，题为《略论曹魏屯田的历史作用与地位》。中国人民大学报刊复印资料中心《魏晋南北朝隋唐史》1985 年第 4 期、《经济史》1985 年第 4 期分别全文转载。编入学苑出版社 1999 年 7 月第 1 版《魏晋南北朝史论》时，改为今题。今据《魏晋南北朝史论》刊文，并参考原刊文整理。李文才敬识。）

西晋占田制的历史渊源

西晋占田制是中国古代土地制度史上聚讼纷纭的问题之一。其长期未决的原因，不仅是史料的缺乏，亦由于在研究方法上往往局限于就《晋书·食货志》所载占田令而论占田。而要正确认识西晋占田制，须放眼它的发生发展的全过程，弄清其来龙去脉，将其置于历史运动的过程中加以考察。所以，本文试图从探讨它的历史渊源入手，以期对这一问题能获得进一步的认识。

关于西晋占田制的产生，史学界的看法主要有如下几种：（1）认为占田制是西晋的首创，与前代田制没有关系①。（2）认为它是从曹魏屯田制发展而来的②。（3）认为它是汉代限民名田的发展③。第二、三种意见已开始摆脱就占田令而论占田的局限，力图从历史的联系中去认识它。我个人基本上同意第三种意见，认为它在西晋占田制的研究中是一个突破。兹踵其后而稍事补苴，以就正于诸贤。

一　西晋占田制是战国以来占田实践的法典化

西晋占田制是战国秦汉以来占田制度发展的产物，是中国封建社会④

---

① 王天奖：《西晋的土地和赋税制度》，《历史研究》1956 年第 7 期。

② 持此观点者较多，如：侯外庐《中国封建社会史论》；范文澜《中国通史》第 2 册；韩国磐《魏晋南北朝史纲》；贺昌群《汉唐间封建土地所有制形式研究》；苑士兴《曹魏屯田制与西晋占田制》，载《教学研究集刊》1955 年第 1 期，等。

③ 唐长孺：《西晋户调式的意义》，《魏晋南北朝史论丛续编》，生活·读书·新知三联书店 1959 年版；高敏：《关于西晋占田、课田制的几个问题》，《历史研究》1983 年第 3 期。

④ 【整理者按】“封建社会”一词乃是中华人民共和国成立以后，中国学术界统一、法定的用法，用以指称人类社会历史演变的第三个历史阶段。黎虎先生晚年构建了全新的中国古史分期暨社会性质的理论体系，提出中国古史发展所经历的三个阶段：无君群聚社会——王权众庶（转下页）

前期占田实践和理论的总结及其法典化。它的产生，大体经历了四个发展阶段。

第一阶段：商鞅“名田宅”与秦始皇“自实田”。这个阶段包括从商鞅变法到西汉文景之时，其主要特点是占而不限，即国家允许人民占有私田，但并未加以任何法律上的限制。在三代井田制下，“溥天之下，莫非王土”。这种公有土地不许买卖，即所谓“田里不粥（鬻）”[①]。这时没有也不可能实行占田制。到了战国时期，商鞅变法顺应了春秋以来土地私有化的趋势，“改帝王之制，除井田，民得卖买”[②]，标志着土地私有制的确立，占田制亦从此开始诞生。当时规定人民可“各以差次名田宅，臣妾衣服以家次”[③]，这是历史上第一次从法律上允许人民“名田”。“名田”就是“占田”，《汉书》卷二十四上《食货志上》注引师古曰：“名田，占田也。”《史记》卷三十《平准书》司马贞“索隐”谓“名田”者，“以名占田也”。

这个阶段占田的一个突出特点是：不加限制。仲长统曾经指出商鞅变法后“分田无限”[④]，杜佑亦谓秦“废井田，制阡陌，任其所耕，不限多少”[⑤]。马端临也反复强调“秦人应敌于外，故废井田制阡陌，任其所耕，不限多少”，并引吴氏语曰：“民田多者以千亩为畔，无复限

（接上页）社会——皇权吏民社会。上述“五种生产方式论”体系中的“封建社会”大致与黎虎先生的“皇权吏民社会”相对应。不过，出于尊重历史考虑，本文有关“封建社会”“封建统治者”“封建地主阶级”“封建依附关系”“封建国家”等说法，此番修订一律保持原貌而不作修改。同时这也是黎虎先生最后的决定，2022 年 4 月学苑出版社拟出版黎虎先生的《魏晋南北朝史论》增订本，因为先生当时将修订的任务交由整理者负责，故整理者曾就此类问题和先生进行过交流，先生当时指示应尊重历史，盖因当年撰写此文时尚未形成其关于中国古史分期暨社会性质问题的理论体系，而只能采用当时学术语境下的统一称呼。

① （汉）郑玄注，（唐）孔颖达疏，龚抗云整理，王文锦审定：《礼记正义》卷一二《王制》：“田里不粥”，【正义】曰：“田地里邑，既受之于公，民不得粥卖。”（北京大学出版社 2000 年版，第 465 页。）

② （汉）班固撰，（唐）颜师古注：《汉书》卷二四上《食货志上》，中华书局 1962 年版，第 1137 页。

③ （汉）司马迁撰，（南朝·宋）裴骃集解，（唐）司马贞索隐，（唐）张守节正义：《史记》卷六八《商君列传》，中华书局 1959 年版，第 2230 页。

④ （南朝·宋）范晔撰，（唐）李贤等注：《后汉书》卷四九《仲长统传》，中华书局 1965 年版，第 1651 页。

⑤ （唐）杜佑撰，王文锦、王永兴、刘俊文、徐庭云、谢方点校：《通典》卷一《食货典一·田制上》，中华书局 1988 年版，第 6 页。

制矣。”[①] 这种占而无限的政策，符合当时历史发展的要求。其时需要大力发展土地私有制，以奠定新的经济基础。土地私有是当时历史的潮流，“意民之情，其所欲者田宅也”[②]，故必须“利其田宅”“与其所欲，而不使行其所恶”[③]，满足其土地私有的欲望。耕战政策的重要内容之一便是鼓励占垦荒田，以使“故田不荒”而“草必垦”[④]。“惟恐人无力以耕之”，故“但问垦田几亩……天下之民皆可以得田而耕之”[⑤]“尽人力垦辟弃地，悉为田畴”[⑥]。国家保护这种私有土地，《秦律》规定“盗徙封”者处以耐刑（一种剃去须鬓的刑罚）。所谓“封”，就是“田阡陌顷畔封”[⑦]，即商鞅废井田后所置阡陌。

秦始皇统一后，把从秦国开始的这种占田制度推向全国，始皇三十一年（前216）令天下“使黔首自实田”[⑧]，人民已占的土地，只要向政府如实呈报登记即被视为合法，国家承认占田者的土地所有权。所以“实田”就是“名田”，就是“占田”。这项命令也没有对占田作出任何限制，它仍然是商鞅变法以后在秦国实行的占田制度的继续。

汉初继承秦代的占田制度。“汉兴，接秦之弊”[⑨]“循而未改”[⑩]。汉高祖五年（前202）诏曰：“民前或相聚保山泽，不书名数，今天下已定，令各归其县，复故爵田宅”[⑪]，重申前代占田之制。其时“未有并兼之害，故不为民田及奴婢为限”[⑫]，仍然执行占而不限的政策。

第二阶段：董仲舒“限民名田”。这个阶段为西汉中后期，其特点是：改变前代“占而不限”的政策，首次提出“占而有限”的主张。何

---

① （元）马端临撰：《文献通考》卷一《田赋一》，中华书局1986年版，第31页。

② （清）孙诒让撰，祝鸿杰点校：《商子校本》卷四《徕民》，中华书局2014年版，第64页。

③ 《商子校本》卷四《徕民》，第65页。

④ 《商子校本》卷一《垦令》，第22页。

⑤ 《文献通考》卷二《田赋二》引水心叶氏语，第42页。

⑥ 《文献通考》卷一《田赋一》引朱子《开阡陌辩》，第31页。

⑦ 睡虎地秦墓竹简整理小组编：《睡虎地秦墓竹简》图版《法律答问》，文物出版社1990年版，第54页。

⑧ 《史记》卷六《秦始皇本纪》集解引徐广曰，第251页。

⑨ 《史记》卷三〇《平准书》，第1417页。

⑩ 《汉书》卷二四上《食货志上》，第1137页。

⑪ 《汉书》卷一下《高帝纪下》，第54页。

⑫ 《汉书》卷二四上《食货志上》，第1142页。

以董仲舒会产生“占而有限”的思想呢？秦和汉初的占田制，由于不受任何限制，与之俱来产生了土地兼并和两极分化的问题。“自秦孝公用商鞅计，乃隳经界，立阡陌。虽获一时之利，而兼并踰僭兴矣。”① 秦法之精神在“尊奖并兼之人”，于是“巧猾之萌，遂肆其意”② “兼并之患自此起”③。其结果是“富者田连阡陌，贫者无立锥之地”④ “庶人之富者累巨万，而贫者食糟糠”⑤ “井田之变，豪人货殖，馆舍布于州郡，田亩连于方国。”⑥ 秦末农民起义打击了这种兼并势头，但由于汉初统治者继续执行秦代占田制度，文景之时土地兼并又开始严重起来，不仅官僚、地主在兼并农民，商人也在兼并农民，农民纷纷“卖田宅鬻子孙以偿责”⑦ “并兼豪党之徒以武断于乡曲”⑧。这种情况到汉武帝时愈益严重，于是董仲舒向汉武帝提出上述主张。他说：“古井田法虽难卒行，宜少近古，限民名田，以澹不足，塞并兼之路。”⑨ 他所提出的“限民名田”，有别于井田制，是在坚持前代占田制度的基础上加以限制。

在“限民名田”思想指导下，汉武帝时曾先后采取某些相应的措施，以“摧浮淫并兼之徒”⑩，这些措施具体包括：（1）置刺史 13 人，省察郡县，以六条问事，其第一条即为“强宗豪右，田宅踰制，以强凌弱，以众暴寡。”⑪ 这时可能已制订了占田宅的限额——“制”，故颜师古注“限民名田”时也说：“名田，占田也。各为立限，不使富者过制，则贫弱之家可足也。”⑫ 其“制”如何，史无明文。（2）任用酷吏打击豪强。如王温舒为河内太守，到任后，“捕郡中豪猾，相连坐千余家。上书请，

---

① 《通典》卷一《食货典一·田制上》，第 3 页。

② 《通典》卷一《食货典一·田制上》载崔寔《政论》，第 13 页。

③ 《文献通考》卷一《田赋一》引吴氏曰，第 31 页。

④ 《通典》卷一《食货典一·田制上》，第 9 页。

⑤ 《汉书》卷二四上《食货志上》，第 1126 页。

⑥ 《后汉书》卷四九《仲长统传》附《损益篇》，第 1651 页。

⑦ 《汉书》卷二四上《食货志上》，第 1132 页。

⑧ 《汉书》卷二四上《食货志上》，第 1136 页。

⑨ 《汉书》卷二四上《食货志上》，第 1137 页。

⑩ 《史记》卷三〇《平准书》，第 1425 页。

⑪ （晋）司马彪撰，（梁）刘昭注补：《续汉书·百官志五》引蔡质《汉仪》，点校本《后汉书志》第二十八，中华书局 1965 年版，第 3617 页。

⑫ 《汉书》卷二四上《食货志上》注引“师古曰”，第 1138 页。

大者至族，小者乃死，家尽没入偿臧”[①]，没收的财产“或收入官，或还其主”[②]，史称“是时郡守尉诸侯相二千石欲为治者，大抵尽效王温舒等”[③]，故严延年辈“其治务在摧折豪强，扶助贫弱。”[④]（3）强化打击商人的政策。汉初惠帝、高后时，“弛商贾之律”[⑤]，于是商人大肆“兼并农人”[⑥]。汉武帝厉行打击商贾势力，一方面从法律上禁止商人占田，规定“贾人有市籍者，及其家属，皆无得籍名田，以便农。敢犯令，没入田僮。”[⑦] 司马贞“索隐”曰：“谓贾人有市籍，不许以名占田也”“若贾人更占田，则没其田及僮仆，皆入之于官也。”[⑧] 另一方面则通过“告缗”以剥夺商人已占的田宅。“杨可告缗遍天下”，使“商贾中家以上大率破”“得民财物以亿计，奴婢以千万数，田大县数百顷，小县百余顷，宅亦如之。”[⑨] 汉武帝的抑商政策，是贯彻“限民名田”政策的措施之一。

但是上述举措只是一些权宜性的措施，还没有从制度上加以改革，没有制订比较系统而具体的占田法令，而实际执行的仍然是占而不限的政策，马端临谓：“汉时官未尝有授田限田之法，是以豪强田连阡陌而贫弱无置锥之地。”[⑩] 官僚、地主通过“侵夺民田宅”[⑪] “买田宅不法”[⑫]“占垦草田”[⑬] 等方式占得大量土地。不论采取何种方式，均可称之“占田”，如张禹“多买田至四百顷，皆泾渭溉灌，极膏腴上贾”[⑭]，杜佑径称之曰：“孝成帝之时，张禹占郑白之渠四百余顷，他人兼并者类此”[⑮]。

关于“占垦草田”，有的学者认为是国有性质的土地。这一看法似有

---

① 《汉书》卷九〇《酷吏传·王温舒传》，第 3656 页。
② 《汉书》卷九〇《酷吏传·王温舒传》注引“师古曰”，第 3656 页。
③ 《汉书》卷九〇《酷吏传·咸宣传》，第 3662 页。
④ 《汉书》卷九〇《酷吏传·严延年传》，第 3669 页。
⑤ 《史记》卷三〇《平准书》，第 1418 页。
⑥ 《汉书》卷二四上《食货志上》，第 1132 页。
⑦ 《史记》卷三〇《平准书》，第 1430 页。
⑧ 《史记》卷三〇《平准书》司马贞“索隐”，第 1431 页。
⑨ 《史记》卷三〇《平准书》，第 1435 页。
⑩ 《文献通考》卷三《田赋三》，第 48 页。
⑪ 《史记》》卷一一八《淮南衡山列传》，第 3083 页。
⑫ 《汉书》卷一六《高惠高后文功臣表》，第 622 页。
⑬ 《汉书》卷七七《孙宝传》，第 3258 页。
⑭ 《汉书》卷八一《张禹传》，第 3349 页。
⑮ 《通典》卷一《食货典一·田制上》，第 11 页。

可商榷处。我以为任何“草田”（荒田）在垦种以前虽然名义上都可以说是国有，所谓“其地有草者，尽曰官田”[1]，但一经垦种，即可成为私有土地，这是从商鞅变法以来一脉相承的传统。自秦“尽开阡陌，悉除禁限，而听民兼并买卖，以尽人力垦辟弃地，悉为田畴，而不使其有尺寸之遗，以尽地利，使民有田即为永业，而不复归授”[2]。以著名的王立“占垦草田”为例，《汉书·孙宝传》说：王立“使客因南郡太守李尚占垦草田数百顷，颇有民所假少府陂泽，略皆开发，上书愿以入县官。有诏郡平田予直，钱有贵一万万以上。”[3] 这个记载表明，“草田”只要“略加开发”即成为私田，可以出卖，政府是承认的。所以当王立“上书云新垦得此田”后，准备转卖给政府时，于是“有诏郡平田予直”，颜师古注曰：“受其田而准偿价直也”，并得到“增于时价”的优厚价格。王立之所以后来被弹劾，不是因为他占垦草田，而是其中还有不少少府假民的公田，他把这种公田也“总谓为草田，占云新自垦”（师古注）[4]，于是被孙宝“发其奸”，以“怀奸罔上，狡猾不道”[5] 之罪名而遭弹劾。这与曹魏时何晏等分割典农部桑田“及坏汤沐地以为产业”[6]，晋初刘友、司马睦、山涛、武陔等“占官三更稻田”[7]，裴秀“占官稻田”[8] 等，其性质是相同的。

当然，汉代在放任地主阶级占田的同时，为了维护其统治剥削的基础，也允许农民等直接劳动者占田，汉武帝规定除商人外均可“名田”，目的是“以便农”。对于被官僚地主兼并而排挤出土地的流民，政府亦允许其重新占田，“流民自占”一类的记载即指此而言，颜师古注曰：“占者，谓自隐度其户口而著名籍也。”[9] 从原则上讲，占户者即有权占得土

---

① 《后汉书》卷四九《仲长统传》附《损益篇》，第 1656 页。

② 《文献通考》卷一《田赋一》引朱子《开阡陌辩》，第 31 页。

③ 《汉书》卷七七《孙宝传》，第 3258 页。

④ 《汉书》卷七七《孙宝传》注引“师古曰”，第 3259 页。

⑤ 《汉书》卷七七《孙宝传》，第 3259 页。

⑥ （晋）陈寿撰，（南朝·宋）裴松之注，陈乃乾校点：《三国志》卷九《魏书·曹真传》附子《曹爽传》，中华书局 1959 年版，第 284 页。

⑦ （唐）房玄龄等撰：《晋书》卷四一《李憙传》，中华书局 1974 年版，第 1189 页。

⑧ 《晋书》卷三五《裴秀传》，第 1039 页。

⑨ 《汉书》卷八《宣帝纪》注引“师古曰”，第 248 页。

地。由于这个阶段虽有“限民名田”的主张和某些措施，但在实际上实行的仍然是占而不限的政策，所以西汉中后期土地兼并问题愈演愈烈。

第三阶段：何武、孔光占田令的颁布。这个阶段的特点是第一次制订了占田法令，规定了占田、占奴婢的最高限额，把“限民名田”的主张变为具体的法令。到汉哀帝即位时，西汉的土地兼并已发展到非常严重的地步，“累世承平，豪富吏民訾数巨万，而贫弱愈困”[①]“诸侯王、列侯、公主、吏二千石及豪富民多畜奴婢，田宅亡限，与民争利，百姓失职，重困不足。”[②] 于是地主阶级政治家企图改革占田制度，以解救社会危机。辅政的师丹向哀帝提出“宜略为限”的建议，哀帝下诏“其议限列”。经过讨论，由丞相何武、大司空孔光主持制订了占田法令，规定：“诸王、列侯得名田国中，列侯在长安及公主名田县道，关内侯、吏民名田，皆无得过三十顷。诸侯王奴婢二百人，列侯、公主百人，关内侯、吏民三十人。年六十以上，十岁以下，不在数中。贾人皆不得名田、为吏，犯者以律论。诸名田畜奴婢过品，皆没入县官。”[③] 这是我国历史上第一部占田法令。它有如下值得注意者：（1）它肯定了从商鞅变法以来所确立的土地私有制度，承认从诸侯王到吏民均有占田、占奴婢的权利，肯定了占田的合法性。唯限制商人占田，而占奴婢不限。（2）它规定了占田、占奴婢的最高限额，但占奴婢规定详于占田规定，占田只有一律无过30顷的限额，而没有区别各等级身份人员的占田数量；占奴婢则规定了三个级别的最高限额。这是董仲舒“限民名田”思想的具体化。(3)对于超过占田、占奴婢最高限额者加以惩罚，以保证占田令的贯彻执行。

将这项占田令与西晋占田令加以对照，就可以看到，西晋占田令的要素在这里已初步具备，两者基本精神是一致的。它是西晋占田令的直接原型。对于这道“名田令”，荀悦称之为“占田”：“至哀帝时，乃限人占田不得过三十顷”[④]。它也被称为“均田”，如《汉书·王嘉传》有云：“诏书罢菀，而以赐（董）贤二千余顷，均田之制从此堕坏”[⑤]，注

① 《汉书》卷二四上《食货志上》，第1142页。
② 《汉书》卷一一《哀帝纪》，第336页。
③ 《汉书》卷一一《哀帝纪》，第336页。
④ 《通典》卷一《食货典一·田制上》，第13页。
⑤ 《汉书》卷八六《王嘉传》，第3496页。

引孟康曰："自公卿以下至于吏民名[1]曰均田，皆有顷数，于品制中令均等。今赐贤二千余顷，则坏其等制也。"[2] 可见"名田""占田""均田"的含义是一致的。

何武、孔光占田令遭到官僚贵戚和豪绅大地主的反对，时"丁、傅用事，董贤隆贵，皆不便也。"[3] 豪绅大地主为对抗这一法令，纷纷抛售田宅奴婢，一时"田宅奴婢贾为减贱"[4]，故"虽有其制，卒难施行"[5]。于是"诏书且须后，遂寝不行"[6]。汉哀帝自己也没有打算执行占田令，"诏书罢菀，而以赐贤二千余顷，均田之制从此堕坏"。土地兼并有增无已，故建平四年（前3）鲍宣上书指出人民"七亡"之一即为"豪强大姓，蚕食亡厌。"[7]

有的著作把王莽的"王田"与董仲舒的"限民名田"和哀帝"占田"令相提并论，均看作是西晋占田令的渊源。我以为王莽的"王田制"与"占田制"是根本不同的两回事。王莽的"王田令"曰："更名天下田曰'王田'，奴婢曰'私属'，皆不得卖买。其男口不盈八，而田过一井者，分余田予九族邻里乡党。故无田，今当受田者，如制度。"[8] 王田制否定从秦汉以来的土地私有制，企图脱离当时的社会历史条件把全部土地收归国有，用平均主义的办法把土地占有拉平，用国家的名义实行授田。这种土地不许买卖，是不折不扣的国有土地。而占田法是承认土地私有制的，如哀帝占田法就是"自得有私田三十顷"[9]。它没有限制土地买卖，也不是由国家授田，而是承认已占的土地，不足者允许占足，过制者加以限制。虽然二者的目的都是为了解决当时土地兼并与奴婢问题，但二者是循着完全不同的途径和方法而行的。故区博谏王莽曰："井田虽圣王法，其废久矣。周道既衰，而民不从。秦知顺民之心，可以获

---

① 按，此处"名"下疑佚一"田"字。

② 《汉书》卷八六《王嘉传》注引"孟康曰"，第3497页。

③ 《汉书》卷二四上《食货志上》，第1143页。

④ 《汉书》卷二四上《食货志上》，第1143页。

⑤ 《通典》卷一《食货典一·田制上》，第13页。

⑥ 《汉书》卷二四上《食货志上》，第1143页。

⑦ 《汉书》卷七二《鲍宣传》，第3088页。

⑧ 《汉书》卷九九中《王莽传中》，第4111页。

⑨ 《汉书》卷一一《哀帝纪》注引"如淳曰"，第337页。

大利也，故灭庐井而置阡陌，遂王诸夏，讫今海内未厌其敝。今欲违民心，追复千载绝迹，虽尧舜复起，而无百年之渐，弗能行也。”[①] 他把两种田制区分得清清楚楚。所谓“顺民心”，就是顺应土地私有制的传统和要求而行占田制，所谓“违民心”，就是违反这个传统和要求而强行恢复井田制，因而是绝对行不通的。“莽知民怨，乃下书曰：‘诸名食王田，皆得卖之，勿拘以法。……’”[②] 取消了土地买卖的禁令，就等于宣布王田制的破产。

何武、孔光占田令失败，土地兼并和奴婢两大社会问题不得解决，虽经绿林、赤眉起义打击，有所缓解，但是，侵吞农民起义胜利果实而建立的东汉政权，是以豪强集团为支柱的政权，它继续执行维护豪强地主田庄经济的政策，土地兼并仍在发展，官僚、地主“田宅踰制，不可为准”[③]。针对这种情况，东汉统治者也不得不采取贯彻占田法精神的某些措施，以缓和这一矛盾：（1）度田。建武十五年（39），汉光武帝下诏州郡检核人民垦田实数，但“刺史太守多不平均，或优饶豪右，侵刻羸弱，百姓嗟怨，遮道号呼。”[④]（2）对占田逾制者偶尔实行打击。如桓帝时中常侍苏康、管霸“固天下良田美业，山林湖泽”，被“依科品没入之”[⑤]。此“科品”所据可能就是何武、孔光占田法。（3）鼓励流民占田。和帝永元八年（96）诏“民无名数及流民欲占者（爵）一级”[⑥]，安帝永初三年（109）正月，赐“流民欲占者人一级”[⑦]，元初元年（114）正月，赐“民脱无名数及流民欲占者人一级”[⑧]，顺帝永建元年（126）“流民欲自占者一级”[⑨]，永建四年（129）“流民欲占者人一级”[⑩]，阳嘉

---

① 《汉书》卷九九中《王莽传中》，第 4129—4130 页。

② 《汉书》卷九九中《王莽传中》，第 4130 页。

③ 《后汉书》卷二二《刘隆传》，第 781 页。

④ 《后汉书》卷二二《刘隆传》，第 780 页。

⑤ 《后汉书》卷六七《党锢列传·刘佑传》，第 2199 页。

⑥ 《后汉书》卷四《孝和帝纪》，第 181 页。

⑦ 《后汉书》卷五《孝安帝纪》，第 212 页。

⑧ 《后汉书》卷五《孝安帝纪》，第 220 页。

⑨ 《后汉书》卷六《孝顺帝纪》，第 252 页。

⑩ 《后汉书》卷六《孝顺帝纪》，第 256 页。

元年（132）“民无名数及流民欲占著者人一级”[①]。这类记载，史不绝书。不过，在国家赋役重压和豪强侵凌的情况下，流民自愿占田者是不会太多的，东汉统治者屡屡发诏就是一个明证。

第四阶段：荀悦提出“以口数占田”的主张与“计口而田”的社会实践。这个阶段从东汉末至西晋初，其特点是进一步要求确定每人的具体占田数额，改变从前笼统规定一个最高限额的办法，从而为西晋占田法作了进一步的准备。东汉一代没有认真制订并贯彻占田法，听任土地兼并发展，因而造成严重的社会危机，爆发了黄巾农民大起义，导致了统治阶级的分崩离析。在这种严重的社会危机和深刻的教训面前，汉末魏初许多地主阶级政治家、思想家都在探索解决这一矛盾的措施和办法。他们主要可以分为三派：一派主张坚持推行占田法，以荀悦为代表；一派主张恢复井田法，以仲长统、司马朗等人为代表；一派则主张在保持现状的基础上作某些调节，以崔寔为代表。

崔寔虽然看到了“尊奖并兼之人”所造成的“上家累巨亿之赀，斥地侔封君之土”，而“下户踦豱，无所跱足”[②] 的问题，但他主张采用前汉已实行过的“令人得去硗狭，就宽肥”的办法，“徙贫人不能自业者于宽地”，把“人稠土狭，不足相供”的青、徐、兖、冀四州无业之人迁往“土旷人稀”的“三辅左右及凉幽州内附近郡”[③]，企图在保持现状，完全不触动地主阶级原有的大土地占有状况的前提下，以解决土地兼并的问题，这显然是一种保守的治标的办法。

仲长统等人比崔寔高明一些，他们看到了造成土地兼并的原因在于占田无限。仲长统说，“虽亦由网禁疏阔，盖分田无限使之然也”[④]，故必须“限夫田以断并兼”[⑤]。但是如何限呢？他认为“非井田实莫由也”[⑥]。与他同时的司马朗也鼓吹“宜复井田”，认为“往者以民各有累世之业，难中夺之，是以至今。今承大乱之后，民人分散，土业无主，皆为公田，

① 《后汉书》卷六《孝顺帝纪》，第 259 页。

② 《通典》卷一《食货典一・田制上》载崔寔《政论》，第 13 页。

③ 《通典》卷一《食货典一・田制上》载崔寔《政论》，第 14 页。

④ 《后汉书》卷四九《仲长统传》附《损益篇》，第 1651 页。

⑤ 《后汉书》卷四九《仲长统传》附《损益篇》，第 1653 页。

⑥ 《后汉书》卷四九《仲长统传》附《损益篇》，第 1651 页。

宜及此时复之。”[①] 他们不是循着前代占田制度的基本方向前进，而是重蹈王莽的覆辙，走了另外一条道路。这种主张当然是行不通的，诚如马端临所说：“欲复井田是强夺民之田产以召怨讟，书生之论，所以不可行也。”[②]

荀悦比上述两派都高出一筹，他认为要解决“豪富强人占田逾多”[③]的问题，不能走井田法的老路，必须用占田法。他总结了前代实行占田法的历史经验，结合当时的实际情况，认为“既未悉备井田之法，宜以口数占田为之立限。人得耕种，不得卖买，以赡贫弱，以防兼并，且为制度张本，不亦宜乎”[④]。他是在批判何武、孔光占田令“三十顷又不平矣”的缺陷之后，进一步提出了“以口数占田为之立限”的主张，要求制定每个人占田的具体标准，而不是笼统地规定一个 30 顷的最高限额，从而为西晋占田法的制订，又作了一次理论上的准备。

不过，荀悦的主张中有“不得卖买”一条，这在他是煞费苦心的，因为他从前代占田的经验中看到，即使规定了限田的标准，而如果允许土地买卖，则土地兼并仍不能防止。他说：“诸侯不专封，富人名田踰限，富过公侯，是自封也。大夫不专地，人卖买由己，是专地也。或曰：‘复井田与?’曰：‘否。专地，非古也；井田，非今也。’‘然则如之何?’曰：‘耕而勿有，以俟制度可也。’”[⑤] 他既要防止“名田逾限”的弊端，又反对恢复井田，于是企图在国有土地与私有土地之间调和，采取折中办法。他认为禁止买卖，“耕而勿有”，就可达到“以防兼并”的目的。但是，这样一来便改变了土地所有制的性质，这在当时实行起来是困难的，故后来不为西晋占田法所采纳。不过，他的主张后来在均田法中得到了实现，桑田等永业田是土地私有部分，而不得买卖的露田则是“耕而勿有”的土地。此是后话，已不在本题所论范围。

何以新的占田法不在三国时，而要到西晋统一之后才制定和颁布呢?

---

① 《三国志》卷一五《魏书·司马朗传》，第 467—468 页。

② 《文献通考》卷一《田赋一》，第 36 页。

③ 《通典》卷一《食货典一·田制上》，第 13 页。

④ 《通典》卷一《食货典一·田制上》，第 13 页。

⑤ （汉）荀悦撰，（明）黄省曾注，孙启治校补：《申鉴注校补》卷二《时事第二》，中华书局 2012 年版，第 78 页。

这是由当时社会历史条件所决定的。三国时期颁布了田租户调制，而没有制定和颁布新的占田令。曹操虽然有“不患寡而患不均”的思想，并推行打击豪强、挫抑兼并的政策，但其重点不在解决土地兼并，而在革除“下民贫弱，代出租赋”的弊政，“无令强民有所隐藏，而弱民兼赋也”①，其重点在赋税制度的改革。曹操没有颁行占田法，这不是他的失策，而是历史条件使然。其时经过黄巾农民起义的打击，土地兼并问题还不突出，因此并无实行限田政策的迫切需要。当时主要的问题是：“承大乱之后，民人分散，土业无主，皆为公田”②“方今天下新定，土广民稀”③，于是曹魏在实行屯田的同时，又大力推行“占而不限”的政策，以扶植地主、自耕农经济。

在这种政策指导下，曹魏政权大力督劝开垦荒田，对州郡牧守“课之皆当以事，不得依名。事者，皆以户口率其垦田之多少……为得负之计”④，太和（227—232）年间钟毓建议“‘宜复关内开荒地，使民肆力于农’。事遂施行。”⑤ 他如汲郡太守王宏“督劝开荒五千余顷”⑥，郑浑在下蔡、邵陵课民“兼开稻田”⑦，在沛郡“开稻田”⑧ 等皆是。垦荒政策取得了显著成效，史称“田多垦辟”⑨“当黄初（220—226）中，四方郡守垦田又加，以故国用不匮。”⑩

垦荒就是占田。当时实行任民占田的政策，“但随其力之所能至而耕”⑪。如曾历宰城守的杨沛“身退之后，家无余积，治疾于家，借舍从儿，无他奴婢。后占河南几阳亭部荒田二顷，起瓜牛庐，居止其中，其妻子冻饿。”⑫ 这是在王畿腹地占田之事实。钟离牧，会稽山阴人，“少爱

---

① 《三国志》卷一《魏书·武帝纪》注引《魏书》，第 26 页。
② 《三国志》卷一五《魏书·司马朗传》，第 467—468 页。
③ 《三国志》卷二五《魏书·辛毗传》，第 697 页。
④ 《三国志》卷二一《魏书·刘廙传》注引《廙别传》，第 617 页。
⑤ 《三国志》卷一三《魏书·钟繇附子（钟）毓传》，第 400 页。
⑥ 《晋书》卷二六《食货志》，第 786 页。
⑦ 《三国志》卷一六《魏书·郑浑传》，第 509 页。
⑧ 《三国志》卷一六《魏书·郑浑传》，第 511 页。
⑨ 《三国志》卷一六《魏书·杜畿附子（杜）恕传》，第 499 页。
⑩ 《晋书》卷二六《食货志》，第 784 页。
⑪ 《文献通考》卷二《田赋二》引水心叶氏语，第 42 页。
⑫ 《三国志》卷一五《魏书·贾逵传》注引《魏略·杨沛传》，第 486—487 页。

居永兴，躬自垦田，种稻二十余亩。临熟，县民有识认之，牧曰：‘本以田荒，故垦之耳。’遂以稻与县人。县长闻之，召民系狱，欲绳以法。牧为之请。长曰：‘君慕承宫，自行义事，仆为民主，当以法率下，何得寝公宪而从君邪?’”[①] 这是在江南占田之事实。从上述事实可知，无论公私荒田均可任民占垦，谁垦种即属谁所有，当时的“公宪”亦即政府的法令保护垦种者的权益。至于到山区或边远地区占垦荒田，更不受任何限制。如常林，河内温人，后“避地上党，耕种山阿”[②]，还有不少“比邻”者在此与他一起占垦荒田。胡昭，颍川人，“始避地冀州”，后“转居陆浑山中，躬耕乐道”[③]，同时“避兵入山者千余家”[④]。田畴，右北平无终人，“率举宗族他附从数百人……入徐无山中，营深险平敞地而居，躬耕以养父母。百姓归之，数年间至五千余家。”[⑤] 管宁，北海朱虚人，避乱辽东，“庐于山谷”[⑥]“越海避难者，皆来就之而居，旬月而成邑。”[⑦] 这类情况，比比皆是。

但是，这种任民占垦的政策，却产生了两个问题：首先是广占土地而不尽耕种的现象日益普遍。上引钟离牧在永兴所垦种的20余亩稻田，即是县民所占而不种的土地，故钟离牧误以为是无主荒田而加以垦种。县长所提到的承宫一事，据《续汉书》记：承宫，琅邪人，“尝在蒙阴山中耕种禾黍，临熟，人就认之，宫便推与而去，由是发名”[⑧]。承宫所耕之地，亦属原主占而不耕之地。又如任嘏，乐安博昌人，“比居者擅耕嘏地数十亩种之，人以语嘏，嘏曰：‘我自以借之耳。’耕者闻之，惭谢还地。”[⑨] 任嘏的数十亩地亦属占而不耕之地，故比居者才得以“擅耕”。晋初，这种现象依然存在。齐献王司马攸奏称：“今地有余羡，而不农者众”。其原因之一是“附业之人复有虚假”，因此他建议“严敕州郡，检

① 《三国志》卷六〇《吴书·钟离牧传》，第1392页。
② 《三国志》卷二三《魏书·常林传》，第659页。
③ 《三国志》卷一一《魏书·管宁传》，第362页。
④ 《三国志》卷一一《魏书·管宁传》注引《高士传》，第363页。
⑤ 《三国志》卷一一《魏书·田畴传》，第341页。
⑥ 《三国志》卷一一《魏书·管宁传》，第354页。
⑦ 《三国志》卷一一《魏书·管宁传》注引《傅子》，第354页。
⑧ 《三国志》卷六〇《吴书·钟离牧传》注引《续汉书》，第1393页。
⑨ 《三国志》卷二七《魏书·王昶传》注引《别传》，第748页。

诸虚诈害农之事，督实南亩”[①]。这就是当时地主阶级政治家一再疾呼“尽地利”的原因所在。

在这种广占田地而不尽耕种的风气中，如能量力而为，不过量占田，则传为美谈佳话。西晋武帝泰始（265—274）年间，王裦“家贫躬耕，计口而田，度身而蚕”[②]，即按照家庭人口而耕种适量土地，并不多占力不胜耕的土地。我们尚不知道当时一口占多少土地为适度，不过这在当时应当是有个大概的标准的，如果不是政府已有这样的标准，那么民间也许有了约定俗成的准则。荀悦提出“以口数占田”的主张，当是那时已有这种客观实际的反映，而王裦正是在实践荀悦的这种占田思想。

其次，这种任民占垦的政策促进了土地兼并的发展。早在汉末魏初天下大乱时，地主阶级已在乘机“求田问舍”[③]，尤以“袁氏之治也，使豪强擅恣，亲戚兼并”[④] 为甚。三国鼎立局面形成后，随着社会经济的恢复，土地兼并亦随之发展。太和（227—232）年间，仓慈为敦煌太守，这里“旧大族田地有余，而小民无立锥之土”[⑤]。徐陵曾历任守令，而死后“僮客土田，或见侵夺”[⑥]。到了魏末晋初，已发展到“人之田宅既无定限”[⑦] 的地步。地主阶级不仅“侵剥百姓”[⑧]，甚至侵占官田为己有，如上引何晏、刘友、山涛、司马睦、武陔、裴秀等即是其例。

魏晋官僚、地主的特点是在广占田地的同时，又竞相私占依附农民。泰始五年（269）敕曰：“豪势不得侵役寡弱，私相置名。”[⑨] 所谓“私相置名”，就是将国家编户变为私家的荫户。咸宁三年（277）司马睦“遣使募徙国内八县受逋逃、私占及变易姓名、诈冒复除者七百余户”[⑩]。司马睦于泰始（265—274）年间封中山王，邑 5200 户，其私占荫户竟达封

---

① 《晋书》卷三八《文六王·齐王（司马）攸传》，第 1132 页。

② 《三国志》卷一一《魏书·王脩传》注引王隐《晋书》，第 348 页。

③ 《三国志》卷七《魏书·吕布传》附《陈登传》，第 229 页。

④ 《三国志》卷一《魏书·武帝纪》注引《魏书》，第 26 页。

⑤ 《三国志》卷一六《魏书·仓慈传》，第 512 页。

⑥ 《三国志》卷五七《吴书·虞翻传》注引《会稽典录》，第 1324 页。

⑦ 《晋书》卷四六《李重传》，第 1311 页。

⑧ 《晋书》卷四一《李憙传》，第 1189 页。

⑨ 《晋书》卷二六《食货志》，第 786 页。

⑩ 《晋书》卷三七《宗室·高阳王（司马）睦传》，第 1113 页。

国户数的七分之一。

西晋占田令就是在这样的历史传统和社会条件下产生的。对西晋占田令内容进行分析，就可以看到，它一方面继承了商鞅变法以来的历史传统，吸收了历代占田的主张与实践经验，另一方面又依据当时的社会条件而有所发展。首先，西晋占田法继承并肯定了商鞅“名田宅”和秦始皇“自实田”以来的土地私有制的传统，规定从国王公侯至吏民均有占田的权利，即允许并承认其向国家呈报登记属于自己的土地。它没有触动封建土地私有制，而是从法律上肯定并强化这种私有制。其次，西晋占田法吸取了从董仲舒开始提出，而为后代不断丰富发展的“限民名田”的主张和思想，改变“占而不限”为“占而有限”的政策。第三，西晋占田法参照了西汉末何武、孔光占田法，制定了从国王公侯到各级吏民占田的最高限额。第四，西晋占田法吸收了荀悦“以口数占田，各为立限”的思想，和魏晋之际“计口而田”的实践经验，制定了男女计口占田的制度。

但是，西晋占田法又有其创新和发展的地方，具体表现为如下四个方面：（1）它规定了占田与课田的区分，在规定占田的最高限额同时，又规定了课田的最低限额。这是针对当时广泛存在的占而不耕的现象而做出的。（2）它改变汉代限奴婢而为限制荫亲属、荫人和占客数量。这是魏晋社会与两汉社会变化的反映，两汉地主阶级广占奴婢的问题，这时变化为主要是争夺依附民的问题。（3）它规定了按官品占田和荫客的不同标准，这是根据曹魏九品官人法之后形成的等级制度而采取的相应措施，也是魏晋社会与两汉社会变化的一个反映。（4）它改变了前代禁止商贾占田的政策，取消了这项禁令，这也是两汉社会与魏晋社会变化的一个反映。

二　占田与课田的性质及其相互关系

搞清了西晋占田法产生的历史渊源，有助于我们进一步去认识和理解西晋占田法令本身，那些长期纷纭不决的问题和疑窦，或许可以得到合理的解释和答案。

第一，占田究竟是国有土地还是私有土地，是学术界长期未决的一个问题。

从以上占田制历史渊源的叙述中我们已经看到，商鞅变法确立了土地私有制，“自秦开阡陌之后，田即为庶人所擅……富者有资可以买田，贵者有力可以占田”[①]，占田均属私有土地。西晋占田法继承的正是这个传统。另一方面，西晋占田法并不禁止土地买卖，这也是占田为私田的重要标志。从占田制的发展历史中我们已经看到，是否允许土地买卖是土地公有与私有的根本区别。西晋武帝泰始九年（273），太中大夫恬和建议“禁百姓卖田宅”，李重表示反对，理由是：“井田之制未复，则王者之法不得制人之私”[②]。可见他对公、私田界限的认识是何等的明确。因此，西晋占田法颁布后，土地买卖照样在进行，愍怀太子司马遹就“广买田业，多畜私财以结小人”[③]。有的官僚贵族凭借权势，利用占田法而广占田地，然后再转手卖出，史言“贵者广占荒田，贫者种殖无地，富者以己所余而卖之”[④]。有的学者看到土地买卖而怀疑西晋占田法是否实行了，其实这与占田法的精神是并不矛盾的。西晋占田法既没有限制土地买卖，也没有规定占田荫客过限受罚，这就为地主阶级兼并土地和依附民大开方便之门。这是西晋占田法维护世家大族利益的体现。这就是为什么西晋占田法颁布后，土地兼并没有停止的原因所在。

第二，关于占田与课田的关系，也是学术界长期争论不决的问题。

有的认为课田 50 亩是在占田 70 亩之外，有的认为是在占田 70 亩之内；有的认为占田与课田是不相干的两种田制，前者为私田，后者为公田；有的认为课田是赋税制度而不是土地制度，等等。同占田法经历了长期的历史发展一样，课田法也是历史发展的产物。当战国占田制产生的同时，课田即与之俱生。统治者允许人民占田，目的在于课税于民。“为田开阡陌封疆而赋税平”[⑤]，道出了两者之间的关系。马端临亦谓秦汉实行“随其所占之田以制赋”[⑥] 的政策，“故田税随占田多寡为之厚薄”[⑦]。由此可知，其时占田均须课税，占田即课田，课田即占田，占、

---

① 《文献通考》卷二《田赋二》引水心叶氏语，第 43 页。

② 《晋书》卷四六《李重传》，第 1310—1311 页。

③ 《晋书》卷五三《愍怀太子（司马）遹传》，第 1459 页。

④ 《晋书》卷一二一《李班载记》，第 3041 页。

⑤ 《史记》卷六八《商君列传》，第 2232 页。

⑥ 《文献通考》卷一《田赋一》，第 35 页。

⑦ 《文献通考》卷三《田赋三》，第 48 页。

课无别。而由于占田无限，故课田亦无限。与这种课田制度相适应而实行的是一种浮动租税制。其时课田的办法是“訾粟而税”[①]，即根据粮食收获量而课徵一定比例的租税。秦代的上计制度就是适应这一制度而采取的措施。地方官吏每年九、十月间根据当年粮食总产量而确定租税额，并上计于中央，而以柱下史掌“天下图书计籍”[②]。这样就产生了一个问题：如果人民能够更多地耕种土地并使收获量尽可能增加，则统治者所徵收的租税就相应增加，反之则相应减少。农民每年交纳的租税量在浮动，国家的税入亦随之而每年在浮动。国家为了尽可能增加税入，故须大力“劝课农桑”[③]。“夫地大而不垦者，与无地同，民众而不用者，与无民同，故为国之数，务在垦草”[④]，这就是统治者汲汲于劝课农桑的根本原因所在。秦法规定：“僇力本业，耕织致粟帛多者复其身。事末利及怠而贫者，举以为收孥。”[⑤] 这是以强制手段劝课农桑，达到尽可能增加课田的目的。由此可见，课田的意义，一是课税，二是课耕，前者是目的，后者是手段，两者相互为用，缺一不存。这是课田从诞生之日起直至西晋课田法公布之时所贯彻始终的。

但是，占、课无别并不意味着占、课相符或占、课相等。秦始皇令黔首“自实田”，已经透露了占、课不符的消息，到了汉代就暴露得更加清楚了。两汉基本上沿袭秦制，“民得以律占租”[⑥]，基层政权据此而“知民贫富，为赋多少，平其差品”[⑦]，然后上报中央。其上计的主要内容为：“户口垦田，钱谷入出，盗贼多少”[⑧] 等，这叫做“集课”。何以每年均须上报“垦田”数？“垦田”的性质又是什么？我以为汉代所谓“垦田”，不是一般意义上的开垦荒田，而是指当年实际耕种的土地，政府即

① 《商子校本》卷一《垦令》，第 20 页。

② 《史记》卷九六《张丞相列传》，第 2676 页。

③ 《后汉书》卷二五《卓茂传》：“是时王莽秉政，置大司农六部丞，劝课农桑。”李贤注云：“王莽摄政，置大司农部丞十三人，人部一州，劝课农桑。今书及《东观记》并言六部。”（第 871 页）

④ 《商子校本》卷二《算地》，第 39 页。

⑤ 《史记》卷六八《商君列传》，第 2230 页。

⑥ 《汉书》卷七《昭帝纪》，第 224 页。

⑦ 《续汉书·百官志五》，点校本《后汉书志》第二十八，第 3624 页。

⑧ 《续汉书·百官志五》注引胡广曰，点校本《后汉书志》第二十八，第 3623 页。

据此而课税。汉制：实际耕种的土地才须课税，未加耕种者并不课税。所以，“垦田”就是课税之田，即课田。如东汉明帝时“郡国以牛疫、水旱，垦田多减，故诏敕区种，增进顷亩”，可是“吏举度田，欲令多前(李贤注：多于前岁)，至于不种之处，亦通为租。”于是刘般建议“务令实覈，其有增加，皆使与夺田同罪”，而“帝悉从之”[①]。这个材料表明：(1)“不种之处”是不能课税的，只有实际耕种的土地才须课税；(2)所谓“垦田”，就是需要课税的土地，即“课田”。由此可知，两汉政府所公布的垦田数，并不是占田数，而是课田数，即政府据以课税的田亩数。

明乎此，汉代垦田数每年都在浮动的现象就可得到解释。据《汉书》卷二十八下《地理志下》，全国除去“邑居道路，山川林泽，群不可垦”以及“可垦不可垦”者外，“定垦田八百二十七万五百三十六顷”。据伏无忌所记，东汉垦田数有如下变化：

和帝永兴元年（公元105年）	732017081亩
安帝延光四年（公元125年）	694289213亩
顺帝建康元年（公元144年）	689627157亩
冲帝永嘉元年（公元145年）	695767620亩
质帝本初元年（公元146年）	693012338亩

从上述可见不仅两汉的垦田数不同，东汉的垦田数也经常在浮动。虽有“每帝崩，辄最户口及垦田大数”[②]的原因，但也表明垦田数是经常浮动的。

从理论上讲，占田数与课田数应是一致的，但是，在实际上则两者往往不相符合，对于封建国家来说，“课田”（垦田）务求其多，对于人民来说则反之。这个矛盾就是秦汉以来“地利不尽”和“垦田不实”的根源。一方面，对于人民来说，垦田愈多，则租税负担愈重。因此尽管统治者年年在高喊“务尽地利”，而收效甚微。甚至出现“肥田尚多，未

① 《后汉书》卷三九《刘般传》，第1305页。

② 《续汉书·郡国志五》注引应劭《汉官仪》，点校本《后汉书志》第二十三，第3534页。

有垦辟”① 的现象。汉文帝不得不承认：“朕亲率天下农，十年于今，而野不加辟”②，他感到迷惑不解，“细大之义，吾未能得其中”，不知“其咎安在”③。王莽规定“凡田不耕为不殖，出三夫之税”④，严惩占而不耕者。另一方面，“垦田不实”成为这个历史时期普遍存在的问题。所谓“垦田不实”，就是占多种少，种多报少，占、课不符，课田不实。东汉初“天下垦田多不以实自占”⑤，尽管政府下令“度田”，企图“检覈垦田顷亩”⑥，亦无济于事。但是，所谓“垦田不实”的问题，更主要的还是统治者为了增加课税收入而拼命地“增进顷亩”⑦“日增田顷亩之课”⑧而造成的，有的同志算出东汉垦田数超过当时农民平均耕种能力的一倍⑨，其原因盖出于此。

为了解决占、课不符的问题，除了采取传统的“劝课农桑”的方法之外，一些有头脑的政治家又企图从改革赋税制度入手以解决这个问题，其改革方向是从浮动租税制向固定租税制，从课田无限向课田有限转变。东汉章帝建初元年（76），山阳太守秦彭“每于农月，亲度顷亩，分别肥塉，差为三品”⑩。中经仲长统“通肥硗之率，计稼穑之入，令亩收三斛，斛取一斗”⑪ 的主张的提出，直到曹操颁布亩税四升的课税制度，实现了按亩定额收租的制度，为向固定租税制的转变迈开了一大步。但是，按亩收租制并未根本改变浮动租税制，课田仍然不可能固定。从农民方面说，虽然每亩土地的租税已成定额，但是并无固定课田数额，故每年租税仍在浮动；从国家方面说，亦仍须根据当年垦田数而税之，赋税总额仍在浮动。因此它对于解决占、课不符的问题收效不大，至魏末晋初，

---

① 《后汉书》卷三《肃宗孝章帝纪》，第 154 页。

② 《汉书》卷四《文帝纪》，第 124 页。

③ 《汉书》卷四《文帝纪》，第 128 页。

④ 《通典》卷四《食货典四·赋税上》，第 80 页。

⑤ （宋）司马光编著，（元）胡三省音注：《资治通鉴》卷四三，光武帝建武十五年（39）五月—十月，中华书局 1956 年版，第 1386 页。

⑥ 《后汉书》卷一《光武帝纪》，第 66 页。

⑦ 《后汉书》卷三九《刘般传》，第 1305 页。

⑧ 《晋书》卷四七《傅玄传》，第 1321 页。

⑨ 宁可：《有关汉代农业生产的几个数字》，《北京师院学报》1980 年第 3 期。

⑩ 《后汉书》卷七六《循吏列传·秦彭传》，第 2467 页。

⑪ 《文献通考》卷二《田赋二》，第 37 页。

一方面“垦田不实”的问题愈益严重，为此泰始四年（268）傅玄主张“宜申汉氏旧典”“皆以死刑督之”[①]。另一方面统治者“日增田顷亩之课”[②]，严重影响农业生产的发展。

顺便提及，有的同志认为《傅玄传》这段文字是指“在公田上课使兵民从事佃种”，因此这里所谓课田，是指屯田[③]。这样理解似不确。这里的“日增田顷亩之课”是泛指，“而田兵益甚”是特指，意即田兵亦包括在内，不过对田兵课田之顷亩更多而已，非单指田兵而言。田兵之外的课田指谁呢？按前揭高文的意思当是指民屯，可是泰始四年（268）傅玄讲此话时民屯已宣布取消，故不可能指民屯。所以，这里所谓课田，是包括编户与田兵的。这类事实并不少见，如孙休永安二年（250）诏曰：“自顷年已来，州郡吏民及诸营兵，多违此业，皆浮船长江，贾作上下，良田渐废，见谷日少，欲求大定，岂可得哉？亦由租入过重，农人利薄，使之然乎！今欲广开田业，轻其赋税，差科强羸，课其田亩，务令优均，官私得所”[④]。这里的“课其田亩”，就包括“州郡吏民”及“诸营兵”。有时“课田”可以单指屯田民，如曹操以国渊典屯田，他“相土处民，计民置吏，明功课之法”[⑤]。课田也可以单指编户，如王宏为汲郡太守，“勤恤百姓，导化有方，督劝开荒五千余顷，而熟田常课顷亩不减。”[⑥] 当魏末晋初罢农官为郡县后，课田就主要指编户民了，而西晋占田法中的课田则单指占田农民而言。

西晋占田法的颁布，完成了从浮动租税制到固定租税制，从课田无限到课田有限的过渡，它在规定占田最高限额的同时，又规定了课田的最低限额，占田农民在赋役年龄范围内必须分别承担一定的课田顷亩，占田农民根据固定的课田数而交纳固定的课田租税。从国家方面说，全国的课田顷亩可固定，则每年的租税收入亦较前固定。史称占田令颁布

---

① 《晋书》卷四七《傅玄传》，第1321页。

② 《晋书》卷四七《傅玄传》，第1321页。

③ 高志辛：《西晋课田考释》，载《魏晋隋唐史论集》第一辑，中国社会科学出版社1981年版。

④ 《三国志》卷四八《吴书·三嗣主传·孙休传》，第1158页。

⑤ 《三国志》卷一一《魏书·国渊传》，第339页。

⑥ 《晋书》卷九〇《良吏·王宏传》，第2333页。

后“赋税平均，人咸安其业而乐其事”[①]，它不是一般的溢美之词，实际上反映了秦汉到魏晋在赋税制度上的巨变。当然，所谓“赋税平均”只是就制度上而言，至于能在多大程度上实现，则是另外一回事了。

西晋占田令对于占田和课田从法令上作了区分，实现了从占、课无别到占、课有别的转变，同时改变课田无限为课田有限。法令在规定占田有限的同时，也规定了课田有限。两者的“限”的意义是不同的，占田之“限”是为了防止土地兼并；课田之“限”是为了防止课田不实，以保证国家租税收入。课田有限的思想和主张，早在西晋占田法颁布前即已有之。东汉末年仲长统在提出防止过限占田的同时，即主张实行“课之有限”[②] 的政策，其具体办法是“力堪农事，乃听受之”[③]，即根据实际耕作能力而课耕一定数量的土地。

何以西晋占田令规定课田为五十亩呢？课田数量多少才比较合适，这是魏晋统治者一直在探讨的问题。如果课田适度，“不务多其顷亩”[④]，则于生产有利，如过分增加“顷亩之课”则于生产不利。三国时期已经有了“课其田亩，务令优均”[⑤] 的主张，曹魏政权由于实行比较适度的课田标准，因而收到增产的实效。到了晋初，出现了“日增田顷亩之课”[⑥] 的趋势，以致“功不能修理，至亩数斛已还，或不足以偿种”[⑦]。不过这时也已有“常课顷亩”[⑧] 的正常课田标准，以及“计口而田”[⑨] 的社会实践。于是，西晋占田法总结了正反经验，做出了课 50 亩的规定。课田 50 亩既是每个占田农民（以丁男而言）必须耕种土地的最低限额，同时也是政府据以向每个占田农民征收实物租税的标准限额。如能耕种超过 50 亩的土地，当然可以，但政府并不随之而增加赋税，只以 50 亩为限，地

---

① 《晋书》卷二六《食货志》，第 791 页。
② 《后汉书》卷四九《仲长统传》附《损益篇》，第 1653 页。
③ 《后汉书》卷四九《仲长统传》附《损益篇》，第 1656 页。
④ 《晋书》卷四七《傅玄传》，第 1321 页。
⑤ 《三国志》卷四八《吴书·三嗣主传·孙休传》，第 1158 页。
⑥ 《晋书》卷四七《傅玄传》，第 1321 页。
⑦ 《晋书》卷四七《傅玄传》，第 1321 页。
⑧ 《晋书》卷九〇《良吏·王宏传》，第 2333 页。
⑨ 《三国志》卷一一《魏书·王脩传》注引王隐《晋书》，第 348 页。

方官即据此标准课税编民，以实现所谓“赋税平均”[①] 的目的。这是用赋税政策去调动占田农民的生产积极性，达到驱民归农以尽地利的目的。但是耕种的土地不是漫无限制，最多不得超过 70 亩。这是允许每个占田农民根据自己的“功力”在 50 亩至 70 亩的范围内浮动，给予一定的灵活性。占田令允许人民的占田数高于课田数，这是承认两汉以来逐渐形成的既成事实，不过把这种差额限制在一定范围之内，以法定的占、课不符去解决漫无限制的占、课不符的问题。由此可知，课田 50 亩就是在占田 70 亩之内的土地，而不是另外的土地。两者密不可分，没有占田，则无从课田，没有课田，则占田也就落空，毫无意义。占田的目的在于课田，而课田的目的在于征收赋税。

第三，西晋占田法颁布后，何以没有引起强烈反响?

关于西晋占田法，除《晋书·食货志》载有令文外，有关西晋的史籍对此言之甚少。这种异乎寻常的沉默，曾使一些学者迷惑不解。然而，只要我们搞清了占田法的由来，这个问题就不难得到解释了。首先，占田法不是西晋突然出现的事物，而是早已有之的制度，不论占田还是课田。在太康元年（280）占田法颁布前都已在不同程度上实行着，而关于占田的理论和主张，也一直在探讨和实验，西晋占田法不过是对这些客观存在和历史经验加以总结和法典化。其次，西晋占田法根本没有改变原来的土地所有制度，没有打乱原有的生产关系，没有改变已有的土地占有状况。它只是从法令上规定了各级吏民占田的限额，而这个规定，正如唐长孺先生所说：“只是空洞的准许人民有权占有法令上所规定的田亩”[②] 而已，至于能否占到则是另一回事。占田制绝不是授田制，“是以晋太康（280—289）时虽有男子一人占田七十亩之制，而史不详言其还受之法”[③]。马端临已看到“盖自秦至今千四百余年，其间能行授田均田之法者，自元魏孝文至唐初才二百年。”[④] 只有北朝隋唐才行授田制。西晋占田法唯一有实际意义的是课田，政府对此是抓得颇紧的，如有“废

---

① 《晋书》卷二六《食货志》，第 791 页。

② 唐长孺：《西晋田制试释》，《魏晋南北朝史论丛》，生活·读书·新知三联书店 1955 年版，第 49 页。

③ 《文献通考》卷一《田赋一》，第 36 页。

④ 《文献通考》卷一《田赋一》，第 36 页。

业占空，无田课之实”的情况，须追究地方官吏责任，“一人失课，负及郡县”①。

第四，关于西晋占田法推行的时间。

有的著作认为“占田制自公元280年实施，至公元300年爆发八王之乱，推行期间不过20年，且实施地区也仅限于北方荒芜土地与旧屯田地区。”② 有的学者认为，“自‘八王之乱’和‘五胡十六国’以来，‘占田法’究竟怎样推行的？特别在南方，推行了没有？也是个未决的问题。”③

西晋占田法既然是秦汉以来土地制度长期发展的产物，因此，它也就不可能在短时间内被取消，不可能只在“八王之乱”前推行了20年的时间，或只在边荒之地实行。虽然有时因战乱等外部原因或历史条件的变化而有所改易或松弛，但占田法的基本精神在没有新的土地制度取代之前，是一直存在的。事实上，在均田制颁行之前它是一直未曾消失的，而在均田制产生后，它的某些精神也还被继续下来。东晋成帝时，郭翻“家于临川……居贫无业，欲垦荒田，先立表题，经年无主，然后乃作。稻将熟，有认之者，悉推与之。县令闻而诘之，以稻还翻，翻遂不受。”④ 其事迹与承宫、钟离牧如出一辙。与此同时，成汉之李班向李雄建议“以古者垦田均平，贫富获所，今贵者广占荒田，贫者种殖无地，富者以己所余而卖之，此岂王者大均之义乎”⑤。他的建议后被李雄“纳之”。可见当时占田法精神还在起作用。南朝后期，陈后主太建十四年（582）诏曰：“私业久废，咸许占作，公田荒纵，亦随肆勤。傥良守教耕，淳民载酒，有兹督课，议以赏擢。”⑥ 这是在重申任民占垦公私荒田的法令。《唐律疏议》关于占田的规定说：“非宽闲之乡不得限外更占。若占田过限者，一亩笞十……又，依令：‘受田悉足者为宽乡，不足者为狭乡。’若占于宽闲之处不坐，谓计口授足以外，仍有剩田，务从垦辟，庶尽地利，故所占虽多，律不与罪。仍须申牒立案，不申请而占者，从‘应言上不

① 《晋书》卷五一《束皙传》，第1431页。

② 苑士兴：《曹魏屯田制与西晋占田制》，《教学研究集刊》1955年第1期。

③ 赵俪生：《中国土地制度史》，武汉大学出版社2013年版，第265页。

④ 《晋书》卷九四《隐逸·郭翻传》，第2446页。

⑤ 《晋书》卷一二一《李班载记》，第3041页。

⑥ （唐）姚思廉撰：《陈书》卷六《后主纪》，中华书局1972年版，第107页。

言上'之罪。"[①]《唐律疏议》集汉唐间律令之大成，其所载占田的规定，与西晋占田法亦有相通之处。故夹漈郑氏曰：均田制"亦非始于后魏也"[②]。所以均田制与西晋占田制也有着继承的关系。

准上所述，则唐中叶以前中国古代的土地制度大体经历了三个互相衔接的发展阶段，即井田制、占田制和均田制，它们之间以公元前4世纪中叶的商鞅变法和北魏太和九年（485）均田令的颁布为其界标。

（原刊《中国史研究》1985年第3期，题为《论西晋占田制的历史渊源》。中国人民大学报刊复印资料中心《魏晋南北朝隋唐史》1985年第12期、《经济史》1985年第12期分别全文转载。收入学苑出版社1999年7月第1版《魏晋南北朝史论》时，改为今题，并在正文中添加了小标题。今据《魏晋南北朝史论》刊文，并参考原刊文整理。李文才敬识）

---

① （唐）长孙无忌等撰，刘俊文点校：《唐律疏议》卷一三《户婚》，中华书局1983年版，第244页。

② 《文献通考》卷二《田赋二》，第40页。

北魏前期的狩猎经济

关于拓跋魏的社会经济，史学界普遍只注意到其在建国之前的畜牧经济和在建国后逐步发展壮大的农业经济，而忽略了它还有另一种经济成分——狩猎经济。事实上，狩猎经济曾经是鲜卑拓跋部的重要的经济部门之一，即使在其建立北魏王朝之后，这种传统经济也仍然存在了相当时日。本文拟就此问题略加论述，以期对于更全面地认识拓跋魏的社会经济有所裨益。

一　拓跋部早期的经济是狩猎—畜牧经济

在论述鲜卑拓跋部早期的社会经济时，学者们普遍只言及畜牧经济一种成分，而对于拓跋部早于畜牧生产及与其同时存在的狩猎经济均未置一语。拓跋部在建国以前过着游牧生活，从事畜牧生产是毋庸置疑的，但是，同时他们也兼营狩猎生产。其时拓跋部的经济结构应是一种狩猎—畜牧经济。

鲜卑拓跋部原本就是一个狩猎民族，《魏书》在追记拓跋氏先民活动时说："统幽都之北，广漠之野，畜牧迁徙，射猎为业"①。表明拓跋部早期的社会生产是狩猎—畜牧，"射猎"是其重要的生产部门之一。狩猎是人类最古老的生产活动，曾经是人类获取生活资料最重要的手段。拓跋部在早期同样也经历过这一阶段。1980 年在大兴安岭北部东麓的内蒙古自治区鄂伦春自治旗发现的北魏宗庙石室遗迹，证明这一带地方就是拓跋鲜卑的原居之地②。大兴安岭是一个极宜狩猎的地区，狩猎是这个地区

① （北齐）魏收撰：《魏书》卷一《序纪》，中华书局 1974 年版，第 1 页。

② 米文平：《大兴安岭北部发现鲜卑石室遗址》，《光明日报》1980 年 11 月 25 日。

传统的生产方式。立国于拓跋鲜卑故地一带的乌洛侯，“民尚勇……好猎射”[①]。与其相邻而同属于东胡——鲜卑语族的库莫奚，亦“善射猎”[②]。直至近代居处其间的鄂伦春等少数民族，仍以营狩猎生产为生[③]。拓跋部在大鲜卑山时期，很可能也是以狩猎为主的，只是移居草原地区之后才发展起畜牧生产。《魏书·序纪》所谓“畜牧迁徙，射猎为业”[④]，是对其早期社会经济的一种概括的叙述，事实上这应是指其南迁草原地区之后逐步发展起来的经济形态。

当拓跋部继续南迁至匈奴故地时，仍然保持狩猎这种传统的生产方式。史载圣武帝诘汾“尝率数万骑田于山泽”[⑤]，这是部落成员集体进行大规模的狩猎活动。诘汾在田猎之处与美妇人相偶而生始祖力微的传说，反映了狩猎生产在拓跋部社会生活中的重要意义。他们关于在南迁途中遇“其形似马，其声类牛”的“神兽”的传说，很可能反映当他们离开大鲜卑山故地后，遇到了一些原先未见的不熟悉的野兽。在“神兽”的“先行导引”下，拓跋部“历年乃出，始居匈奴之故地”[⑥]，表明了他们对“神兽”的崇拜和依赖之甚。

考古发掘资料证明了南迁后的拓跋鲜卑仍然从事传统的狩猎生产。黑龙江省呼伦贝尔盟陈巴尔虎旗完工墓群和新巴尔虎右旗扎赉诺尔墓群，据认为是拓跋鲜卑的祖先推寅“南迁大泽”[⑦] 时期所留下的遗迹[⑧]。在完工发掘的四座墓葬，均以大量的箭镞为殉葬品，其中以骨镞、石镞为多，兼有少量的铁镞。有一墓中还发现以四具小兽骨架为殉[⑨]。稍后的扎赉诺尔墓群的殉葬品除了骨镞以外，铁器的数量大为增加，出土铁镞 34 件、铁矛 5 件。还在死者的两腿之间发现桦皮制作的弓囊，内放木弓。有不少骨器是用鱼骨制作的。根据这些材料，考古学家们得出的结论是：“出土数量

---

① 《魏书》卷一〇〇《乌洛侯国传》，第 2224 页。

② 《魏书》卷一〇〇《库莫奚国传》，第 2222 页。

③ 《鄂伦春族简史》编写组：《鄂伦春族简史》，内蒙古人民出版社 1983 年版，第 32—39 页。

④ 《魏书》卷一《序纪》，第 1 页。

⑤ 《魏书》卷一《序纪》，第 2 页。

⑥ 《魏书》卷一《序纪》，第 2 页。

⑦ 《魏书》卷一《序纪》，第 2 页。

⑧ 宿白：《东北、内蒙古地区的鲜卑遗迹》，《文物》1977 年第 5 期。

⑨ 内蒙古文物工作队：《内蒙古陈巴尔虎旗完工墓清理简报》，《考古》1965 年第 6 期。

较多的镞、矛以及弓囊等武器，说明其善于骑射……此种民族是以游牧狩猎为主。”① “看来，在这个部落里，铁器作为主要的猎牧工具是在扎赉诺尔时期登上历史舞台的。以上情况，清楚地反映了拓跋鲜卑的游猎畜牧经济在这阶段有了显著的发展”②。此外在这些墓里，“女人墓同样随葬环首铁刀、骨镞、铁镞、弓弭和马衔，证明她们还和男人一样进行着猎牧。”③

在辽宁巴林左旗南杨家营子和内蒙乌兰察布盟二兰虎沟发现的鲜卑墓群，据认为是诘汾“南移”之后的遗存。墓中依然出土了不少铁、骨箭镞，“镞、弭的制作显著的趋向精细”，不过此时“骨镞、铁镞只见于男人墓”④。遗址中还“出土了许多鸟、兽类骨骼”，而且“多数被烧过”⑤。这一切表明这时的拓跋鲜卑与呼伦贝尔草原时期相同，仍然从事狩猎生产。

当他们移居阴山南部定襄之盛乐一带时，虽然逐渐接触农业经济，但是狩猎的传统依然在继续。如猗卢曾率部民“大猎于寿阳山，陈阅皮肉，山为变赤”⑥。由于与魏晋联系加强，从而也传入一些较先进的狩猎技术。西晋初，曾长期质于洛阳的沙漠汗回部，“仰视飞鸟……援弹飞丸，应弦而落。时国俗无弹，众咸大惊”，以为其“引空弓而落飞鸟，是似得晋人异法怪术”⑦。曾在拓跋部引起一场轩然大波。

二 北魏前期狩猎仍作为一个经济部门而存在

拓跋部于公元386年在代北建立北魏之后，农业生产有了长足的发展，但是，传统的狩猎业并未遽然退出经济领域，在北魏前期，狩猎仍然作为一个经济部门而存在着。其主要表现有以下几个方面。

（一）帝王的狩猎活动

北魏国家是从氏族部落发展演变而来的。在氏族部落社会向阶级社

① 内蒙古文物工作队：《内蒙古扎赉诺尔墓群发掘简报》，《考古》1961年第12期。

② 《东北、内蒙古地区的鲜卑遗迹》，《文物》1977年第5期。

③ 《东北、内蒙古地区的鲜卑遗迹》，《文物》1977年第5期。

④ 《东北、内蒙古地区的鲜卑遗迹》，《文物》1977年第5期。

⑤ 中国科学院考古研究所内蒙古工作队：《内蒙古巴林左旗南杨家营子的遗址和墓葬》，《考古》1964年第1期。

⑥ 《魏书》卷一四《神元平文诸帝子孙列传·（元）六修传》，第348页。

⑦ 《魏书》卷一《序纪》，第4页。

会过渡阶段，氏族部落首领代表氏族部落而掌握着公有的财产和经济。演变为国家以后，帝王继续掌握这些“公有的”财产和经济。因此，北魏前期国家的财政经济事实上仍然集中于帝王手中，这是其原始性的表现。狩猎作为一个传统的经济部门，同样也继续操于帝王之手。从帝王狩猎的情况中，可以了解当时狩猎经济的面貌。兹将北魏一朝历代帝王狩猎次数的演变情况，列表于后（北魏帝王狩猎次数统计表）：

北魏帝王狩猎次数统计表

帝名	在位年数	出猎次数	时间、地点、材料出处（出自《魏书》者均只注篇名）
道武	24	7	登国六年（391）“上猎，亲获鹿”（《灵徵志下》）；九年（394）五月“田于河东”（《太祖纪》）；皇始元年（396）正月“大蒐于定襄之虎山”（同上）；天兴二年（399）“自牛川南引，大校猎”（《高车传》）；六年（403）七月“筑离宫于犲山，纵士校猎”（《太祖纪》）；天赐三年（406）正月“幸犲山宫，校猎，至屋孤山”（同上），“田于白登山”（《于栗磾传》）
明元	15	22	永兴三年（411）“猎于西山”（《灵徵志下》）；四年（412）二月“登虎圈射虎”（《太宗纪》）；七月“大狝于石会山”（同上，《奚斤传》）；五年（413）六月“西幸五原，校猎于骨罗山”（《太宗纪》）；七月“田于善无川”（同上）；神瑞二年（415）五月“田于四岬山”（同上）；六月“射白熊于颓牛山”（同上）；“猎于内乡𡷨岧山”（《灵徵志上》）；泰常元年（416）七月“大狝于牛川”（《太宗纪》）；二年（417）五月“田于大漠”；十二月“田于西山”（同上）；四年（419）正月“大蒐于犊渚”；十二月“北猎野马于辱孤山”；“大狩于薛林山”（同上）；五年（420）“幸东南潟滷池射鸟”（《崔浩传》）；六年（421）七月“猎于柞山，亲射虎”；八月“大狝于犊渚”；十二月“西巡狩，至于云中”；七年（422）九月“田于东苑”；八年（423）三月“田于郯南韩陵山”（《太宗纪》）；“出游于白登之东北……有双鸱飞鸣于上，太宗命左右射之”（《昭成子孙列传·元干传》）；“猎于灅南”（《王洛儿传》）
太武	30	19	始光三年（426）六月“西至五原，田于阴山”（《世祖纪》）；神䴥元年（428）四月“田于河西”；十月“田于牛川”；十一月“行幸河西，大校猎”；二年（429）十一月“西巡狩，田于河西，至柞山而还”，三年（430）八月“行幸南宫，猎于南山”；四年（431）十月“行幸漠南……大狩”；太延元年（435）七月“田于棝杨”；十一月“校猎于广川”；太平真君五年（444）八月“田于河西”；七年（446）二月“还幸雍城，田于岐山之阳”；十年（449）三月“蒐于河西”；十一年（450）二月“大蒐于梁川”；八月“田于河西”（同上）；“校犲于河西”（《古弼传》）；“畋于山北”（同上）；“幸犲山校猎”（《和跋传》）；“田于蟳山”（《穆崇传附穆颚传》）；“蒐于河西”（《崔浩传》）

续表

帝名	在位年数	出猎次数	时间、地点、材料出处（出自《魏书》者均只注篇名）
文成	14	12	太安元年（455）六月“畋于犊倪山”（《高宗纪》）；二年（456）八月“畋于河西”；三年（457）正月“畋于崞山”；五月“畋于松山”；八月“畋于阴山之北”；四年（458）二月“南幸信都，畋游于广川”；六月“畋于松山”；和平三年（462）二月“畋于崞山”；四年（463）四月“幸西苑，亲射虎三头”；八月“畋于河西”（同上）；“从幸苑内，游猎”（《宿石传》）；又猎，“亲欲射虎”（同上）
献文	7	7	皇兴元年（467）十月“田于那男池”（《显祖纪》）；二年（468）二月“田于西山，亲射虎豹”；五月“田于崞山”；十月“田于冷泉”；三年（469）四月“田于崞山”（同上）；延兴三年（473）“田鹰”（《释老志》）；“猎方山”（《山伟传》）
孝文	29	0	
宣武	17	0	
孝明	14	0	
孝庄	3	1	暴显“从魏庄猎”（《北史·暴显传》）
东海王	2	0	
节闵	2	0	
安定王	2	0	
孝武	4	2	永熙二年（533）十二月“狩于嵩阳”（《出帝纪》）；三年（534）二月“幸洪池陂，遂游田”（同上）

对这个表中所列举的材料进行分析，我们可以看到如下几方面的问题。

第一，从帝王出猎的次数来看，前期出猎次数极其频繁，而后期则几乎陷于停顿状态。

所谓前期，指道武、明元、太武、文成、献文五帝时；所谓后期，指孝文以后 8 帝时。前五帝时出猎次数多，其中道武帝 7 次，明元帝 22 次，太武帝 19 次，文成帝 12 次，献文帝 7 次。五帝在位的 85 年间共计出猎 67 次，平均每 1 年零 3 个月出猎 1 次。而至魏孝文帝时，狩猎戛然而止，此后历代帝王均不事狩猎，仅孝庄、孝武帝时偶见。孝文帝以后八帝在位共 63 年，仅见出猎 3 次（孝庄 1 次，孝武 2 次），平均每 11 年才出猎一次，可谓相去悬远。这种急剧的变化显然是从孝文帝时开始发生，从他而分判了两个不同的阶段。

当然，以上统计的这些出猎次数只是见于记载的，而且是极其粗略的统计，未见于记载的小规模狩猎必定还有，不过从中已多少可以窥见北魏前后期帝王狩猎之变化频率。

第二，从狩猎的范围来看，北魏前后期亦不可同日而语。北魏前期狩猎范围甚广，几乎遍及拓跋魏统治区的四境。

表中所列地点中，以在河西狩猎之次数最多，共计11次。其次崞山5次，豺山4次，牛川、犊渚各3次，辱孤山、广川、柞山、松山、白登山、西山、山北各2次，其余均为1次。这些地点广泛分布于北魏全境。首先，平城周围的京畿地区是魏主频繁狩猎的地区。天兴（398—404）初制定京邑，以“东至代郡（今河北蔚县），西及善无（今山西右玉县），南极阴馆（今山西雁门关附近），北尽参合（今内蒙古凉城），为畿内之田”①。这个范围内的崞山（今山西浑源县西之横山）、豺山（今内蒙古丰镇境）、西山（今山西大同市西北）、白登山（今山西大同市东北）② 等处都是魏主经常狩猎的地方。同时，魏主还经常进行远程狩猎，足迹遍及畿外广大地区，北至阴山、漠南，如道武帝、明元帝、太武帝均曾远至牛川狩猎，牛川在今内蒙大青山外锡拉木林河一带。文成帝曾“畋于阴山之北”③，阴山即今内蒙古大青山。明元帝于泰常四年（419）“西巡，至云中，踰白道，北猎野马于辱孤山”④，云中在今内蒙古和林格尔，白道在呼和浩特市西北，辱孤山在阴山外之达尔罕茂明安旗以南。太武帝于神䴥四年（431）“大狩”于漠南⑤，漠南指今蒙古高原大沙漠以南地区。西向至大漠、河西及关中。如明元帝于泰常二年（417）“车驾西巡，至于云中，遂济河，田于大漠”⑥，大漠指今河套南的库布齐沙漠。泰常四年（419）“至于黄河，从君子津西渡，大狩于薛林山”⑦。君子津

---

① 《魏书》卷一一〇《食货志》，第2850页。

② 谭其骧主编：《中国历史地图集》第4册《东晋十六国·南北朝时期》，中国地图出版社1982年版，第52页；力高才、殷宪：《北魏平城京畿地名考释》（上），《北朝研究》1989年创刊号，第105—114页；力高才、殷宪、高平：《北魏平城京畿地名考释》（下），《北朝研究》1990年下半年刊（第3期）。以下地名参考上述《地图集》及二文者不再一一注明。

③ 《魏书》卷五《高宗纪》，第116页。

④ 《魏书》卷三《太宗纪》，第60页。

⑤ 《魏书》卷四上《世祖纪上》，第79页。

⑥ 《魏书》卷三《太宗纪》，第57页。

⑦ 《魏书》卷三《太宗纪》，第60页。

在内蒙古托克托旗东南、清水河西北，薛林山在准格尔旗东北。魏主田猎最频繁的河西，泛指今吕梁山以西的黄河两岸。太武帝田猎之岐山，更远在关中的陕西岐山县境。东至今河北省一带，如明元帝田猎之四岬山，在今河北张北一带，文成帝田猎之广川，在今河北枣强东。南至今河南省境。太平真君十一年（450）“大蒐于梁川”①，《北史》卷二校勘记谓：北、汲、殿三本作“梁山”，此山当在今河南临汝县东北，自东汉以来即为狩猎之所②。

总之，其狩猎范围北逾阴山至漠南，西逾黄河至河西、关中，东至河北，南抵河南，行程跨越今山西、内蒙古、陕西、河北、河南等省区，遍及拓跋魏统治区之四境。不过其狩猎最集中的地区还是在平城京畿及其附近地区，这一带本来就有狩猎的传统，《汉书·地理志》称：“定襄、云中、五原，本戎狄地……其民鄙朴，少礼文，好射猎。雁门亦同俗。”③拓跋魏统治者在这里立国后，有良好的客观条件继续其传统的狩猎活动。

第三，从狩猎的规模看，前后期亦不可比拟。北魏前期帝王狩猎的规模是非常惊人的。

拓跋魏在建国以前，动辄以数万骑进行田猎，建国初仍然保持这种习惯。如神䴥四年（431）太武帝在漠南狩猎，竟然动用高车数万骑以驱鹿，“北部敕勒莫弗库若于，率其部数万骑，驱鹿数百万，诣行在所，帝因而大狩以赐从者，勒石漠南，以记功德”④。或说“驱鹿百余万”⑤。可见其狩猎规模之巨大。史籍屡见“大狩”“大猎”“大狝”之记载。

从当时猎获物数量之巨，也可以看到当时狩猎规模之大。建国前，穆帝曾“大猎于寿阳山，陈阅皮肉，山为变赤”⑥。建国后，其猎获数量同样惊人，如明元帝于永兴五年（413）“西幸五原，校猎于骨罗山，获

---

① 《魏书》卷四下《世祖纪下》，第104页。

② （唐）李延寿撰：《北史》卷二《魏本纪二》“校勘记［三〇］”，中华书局1974年版，第82页。

③ （汉）班固撰，（唐）颜师古注：《汉书》卷二八下《地理志下》，中华书局1962年版，第1656页。

④ 《魏书》卷四上《世祖纪上》，第79页。

⑤ 《魏书》卷二四《邓渊附子（邓）颖传》，第635页。

⑥ 《魏书》卷一四《神元平文诸帝子孙列传·（元）六修传》，第348页。

兽十万”[①]。太武帝曾“畋于山北，大获麋鹿数千头，诏尚书发车牛五百乘以运之”[②]。一次狩猎就可“获兽十万”，或须“车牛五百乘”以运之，其规模之巨是不难想见的。同时，这也表明当时恒代及其西北一带野兽资源还相当丰富，故狩猎可以有如此巨大的收获，其经济意义是不容低估的。

第四，从出猎时间看，前期多长期出猎，为后期所不见。

明元帝于泰常四年（419）“冬十有二月癸亥，西巡，至云中，踰白道，北猎野马于辱孤山。至于黄河，从君子津西渡，大狩于薛林山。五年春正月丙戌朔，自薛林东还，至于屋窦城，飨劳将士，大酺二日，班禽兽以赐之。己亥，车驾还宫。”[③] 这次远猎，从泰常四年十二月至泰常五年正月，前后历时两个月。泰常六年（421）“秋七月，西巡，猎于柞山，亲射虎，获之，遂至于河。八月庚子，大狝于犊渚。九月庚戌，车驾还宫。”[④] 从是年七月至九月，历时3个月之久。太武帝于神䴥元年（428）“十有一月，行幸河西，大校猎。十有二月甲申，车驾还宫。”[⑤] 前后也达2个月之久。

一年中数次出猎的情况也经常发生。一年出猎2次者，如明元帝于永兴四年（412）二月“登虎圈射虎”，七月又“大狝于石会山”[⑥]。神瑞二年（415）五月“猎于㯕岺山”[⑦]，又“田于四岬山”[⑧]，六月又“射白熊于颓牛山”[⑨]。泰常二年（417）五月“田于大漠”，十二月又“田于西山”[⑩]。一年出猎3次者，如太武帝于神䴥元年（428）四月“田于河西”，十月“田于牛川”，十一月又“行幸河西，大校猎”[⑪]。文成帝于太

① 《魏书》卷三《太宗纪》，第53页。
② 《魏书》卷二八《古弼传》，第692页。
③ 《魏书》卷三《太宗纪》，第60页。
④ 《魏书》卷三《太宗纪》，第61页。
⑤ 《魏书》卷四上《世祖纪上》，第74页。
⑥ 《魏书》卷三《太宗纪》，第51—52页。
⑦ 《魏书》卷一一二上《灵徵志上》，第2923页。
⑧ 《魏书》卷三《太宗纪》，第55页。
⑨ 《魏书》卷三《太宗纪》，第55页。
⑩ 《魏书》卷三《太宗纪》，第57—58页。
⑪ 《魏书》卷四上《世祖纪上》，第74页。

安三年（457）正月“畋于崞山”，五月“畋于松山”，八月“畋于阴山之北”[①]。献文帝于皇兴二年（468）二月“田于西山，亲射虎豹”，五月“田于崞山”，十月“田于冷泉”[②]。

第五，从狩猎的目的来看，北魏前期的狩猎有着明显的经济目的。

始光三年（426）太武帝“诏问公卿，赫连、蠕蠕征讨何先?”长孙嵩等人主张先攻打蠕蠕（柔然），他们说：“宜先讨（柔然主）大檀。及则收其畜产，足以富国；不及则校猎阴山，多杀禽兽，皮肉筋角，以充军实，亦愈于破一小国。”[③] 在拓跋魏统治集团看来，猎获野兽与攻打柔然、掠夺畜产具有同样的意义。战争掠得牲畜固然可以“富国”，狩猎“多杀禽兽”亦“愈于破一小国”。狩猎的目的是为了“多杀禽兽，皮肉筋角，以充军实”，具有重大的经济意义和军用价值，为军国所需的重要来源之一；狩猎的收获也是相当惊人的，超过破一小国的虏获，其经济意义是不容低估的。

狩猎既具有直接的经济目的，所以魏主亦往往以猎获物班赐臣下，其性质与当时史籍屡见之赐马牛羊、赐布帛、赐田宅奴婢是相同的。天兴二年（399），道武帝“大阅于鹿苑”，对随从官员“飨赐各有差”[④]。永兴四年（412）明元帝“西巡，幸北部诸落……壬子，幸西宫，临板殿，大飨群臣将吏，以田猎所获赐之，命民大酺三日。”[⑤] 泰常四年（419）明元帝到云中、白道、薛林山一带远猎，于“五年春正月丙戌朔，自薛林东还，至于屋窦城，飨劳将士，大酺二日，班禽兽以赐之。”[⑥] 神䴥四年（431），太武帝“行幸漠南”，“因而大狩以赐从者”[⑦]。太平真君五年（444），太武帝畋于河西，以古弼留守，“赐衣一袭、马二匹、鹿十头”[⑧]。

北魏前期狩猎虽然仍具有重要的意义，但其在社会经济中的地位随着北魏社会的发展而日益削弱。太武帝校猎河西时，以古弼留守，“诏以

---

① 《魏书》卷五《高宗纪》，第116页。

② 《魏书》卷六《显祖纪》，第128—129页。

③ 《魏书》卷二五《长孙嵩传》，第644页。

④ 《魏书》卷二《太祖纪》，第35页。

⑤ 《魏书》卷三《太宗纪》，第52页。

⑥ 《魏书》卷三《太宗纪》，第60页。

⑦ 《魏书》卷四上《世祖纪上》，第79页。

⑧ 《魏书》卷二八《古弼传》，第692页。

肥马给骑人，（古）弼命给弱者”。古弼这样做的理由是：“吾以为事君使畋猎不适盘游，其罪小也。不备不虞，使戎寇恣逸，其罪大也。今北狄孔炽，南虏未灭，狡焉之志，窥伺边境，是吾忧也。故选肥马备军实，为不虞之远虑。”① 古弼的意思很明白，大敌当前，应以国防为重，当国防用骑与狩猎用骑发生矛盾时，应以狩猎服从于国防，因此他把肥马用以备边，以弱马用于狩猎。他是在这二者发生矛盾的情况下，把太武帝的狩猎活动称之为“盘游”的。后来太武帝“畋于山北”，猎获大量野兽，诏古弼派“车牛五百乘以运之”，古弼又不给，上表曰：“今秋谷悬黄，麻菽布野……乞赐矜缓，使得收载。”② 这次是因秋收在即，亟需车牛以运载收获物，故“乞赐矜缓”的。当狩猎与农业发生矛盾时，应以农业为先。古弼先后两次抵制太武帝的要求，一次是因狩猎与备边的矛盾，一次是因狩猎与农事的矛盾。这并不表明古弼反对太武帝进行狩猎，只是在权衡边备、农事和狩猎三者的轻重缓急之时，认为应当以边备、农事为先，狩猎为后。当时北魏农业生产已有了一定的发展，在社会经济中已日渐占居重要地位，在这种历史条件下，古弼这样考虑和处理这三者之间的关系，应当说是完全正确的。

不过，北魏前期帝王的狩猎，的确也日益具有游乐的性质，如明元帝曾“出游于白登之东北……命左右射”鸱③。文成帝于太安四年（458）“南幸信都，畋游于广川”④，以及在“苑内游猎”⑤ 等。这些都带有明显的游乐性质。但从总体上说，北魏前期帝王狩猎具有经济上的目的和意义，是毋庸置疑的。

（二）狩猎的机构和官员

狩猎既然是国家财政收入的重要来源之一，是军国所需的要务之一，是帝王日常重要活动之一，所以国家便设立专门机构和专职官吏以司其事。

北魏前期于中央设置“游猎曹”，专典帝王狩猎事宜。韩备，安定安

---

① 《魏书》卷二八《古弼传》，第 692 页。

② 《魏书》卷二八《古弼传》，第 692 页。

③ 《魏书》卷一五《昭成子孙列传·秦明王（元）翰传》附《元干传》，第 372 页。

④ 《魏书》卷五《高宗纪》，第 116 页。

⑤ 《魏书》卷三〇《宿石传》，第 724 页。

武人，于文成帝时“典游猎曹”[①]。与此同时见于文献记载的还有“羽猎曹”。穆泰，代人，“以功臣子孙，尚章武长公主，拜驸马都尉，典羽猎四曹事”[②]。罗伊利，代人，文成帝时“除内行长，以沉密小心，恭勤不怠，领御食、羽猎诸曹事”[③]。“羽猎曹”与“游猎曹”当为一职。此外，在北魏前期史乘中又多见“猎郎”一职。天赐三年（406）道武帝始置“猎郎”[④] 作为帝王狩猎之侍从。胡三省说：“拓跋氏起于代北，俗尚猎，故置猎郎，以豪望子弟有材勇者为之，亦汉期门郎、羽林郎之类也。”[⑤]“猎郎”之选拔颇为严格，必须是善于骑射之人，如：长孙翰，代人也，“太祖时，以善骑射，为猎郎”[⑥]。周几“代人……少以善骑射为猎郎。太宗即位，为殿中侍御史”[⑦]。叔孙俊，代人，“年十五，内侍左右……以便弓马，转为猎郎”[⑧]。古弼，“代人也……又善骑射，初为猎郎……”[⑨]。从上述事例可知，“猎郎”人选多为代人，一方面因其亲信可靠，另一方面也因代地射猎之风盛，人多娴熟弓马。“猎郎”均有良好的家世，如长孙翰，父长孙肥，“昭成时，年十三，以选内侍”“太祖之在独孤及贺兰部，肥常侍从，御侮左右，太祖深信仗之”[⑩]。周几，“父千，有功太祖之世，赐爵顺阳侯”[⑪]。叔孙俊，父建，登国（386—396）初“为外朝大人，与安同等十三人迭典庶事，参军国之谋”[⑫]　“东西征伐，常为谋主”[⑬]。“猎郎”因随侍帝王出猎，故颇得信任，引为心腹，常“内侍左右”，或被委以其他重任，如：古弼“初为猎郎，使长安，称旨，转门下

---

① 《魏书》卷五一《韩茂附子（韩）备传》，第1128页。

② 《魏书》卷二七《穆崇附孙（穆）泰传》，第663页。

③ 《魏书》卷四四《罗结附子（罗）伊利传》，第988页。

④ 《魏书》卷一一三《官氏志》，第2974页。

⑤ （宋）司马光编著，（元）胡三省音注：《资治通鉴》卷一一五，晋安帝义熙五年（409）胡注，中华书局1956年版，第3624页。

⑥ 《魏书》卷二六《长孙肥附子（长孙）翰传》，第653页。

⑦ 《魏书》卷三〇《周几传》，第726页。

⑧ 《魏书》卷二九《叔孙建附子（叔孙）俊传》，第705页。

⑨ 《魏书》卷二八《古弼传》，第689页。

⑩ 《魏书》卷二六《长孙肥传》，第651页。

⑪ 《魏书》卷三〇《周几传》，第726页。

⑫ 《魏书》卷二九《叔孙建传》，第702页。

⑬ 《魏书》卷二九《叔孙建传》，第705页。

奏事，以敏正著称，太宗嘉之”[①]。安原，辽东胡人，“太宗时为猎郎，出监云中军事”[②]。史籍中“猎郎”多见于道武、明元之世。

除专职的“猎郎”外，还有各种“从官及典围将校”[③]随侍狩猎。如：王洛儿，京兆人，“少善骑射。太宗在东宫，给事帐下，侍从游猎，夙夜无怠……太宗尝猎于灅南，乘冰而济，冰陷没马，洛儿投水，奉太宗出岸。水没洛儿，殆将冻死，太宗解衣以赐之。自是恩宠日隆”[④]。来大千，代人，“骁果，善骑射，为骑都尉……迁内幢将，典宿卫禁旅……尝从太宗校猎，见虎在高岩上，大千持矟直前刺之，应手而死。太宗嘉其勇壮，又为殿中给事”[⑤]。元干，“机悟沉勇，善弓马……太宗即位，拜内将军、都将，入备禁中。太宗出游于白登之东北，干以骑从……以二箭下双鸱。太宗嘉之，赐御马弓矢金带一，以旌其能，军中于是号曰‘射鸱都将’”[⑥]。元可悉陵，“年十七，从世祖猎，遇一猛虎，陵遂空手搏之以献……即拜内行阿干”[⑦]。韩秀，昌黎人，“迁尚书郎，赐爵遂昌子，拜广武将军。高宗称秀聪敏清辨，才任喉舌，遂命出纳王言，并掌机密。行幸游猎，随侍左右”[⑧]。宿石，朔方人，“迁内行令。从幸苑内，游猎，石于高宗前走马，道峻，马倒殒绝，久之乃苏。由是御马得制。高宗嘉之，赐绵一百斤，帛五十匹，骏马一匹，改爵义阳子。尝从猎，高宗亲欲射虎。石叩马而谏，引高宗至高原上。后虎腾跃杀人……赐骏马一匹。尚上谷公主，拜驸马都尉”[⑨]。山强，代人，“工骑射，弯弓五石。为奏事中散，从显祖猎方山，有两狐起于御前，诏强射之，百步内二狐俱获。位内行长”[⑩]。上述随从狩猎官员中，以元魏宗室和代人居多。其中有武职如“内幢将”“内都将”等，文职如“内行令”“奏事中散”

---

① 《魏书》卷二八《古弼传》，第689页。
② 《魏书》卷三〇《安同附子（安）原传》，第714页。
③ 《魏书》卷五《高宗纪》，第121页。
④ 《魏书》卷三四《王洛儿传》，第799页。
⑤ 《魏书》卷三〇《来大千传》，第725页。
⑥ 《魏书》卷一五《昭成子孙列传·秦明王（元）翰传》附《元干传》，第372页。
⑦ 《魏书》卷一五《昭成子孙列传·常山王（元）遵附子（元）可悉陵传》，第375页。
⑧ 《魏书》卷四二《韩秀传》，第953页。
⑨ 《魏书》卷三〇《宿石传》，第724页。
⑩ 《魏书》卷八一《山伟传》，第1792页。

“尚书郎”等，均为亲近文武官员，还有的只是“给事帐下”的内侍亲信。从猎官员应当不仅上述诸人。他们都在帝王狩猎时随侍左右，保卫帝王之安全，不少人因从猎有功受到皇帝的赏识而得到奖赏和擢升。

与“游猎曹”“羽猎曹”并存而与狩猎事宜相关者，尚有“鹰师曹”[①]一职，专门负责饲养、训练鹰鹞，以供帝王狩猎之用。时人狩猎，必以鹰鹞相助，如：刘贵尝得一白鹰，遂与高欢等“猎于沃野。见一赤兔，每搏辄逸……有狗自屋中出，噬之，鹰兔俱死。神武（高欢）怒，以鸣镝射之，狗毙”[②]。这是以鹰猎兔。大司马元休死，“未及卒哭，（其侄）嵩便游田。高祖闻而大怒，诏曰：‘嵩不能克己复礼，企心典宪，大司马薨殂甫尔，便以鹰鹞自娱’”[③]。这里径称狩猎为“以鹰鹞自娱”。鹰鹞和猎犬是狩猎必备之物。元坦为冀州刺史，“性好畋渔……鹰犬常数百头”[④]。广平王元怀“尝猎于河北马场间，逐一獐入草……失獐所在，唯有砖塔存焉，怀乃怅然动仁恕之心，解鹰放犬，遂不复猎”[⑤]。当时贵族官僚“多聚名鹰快犬，以粱肉奉之”[⑥]，蔚为风气。故北魏于宫中设曹饲鹰，以鹰师调教之，以供帝王狩猎之用，乃必然之事。

（三）官营苑囿

野兽飘忽无常，毕竟猎获不易；而且野兽资源也毕竟有限，不可能无休止地滥捕乱猎，文成帝时已经感到这个问题的严重性，下诏禁止过度猎获，诏曰：“朕顺时畋猎，而从官杀获过度，既殚禽兽，乖不合围之义。其敕从官及典围将校，自今已后，不听滥杀。”[⑦]为了解决这个矛盾，北魏前期政府建立了许多苑囿和围场，一方面将野兽圈围起来，以便较有计划地猎取，另一方面也具有野生动物饲养的意义，利于其繁衍。

1. 苑囿种类

官营苑囿的规模宏大，种类甚多，计有鹿苑、野马苑、虎圈以及一

---

① 《魏书》卷一三《皇后列传·文成文明皇后冯氏传》，第328页。

② （唐）李百药撰：《北齐书》卷一《神武纪上》，中华书局1972年版，第2页。

③ 《魏书》卷一九中《景穆十二王列传·任城王（元）云附（元）嵩传》，第486页。

④ （宋）李昉等撰：《太平御览》卷九二六《羽族部一三·鹰》引《三国典略》，中华书局1960年版，第4114页。《北齐书》卷二八《元坦传》，第384页。

⑤ 《太平御览》卷九〇七《兽部一九·麞》引《北史》，第4021页。

⑥ 《魏书》卷九八《萧昭业传》，第2166页。

⑦ 《魏书》卷五《高宗纪》，第121页。

般苑囿和鱼池等。

第一，鹿苑。拓跋魏于迁都平城的第二年，即开始建立大规模的鹿苑。其重要者有下列。

（1）平城鹿苑：在平城附近之西北。天兴二年（399）道武帝“以所获高车众起鹿苑”①。是年，“太祖自牛川南引，大校猎，以高车为围，骑徒遮列，周七百余里，聚杂兽于其中。因驱至平城，即以高车众起鹿苑，南因台阴，北距长城，东包白登，属之西山”②。这是将野兽从阴山之外驱赶至京畿之内，筑苑以围养之，以便于猎取。此苑“广轮数十里”，兽类以鹿为主，兼有其他杂兽，并“凿渠引武川水注之苑中，疏为三沟，分流宫城内外”③。引水注苑中，当是为了供麋鹿及杂兽饮用，以利养殖。此苑到明元帝时，又进行了重建，泰常六年（421）“发京师六千余人筑苑，起自旧苑，东苞白登，周回四十余里”④。

（2）河西鹿苑：北魏前期另一处大型苑囿是“河西苑封”，史称此“苑封”为“麋鹿所聚”，大有“兽利”⑤，故知亦是以养鹿为主的苑囿。此苑未载始建于何时，不过从太武帝开始才见猎于河西的记载，当在其时所建。魏主至河西狩猎最为频繁，但集中于太武、文成之世。史籍所言猎于“河西”，当指在此“苑封”之内。

第二，野马苑。

野马是魏主经常注意猎获的重要野兽之一，明元帝曾“北猎野马于辱孤山”⑥。及至北周时，漠南及晋、陕北部一带仍有野马，北周天和五年（570）宇文贵“从（宇文）宪猎于盐州，一围之中，手射野马及鹿十有五头”⑦。太武帝拓跋焘特意建立了一个大型的野马苑。太延二年

① 《魏书》卷二《太祖纪》，第35页。

② 《魏书》卷一〇三《高车传》，第2308页。

③ 《魏书》卷二《太祖纪》，第35页。

④ 《北史》卷一《魏本纪·太宗纪》，第33页。《魏书》卷三《太宗纪》作“周回三十余里”，第61页。

⑤ 《魏书》卷三七《司马楚之附司马跃传》，第859—860页。

⑥ 《魏书》卷三《太宗纪》，第60页。

⑦ （唐）令狐德棻等撰：《周书》卷一二《齐炀王（宇文）宪附子（宇文）贵传》，中华书局1971年版，第196页。

（436）"行幸椆杨，驱野马于云中，置野马苑"[①]。椆杨在今包头市东，云中在今和林格尔。与上述平城鹿苑一样，也是将远处的野兽驱赶至近处特定地区圈围起来，以便经常猎取。

第三，虎圈。

北魏前期还设有虎圈。虎是魏主经常猎取的大型猛兽之一。泰常六年（421），明元帝"猎于柞山，亲射虎"[②]。穆顗"会从世祖田于崞山，有虎突出，顗搏而获之"[③]。宿石"尝从猎，高宗亲欲射虎"[④]。皇兴二年（468）献文帝"田于西山，亲射虎豹"[⑤]。类似记载甚多。因此，北魏政府专门设置了"虎圈"[⑥]，以圈养猛虎。"虎圈"的记载最早见于明元帝时，直至孝文帝前期还存在。

第四，其他苑囿。

除了上述几种大型的专业苑囿之外，还有未载明圈养何种野兽的若干处其他苑囿。

灅南宫苑囿：天赐三年（406）"筑灅南宫……引沟穿池，广苑囿"[⑦]。

北苑：永兴五年（413）"穿鱼池于北苑"[⑧]。

西苑：泰常三年（418）"筑宫于西苑"[⑨]。和平四年（463）"上幸西苑，亲射虎三头"[⑩]。

东苑：泰常七年（422）"田于东苑"[⑪]。

关外苑囿：延兴三年（473）"诏关外苑囿，听民樵采"[⑫]。

---

① 《魏书》卷四上《世祖纪上》，第87页。

② 《魏书》卷三《太宗纪》，第61页。

③ 《魏书》卷二七《穆崇附穆顗传》，第675页。

④ 《魏书》卷三〇《宿石传》，第724页。

⑤ 《魏书》卷六《显祖纪》，第128页。

⑥ 《魏书》卷三《太宗纪》，第51页。《魏书》卷七上《高祖纪上》，第149页。《魏书》卷九三《王叡传》，第1988页。

⑦ 《魏书》卷二《太祖纪》，第42页。

⑧ 《魏书》卷三《太宗纪》，第52页。

⑨ 《魏书》卷三《太宗纪》，第59页。

⑩ 《魏书》卷五《高宗纪》，第121页。

⑪ 《魏书》卷三《太宗纪》，第62页。

⑫ 《魏书》卷七上《高祖纪上》，第140页。

山北苑：太和十一年（487）“罢山北苑”[①]。太武帝曾“车驾畋于山北”[②]。

以上苑囿虽未明言圈封何种野兽，但均供帝王田猎之用则无疑。一次就从苑中射虎3头，可见畜藏之野兽亦不在少数。

第五，鱼池

猎与渔往往密不可分，远古曾有过“渔猎时代”，不少狩猎民族也兼事渔捞。北魏前期与狩猎同时也存在渔业。除狩猎野兽外，北魏帝王还经常外出“观渔”：

道武帝天赐五年（408）正月，“如参合陂，观渔于延水，至宁川”[③]。

明元帝于永兴四年（412）七月“临去畿陂观渔”[④]。神瑞二年（415）六月“幸去畿陂，观渔”[⑤]。泰常四年（419）五月“观渔于灅水”[⑥]。

和平三年（462）二月文成帝“观渔于旋鸿池”[⑦]。

于延水，即今东洋河，其源在今内蒙兴和县境。灅水即今河北遵化县沙河。去畿陂即今河北省张北县之安固里淖。旋鸿池在今内蒙丰镇东北。可见北魏辖区内之主要河流湖泊都有渔捞活动。“观渔”主要见于道武、明元、文成3帝时代。可知渔作为猎的一个组成部分，依然兴盛于北魏前期。

因此在兴建上述野生动物苑囿之外，北魏前期还兴建了一些鱼池以供捕捞：

天兴三年（400）三月，道武帝“穿城南渠通于城内，作东西鱼池”[⑧]。

永兴五年（413）二月，明元帝“穿鱼池于北苑”[⑨]。

2. 苑囿用途

野生动物苑囿和鱼池，都是为了满足拓跋魏皇室生活及军国所需。

---

① 《魏书》卷七下《高祖纪下》，第162页。

② 《魏书》卷二八《古弼传》，第692页。

③ 《魏书》卷二《太祖纪》，第43页。

④ 《魏书》卷三《太宗纪》，第52页。

⑤ 《魏书》卷三《太宗纪》，第55页。

⑥ 《魏书》卷三《太宗纪》，第59页。

⑦ 《魏书》卷五《高宗纪》，第120页。

⑧ 《魏书》卷二《太祖纪》，第36页。

⑨ 《魏书》卷三《太宗纪》，第52页。

其具体用途有如下几个方面。

（1）供帝王狩猎之用

平城鹿苑于天兴二年（399）二月建成后，同年秋七月，道武帝即“大阅于鹿苑”[①]。此外，史载“太祖田于白登山”[②]“太宗永兴三年（411），上猎于西山”[③]等，也是在鹿苑范围内的狩猎活动。河西鹿苑更是魏主经常狩猎的一个重要地点，太武帝、文成帝都曾屡次“田于河西”。为了便于去河西狩猎，文成帝于和平二年（461）“发并、肆州五千人，治河西猎道”[④]，特意修建了一条从平城通往河西的“猎道”。虎圈的作用也相同，如永兴四年（412）明元帝曾“登虎圈射虎”[⑤]。

（2）定期捕取贡献帝室

孝文帝时，司马跃上表请罢河西苑封，遭到有司的反对，其反对的理由之一是：“此麋鹿所聚，太官取给。今若与民，至于奉献时禽，惧有所阙”[⑥]。可知苑囿除供帝王狩猎外，还须向皇帝“奉献时禽”，并满足皇室御厨——太官之所需。虎圈亦规定须定时“捕贡”，故史称“取捕之日，每多伤害”[⑦]。鱼池的用途相同，如天兴三年（400）道武帝“作东西鱼池”后，第二年三月“帝亲渔，荐于寝庙”[⑧]，用于祭祀。

（3）赏赐臣下

文成帝狩于河西苑，有诏称：“其畋获皮肉，别自颁赉”[⑨]。道武帝在平城鹿苑狩猎后，对随从人员“飨赐各有差”[⑩]。

（4）军事用途

孝文帝在答司马跃关于罢河西苑囿的诏书中说：“寻先朝置此，岂苟

① 《魏书》卷二《太祖纪》，第 35 页。
② 《魏书》卷三一《于栗磾传》，第 735 页。
③ 《魏书》卷一一二下《灵徵志下》，第 2942 页。
④ 《魏书》卷五《高宗纪》，第 119 页。
⑤ 《魏书》卷三《太宗纪》，第 51 页。
⑥ 《魏书》卷三七《司马楚之附司马跃传》，第 860 页。
⑦ 《魏书》卷七上《高祖纪上》，第 151 页。
⑧ 《魏书》卷二《太祖纪》，第 38 页。
⑨ 《魏书》卷五《高宗纪》，第 121 页。
⑩ 《魏书》卷二《太祖纪》，第 35 页。

藉斯禽，亮亦以俟军行薪蒸之用”[①]，可见除从苑中猎获禽兽之外，还可在苑中采取柴草以供行军作战时用。

（5）游幸场所

太和二年（478），“高祖及文明太后率百僚与诸方客临虎圈，有逸虎登门阁道，几至御座。左右侍御皆惊靡，（王）叡独执戟御之，虎乃退去”[②]。这次临虎圈，有百僚及诸方客参加，显然是一次游幸活动。从记载看，虎圈中搭造有专供参观的建筑物，有围栏与虎群分隔开。

北魏前期经营各类苑囿、池沼，以满足帝王之需要及某些军国之用的做法，与其同时在宫中经营畜牧、种植和手工业以自给的做法具有同一性质。史载北魏初期在平城宫中，有“婢使千余人，织绫锦贩卖，酤酒，养猪羊、牧牛马，种菜逐利”[③]。圈禁野兽和养鱼，同样是北魏王室经济的重要组成部分和必要的补充。北魏前期的法律规定：“当刑者赎……畿内民富者烧炭于山，贫者役于圊溷，女子入舂槀；其固疾不逮于人，守苑囿”[④]。苑囿和其他生产生活部门一样也役使刑徒或奴隶看守。

由于没有看到拓跋魏狩猎经济的存在，因此有些论著把北魏的狩猎苑囿也视为牧场，如有的论著把《魏书·古弼传》所载“上谷民上书，言苑囿过度，民无田业，乞减太半，以赐贫人”[⑤] 这类材料作为拓跋魏入主中原之初，把大量民田圈禁起来作为牧场的例证，把道武帝拓跋珪在平城附近所建之“鹿苑”也视为牧场，等等。事实上苑囿和牧场是两回事，“苑”是指圈围畜养禽兽的场所，“牧”才是畜养牛马牲畜的地方。同样在河西，既有苑封，又有牧地，《魏书》明确地记载“河西苑封”乃“麋鹿所聚”，是大有“兽利”[⑥] 的场所，而“河西牧地”则是“畜产滋息”[⑦] 的场所，“苑”“牧”之区别甚明。诚然，北魏统治区内的确存在大量牧场，但同时也存在大量的苑囿。北魏时期与农业争地的，不仅有

① 《魏书》卷三七《司马楚之传》附《司马跃传》，第 860 页。

② 《魏书》卷九三《恩倖列传·王叡传》，第 1988 页。

③ （梁）萧子显撰：《南齐书》卷五七《魏虏传》，中华书局 1972 年版，第 984 页。

④ 《魏书》卷一一一《刑罚志》，第 2874 页。

⑤ 《魏书》卷二八《古弼传》，第 692 页。

⑥ 《魏书》卷三七《司马楚之附司马跃传》，第 860 页。

⑦ 《魏书》卷一一〇《食货志》，第 2857 页。

牧场，也有大量的苑囿，“苑”“牧”均占有大量土地而与农业生产发生矛盾。

（四）“禽兽之贡”与民间狩猎

北魏前期除了进行狩猎和建立各种苑囿之外，还向各地方征取禽兽，太和二年（478）魏孝文帝下诏“罢诸州禽兽之贡”①，可见在此之前“诸州”有“禽兽之贡”。“禽兽之贡”如何征纳，史文阙载，当是由地方政府向民间征取，然后上交魏廷，这无疑又是加在老百姓身上的一项沉重负担。这项制度告诉我们，北魏前期民间狩猎也是相当普遍的。

北魏时各级文武百官狩猎之风颇盛。太和五年（481）上邽镇将上言“于镇城西二百五十里射猎”②，这是边镇将领行猎。内地地方长官亦然，元坦为冀州刺史，“性好畋渔，无日不出，秋冬猎禽兽，春夏捕水族，鹰犬常数百头，器网十余车，自云宁三日不食，不能一日不猎”③。李琰之，陇西狄道人，出为荆州刺史，“自云犹有关西风气，及至州后，大好射猎，以示威武”④。世为领民酋长之北秀容尔朱氏家族世代均好田猎，尔朱容之祖代勤，“围山而猎，部民射虎”⑤。父新兴，“每春秋二时，恒与妻子阅畜牧于川泽，射猎自娱”⑥。尔朱荣更是“好射猎，每设围誓众，便为军阵之法”⑦，“性好猎，不舍寒暑，至于列围而进，必须齐一，虽遇险阻，不得回避，虎豹逸围者坐死。其下甚苦之”⑧。行军途中，还令“军士列围大猎”⑨。官僚阶层中妇女亦有善射猎者，如东荆州刺史杨大眼妻潘氏，“善骑射……至于攻阵游猎之际”，身着“戎装”，夫妻“并驱林壑”⑩。

---

① 《魏书》卷七上《高祖纪上》，第146页。

② 《魏书》卷一一二下《灵徵志下》，第2957页。

③ 《太平御览》卷九二六《羽族部一三·鹰》引《三国典略》，第4114页。《北齐书》卷二八《元坦传》，“秋冬猎雉兔，春夏捕鱼蟹”，第384页。

④ 《魏书》卷八二《李琰之传》，第1797—1798页。

⑤ 《魏书》卷七四《尔朱荣传》，第1643页。

⑥ 《魏书》卷七四《尔朱荣传》，第1644页。

⑦ 《魏书》卷七四《尔朱荣传》，第1644页。

⑧ 《魏书》卷七四《尔朱荣传》，第1653页。

⑨ 《魏书》卷七四《尔朱荣传》，第1650页。

⑩ 《魏书》卷七三《杨大眼传》，第1634页。

流风所及，民间亦然。毕众敬，东平须昌人，“少好弓马射猎”[①]。侯莫陈悦“长于河西，好田猎，便骑射”[②]。房法寿，清河绎幕人，“幼孤，少好射猎”[③]。甄琛，“躬亲农圃，时以鹰犬驰逐自娱”[④]。刘世明，“身归乡里……常以射猎为适”[⑤]。诸如此类，兹不一一。

成书于北魏末或东魏初的《齐民要术》，反映的是公元6世纪及其以前北方人民的生产、生活状况。从此书的记载我们可以看到，当时北方人民食用禽兽肉是比较普遍的，其经常食用的兽肉首推獐、鹿，其次是野猪和熊等凶猛动物，各类野禽也是人们经常猎取食用的对象。这类动物在当时的北中国还大量存在，是人们主要的猎取对象。古弼上太武帝表称：“秋谷悬黄，麻菽布野，猪鹿窃食，鸟雁侵费，风波所耗，朝夕参倍。”[⑥] 可见当时华北地区还有许多麋鹿、野猪和鸟雁等动物，古弼所言与《齐民要术》的记载基本是一致的，这是当时狩猎仍可以一定规模继续的重要客观条件。延昌（512—515）年间孙绍上宣武帝表指出，当时有的百姓“或亡命山薮，渔猎为命”[⑦]，这虽然是北魏后期的情况，但从中亦可推知北魏前期民间狩猎的情形。

综上所述可知，狩猎是北魏前期社会经济的组成部分之一。《魏书·食货志》称：“世祖（太武帝）即位，开拓四海，以五方之民各有其性，故修其教不改其俗，齐其政不易其宜，纳其方贡以充仓廪，收其货物以实库藏，又于岁时取鸟兽之登于俎用者以牣膳府。”[⑧] 这段记述表明：第一，所谓“五方之民各有其性”，因而“不改其俗”“不易其宜”，包括了“岁时取鸟兽”这种传统的狩猎习俗的保持，申明拓跋魏狩猎习俗存在的合理性。第二，拓跋魏进行狩猎的主要目的是“取鸟兽之登于俎用者以牣膳府”，满足王室祭祀、食用之需要。第三，把“岁时取鸟兽”与“纳其方贡以充仓廪”“收其货物以实库藏”等农工商业并列为北魏财政

---

① 《魏书》卷六一《毕众敬传》，第1359页。

② 《魏书》卷八〇《侯莫陈悦传》，第1784页。

③ 《魏书》卷四三《房法寿传》，第969页。

④ 《魏书》卷六八《甄琛传》，第1513页。

⑤ 《魏书》卷五五《刘芳附刘世明传》，第1231页。

⑥ 《魏书》卷二八《古弼传》，第692页。

⑦ 《魏书》卷七八《孙绍传》，第1724页。

⑧ 《魏书》卷一一〇《食货志》，第2850页。

经济来源之一，把狩猎视为北魏前期诸生产事业中的一项。北魏前期的经济可以说是一种农、牧、猎兼营的综合经济结构。

三　北魏中期以后狩猎退出经济领域

随着北魏农业生产的发展，随着拓跋族的汉化和封建化进程的加深，狩猎业也逐渐随之衰退而退出经济领域。孝文帝时期是发生这种变化的转折点。史称孝文帝“少而善射，有膂力。年十余岁，能以指弹碎羊髆骨。及射禽兽，莫不随所志毙之。至年十五，便不复杀生，射猎之事悉止”①。在他身上非常集中和典型地体现了这种转折，他一方面继承拓跋族的传统，从小即长于射猎②；另一方面他又与他以前的君主不一样，十五岁以后便停止一切射猎活动。相反的，他热衷于示范中原农业民族的传统古礼“亲耕藉田”，并孜孜于儒家诗书礼乐。这不仅仅是他个人的性格和“雅志”所致，更重要的是他处于拓跋国家和社会经济发展的一个伟大转折时期，而他正是这一历史转折的积极推动者。由于均田制的推行，刺激了北方农业生产的发展，以及迁都洛阳，实行汉化改革等因素，狩猎经济的重要性便急剧丧失。孝文以前北魏诸帝的狩猎活动极其频繁，孝文及其以后则几乎停顿，真正是“射猎之事悉止”。

孝文帝时期，颁布了一系列政策和措施，废除传统的狩猎经济。具体情况如下：

（一）罢除狩猎机构和官员

北魏前期“自太祖（道武帝）至高祖（孝文帝）初，其内外百官屡有减置，或事出当时，不为常目”③，“游猎曹”“羽猎曹”“猎郎”“鹰师曹”等的设置就属于这种情况。自从“太和中高祖诏群僚议定百官”④之后，即不见“游猎曹”“猎郎”等名目，表明它们已于其时被废止了。关于“鹰师曹”的废止，史料记载比较清楚。先有禁畜鹰鹞的诏令，早在

---

① 《魏书》卷七下《高祖纪下》，第187页。

② 拓跋宗室成员多从小即娴于射猎，如河南王元曜：“年五岁，尝射雀于太祖前，中之，太祖惊叹焉”[《魏书》卷一六《道武七王列传·河南王（元）曜传》，第395页。]

③ 《魏书》卷一一三《官氏志》，第2976页。

④ 《魏书》卷一一三《官氏志》，第2976页。

延兴三年（473）孝文帝即“下诏，禁断鸷鸟，不得畜焉”[①]。延兴五年（475）孝文帝又“诏禁畜鹰鹞，开相告之制”[②]。太和四年（480）正式下诏“罢畜鹰鹞之所”[③]，诏曰：“诸鸷鸟伤生之类，宜放之山林，其以此地为太皇太后经始灵塔”“于是罢鹰师曹，以其地为报德佛寺”[④]。这一禁令看来贯彻是比较彻底的，此后北魏帝室不再见畜养鹰鹞之记载。

（二）罢苑囿

北魏前期由于狩猎经济的需要而大量封禁土地，以为苑囿，其中包括不少农业耕地，史称“时多禁封良田”[⑤]，从而严重侵害农民的利益，与农业生产发生矛盾。早在太延五年（439）高允就向太武帝提出反对“禁封良田”，太武帝按受了他的意见，“遂除田禁，悉以授民”[⑥]。后来又有“上谷民上书，言苑囿过度，民无田业，乞减太半，以赐贫人”，太武帝“皆可其所奏，以丐百姓”[⑦]。以史实考之，此后封禁良田为苑囿之事并未禁绝，还有大量苑囿存在，直到孝文帝时，才采取切实措施大规模地罢除苑囿。延兴三年（473）“诏关外苑囿，听民樵采”[⑧]。太和十一年（487）“罢山北苑，以其地赐贫民”[⑨]。太和十四年（490）高闾上表，再次提出“放无用之兽”的主张，认为“此乃救凶之常法，且以见忧于百姓”[⑩]。河西苑亦在孝文时宣布罢除。司马跃上表要求“罢河西苑封，与民垦殖”。此议最初遭到有司官员的反对，孝文帝亦有所犹豫，认为“此地若任稼穑，虽有兽利，事须封废。若是山涧，虞禁何损？……其更论之”。后因司马跃“固请宜以与民，高祖从之”[⑪]。河西苑规模大、“兽利”多而所占以山涧为主，今亦罢除，可知孝文帝废止苑囿决心之大。

---

① 《魏书》卷一一四《释老志》，第3039页。
② 《魏书》卷七上《高祖纪上》，第141页。
③ 《魏书》卷七上《高祖纪上》，第148页。
④ 《魏书》卷一三《皇后列传·文成文明皇后冯氏传》，第328页。
⑤ 《魏书》卷四八《高允传》，第1069页。
⑥ 《魏书》卷四八《高允传》，第1069页。
⑦ 《魏书》卷二八《古弼传》，第691页。
⑧ 《魏书》卷七上《高祖纪上》，第140页。
⑨ 《魏书》卷七下《高祖纪下》，第162页。
⑩ 《魏书》卷五四《高闾传》，第1206页。
⑪ 《魏书》卷三七《司马楚之附司马跃传》，第859—860页。

罢除苑囿之事不可能一蹴而就，虽经孝文时大规模罢除，但到北魏后期还有一些苑囿占着土地。正始元年（504）“以苑牧公田分赐代迁之户”①，延昌二年（513）又“以苑牧之地赐代迁民无田者”②。熙平元年（516）“诏放华林野兽于山泽”③。表明其时仍有一部分苑囿与牧场并存，不过其数量毕竟已有限了。

（三）弛山泽之禁

北魏前期适应于帝室狩猎的需要而实行山泽之禁，到北魏中期亦开始大规模解禁。早在献文帝时，于皇兴四年（470）下诏“弛山泽之禁”④。到孝文帝时，于太和六年（482）再次下令“罢山泽之禁”⑤。太和七年（483）又下令“开林虑山禁，与民共之”⑥。

（四）罢诸州禽兽之贡

北魏前期各地方需向中央贡纳禽兽，到了孝文帝太和二年（478）正式下诏“罢诸州禽兽之贡”⑦。为了弥补罢“禽兽之贡”造成的阙乏，太和十五年（491）“诏郡国有时物可以荐宗庙者，贡之”⑧，以作为补充。从以“禽兽”为贡，到以“时物”为贡，正是北魏前后期经济变化的一个写照。

四 结语

北魏前期的狩猎经济，是拓跋鲜卑传统生产生活方式在新的历史条件下的延续。它除了具有军事的、游乐的目的之外，也还具有经济的意义，仍然是当时社会经济生活中一个必要的组成部分。不过它毕竟是在拓跋魏进入畜牧、农耕社会之后残存的一种经济形态，其性质与原始的典型的狩猎经济已不可同日而语，它只是当时畜牧业、农业经济的一种补充。

---

① 《魏书》卷八《世宗纪》，第198页。
② 《魏书》卷八《世宗纪》，第213页。
③ 《魏书》卷九《肃宗纪》，第224页。
④ 《魏书》卷六《显祖纪》，第130页。
⑤ 《魏书》卷七上《高祖纪上》，第152页。
⑥ 《魏书》卷七上《高祖纪上》，第153页。
⑦ 《魏书》卷七上《高祖纪上》，第146页。
⑧ 《魏书》卷七下《高祖纪下》，第168页。

拓跋魏的狩猎经济，从大鲜卑山时期开始世代绵延，一直到孝文帝时期始告结束。从孝文帝以后狩猎经济终于退出了拓跋魏的社会生活领域，从此拓跋族成了与汉族相同的农业民族。这在拓跋鲜卑的发展史上是具有重要意义的历史性变化。魏孝文帝是这一变化的界标。何以这种转变发生于孝文帝时期呢?

第一，北魏农业生产发展的必然结果。

拓跋族原是狩猎——畜牧民族，入主中原后开始重视发展农业，但由于其开拓霸业中“兵革并起，民废农业”①，北方农业遭到严重破坏，农业的恢复和发展还须假以时日。尽管从道武帝已开始实行“屯田”和徙民“计口受田”等措施，但“虽频有年，犹未足以久赡”②，农业还不能满足社会生活的需求。前期狩猎经济的存在，正是农业生产仍较落后的反映。其后经明元、太武、文成、献文诸帝的努力，才逐渐有所起色。太和均田制的颁行，把北魏农业推到一个新阶段，使拓跋国家的财政经济置于农业生产基础之上，狩猎因之自然退出经济领域。

第二，拓跋族汉化、封建化③的必然结果。

北魏狩猎经济在孝文帝时期终于退出社会生活领域，是拓跋族汉化、封建化的必然结果。北魏前期狩猎经济的存在，主要是为满足拓跋统治集团的需要。这种需要主要是：（1）他们还保留着食用兽肉的习惯，故须从事狩猎以满足这方面的需要。（2）他们还保留着以野牲祭祀的传统

---

① 《魏书》卷一一〇《食货志》，第2849页。

② 《魏书》卷一一〇《食货志》，第2850页。

③ 【整理者按】“封建化”“封建主义”“封建社会”等语汇乃是中华人民共和国成立以后，中国学术界统一、法定的用法，一般用以指称人类社会历史演变“五种社会形态”之第三个历史阶段。黎虎先生晚年构建了关于中国古史分期暨社会性质问题的新理论体系，提出中国古史自太古至清朝（鸦片战争前）先后经历了“无君群聚社会—王权众庶社会—皇权吏民社会”三个历史阶段，用以取代此前所沿用的“五种社会形态”论（“五种生产方式”论）。上述“五种社会形态”理论体系中的“封建社会”大致与黎虎先生三阶段论中的“皇权吏民社会”相对应。不过，出于尊重历史考虑，对于本文中有关“封建化”“封建文化”“封建依附关系”“封建国家”等说法，均保持原貌而不作修改。同时这也是黎虎先生的决定，2022年4月学苑出版社拟出版黎虎先生的《魏晋南北朝史论》（增订本），因为先生当时将修订的任务交由整理者负责，故整理者曾就此类问题和先生进行过交流，先生当时指示应尊重历史，盖因当年撰写此文时尚未形成其关于中国古史分期暨社会性质问题的理论体系，因而只能采用当时学术界习用的“五种社会形态”论的历史分期法。

风俗，故须猎取乃至养殖野生动物以满足其需要。（3）他们还保留着以野兽“筋角皮骨”制造弓矢军械的传统工艺，亦需要这类物资以满足兼并战争的需求。

只有当他们接受了汉族封建文化和生活方式的影响，从而改变其原有的社会文化生活方式和风俗习惯时，狩猎才有可能从拓跋魏的社会生活中退出。而狩猎经济的消退，又反过来加速了其传统社会生活方式和风俗习惯的改变。孝文帝的改革是这种历史性变化的集大成，从根本上把拓跋魏的社会文化生活方式转移到了汉族封建文化生活方式上来，一定意义上可以说，孝文时期鲜卑旧俗的革除，也包括了对于传统的狩猎习俗的革除。我们在论孝文帝的改革时，也应把革除狩猎旧俗作为其重要内容之一。

拓跋魏狩猎经济的盛衰存灭过程，与北方民族融合的进程，与拓跋族汉化、封建化和文化风俗的变化进程是同步的，它从一个侧面反映了拓跋魏社会历史的演变轨迹，为我们更深刻地认识这一演变进程提供了又一生动的例证。

（原刊《历史研究》1992 年第 1 期。中国人民大学报刊复印资料中心《魏晋南北朝隋唐史》1992 年第 3 期全文转载。后收入《魏晋南北朝史论》，学苑出版社 1999 年版，据文后跋语，《历史研究》原刊文曾有所删节，《魏晋南北朝史论》刊本则据原稿全文照发。今据《魏晋南北朝史论》刊文，并参考《历史研究》原刊文整理。李文才敬识。）

陇右自古多山崩

——从洒勒山滑坡谈起

报载1983年3月7日下午五时四十分，甘肃临夏回族自治州东乡族自治县的洒勒山发生了严重的滑坡，这一灾害的发生已经引起有关方面人士的关注，我国的科学工作者正对这一地质现象积极进行科学的考察和研究。然而，对于这一自然灾害的研究工作，不仅是自然科学工作者的职责，史学工作者也应积极参加，以便从历史发展的纵向的角度，更好地认识这一自然灾害发生发展的规律，为预防其对“四化”建设和人民生命财产的危害而发挥自己应有的一份作用。

我国古代史籍中，有着许多关于“山崩”的记载。所谓山崩，是泛指包括滑坡和泥石流、崩塌等地质现象在内的。其记载之悠久和丰富，在世界各国历史上是绝无仅有的，这给我们研究这一自然灾害的历史，提供了十分可贵的资料。

关于山崩的记载，最早可以追溯到遥远的夏代。据历史记载，夏桀在位三十年时，“瞿山崩”[①]；又传说在夏桀时，泰山曾经发生了一次“山走石泣”的猛烈灾害[②]，这两条大概是关于山体滑坡和崩塌的最早记载了。西周幽王二年（前780），周人发祥地周原地区的岐山曾经发生

---

① 王国维撰，黄永年校点：《今本竹书纪年疏证》卷上，辽宁教育出版社1997年版，第60页。

② （梁）任昉撰：《述异记》卷上：“桀时泰山山走石泣。先儒说：‘桀之将亡，泰山三日泣。’今泰山山石，远望之若人泣，盖是也。周武谓周公曰：‘桀为不道，走山泣石。’”（湖北崇文书局光绪元年刻本，第5页。）

山崩[①]。据《春秋左传》记载，春秋时期的鲁僖公十四年（前649），由于地震而引起沙麓（晋地）山崩[②]。鲁成公五年（前586）的“梁山（今陕西韩城）崩”[③]，曾经堵塞了黄河，三日不流。

到了秦汉以后，关于山崩的记载就更加丰富了。这是因为记载被作为一种“灾异”的山崩，是史官应尽的职责，从班固《汉书》之后，历代正史都立有《五行志》《灵徵志》《灾异志》等，记载包括山崩在内的各种自然灾害。尽管受到当时科学发展水平的限制和封建的天人感应思想的束缚，对这种自然现象做出的解释很多是荒谬的，但是，在这些史志中却保存了大量的关于山崩活动的历史资料。

从这些历史记载中我们可以看到，秦、陇、蜀一带是我国自古以来山崩活动最频繁的地区，而陇右则是这一广大山崩活动区的中心。这次发生滑坡的临夏东乡族自治县，正是陇右地区山崩最活跃的中心地区之一。

因此，我们现在仅就陇右地区的山崩活动情况及其特点分述如下。

一　山崩的分布及其性质

甘肃地区的山崩最早见于记载的，是《汉书·五行志》所记西汉高后二年（前186）正月在武都（今甘肃西和西南）发生的一次山崩，这次山崩伴随着持续的地震，直到当年八月才停止[④]。此后，关于甘肃地区的山崩便史不绝书了，随着时间的推移、记载也日益频繁了。仅据不完全的史料，在甘肃地区见诸记载的较大规模的山崩，从西汉高后二年到

① 《今本竹书纪年疏证》卷下：“二年。泾、渭、洛竭，岐山崩。”注引《周语》曰：“幽王二年，西周三川皆震，是岁三川竭，岐山崩。”（第99页）又，徐元诰撰，王树民、沈长云点校：《国语集解》卷一《周语上》：“幽王二年，西周三川皆震。”注曰：“三川，泾、渭、洛，出于岐山也。震，动也。地震动，故三川亦动而竭也。”（中华书局2002年版，第26页。）又，（汉）班固撰，（唐）颜师古注：《汉书》卷二七下之上《五行志下之上》亦载：“是岁，三川竭，岐山崩。”（中华书局1962年版，第1451页。）

② （周）左丘明传，（晋）杜预注，（唐）孔颖达疏，浦卫忠、龚抗云、胡遂、于振波、陈咏明整理，杨向奎审定：《春秋左传正义》卷一三，僖公十四，北京大学出版社2000年版，第424页。

③ 《春秋左传正义》卷二六，成公五年，第826、827页。

④ 《汉书》卷二七下之上《五行志下之上》，第1457页。

清朝宣统元年（1909）为止就有五十起以上。

山崩在甘肃的分布，主要集中在陇右地区。大体上西起临夏，东至两当，南抵文县，北达皋兰、平凉，这个范围是山崩活动最频繁的地区。在这个地区中，又以秦州（治所在今甘肃天水市）、河州（治所在今甘肃临夏市）、洮州（治所在今甘肃临潭）和礼县（今甘肃礼县）等地为甚。这个地区正处于土质疏松的黄土高原西端。从这里向西漫延至青海高原，向南至川北山地，向东至陕西，构成一片山崩活动频繁的地区。

山崩给人民生命财产带来巨大的损失。其中有具体的死亡人数记载的，如西汉高后二年武都山崩，造成“杀七百六十人”[①] 的惨剧。北宋真宗咸平四年（1001）成纪县（今天水市）的山崩，“压死者六十余人”[②]。明正统十三年（1448）通渭、平凉、华亭三县“山倾”“军民压死者八十余口”[③]。清康熙二年（1663）七月，河州井沟山山崩，“压死居民二十余口”[④]；同治十三年八月（1874）西和西山的山崩，“压死四十九人”[⑤]；道光十一年六月，（1831）狄道（今临洮）黎家窪山崩，“压毙二十余人”[⑥]；光绪十九年（1893）五月，狄道皇后沟山崩，“压毙十三人”[⑦]等。更多的是没有具体的伤亡人数，不过从有的村庄田园被整个掩埋的情况来看，其伤亡人数当不在少数。如东晋元帝大兴二年（319）祁山（今甘肃礼县东）“山崩，杀人”[⑧]；后秦永和元年（416），“秦州地陷裂，岩岭崩坠，人舍坏”[⑨]；北宋景德四年（1007）七月，成纪县“崖圮，压死居民”[⑩]；元延祐二年（1315）成纪县山崩，“陷没居民”[⑪]；明弘治十

---

① 《汉书》卷二七下之上《五行志下之上》，第1457页。

② （元）脱脱等撰：《宋史》卷六七《五行志五》，中华书局1985年版，第1488页。

③ （清）张廷玉等撰：《明史》卷三〇《五行志三》，中华书局1974年版，第505页。

④ （清）赵尔巽、柯劭忞等撰：《清史稿》卷四四《灾异志五》，中华书局1977年版，第1643—1644页。

⑤ 《清史稿》卷四四《灾异志五》，第1646页。

⑥ 《清史稿》卷四四《灾异志五》，第1645页。

⑦ 《清史稿》卷四四《灾异志五》，第1646页。

⑧ （唐）房玄龄等撰：《晋书》卷二九《五行志下》，中华书局1974年版，第899页。

⑨ （宋）李昉等撰：《太平御览》卷八八〇《咎徵部七·地陷》引《隋书》，中华书局1960年版，第3911页。

⑩ 《宋史》卷六七《五行志五》，第1488页。

⑪ （明）宋濂等撰：《元史》卷五〇《五行志一》，中华书局1976年版，第1084页。

八年（1505）六月，河州沙子沟石崖山山崩，“田庐民畜俱陷”①；正德五年（1510）六月，秦州山崩，“伤室庐、禾稼甚众”②；清顺治六年（1649）四月，两当山崩，“压死人畜无算”③。其中最惨烈的要数明崇祯十七年（1644）秦州的一次山崩，史称两山之间有民居“数百万家”“两山合，居民并入其中。”④ 此外，还有些山崩竟摧毁城镇。如东汉顺帝建康元年（144）凉州（治所在今甘肃张家川）山崩，导致“坏城”⑤；清同治十三年（1874）八月，西和西山崩，“走入城中，压倒城垣二百四十余丈，民房九十余处”⑥。

在这些山崩活动中，明显地可以确定其为滑坡的有如下一些：①《太平御览》卷八八〇引崔鸿《十六国春秋》记：“前凉张寔五年（318），祁山（今甘肃礼县东）地震，从中陶原坂三里冒覆下川忽如见掩，山上草木存焉。”⑦ 从滑下的山体上“草木存焉”的情况，可以断定这是一次滑坡。②元仁宗延祐二年（1315）五月，“秦州成纪县北山移至夕川河，明日再移，平地突如土阜，高者二三丈”。⑧ 这种山体移动的现象无疑也是属于滑坡，令人惊奇的是，这次滑坡中的山体在两天内章连续滑动两次，越过夕川河，使山下平原出现了高大的土丘。③明弘治十八年（1505）六月丙子，“河州沙子沟夜大雷雨，石崖山崩，移七八里，崩裂处为沟”⑨。这也是一次滑坡，山体移动竟达七八里之远。④清同治十三年（1874）八月，“西和西山崩，走入城中”⑩。这也是一种滑坡。此外，明崇祯十七年（1644）“秦州有二山，相距甚远，民居其间者数百万家。一日地震，两山合，居民并入其中。”⑪ 这是一种比较复杂的地质现象，

---

① 《明史》卷三〇《五行志三》，第 506 页。
② 《明史》卷三〇《五行志三》，第 506 页。
③ 《清史稿》卷四四 4《灾异志五》，第 1643 页。
④ 《明史》卷三〇《五行志三》，第 506 页。
⑤ 《太平御览》卷八八〇《咎徵部七・地裂》引《后汉书》，第 3910 页。
⑥ 《清史稿》卷四四《灾异志五》，第 1646 页。
⑦ 《太平御览》卷八八〇《咎徵部七・土踊》引崔鸿《十六国春秋》，第 3912 页。
⑧ 《元史》卷五〇《五行志一》，第 1084 页。
⑨ 《明史》卷三〇《五行志三》，第 506 页。
⑩ 《清史稿》卷四四《灾异志五》，第 1646 页。
⑪ 《明史》卷三〇《五行志三》，第 506 页。

是否属于滑坡，请地质学家们研究。

有一些关于“山崩”的记载，可能是属于泥石流。如元泰定元年（1324）八月，“成纪县大雨，山崩水溢，壅土至来谷河成丘阜。”① 这是发生在一场大雨之后的山崩，山洪挟带“壅土”倾泻而下。明万历二十七年（1590）八月，“狄道城东山崩，其下冲成一沟。山南耕地涌出大小山五，高二十余丈。”② 使山下冲出一条沟的现象，无疑是泥石流所致。

其余则只记载为“山崩”，无从确定其性质。不过，从上述弘治十八年河州沙子沟石崖山和清同治十三年西和西山的滑坡，泰定元年成纪县和万历二十七年狄道城东山的泥石流等等，均被记为“山崩”来看，其中必定还包括不少属于滑坡或泥石流的。

二　山崩活动的持续性

从历史资料来看，陇右地区的山崩活动具有明显的持续性。其表现之一，是某些地区从古至今均有山崩活动。如天水地区（古秦州）从后秦永和元年（416）山崩见诸记载之后，历宋、元、明、清而持续不断。临夏地区（古河州）和临洮地区（古狄道）从明清以来山崩活动亦从未中断。山崩活动持续性的表现之二，是在同一地区山崩活动的连年发生。如秦州成纪县（今天水市），在元仁宗延祐二年（1315）五月乙丑发生了一起严重的滑坡后，第二年（即延祐三年，1316）七月己丑又发生第二次山崩，过了二年，即延祐五年（1318）八月再度发生山崩，此后六年，即泰定元年（1324）八月又发生了严重的山崩。从1315年至1324年短短的九年间，就接连发生了四次强烈的山崩③。再以河州（治所在今临夏）为例，从光绪十二年（1886）至光绪二十六年（1900）的十四年中，曾相继发生四次山崩④。洮州（今甘肃临潭）也曾在光绪三十一年（1905）和三十二年接连发生山崩⑤。这些资料表明，在陇右的许多地区，山崩活动是可能连续发生的，一次山崩之后也许不会停止太久又会再度

---

① 《元史》卷五〇《五行志一》，第1084页。

② 《明史》卷三〇《五行志三》，第506页。

③ 《元史》卷五〇《五行志一》，第1084页。

④ 《清史稿》卷四四《灾异志五》，第1646页。

⑤ 《清史稿》卷四四《灾异志五》，第1646页。

发生的。有些地区山崩间隔时间之短促，实应引起注意。

三　山崩原因的推测

从发生在陇右地区的50余起山崩中，可以看出山崩发生原因的有13起。其余则未见记述山崩的原因。在这13起中，因暴雨引起山崩者为7起，因地震引起山崩者为6起。可见暴雨和地震是引起山崩的两项最主要原因。如成纪县在元代的两次山崩均由于暴雨而触发，史称延祐五年（1318）八月，“秦州成纪县暴雨，山崩，朽壤坟起，覆没畜产”；泰定元年（1324）八月，“成纪县大雨，山崩水溢”①。明正统十三年（1448）“夏秋霪雨，通渭、平凉、华亭三县山倾”②。弘治十八年（1505）六月，“河州沙子沟夜大雷雨，石崖山崩。”③ 清康熙元年（1662）秋，“两当暴雨，山崩。”④ 第二年七月，“河州大雷雨，井沟山崩。”⑤ 咸丰元年（1851）六月“礼县霪雨，山崩。”⑥ 值得注意的是，这些山崩均发生于六、七、八月份中，这正是夏秋暴雨季节，山崩的可能性便大为增加。另一重要原因是地震，如《汉书·五行志》记高后二年（前186）正月“武都山崩……地震至八月乃止。”⑦ 可见这次山崩是与地震相伴生的。十六国时期祁山的两次山崩均由于地震而引起，东晋元帝大兴二年（319）五月，“祁山地震，山崩。”⑧ “前凉张寔五年（318）祁山地震”⑨，引起山崩。

四　山崩的前兆

山崩活动是有前兆的。从史料中可以看到，其前兆主要有二，一是山体发生鸣吼，二是山体发生裂隙。如明成化八年（1472）七月，“陇州

---

① 《元史》卷五〇《五行志一》，第1084页。
② 《明史》卷三〇《五行志三》，第505页。
③ 《明史》卷三〇《五行志三》，第506页。
④ 《清史稿》卷四四《灾异志五》，第1643页。
⑤ 《清史稿》卷四四《灾异志五》，第1643—1644页。
⑥ 《清史稿》卷四四《灾异志五》，第1645页。
⑦ 《汉书》卷二七下之上《五行志下之上》，第1457页。
⑧ 《晋书》卷二九《五行志下》，第899页。
⑨ 《太平御览》卷八八〇《咎徵部七·土踊》引崔鸿《十六国春秋》，第3912页。

（今陕西陇县）北山吼三日，裂成沟，长半里”[①]。更多的是在事前发出鸣响，如唐武则天永昌年间（689）华州（今陕西华县）赤水南岸大山曾发生一次巨大的滑坡，在滑坡发生之前，“昼日忽风昏，有声隐隐如雷，顷之（山体）渐移东数百步，拥赤水，压张村民三十余家，山高二百余丈，水深三十丈，坡上草木宛然。”[②] 北宋神宗熙宁五年（1072），“华州少华山前阜头峰越八盘岭及谷，摧陷于石子坡。东西五里，南北十里，溃散坟裂，涌起堆阜，各高数丈，长若隄岸。至陷居民六社，凡数百户，林木、庐舍亦无存者。”[③] 据史书记载，事后，“并山之民言：‘数年以来，峰上常有云，每遇风雨，即隐隐有声。是夜初昏，略无风雨，山上忽雾起，有声渐大，地遂震动，不及食顷而山摧。”[④] 明嘉靖二十六年（1547）七月癸酉，“澄城（今陕西澄城）麻坡山界头岭，昼夜吼数日。山忽中断，移走，东西三里，南北五里。”[⑤] 这些严重的滑坡发生之前，均有山体鸣吼的现象发生。

这次东乡族自治县洒勒山在发生滑坡之前，亦有类似的前兆现象发生。可见滑坡之有先兆现象具有一定的普遍性，这就为预防滑坡提供了一个条件。

本文对于有关山崩历史资料的叙述是极其粗疏和肤浅的，甚至可能有不少错误，其目的只是为了抛砖引玉，希望引起自然科学工作者和史学工作者对这一问题的关注。在结束本文时，我想冒昧提出一点建议，供有关方面参考：

史学工作者可与有关自然科学研究机构配合，从历史发展的角度对山崩的发生发展规律进行研究。应进一步广泛搜集、整理有关山崩活动的历史资料，除正史之外，地方志、类书和各种文集笔记中尚保留不少关于山崩的历史资料。应该像重视地震历史资料一样重视山崩历史资料的搜集和整理，汇编成册，供史学工作者和地质科学工作者参考和研究。由于甘肃处于黄土高原与青海高原的接触地带，秦、陇、青、蜀、滇等

---

① 《明史》卷三〇《五行志三》，第505页。

② （宋）欧阳修，宋祁撰：《新唐书》卷三五《五行志二》，中华书局1975年版，第910页。

③ 《宋史》卷六七《五行志五》，第1488页。

④ 《宋史》卷六七《五行志五》，第1488页。

⑤ 《明史》卷三〇《五行志三》，第506页。

地区均属自古以来山崩活动频繁区域，因此研究陇右地区的山崩活动，就必须与邻接省份密切配合才能取得更好的成果。

（原刊《兰州学刊》1983 年第 2 期。此番整理除订正原刊文的文字错讹等语法方面的问题外，特将原正文夹注改为页下注，并尽可能标注引文的详细信息，以方便读者查阅核对。又，本文为专业性极强的灾害史研究专题论文，尽管篇幅不是很大，但所论问题时间跨度却很漫长，从上古一直论及明清，故本文如何归类颇令人费神。从广义角度来说，灾害史应归属于社会史或社会经济史范畴，思之再三，遂决定将此文附录于中古经济史论之篇末。需言明者，如此编排处置，绝非黎虎先生本意，故如此编排恰当与否，或读者所有批评责备，皆当由整理者承担。李文才敬识。）

外一种：中国古代饮食史专题

中国古代饮食史专题

【整理说明】“中国古代饮食史专题”由7篇专题论文组成，其中3篇已先期发表于不同刊物或文集，另外4篇原系黎虎先生主编《汉唐饮食文化史》（北京师范大学出版社1998年版）中的相关章节。《汉唐饮食文化史》系国家教委“七五”人文社会科学科学研究项目的结项成果，全书共8章。尽管系多人完成的项目，但除了第6章之外，其余章节全部经过了黎虎先生的多次修改甚至是重写。其中的前言、第2章、第5章、第8章则是黎虎先生亲笔撰写。在承担这个项目研究的过程中，黎虎先生曾先后发表过多篇以中国古代饮食与饮食文化为主题的专题论文，这些专题论文与《汉唐饮食文化史》中的部分内容间有交叉重合，但又各自独立成篇，因此都是黎虎先生关于中国古代饮食史研究的组成部分。

对于饮食之重要性，中国古人早有明确认识，无论是说“王者以民为天，而民以食为天”（《汉书·郦食其传》），还是说“为国者以民为基，民以食为本”（《三国志·魏书·华歆传》），其所强调的都是饮食对于人民乃至国家的重要性。而到了近代19世纪中叶，马克思、恩格斯更是将之提升为历史唯物主义的基本原理之一，认为包括饮食在内的社会生活资料的生产“就是一切历史的第一个前提”，是人类“单是为了能够生活就必须每日每时去完成它，现在和几千年前都是这样。”（卡尔·马克思：《德意志意识形态》，《马克思恩格斯选集》第1卷）这就是说，人类一切社会活动包括经济活动在内都是建立在吃的基础上，唯有在首先吃饱的前提下才有可能谈到其他。因此，一方面，饮食史本身就是经济史不可或缺的组成部分，其重要性甚至可谓一切经济史的前提。另一方面，包括中国古代经济史在内的经济史研究，对于包括中国古代饮食史在内的饮食史研究却一向重视不够。这显然是中国古代经济史研究的重大缺憾。对于中国古代饮食史的重要性，黎虎先生乃是较早给予高度关注和重视的学者，在中国古代饮食史的研究领域甚至具有开风气之先的重要影响，他在所发表的多篇有关魏晋南北朝隋唐时期饮食史研究的论文和出版的《汉唐饮食文化》一书中，不仅重点强调了“饮食文化是文化史的基石”“研究文化史，必须首先研究饮食文化史”，认为“这是研究人类历史的‘第一前提’的第一要务”，而且首次明确提出了“饮食学”的学科概念，主张应该建立中国本土的“饮食学”，这是因为中国饮食文化之源远流长和发达程度独步于世界饮食史，乃是其他任何国家都无法比拟的。然而，现实的情况却是，尽管中国一直是饮食文化最发达的国家，但是直到现在也没有建立起独立的、具有中国本土特色的饮食学学科，而是模仿西方的做法将其附着于旅游文化或食品加工等专业或学科。造成这一状况的原因，与近代以来世界大学发展史有着直接关系，中国近代以来的大学专业设置基本因袭欧美等西方大学学科体系，欧美等西方因为没有可资称道的饮食文化历史而没有提出或建立“饮食学”学科，于是我们也继踵其后也没有或不敢公开提出建立饮食学学科。这种状况显然与源远流长、高度发达的中国饮食史与博大精深、辉煌灿烂的中国饮食文化是不相匹配的。因此，在中国已经崛起的21世纪，中国学者与中国学术界应该有勇气和自信建立起具有中国特色、中国气派和中国风格的独立的饮食学学科，而不是一味追随西方的步伐，中国学者应该有信心和能力确立在饮食学学科建设领域的学术话语权。

职此之故，我们在编辑整理《黎虎文集》的过程中，将黎虎先生有关饮食史和饮食文化的相关论著单独荟萃成编，作为“外一种：中国古代饮食史专题”特辑编入《黎虎文集：中古经济史论》一卷。这一方面是因为中国古代饮食史原本就属于中国古代经济史的范畴，另一方面则基于黎虎先生的中国古代饮食史研究成就卓著且具有前瞻性和开创性，不仅较早明确提出建立中国饮食学学科的主张，而且以实际行动为建立中国的饮食学学科做出了重要贡献。作为“外一种”特辑的“中国古代饮食史专题”由7篇专题论文构成，其中从《汉唐饮食文化》一书摘录成文的 4 篇，题目均由整理者根据实际情况所拟，正文中的小标题则在尽量保持原著风貌的基础上，而又酌情略有调整，目的是希望能够在充分展示黎虎先生中国古代饮食史研究成果的同时，而又最大程度地保持黎虎先生原著的精神风貌。特此说明。

先秦秦汉时期饮食学的萌芽

魏晋南北朝时期是我国古代饮食学发展的重要阶段，逐步形成并建立起一门新兴的学科——饮食学，确立了比较系统、完整的学科体系，从而在我国古代文化宝库中占有了一席之地，为这一灿烂的文化宝库增添了异彩，并为日后我国饮食文化史与饮食学的进一步发展奠定了基础。这一时期饮食学的成就主要表现在以下几个方面：第一，饮食学逐步摆脱了儒学、诸子百家附庸的地位，而成为一门独立的学科，出现了各种专门的饮食学著作，如各种“食经”“食谱”等，饮食学著作数量空前增加。第二，从先秦时期偏重和局限于把饮食作为阐述礼仪、政治、哲理的主张和观点的手段或例证，转变为对饮食本身如饮食原料的生产、食品的加工制作、烹调方法、烹调技艺、饮食宜忌、卫生保健等方面进行具体而深入的介绍和探讨，从而奠定和规范了中国古代饮食学的基础和饮食模式的基本格局。第三，饮食学向着广度和深度发展，不仅记述的范围和空间日益扩大，从中原而边地，从中国而外国，而且出现了若干分支学科，如营养卫生保健方面的食疗学，饮料方面的茶学、酒学等。四、涌现了一批饮食学的研究者和专家，形成了一支研究队伍。不仅有政治家、官僚贵族，而且有许多杰出的学者涉足这一领域。特别是后者的参与，更把饮食学的学术水准大为推进和提高。

然而，魏晋南北朝时期饮食学的创立并非一蹴而就，而是在继承前代的基础上逐步发展和完善起来的，因此论魏晋南北朝时期的饮食学，有必要追溯其之前的先秦至秦汉时期饮食学发展演变的过程，因为如果没有先秦秦汉饮食学萌芽时期所奠定的基础，则魏晋南北朝时期相对成熟完善的饮食学也就无由建立。兹略述先秦秦汉萌芽时期的饮食学如下。

一 先秦饮食学回顾

先秦时期饮食学尚未形成为独立的学科，还处于饮食学的萌芽时期，因为这个时期的饮食还处于儒家经典和诸子百家的附庸地位，是儒家和诸子百家在阐述礼仪制度、论证各自的政治主张和哲理的时候而间或涉及的内容。先秦时期有关饮食学的一些思想、理念甚至是内容，都还是附着在其他著作中，而没有独立的饮食学论著。兹略述这些著作中的饮食思想或理念如下。

（一）《诗经》

《诗经》是我国最早的一部诗歌总集，共305篇，大抵是西周初年至西周中叶的作品。其中的“风”为十五国风，多是反映各地风俗民情的民间诗歌，在这些诗歌中有不少涉及稼穑、采集、渔猎和割烹的内容，其中尤以“百谷”为代表的饮食原料记载为多。“雅”多是贵族宴会乐歌，“颂”是统治阶级的祭祀乐歌，它们从不同侧面反映了当时的各种食品和贵族饮食生活的一些情况。

（二）《周礼》

《周礼》是周王室官制和战国时代各国制度的汇编，一般认为是战国时代的作品[①]。其中的《天官冢宰》篇，记述的周王室职官有“膳夫”“庖人”“外饔”“亨人”“甸师”“兽人”“鳖人”“腊人”“酒正”“酒人”“浆人”“凌人”“醢人”“盐人”[②]等，都是分别负责不同饮食原料采制和加工烹饪的官员，其中的“廪人”“仓人”“槁人”[③]等，负责粮食的保管和供应。其中的“食医”“疡医”等负责饮食医疗和营养调摄[④]。从《周礼》中我们可以了解当时的食物品种、饮食制度和食疗的情况。

（三）《仪礼》

《仪礼》是春秋战国时代部分礼制文章的汇编，其中的“乡饮酒礼”

---

① 彭林：《周礼主体思想与成书年代研究》，中国社会科学出版社1991年版。在书中，作者提出《周礼》成书于汉初说。

② （汉）郑玄注，（唐）贾公彦疏，赵伯雄整理，王文锦审定：《周礼注疏》卷四、卷五、卷六《天官冢宰》，北京大学出版社2000年版，第94、102、112、114、119、123、124、139、151、152、154、163、168页。

③ 《周礼注疏》卷一六《地官司徒》，第500、504、507页。

④ 《周礼注疏》卷五《天官冢宰下》，第129、136页。

“燕礼”“公食大夫礼”“特牲馈食礼”“少牢馈食礼”[①] 等，记述了作为礼品和祭品的各种食物，以及当时的饮宴礼仪，其中多数是上层社会的饮食生活情况。

（四）《礼记》

《礼记》是秦汉以前各种礼仪论著的选集，它在论述各种礼仪制度时，对于饮食宴会礼仪亦多所论列。例如其《礼运》篇关于“礼之初，始诸饮食”[②] 的论断，认为古代的礼仪是从饮食中产生的，这是非常深刻的见解。而其《内则》篇关于名肴“八珍”的记载，则是关于当时食物名称和烹调方法的宝贵资料[③]。

（五）《吕氏春秋》

《吕氏春秋》是战国末年秦相吕不韦召集门客集体编写的杂家著作，不过其基本理论体系则是道家黄老无为之学。其中的《本味》篇是一篇具有代表性的饮食学论著。它借伊尹以至味说商汤的故事，论述了水、火与五味的关系，提出了一套系统的饮食烹饪理论。它还列举了各种美味佳肴，各种饮食佳品的产地，以及哪里的饮用水为最佳等情况[④]。《本味》篇可视为中国古代饮食学类专著的鼻祖之作。

二　两汉时期的饮食学

两汉是我国大一统皇朝长治久安的时期，农业、手工业和商业的发展提供了较为丰富的饮食原料，使我国人民的饮食生活有了一定程度的提高，反映到饮食学上则表现为涌现出较为丰富的饮食学著作，虽然专门的饮食学著作还不多见，这时期的饮食学基本上还是附属于其他著作而出现的，但是其中所涉及饮食的内容要丰富广泛得多了。

---

① （汉）郑玄注，（唐）贾公彦疏，彭林整理，王文锦审定：《仪礼注疏》卷八、卷九、卷一〇《乡饮酒礼》，卷一四、卷一五《燕礼》，卷二五、卷二六《公食大夫礼》，卷四四、卷四五、卷四六《特牲馈食礼》，卷四八、卷四九《少牢馈食礼》，北京大学出版社 2000 年版，第 145—198、286—340、549—584、967—1035、1036—1076 页。

② （汉）郑玄注，（唐）孔颖达疏，龚抗云整理，王文锦审定：《礼记正义》卷二一《礼运》，北京大学出版社 2000 年版，第 777 页。

③ 《礼记正义》卷二八《内则》，第 989—1000 页。

④ 许维遹撰，梁运华整理：《吕氏春秋集释》卷一四《本味》，中华书局 2017 年版，第 310—321 页。

不过，这个时期毕竟处于先秦向魏晋南北朝的转变阶段，在饮食学中也存在某些过渡的痕迹，例如还有一些著作是从礼仪或某些思想主张的论述中涉及饮食的内容的。这个时期比较重要的涉及饮食学内容的著作有《淮南子》《盐铁论》《释名》《急就篇》《四民月令》等，以下分而述之。

（一）《淮南子》

《淮南子》是西汉初年淮南王刘安及其门客苏非、李尚、伍被等人集体著述的。全书 21 篇，以道家思想为主，糅合儒、法、阴阳五行诸家学说，是具有汉初时代特征的黄老之学的代表作。书中内容涉及自然和社会的各个领域，网罗繁富，具有百科全书的性质，其中也包含着丰富的饮食学内容。

作者刘安是汉朝宗室，但是其“为人好书，鼓琴，不喜弋猎狗马驰骋”，颇富才思。他又广招人才，“招致宾客方术之士数千人”[①]，在江淮间形成了一个学术中心。其著述甚丰，有《内书》21 篇，即《淮南子》，此外还有《外书》甚众，又有《中篇》八卷，二十余万言。刘安不仅是西汉杰出的思想家和文学家，还是一位著名的饮食学家。据说豆腐就是刘安发明的，李时珍《本草纲目·谷部》说：“豆腐之法，始于汉淮南王刘安。”[②] 这个说法有人怀疑，因为《本草纲目》一书时代较晚。但是考古工作者在河南密县打虎亭汉墓发现的画像石中，已经有了豆腐作坊的图像[③]，这就证明早在汉代我国确实已经有了豆腐的生产，因此刘安发明豆腐的说法恐怕不完全是空穴来风。因此，后世有的饮食著作往往假托淮南王之名而作，如隋人诸葛颖曾作《淮南王食经》，这也不会是毫无因由的。根据“《外书》甚众”[④] 的记载来看，在刘安的那些已经失传的众多《外书》中，很可能就有一些类似“食经”方面的著述。今仍存世的《淮南子》一书，尽管主要是一部关于黄老之学的著作，但其中却有许多

---

① （汉）班固撰，（唐）颜师古注：《汉书》卷四四《淮南厉王（刘）长附子淮南王（刘）安传》，中华书局 1962 年版，第 2145 页。

② （明）李时珍撰：《本草纲目（校点本）》卷二五《谷之四·造酿类》，人民卫生出版社 1982 年版，第 1532 页。

③ 陈文华：《豆腐起源于何时?》，《农业考古》1991 年第 1 期。

④ 《汉书》卷四四《淮南厉王（刘）长附子淮南王（刘）安传》，第 2145 页。

有关饮食理论方面的内容，可以说是汉初一部重要的饮食学论著。现将其中主要的饮食观点缕述如下：

其一，食为民之本的思想。《淮南子》从民本思想出发，认为饮食是人民赖以生存的根本，也是国家长治久安的根本。它说："食者，民之本也。民者，国之本也。国者，君之本也。"① 这里是说饮食乃是人民、国家和君主的根本，强调了饮食的头等重要性。这个观点的含义有两个方面，一方面是说饮食是人的本性，应当得到满足，"人之情不能无衣食"②，人民"有饮食之性"，因此要"因民之所好"③，即满足人民的饮食需求。不过需要指出的是，它这样说并不是从人民的利益出发，而是从维护皇权专制统治的长治久安出发的。因此，它的另一方面的意思就是说，只有满足人民的饮食需求才能稳定统治，才是治国的根本。它说："衣食饶溢，奸邪不生。"④"岁，民之命；岁饥，民必死矣。"⑤"夫饥寒并至，能不犯法干诛者，古今之未闻也。"⑥ 这和用兵之道一样，"以饱制饥。若以水灭火，若以汤沃雪，何往而不遂？何之而不用达？"⑦

那么，如何解决饮食这个头等大事呢？其道有二：一曰发展生产，以农为本。它说："耕之为事也劳，织之为事也扰。扰劳之事，而民不舍者，知其可以衣食也……衣食之道必始于耕织。"⑧ 又说："清醠之美，始于耒耜。"⑨ 因此，"田野不修"，则"民食不足"⑩。只有重视农耕才能满足饮食的需求。这是传统的以农为本的思想在饮食观上的反映。二曰统治者不可过度剥削人民，而要"取下有节，自养有度"⑪。

---

① 刘文典撰，冯逸、乔华点校：《淮南鸿烈集解》卷九《主术训》，中华书局1989年版，第308页。

② 《淮南鸿烈集解》卷九《主术训》，第314页。

③ 《淮南鸿烈集解》卷二〇《泰族训》，第670页。

④ 《淮南鸿烈集解》卷一一《齐俗训》，第375页。

⑤ 《淮南鸿烈集解》卷一二《道应训》，第398页。

⑥ 《淮南鸿烈集解》卷一一《齐俗训》，第376页。

⑦ 《淮南鸿烈集解》卷一五《兵略训》，第501—502页。按，据注引刘绩云："衍用字"，即"用"为衍文，当是。

⑧ 《淮南鸿烈集解》卷九《主术训》，第314页。

⑨ 《淮南鸿烈集解》卷一七《说林训》，第576页。

⑩ 《淮南鸿烈集解》卷一八《人间训》，第596页。

⑪ 《淮南鸿烈集解》卷九《主术训》，第307页。

何谓“自养有度”？这是从统治阶级的角度来说的，是指统治者不能过分追求口腹之欲，而不顾人民的死活。它说：“肥醲甘脆，非不美也，然民有糟糠菽粟不接于口者，则明主弗甘也。”[①] 因此一个明智的君主应当“国有饥者，食不重味”[②]，只有这样做才可以取得民心，以稳固统治，它说：“自养得其节，则养民得其心矣。”[③] 不仅治国需要如此，领兵治军亦然，也要求带兵将领必须“军食熟然后敢食，军井通然后敢饮，所以同饥渴也”，只有这样能够能够做到上下“共安危”[④]。

何谓“取下有节”？这是从被统治的民众的角度来说的，它要求统治者不可过分剥削人民，而要取之有度。它说：“人主租敛于民也，必先计岁收，量民积聚，知饥馑有余不足之数，然后取车舆衣食供养其欲。”[⑤] 意即要根据农业的产量来确定剥削数额，而不可使“居者无食，行者无粮”，因为那是“末世之政”[⑥]。它很重视有所储备，不能分光吃尽，“有今无储”，它说：“夫天地之大，计三年耕而余一年之食，率九年而有三年之畜，十八年而有六年之积，二十七年而有九年之储，虽涔旱灾害之殃，民莫困穷流亡也。故国无九年之畜，谓之不足，无六年之积，谓之悯急，无三年之畜，谓之穷乏。”[⑦] 在汉代统治阶级“急征暴敛”“淫侈之俗，日日以长”[⑧] 的情况下，《淮南子》提倡这种主张是有积极意义的。不过需要指出的是，《淮南子》的这些思想也有其时代和阶级的局限性，因为在它看来，老百姓的吃饭问题是完全仰赖于统治阶级的恩赐的，即“民之所望于主者三：饥者能食之，劳者能息之，有功者能德之。”[⑨] 对于其局限性，我们自然不能苛求古人。

其二，养性之道，食不过饱。《淮南子》认为饮食是人的本性，应当得到满足，但是如果过分追求滋味，大吃大喝，则是一种不可取的嗜欲。

---

① 《淮南鸿烈集解》卷九《主术训》，第 306 页。
② 《淮南鸿烈集解》卷九《主术训》，第 306 页。
③ 《淮南鸿烈集解》卷二〇《泰族训》，第 686 页。
④ 《淮南鸿烈集解》卷一五《兵略训》，第 513—514 页。
⑤ 《淮南鸿烈集解》卷九《主术训》，第 305 页。
⑥ 《淮南鸿烈集解》卷八《本经训》，第 266 页。
⑦ 《淮南鸿烈集解》卷九《主术训》，第 307 页。
⑧ 《汉书》卷二四上《食货志上》，第 1128 页。
⑨ 《淮南鸿烈集解》卷一五《兵略训》，第 514 页。

它提出了“性”和“欲”这样两个对立的范畴，说：“人性安静而嗜欲乱之”[①]“人性欲平，嗜欲害之”[②]，而“欲与性相害，不可两立，一置一废，故圣人损欲而从事于性。”[③] 根据这种人性论，《淮南子》一方面主张“圣人量腹而食”[④] “若夫至人，量腹而食”[⑤]。它说：“圣人食足以接气……今赣（高诱注：赣，赐也。）人敖仓，予人河水，饥而餐之，渴而饮之，其入腹者不过箪食瓢浆。”[⑥] 一个君子应当“近敖仓者不为之多饭；临江、河者不为之多饮，期满腹而已”[⑦]，意思就是说，即使守着像敖仓那样多的粮食，像江河那样多的饮料，也不能大吃大喝，饮食是为了满足人的生理需要，够了就行。

另一方面则是反对过分贪求滋味，它认为过分贪求滋味，一则损伤身体，不利于养生，二则可以导致亡天下，不利于统治。它说：“口好味，接而说之，不知利害嗜欲也，食之不宁于体。”[⑧] 又说：“重于滋味……不顾后患者，邪气也。”[⑨] 对于这种“嗜欲”和“邪气”应当抵制，才能治身养性。它说：“凡治身养性……适饮食……而邪气因而不生。”[⑩] 它抨击当时一般人对于养生的误解，以为追求美食厚味才是养生，说：“肥肌肤，充肠腹，供嗜欲，养生之末也。”[⑪] 而实际上“声色五味”之类，适“足以变心易志，摇荡精神”[⑫]。圣人则不然，“珍怪奇异，人之所美也，而尧粝粢之饭，藜藿之羹”[⑬]，甘于淡泊。它认为追求美食厚味之人往往精神空虚，“陈酒行觞，夜以继日……罢酒撤乐，而心忽然若有所丧，怅然若

---

① 《淮南鸿烈集解》卷二《俶真训》，第 67 页。

② 《淮南鸿烈集解》卷一一《齐俗训》，第 352 页。

③ 《淮南鸿烈集解》卷一四《诠言训》，第 475—476 页。

④ 《淮南鸿烈集解》卷二《俶真训》，第 70 页。

⑤ 《淮南鸿烈集解》卷七《精神训》，第 241 页。

⑥ 《淮南鸿烈集解》卷七《精神训》，第 238 页。

⑦ 《淮南鸿烈集解》卷一七《说林训》，第 561 页。

⑧ 《淮南鸿烈集解》卷一四《诠言训》，第 476 页。

⑨ 《淮南鸿烈集解》卷一四《诠言训》，第 475 页。

⑩ 《淮南鸿烈集解》卷一四《诠言训》，第 476 页。

⑪ 《淮南鸿烈集解》卷二〇《泰族训》，第 679 页。

⑫ 《淮南鸿烈集解》卷八《本经训》，第 265 页。

⑬ 《淮南鸿烈集解》卷七《精神训》，第 232 页。

有所亡也"[①]，酒足饭饱之后精神上会更感空虚。

过分追求美食厚味不仅伤身，而且伤国。它说："目悦五色，口嚼滋味，耳淫五声，七窍交争以害其性，日引邪欲而浇其身夫调，身弗能治，奈天下何！"[②] 它在《本经训》中列举了五种足以造成亡国的行为，其中之一是："煎熬焚炙，调齐和之适，以穷荆、吴甘酸之变。"[③] 据说荆楚和吴国极善调和滋味，如果像它们那样穷极追求美味佳肴就属于这种行为。它说"此五者一，足以亡天下矣"。[④] 把饮食问题提到一个非常的高度，这个观点真足以震俗惊世，值得后人深思。

其三，五味变化无穷的烹饪理论。"道"是《淮南子》哲学思想最基本和最高的概念，它是万事万物发生的总根源，可以化生万物。"道"就是"无"，万物就是"有"。有生于无。从这个哲学观点出发，《淮南子》提出了"无味而五味形焉"[⑤] 的烹饪理论，认为饮食中的五味都是从"虚""无"中产生的。它说："味之和不过五，而五味之化不可胜尝也。"[⑥] 基本的味不过甘酸咸辛苦五种，但它可以变化为无穷的味道。不过，在这五种味中，甘味是起主导作用的，它说："味者，甘立而五味亭矣。"据高诱注："亭，平也；甘，中央味也。"[⑦] 在《淮南子》看来，甘味是五味的中心和基础，其他味围绕着它而化生无穷，从而达到滋味的调适和平衡。它在《地形训》中进一步阐述道："味有五变，甘其主也。"因而"炼甘生酸，炼酸生辛，炼辛生苦，炼苦生咸，炼咸反甘。"[⑧]

何以《淮南子》如此重视甘味，认为它是五味的中心和主导呢？这是与它的五行理论分不开的。在《时则训》中，它把五味看作是五行的不同属性，东方木，其味酸；南方火，其味苦；中央土，其味甘；西方金，其味辛；北方水，其味咸[⑨]。五行以土为中心，土味甘，故五味以甘

---

① 《淮南鸿烈集解》卷一《原道训》，第34—35页。
② 《淮南鸿烈集解》卷二〇《泰族训》，第686页。
③ 《淮南鸿烈集解》卷八《本经训》，第264页。
④ 《淮南鸿烈集解》卷八《本经训》，第264页。
⑤ 《淮南鸿烈集解》卷一《原道训》，第29页。
⑥ 《淮南鸿烈集解》卷一《原道训》，第29—30页。
⑦ 《淮南鸿烈集解》卷一《原道训》，第30页。
⑧ 《淮南鸿烈集解》卷四《地形训》，第146页。
⑨ 《淮南鸿烈集解》卷五《时则训》，第162—183页。

为中心。以五行理论解释饮食原料的出产亦然，“中央四达，风气之所通，雨露之所会也……其地宜禾，多牛羊及六畜。”[①] 这主食中的禾，副食中的牛羊六畜，是我国古代人民主要的基本的食物，以它们为基础而搭配各地的出产，从而构成了丰富多彩的饮食。烹饪就是调和五味，“调平五味者，庖也。”[②] 高明的厨师善于使无味而五味形焉，千变万化，“今屠牛而烹其肉，或以为酸，或以为甘，煎熬燎炙，齐味万方，其本一牛之体。”[③] 一头牛在厨师手中可以千变万化其滋味。

其四，饮食烹饪中的哲学思想。《淮南子》包含着许多朴素的唯物论和辩证法思想，它常常以饮食和烹饪中的事项来阐述这些思想。它说：“水火相憎，鏏在其间，五味以和。”[④] 相反的事物在一定条件的作用之下可以相成，在烹饪中，鏏这种小鼎使水火得以相成，而调和出各种美味。又说：“以甘为苦，非味之过。楚人有烹猴而召其邻人，以为狗羹也而甘之。后闻其猴也，据地而吐之，尽写其食，此未始知味者也。”[⑤] 这个故事说明了人的主观情感对于客观事物的反作用，猴味是客观的存在，它并没有发生变化，只是由于邻人的主观情感发生了变化，因而出现了前后两种完全不同的反应。可知审味与各人的主观情感是有关系的。

从认识论来说，一方面“尝一脔肉而知一镬之味”[⑥]，人们的认识可以举一反三。另一方面则“善学者，若齐王之食鸡，必食其蹠数十而后足。”[⑦] 学习知识又要多多益善，就像齐王吃鸡爪一样一顿吃几十只。又说：“百梅足以为百人酸，一梅不足以为一人和。”[⑧] 说明集中力量的效果胜于分散力量。又说：“越人得髯蛇，以为上肴，中国得而弃之无用。”[⑨] 说明食俗不同，对于食物的取舍则有所不同。又说：“有饮食之性，故有

---

① 《淮南鸿烈集解》卷四《地形训》，第 146 页。

② 《淮南鸿烈集解》卷二〇《泰族训》，第 678 页。

③ 《淮南鸿烈集解》卷一一《齐俗训》，第 362—363 页。

④ 《淮南鸿烈集解》卷一七《说林训》，第 558 页。

⑤ 《淮南鸿烈集解》卷一九《修务训》，第 654 页。

⑥ 《淮南鸿烈集解》卷一七《说林训》，第 565 页。又同书卷一六《说山训》：“尝一脔肉，知一镬之味……睹瓶中之冰，而知天下之寒”（第 550 页）。

⑦ 《淮南鸿烈集解》卷一六《说山训》，第 548 页。

⑧ 《淮南鸿烈集解》卷一七《说林训》，第 571 页。

⑨ 《淮南鸿烈集解》卷七《精神训》，第 242 页。

大飨之谊……故先王之制法也，因民之所好而为之节文者也。”[①] 说明礼乐制度是人们社会生活的反映。又说：“庖丁用刀十九年，而刀如新剖硎，何则？游乎众虚之间。”[②] 这里强调的是要按照事物本身的规律办事，而不可违反它。凡此种种，在《淮南子》中多所申说，皆发人深思，闪耀着朴素唯物论和辩证法的火花。

《淮南子》是先秦以来诸子百家思想的一次总结，同时又反映了西汉的时代精神，并吸收了当时自然科学的成果，因此它的饮食学也是这个时代饮食知识、饮食文化有所发展的反映，其饮食养生观点充满道家黄老思想色彩，根据当时的社会生活实际和科学水平所能达到的高度而提出了许多有价值的见解。毋庸讳言，《淮南子》的饮食观中也有某些局限性，它批判统治者中那些奢侈腐化，大吃大喝，穷极珍奇滋味的行为和风气是正确的。但是它对嗜欲的批判存在某些片面性，带有一定禁欲主义的色彩；此外，它以五行理论来解释五味也不免显得牵强附会。

（二）《盐铁论》

《盐铁论》为西汉桓宽编著。汉昭帝始元六年（前 81）召集贤良、文学六十多人参加由丞相、御史大夫主持的讨论盐铁等问题的会议，会议内容实际涉及政治、经济、军事、文化和社会生活各个领域。汉宣帝时桓宽整理了这次会议记录，编成了这部《盐铁论》。《盐铁论》所包含的饮食文化内容，主要在其中的《散不足》篇，《散不足》乃是研究汉代饮食学的重要文献资料。《散不足》篇主要从八个方面论述了汉代饮食与先秦时代饮食的区别和变化，可以从中一窥汉代饮食水平的提高和发展变化，兹略述于下：

第一，食物原料取舍的变化。“古者，谷物菜果，不时不食，鸟兽鱼鳖，不中杀不食。故微罔（即网）不入于泽，杂毛不取。”意即谷物菜果未长到成熟时不吃，鸟兽鱼鳖等不到长大的时候不去捕杀，所以捕捞不用小网，不猎取幼崽或小鱼。现在则不然：“今富者逐驱歼罔罝，掩捕麑鷇……鲜羔麫，几胎肩，皮黄口。春鹅秋鶵，冬葵温韭浚，茈蓼苏，丰薁

① 《淮南鸿烈集解》卷二〇《泰族训》，第 670 页。

② 《淮南鸿烈集解》卷一一《齐俗训》，第 364 页。

耳菜，毛果虫貉。”[①] 意即现在的富人捕杀各种幼小细嫩的鸟兽，甚至在母腹中还未出生的小动物，还吃那些羔羊雏鸡，冬天吃温室里长的葵菜、韭菜等嫩芽，根本不等到它们成熟或长大的时候。

第二，饮食器具的变化。“古者，汙尊抔饮，盖无爵觞樽俎。及其后，庶人器用即竹柳陶匏而已。”意即古人凿地为樽，用手捧水喝，没有爵觞樽俎这些饮食器具。后来，一般人也不过用些竹柳编的器具和陶器。现在则不然：“今富者银口黄耳，金罍玉钟。中者野王紵器，金错蜀杯”[②]，即富有的人用金玉为器，雕镂精美；中等人家也用金银饰口的杯子。

第三，宴会丰俭的变化。“古者，燔黍食稗，而捭豚以相飨。其后，乡人饮酒，老者重豆，少者立食，一酱一肉，旅饮而已。及其后，宾婚相召，则豆羹白饭，綦脍熟肉。”意思是说，过去即使是一年一度的乡饮酒礼上，也只有老人才有几盘菜，年少者共食一盘酱一盘肉。后来，即便是迎宾或婚庆宴席，也不过是豆羹白饭，再加一些熟肉罢了。现在则不然：“今民间酒食，肴旅重叠，燔炙满案，臑鳖脍鲤，麑卵鹑鷃橙枸，鲐鳢醢醯，众物杂味。”[③] 意即杯盘重叠，摆满了各种山珍野味、珍奇河鲜。

第四，宴饮机会多寡的变化。“古者……非膢腊不休息，非祭祀无酒肉”，即古代不是二三月和腊月祭祀不休息，不是祭祀没有酒肉。现在则不然：“今宾昏酒食，接连相因，析酲什半，弃事相随，虑无乏日”[④]，意即各种请客、婚庆宴饮，接连不断，每宴必有半数人喝醉。

第五，食肉概率的变化。“古者，庶人粝食藜藿，非乡饮酒膢腊祭祀无酒肉。故诸侯无故不杀牛羊，大夫士无故不杀犬豕。”意即古代平民百姓平时都吃粝食藜藿，不是乡饮酒或祭祀的时候没有酒肉，因此诸侯大夫士无故不杀牛羊犬豕。现在则不然：“今闾巷县佰，阡伯屠沽，无故烹杀，相聚野外。”[⑤] 意即街巷阡陌，随处可见屠沽肉铺，无故杀牛宰羊随

---

① 王利器校注：《盐铁论校注（定本）》卷六《散不足第二十九》，中华书局 1992 年版，第 349 页。

② 《盐铁论校注（定本）》卷六《散不足第二十九》，第 351 页。

③ 《盐铁论校注（定本）》卷六《散不足第二十九》，第 351 页。

④ 《盐铁论校注（定本）》卷六《散不足第二十九》，第 351 页。

⑤ 《盐铁论校注（定本）》卷六《散不足第二十九》，第 351 页。

时而有。

第六，祭祀用牲的变化。“古者，庶人鱼菽之祭，春秋修其祖祠。士一庙，大夫三，以时有事于五祀，盖无出门之祭。”也就是说，过去祭祀用鱼和豆，而不用肉，只在家庙中祭祖。现在则不然：“今富者祈名岳，望山川，椎牛击鼓，戏倡儛像。中者……屠羊杀狗，鼓瑟吹笙。贫者鸡豕五芳，卫保散腊，倾盖社场。”[①] 意即富有人家“椎牛击鼓”，中等人家“屠羊杀狗”，穷人家也用“鸡豕五芳”。

第七，食品市场的变化。“古者，不粥饪，不市食。及其后，则有屠沽，沽酒市脯鱼盐而已。”即古代市场上不买卖熟食，即便后来出现屠沽，但也只是买卖那些不能现场食用的肉脯、鱼、盐等。现在则不然：“今熟食徧列，殽施成市，作业堕怠，食必趣时，杨豚韭卵，狗膶马朘，煎鱼切肝，羊淹鸡寒，挏马酪酒，蹇捕胃脯，胹羔豆赐，毂膹雁羹，臭鲍甘瓠，熟粱貊炙。”[②] 意即市场上到处都是各种熟食，飞禽走兽、游鱼爬虾，应有尽有，琳琅满目。

第八，宴饮歌舞的变化。“古者，土鼓凷枹，击木拊石，以尽其欢。及其后，卿大夫有管磬，士有琴瑟。往者，民间酒会，各以党俗，弹筝鼓缶而已。”意思是，过去民间酒会，不过弹奏竹、瓦乐器，卿大夫士也不过是聊备管、磬、琴、瑟罢了。现在则不然：“今富者钟鼓五乐，歌儿数曹。中者鸣竽调瑟，郑儛赵讴。”[③] 意即富有者要用“钟鼓五乐，歌儿数曹”来伴奏，中者也有郑地舞女、赵地歌者表演。

当时参与“盐铁会议”讨论的贤良们是以守旧的眼光来看待这些区别和变化的，他们通过古今变化与不同的对比，认为今不如昔。实际上，他们所列举的这八个方面，恰恰反映了汉代的饮食生活比起前代来已经有了很大的进步。其一，人们的饮食较前大为丰富，食物品种有所增加，特别是肉类食物有所增加。其二，汉代的烹饪水平和工艺有所提高，菜肴的花色品种有所增加。其三，汉代的饮食器具的质地和制作工艺也有了改进和提高。其四，由于商品交换的发展，饮食市场和饮食行业也有

① 《盐铁论校注（定本）》卷六《散不足第二十九》，第351—352页。

② 《盐铁论校注（定本）》卷六《散不足第二十九》，第352—353页。

③ 《盐铁论校注（定本）》卷六《散不足第二十九》，第353页。

所发展。其五，饮食享受水平也有所提高，例如饮宴节日的增加，饮宴乐舞的提高等。所有这些都反映了汉代统一国家社会经济水平的提高，各地经济文化交流和商品经济的发展，从而促进了汉代饮食生活水平的提高。总之，《盐铁论》比较全面地总结了汉代饮食生活和烹饪的发展状况，为后人研究和探索汉代饮食文化和饮食学提供了宝贵的资料。

（三）《急就篇》

《急就篇》或作《急就章》，为西汉史游所作，成书于公元前40年前后。这是一部当时蒙童识字和习字的课本，全书34章，合计2144字。其中有31章是史游编写的，有3章是东汉人续写的。史游所写的31章，每章字数都是相等的，都是63个字，每句或作三言，或作四言，或作七言。因为它是一种启蒙教科书，故所用的字都是当时常见常用的字，所取皆为《苍颉篇》中的“正字”[①]，即常用字。因而《急就篇》所反映的知识，也都是当时最普通、最实用的知识。

《急就篇》“包括品类，错综古今”[②]，容纳了当时最必需的、广泛的知识。其中就有不少关于饮食方面的知识。在这2144字中，关于饮食的有29句，每句7言，合203字，一百四十六事。其中关于粮食及其加工的有2句十三事，饭食为2句十事，蔬菜为3句十四事，调味品为2句九事，果品为1句半八事，酒为2句五事，鱼为1句半八事，肉为半句四事，加工烹饪为3句十事，炊食器具为9句半五十一事，综论为2句十四事。此外，与饮食有关的家畜禽为6句42字，二十九事；野禽兽为8句56字，四十一事。不仅这些家禽畜是人们肉食对象，野兽野禽也是当时经常捕食的。

这些饮食事项都是当时饮食生活中最有代表性的，粮食一句说“稻黍秫稷粟麻秔”，饭食一句说“饼饵麦饭甘豆羹”[③] 这样短短十四个字，就概括了汉代人民的基本主食。从中可见，主食以旱田作物品种为多，亦有少量水田所产的稻米。加工烹饪一句说：“厨宰切割给使令”，另

---

① 《汉书》卷三〇《艺文志》，第1721页。

② 张传官撰：《急就篇校理》之颜师古撰《急就篇注叙》，中华书局2017年版，第3页。

③ 《急就篇校理》之《卷前正文》，第7页。

一句说："膹脍炙胾各有形"[①]。据颜师古注，"膹，粗切生肉也。脍，细切生肉也。"[②] 这是两种基本的刀法。炙，即烤肉。这是当时常用的烹饪方法。

《急就篇》所记饮食资料，还为我们提供了一些其他书所不载的宝贵资料，例如孔颖达在《左传》昭公二十年的疏中说："此说和羹而不言豉，古人未有豉也。《礼记·内则》《楚辞·招魂》备论饮食而言不及豉。史游《急就篇》乃有芜荑盐豉，盖秦汉以来始为之耳。"[③]

《急就篇》中还包含着一些食俗和思想教育的内容，例如"老菁蘘荷冬日藏""园菜果蓏助米粮，甘麸殊美奏诸君"[④] 等句。入冬收藏老蔓菁和蘘荷以备过冬之菜，这有点像现代北方人的冬储大白菜。"甘麸者，以蜜和糗，故其味甘也……此殊绝甘美之食。"[⑤] 从这里我们可以看到当时储藏冬菜，以及其中贯穿的勤俭节约和效忠君主的思想教育。总之，我们研究汉代饮食史的话，《急就篇》不失为有价值的参考资料。

（四）《四民月令》

《四民月令》是东汉中叶崔寔所作。本书模仿《礼记·月令》的形式，简要记述一年十二个月的时令以及相关的生产生活安排。所谓四民，是指士农工商，但《四民月令》对四民的安排是以农业为中心进行的，因此其所载实际上是以农业为主的士大夫家庭，兼营手工业和商业的情况[⑥]。书中是以洛阳地区的情况为例，来安排一年各项事务的。此书以农业

---

① 《急就篇校理》之《卷前正文》，第8—9页。

② 《急就篇校理》卷二，颜师古注，第272页。

③ （周）左丘明传，（晋）杜预注，（唐）孔颖达正义，浦卫忠、龚抗云、胡遂、于振波、陈咏明整理，杨向奎审定：《春秋左传正义》卷四九，昭公二十年，北京大学出版社2000年版，第1613页。

④ 《急就篇校理》之《卷前正文》，第7页。

⑤ 《急就篇校理》卷二，颜师古注，第170页。

⑥ 缪启愉先生曾明确指出："《四民月令》是崔寔根据他的务本思想拟议出来的规划，是为了维护汉王朝的崩溃而写的……《四民月令》仿照'月令'的体裁按月安排士农工商的正当活动，使'四民'各务本业，这是《四民月令》的基本目的……所谓务正当的本业，崔寔认为农是根本的，当然农业生产更重要，在《四民月令》中，这是主体；工商只许制造和贩卖生活上有用的东西，不许制造'淫器'，不许浮奢巧逸妨碍农业生产……子弟除读书外，也要有一半以上的时间参加农业生产。《四民月令》对四民以农业为中心的安排就是这样。"［（东汉）崔寔著，缪启愉辑释，万国鼎审订：《四民月令辑释》之《四民月令辑释序说》，农业出版社1981年版，第9—10页。］

为主，所以一般都是将它定义为一本农书。但是，从书中记载一年四季粮食蔬菜的种植收藏，食品加工酿造，饮食宜忌等事项来看，它实际上又是一部重要的饮食学著作。此书已经散佚，后人从《齐民要术》《玉烛宝典》等书辑出，大抵还能看出其面貌。现存《四民月令》残余材料，有 3201 字。其中仅有关食品加工酿造就有 220 字，占全书内容的 9. 3%①。

《四民月令》一书与饮食有关系的内容，主要有四个方面：第一，是关于粮食蔬菜品种的记述。粮食类有麦子、豆、禾、大豆、麻、胡豆、黍、小豆、稻、秋等十余种。蔬菜类有瓜、瓠、葵、薤、大小葱、蓼、苏、杂蒜、芋、姜、芜菁、芥、韭、襄荷等十余种。第二，是食品的酿造。酿酒有酿春酒、酿冬酒，制作椒柏酒。作酱有豆酱、末都酱（豆屑做的酱）、鱼酱、肉酱、清酱、榆酱、鲖鱼子酱等。此外还制作醯、醢、酢、麴等。第三，是食品的加工收藏。粮食类有枣精、精、干糗以及凉饧、暴饴等。蔬菜类有韭菁菹、葵菹、干葵。肉类有脯、腊。收藏有蓄瓠、藏瓜、藏韭菁、藏茈姜、襄荷等。此外还有采集，除各种药材外，还采集榆荚以备食用。第四，是有关饮食卫生保健。要求五月夏至前后“薄滋味，毋多食肥醲”“距立秋，毋食煮饼及水溲饼。”这是因为“夏月饮水时，此二饼得水即坚强难消，不幸便为宿食作伤寒矣。”②

《四民月令》第一次把人民的饮食活动按照一年四季逐月作了安排，饮食与时令、生产密切相关，这是崔寔依照他在《政论》中的务本思想而设计的士族地主庄园生活图景。虽然在《礼记·月令》中也谈及每月的饮食，但那是天子而非老百姓的饮食，这是《四民月令》突出的特点，对于研究饮食与生产、时令的关系，饮食的习俗都是有价值的。从它所记载的饮食事项，我们可以了解当时饮食的品种、类型和结构。《四民月令》不失为汉代饮食学中颇具特色的一部著作，可以说是我国历史上第一部饮食生活的百科全书。

（五）《释名》

《释名》一书为东汉末年人刘熙所撰。全书八卷，用“声训”（取

---

① （汉）崔寔撰，石汉声校注：《四民月令校注》，中华书局 2013 年版。文中的字数统计即根据此书。

② 《四民月令校注·五月》，第 44 页。

声音相同或相近的字来解释字义）之法，探求语源，是我国最早的语源学词典。这对于推究事物命名的由来及研究汉末语音、方言、词汇和当时的风俗制度等均有一定的参考价值。正如毕沅所说："其书参校方俗，考合古今，晰名物之殊，辨典礼之异，洵为《尔雅》《说文》以后不可少之书。"[1] 本书第四卷有《释饮食》一章，专门阐释饮食方面的名词，这对于研究汉代饮食具有重要的参考价值。

《释饮食》一章共释饮食名词 77 个，但实际上多于此数。例如，"含"这一词条的解释："含，合也，合口亭之也，衔亦然也"[2]，兼释"含""衔"二词。"饼"条下兼释"蒸饼""汤饼""蝎饼""髓饼""金饼""索饼"诸词[3]。"韩羊"条兼及"韩兔""韩鸡"[4]。"鸡纤"条兼及"兔纤"等[5]。这些我们都把它们看作是一条。在这 77 条中，吃喝名词 11 条，主食 14 条，腌菜 5 条，腌肉 6 条，腌鱼 4 条，腊脯 7 条，饴饧 3 条，外国食品 1 条，饮料 12 条，麴糵 2 条，烹饪 9 条，刀法 3 条，收藏 3 条。

这些大体包括了当时饮食生活的主要方面。从中我们可以看到当时饮食生活的面貌，食物品种已较为丰富，主食有饼、糁、饵、糍、糜、粥、寒粥、干饭、糇等十余种，而仅饼一项就有六种之多。饮料中仅酒一项就有醴酒、事酒、苦酒等九种。从食俗来看，当时人们多食腌制食品，可与《四民月令》互相印证。其记载"韩羊""韩兔""韩鸡"这类菜肴，"本法出韩国所为也"，反映了中外饮食文化交流的情况，有一定的史料价值。

由于本书是辨析语源字义，所以有助于我们了解各种钦食名词的来源及其含义，例如"糜，煮米使糜烂也。""粥，浊于糜，粥粥然也。"[6] 这样我们不仅知道"糜"和"粥"的含义，而且还可以了解这两种食物之间的区别。实际上，还有许多饮食名词我们都可以从中了解其含义和

---

① （东汉）刘熙撰，（清）毕沅疏证，（清）王先谦补，祝敏彻、孙玉文点校：《释名疏证补·释名疏证毕序》，中华书局 2008 年版，第 4 页。

② 《释名疏证补》卷四《饮食第十三》"含"条，第 134 页。

③ 《释名疏证补》卷四《饮食第十三》"饼"条，第 135—136 页。

④ 《释名疏证补》卷四《饮食第十三》"韩羊"条，第 142 页。

⑤ 《释名疏证补》卷四《饮食第十三》"鸡纤"条，第 143 页。

⑥ 《释名疏证补》卷四《饮食第十三》"糜""粥"条，第 137 页。

性状。不过需要指出的是，《释名》在推名究物时难免有牵强附会的地方，这是我们必须注意的。

综合以上所述，我们可以总结出两汉时期饮食学的一些特点。第一，饮食学尚未独立成为一门学科，多数情况下还是作为其他学科或著作的附庸而出现的，因此这个时期的饮食学与先秦时期相比，还没有根本性的区别。不过，这一时期饮食学逐步开始独立的趋势已经出现，例如淮南王刘安及其学术集团可能已经写过《食经》之类的饮食学专门著作，而《释名》中已有独立的《释饮食》一目。另外，据《汉书·艺文志》记载，这个时期已经有《神农黄帝食禁》七卷，从书名看应该是讲饮食禁忌的，属于食疗著作，这表明作为饮食学一个分支的食疗学已经萌芽。第二，两汉时期的饮食学中还有一些先秦百家之学的影响，例如《淮南子》的饮食理论中还有着较为明显的先秦道家和五行学说的痕迹，表现出饮食学处于从先秦向魏晋南北朝时期转变的时代性特色。第三，尽管两汉时期还没有留下专门的饮食学著作，但是从上述著作中我们还是可以看到，两汉时期饮食文化较诸先秦已经有了较大发展，这些著作所记载的饮食原料、品种已经比较丰富，烹饪技艺和水平也有所提高，民族之间和中外之间饮食文化的交流也有所发展，从而为后世饮食学的成熟与独立奠定了基础。

[本文原为《汉唐饮食文化史》(北京师范大学出版社 1998 年版) 第八章第一、二节，今题目系整理者所加，文中小标题亦酌情有所改动。此番整理《黎虎文集》，主要是将原书中的正文夹注统一改为页下注，并修订原书中的文字错讹等。至于原书语言文字、思想观点以及表述方式等方面，则尽量不作改动，以保持原书风貌。李文才敬识。]

魏晋南北朝饮食学的确立和发展

我国古代有素称发达而又源远流长的饮食文化，同时也有相应的记载和研究这一文化现象的饮食学。学术界迄今未有“饮食学”之提法，但我国古代事实上存在这样一门学科，兹提出这一问题进行探讨，以就正于方家。

一　饮食著述类型与饮食学的确立

魏晋南北朝时期是我国古代饮食学发展史上的重要阶段，在这一时期确立起一门新兴的学科——饮食学。饮食学形成的主要标志是：有了比较全面地、系统地而不是个别地、零星地记述饮食事项的著述；有了一批专门的、独立的关于饮食事项的著述，而不是完全附属于其他著作之中；已经建立起比较系统的、完整的学科体系，即从饮食原料到加工烹饪，从食物的食用到饮食的卫生保健、文化艺术意蕴以及饮食思想理论等方面的记载和阐述，而不是只涉及饮食的某些方面和问题；有了熟谙饮食问题的、研究有素的饮食问题专家和相关的研究群体。根据这一标准，我以为两汉时期是我国古代饮食学的酝酿阶段，而在魏晋南北朝时期才得以确立和发展起来。

（一）魏晋南北朝饮食著作的五种类型

魏晋南北朝时期涌现了一批关于饮食的独立著作，这是饮食学确立和发展的重要标志之一。这些饮食大致可以概括为如下五种类型，兹略加论叙如下。

第一类是有关烹饪技艺和菜肴名目方面的著作。这一类著作中最多的是各种食经、食谱著作，据《隋书·经籍志》和《新唐书·艺文志》

的记载，有：《崔氏食经》4 卷，《食经》14 卷，《食馔次第法》1 卷[①]，《卢仁宗食经》3 卷，《崔浩食经》9 卷，竺暄《食经》4 卷，又 10 卷[②]等。此外，南北朝时期所有而隋代已亡佚的还有：萧齐时的《刘休食方》1 卷，萧梁时的《食经》2 卷，《食经》19 卷，《太官食经》5 卷。《家政方》中有《饮食方》《鲑及铛蟹方》《羹臛法》《鲰脵朐法》[③] 等各 1 卷，介绍专项的菜肴烹饪方法。据《南齐书·虞悰传》记载，尚有魏晋人何曾《食疏》以及南朝虞悰《食珍录》[④]。

第二类是有关食制食法与饮食宜忌、卫生营养方面的著作。这方面的著作主要有：曹操《四时食制》1 卷，无名氏《四时御食经》1 卷，《太官食法》20 卷，《黄帝杂饮食忌》2 卷等。《家政方》中有《食图》一卷，绘食物之图，属“食法”之书[⑤]。张华《博物志》也有《食忌》一章[⑥]，专论饮食宜忌。姚振宗《隋书经籍志考证》认为《四时御食经》似即魏武《四时食制》，又《新唐书·艺文志》所载赵武《四时食法》，《旧唐书·经籍志》所载赵氏撰《四时食法》似皆为上述曹操之书[⑦]。

第三类是关于食品加工酿造方面的著作。据《隋书·经籍志》记载，梁代所有而隋代已亡佚的有《家政方》12 卷。隋志同时所载尚有《食法杂酒食要方白酒》并《作物法》12 卷，或以为此似为《家政方》解题之语[⑧]，准此则两者实为一书。其 12 卷之具体篇目为：《食图》1 卷，即解题所谓“食法”；《四时酒要方》1 卷，即解题所谓“杂酒食要方”；《白酒方》1 卷，即解题所谓“白酒”；《七日面酒方》《杂酒食要法》《杂藏酿法》《酒》并《饮食方》《鲑及铛蟹方》《羹臛法》《鲰脵朐法》《北方生酱法》各 1 卷，即解题所谓“作物法”。这 12 卷中除上文已经引述的《食图》《饮食方》《鲑及铛蟹方》《羹臛法》《鲰脵朐法》等 5 卷外，其

---

① （唐）魏徵、令狐德棻撰：《隋书》卷三四《经籍志三》，中华书局 1973 年版，第 1043 页。

② （宋）欧阳修，宋祁撰：《新唐书》卷五九《艺文志三》，中华书局 1975 年版，第 1569 页。

③ 《隋书》卷三四《经籍志三》，第 1043 页。

④ （梁）萧子显撰：《南齐书》卷三七《虞悰传》，中华书局 1972 年版，第 655 页。

⑤ 《隋书》卷三四《经籍志三》，第 1043 页。

⑥ （晋）张华撰，范宁校证：《博物志校证》卷四《食忌》，中华书局 1980 年版，第 49 页。

⑦ （清）姚振宗撰：《隋书经籍志考证》，《二十五史补编》第四册，中华书局 1955 年版，第 5650 页。

⑧ 《隋书经籍志考证》，《二十五史补编》第四册，第 5650 页。

余7卷大多为食品加工酿造方面的内容。

第四类是有关地区或远方珍异食物方面的著作。它们大多见于地志类著作之中。魏晋南北朝时期有许多著作记述中原地区之外的远方珍异，尤以记载南方珍异者为多。如《南方草木状》[①]《临海水土异物志》[②] 等。有的是记载地区风俗的著作，如《荆楚岁时记》[③] 等。《齐民要术》特辟专卷《五谷、果蓏、菜茹非中国物产者》[④]，记载边远地区和域外可食植物品类149目。

第五类是综合性的著述。北朝时的《齐民要术》就是其突出的代表，该书全面地、系统地论述了食物原料、食品的生产、加工、烹饪和食用等，为南北朝时期饮食学著作之集大成者。

（二）魏晋南北朝饮食著述的特点与饮食学的确立

上述五类基本上是魏晋南北朝时期新出现的饮食著作类型，只有个别的已见于汉代，如在食忌方面在汉代已有《神农黄帝食禁》7卷[⑤]，食禁即食忌，其余则全为魏晋南北朝时期所首创。从中我们可以看到魏晋南北朝时期饮食著述发展的特点有四：其一，记述饮食事项和问题的专门的饮食著作如雨后春笋般地涌现。尽管仍然有一些饮食著述附丽于其他著作之中，但是大多数著作已非其他著述的附属物，而是各自独立的专著。在这一时期所出现的许多独立的、自成体系的、专门性的饮食著作中，以记载食品加工、烹饪技艺为主的各种食经、食方、食谱等最为繁多和突出，它们已经从其他著述中独立出来。如先秦、汉代那种把饮食作为阐述某种哲理或政治思想的附庸的著作已较少见到，而是从饮食本身进行多方面、多层次的记载和论述，表现了在饮食问题上务实取向的时代精神，表明饮食水平和烹饪技艺的提高和人们对于美味佳肴的注重和追求。其二，这些著述分别从食物和食品的生产、加工、烹饪，到

---

① （晋）嵇含撰：《南方草木状》，广东科技出版社2009年版。

② （吴）沈莹撰，张崇根辑校：《临海水土异物志辑校》，农业出版社1988年版。

③ （梁）宗懔撰，（隋）杜公瞻注，姜彦稚辑校：《荆楚岁时记》，中华书局2018年版。

④ （后魏）贾思勰原著，缪启愉校释：《齐民要术校释》卷一〇《五谷、果蓏、菜茹非中国物产者》，中国农业出版社1998年版，第689页。

⑤ （汉）班固撰，（唐）颜师古注：《汉书》卷三〇《艺文志》，中华书局1962年版，第1777页。

食制食俗、饮食宜忌、卫生营养等方面进行记载和论述，涉及了饮食文化的各个方面和层次，从而构架了我国古代学说粗备的饮食学的基本范畴和体系。而这些最后又在《齐民要术》中得到了全面、系统的总结。其三，饮食著述的深度和广度都有了较大发展，人们在注意吃好的同时，还讲究饮食的卫生和营养，出现了较多关于饮食宜忌方面的著作，为日后唐代饮食学的一个分支——食疗学的产生准备了条件。此外，由于这个时期南方腹地的逐渐开发、民族关系和中外文化交流的发展，从而出现了许多记载远方及域外珍异食物的著作，对于各地饮食文化的交流起到了促进作用，使这一时期的饮食著述在空间上有了进一步的扩展。其四，这个时期大多数饮食著述的作者本身就是饮食专门家和研究者，如曹操、何曾、崔浩、刘休、虞悰、贾思勰等，这意味着饮食问题研究群体已经形成。以上四个方面的特点，标志着魏晋南北朝时期饮食学的确立和发展。

令人遗憾的是，魏晋南北朝时期的饮食著作大多已经失传，造成这一局面的主要原因，很大程度上是其间战乱不绝、朝代更迭频繁所致。除了《齐民要术》等少量著作尚完整保留至今之外，现在仍能见到的，多数都是辑佚本，主要有：《四时食制》《南方草木状》《临海水土异物志》《荆楚岁时记》等，以及崔浩《食经·序》和虞悰《食珍录》残卷等。

二　现存饮食著述所反映的饮食学成就

现以今天仍能见到的魏晋南北朝时期若干饮食著作为中心，略述这一时期饮食学的发展状况及其特点。

（一）中国历史上第一部饮食学专著——《四时食制》

汉代及以前有关饮食方面的著述，都是附属于其他著作之中而出现的，尚无独立的、专门的饮食著作。曹操的《四时食制》是我国历史上第一部独立的、专门的饮食学著作，开饮食学著述之先河，在我国饮食学发展史上具有开创性意义。

曹操不仅是一位杰出的政治家、军事家、文学家，而且兼通六艺，于饮食之道亦颇为精通，因而他同时又是一位饮食学家。他有《九酝春酒法》，详述了九酝春酒的制作方法，他还根据其法亲手制作，“得法，酿之常善”[①]，酿得一手好酒。可见《九醖春酒法》是包括曹操本人的实践经验在内的一个总结，这表明曹操对于饮食之道既有理论又有实践经验，因而在其丰富的著述中，有《四时食制》这样的饮食专著就不是偶然的了。

《四时食制》一书已经散佚，现在仅存《太平御览》和《初学记》所引14条[②]。这14条所记都是鱼类，记述了它们的名称、性状、产地、食用、滋味等。从这些鱼类的产地来看，有中原的孟津（今河南孟津），西南的滇池（今云南昆明）、犍为（今四川彭山一带）等地，以及江南的豫章（今江西南昌）等地。除淡水鱼外，还有鲸鱼、疏齿鱼等海鱼。现存的内容只有鱼类，估计原书的内容要远为丰富。从现存的内容来看，其所记仅鱼类一项就如此丰富，表明这个时期人们已经从更加深入细致的方面去研究饮食了，对饮食问题的认识从广度和深度上都在进一步向前发展。

从《四时食制》书名来看，本书应当记载一年四季的食制食俗与饮食宜忌等方面的内容，但是现在残存的文字中并没有这方面的内容。尽管如此，我们仍然可以从曹操其他著述中窥见其有关食制食俗与饮食宜忌方面的某些见解和主张。当时并州一带盛行“寒食节”的风俗，在冬至后“绝火寒食”五天，不生火做饭而吃生冷食物。曹操认为这对人民的身体健康很不利，强调指出“北方沍寒之地，老少羸弱，将有不堪之患”，于是下令禁止“寒食”[③]。这表明他对各地的食制、食俗有很深刻的了解。曹操又曾向部队发布过“戒饮山水令”，认为“凡山水甚强寒，饮之皆令人痢”[④]，很注意军旅饮水卫生，这些说明他是精通饮食卫生的。曹操也很精通并注重饮食养生，有一次他“夜半觉小不佳，至明日饮粥汗出，服当归汤”[⑤]，这实际上就是一种食疗方法。据《广志》记载，

---

① 《齐民要术校释》卷七《笨麴并酒第六十六》，第518页。

② （三国·魏）曹操著，中华书局编：《曹操集》卷三《文集·四时食制度》，中华书局1959年版，第66—67页。

③ （唐）欧阳询撰，汪绍楹校：《艺文类聚》卷四《岁时中·寒食》引《魏武帝明罚令》，上海古籍出版社1999年版，第62页。

④ （宋）李昉等撰：《太平御览》卷七四三《疾病部六·痢》引《魏武》，中华书局1960年版，第3299页。

⑤ 《太平御览》卷八五九《饮食部一七·糜粥》引《魏武遗令》，第3815页。

“辽东赤粱，魏武帝以为御粥”①。看来曹操是经常喝粥的，此为其养生之一要法。据张华《博物志》说：曹操“又好养性法，亦解方药，招引方术之士，庐江左慈，谯郡华陀，甘陵甘始，阳城郄俭无不毕至，又习啖野葛至一尺，亦得少多饮鸩酒”②，精通服食养性之术。而服食养性之术与中国古代饮食学、食疗学有一定的关系。这些表明曹操在食制食俗和饮食宜忌、食疗养生方面是有深刻研究的，从中我们可以窥见其《四时食制》中的某些方面和内容。

《四时食制》是现在仍然能略窥其一二的最早的一部饮食学专著。这是饮食学作为一个独立学科形成的标志，在中国古代饮食学发展史上具有特殊的地位。

（二）南北士族地主“食经”代表作——崔浩《食经》与虞悰《食珍录》

魏晋南北朝时期是士族门阀地主势力得到充分发展的一个时代，其在政治上、经济上和学术文化上的垄断的、优越的地位，也在饮食生活和饮食学上体现了出来。经济上的优势，使他们有条件和可能在饮食上精益求精，追求美味佳肴，这一群体奢侈的本性，又把这一嗜欲推向了极致，达到了穷奢极欲的地步，从而对于这一时期饮馔水平和烹饪技艺的提高起了推动作用。政治上和社会地位上的优势，导致他们不仅在政治上与皇权分庭抗礼，在饮食烹饪上也与皇室一争高下，出现了“太官鼎味不及”③的情形。学术文化上的优势，使他们有条件有可能总结和研究饮馔经验，撰写饮食学著作。这个时期饮食学著作有许多是由士族门阀出身的人士撰写的，“食经”方面，早在西晋时就有何曾撰著《食疏》，到了南北朝时期，最著名的则有崔浩的《食经》与虞悰的《食珍录》。崔浩《食经》是北方高门士族的饮食学代表作，虞悰《食珍录》则是南方高门士族的饮食学代表作。

1. 崔浩《食经》

崔浩，北魏清河东武城（今山东武城）人，历仕北魏道武、明元、太武三帝。崔氏为当时北部中国的一等高门大族。其母为卢谌孙女，范

---

① 《太平御览》卷八五九《饮食部一七·糜粥》引《广志》，第3816页。

② （晋）陈寿撰，（南朝·宋）裴松之注，陈乃乾校点：《三国志》卷一《魏志·武帝纪》注引《博物志》，中华书局1959年版，第54页。

③ （梁）萧子显撰：《南齐书》卷三七《虞悰传》，中华书局1972年版，第655页。

阳（今河北涿州）卢氏也是一等高门大族。崔浩家族与太原郭氏、河东柳氏亦为姻亲。崔浩《食经》就是当时北方名门大族崔氏、卢氏和郭氏、柳氏等家族饮馔经验的总结。关于崔浩《食经》，《旧唐书·经籍志》著录曰“《食经》九卷，崔浩撰”①。《新唐书·艺文志》著录曰“崔浩《食经》九卷”。而《隋书·经籍志》有《崔氏食经》4卷，与此不同。崔浩《食经》宋初仍然存在。可惜后世已经失传。

现在留存下来的只有崔浩的《食经叙》②。从其《叙》中我们可以看到有关《食经》的撰写和内容方面的一些踪迹：

第一，关于《食经》材料的来源。《食经》的内容主要是崔浩的母亲和“诸母诸姑”平日饮馔实践的产物。史称“范阳卢氏、太原郭氏、河东柳氏，皆（崔）浩之姻亲”③。崔氏与这些家族都有长期的姻亲关系，因而所谓“诸母诸姑”就包括了上述四个高门大族。她们的饮馔经验被带入崔氏家族，在这里得以交汇融合，从而形成具有崔氏家族特点的饮馔风味。因此《食经》不仅是清河崔氏与范阳卢氏，也还包括太原郭氏、河东柳氏这些北方高门大族烹饪经验的总汇。其饮馔方法和经验为崔浩“自少及长，耳目闻见”④，是崔氏家族在长期的实践中形成的饮馔模式。因此崔浩《食经》是以清河崔氏家族为中心，对十六国北魏前期北方高门大族饮食经验的总结和集大成，是公元5世纪上半叶之前北方饮食风味的代表。

第二，《食经》的内容。包括了从日常饮食到宴会、祭祀的菜肴和食品的制作烹饪。《食经叙》说，“诸母诸姑所修妇功，无不蕴习酒食。朝夕养舅姑，四时祭祀，虽有功力，不任僮使，常手自亲焉。”⑤ 可见这里既有平日的饮食，也有宴会和祭祀酒食。其中有不少是这个豪门大家独有的名贵菜肴，“昔遭丧乱，饥馑仍臻，饘蔬糊口，不能具其物用，十余年间不复备设”⑥，可见制作这些菜肴的物料和设备都有独特的要求，在饥馑年代是无法制作的。从崔浩家富有牛羊来看，其饮馔模式当为典型的北方风味。

---

① （后晋）刘昫等撰：《旧唐书》卷四七《经籍志下》，中华书局1975年版，第2049页。
② （北齐）魏收撰：《魏书》卷三五《崔浩传》，中华书局1974年版，第827页。
③ 《魏书》卷三五《崔浩传》，第826页。
④ 《魏书》卷三五《崔浩传》，第827页。
⑤ 《魏书》卷三五《崔浩传》，第827页。
⑥ 《魏书》卷三五《崔浩传》，第827页。

第三，《食经》的写作。崔浩说："先妣虑久废忘，后生无知见，而少不习业书，乃占授为九篇，文词约举，婉而成章，聪辩强记，皆此类也。亲没之后，值国龙兴之会，平暴除乱，拓定四方。余备位台铉，与参大谋，赏获丰厚，牛羊盖泽，赀累巨万。衣则重锦，食则粱肉。远惟平生，思季路负米之时，不可复得，故序遗文，垂示来世。"① 可见此书是由崔浩之母卢氏口述，崔浩执笔为文记录下来的，书稿分为九篇。直到其母去世，拓跋珪复国建魏（386），崔浩进入拓跋魏统治集团之后，才加以整理并作序问世的。

后来崔浩因"国史之狱"被害，崔氏及其姻亲均遭残杀，这一饮食文化典籍也可能遭劫，因而长期不显，直至《唐书》始有著录。不过，贾思勰的《齐民要术》中曾大量引用《食经》的资料，可惜贾思勰没有指出是哪位作者的《食经》。《齐民要术》所引《食经》内容多为加工、烹饪方面，与崔浩《食经》内容性质是一致的。而且《齐民要术》所记食物加工、烹饪即以华北、山东地区物产为原材料，是具有浓郁北方风味的饮食，这与崔浩《食经》也是完全一致的。因此我们可以说，《齐民要术》中的《食经》很可能就有崔浩的《食经》。崔浩《食经》是由一位高级士族官僚和大学者写成的，记述北方世家大族饮馔经验的著作，它在魏晋南北朝饮食学史上是占有特殊的重要地位的。

2. 虞悰《食珍录》

虞悰，会稽余姚（今浙江余姚）人，其主要官历在南朝萧齐时期。虞氏为江左土著大族，虞悰父祖历仕晋、宋，虞悰官至侍中、祠部尚书等职。虞悰"家富于财而善为滋味"②"和齐皆有方法"③，极善烹饪饮食之道，是当时首屈一指的美食家。他家所烹饪的肴馔，宫廷之"太官鼎味不及也"④。

虞悰《食珍录》不见于《隋书·经籍志》和两《唐书》志著录。现存《食珍录》收于《说郛》，全文仅二百余字，其中还掺杂一些后人的东西。其内容主要是收录了魏晋以来帝王名门家族珍贵的烹饪名物，如

① 《魏书》卷三五《崔浩传》，第827页。

② （唐）李延寿撰：《南史》卷四七《虞悰传》，中华书局1975年版，第1175页。

③ 《南齐书》卷三七《虞悰传》，第655页。

④ 《南齐书》卷三七《虞悰传》，第655页。

“（刘）孝仪曰：邺中鹿尾，乃酒肴之最”[①]“谢朓传有鲍臛汤法”“宋明帝有审渍鳋鮧”[②] 等。虞悰搜集了许多魏晋以来的食经、食谱，有一次豫章王萧嶷曾“盛馔享宾，谓悰曰：‘今日肴羞，宁有所遗不？’悰曰：‘恨无黄颔臛，何曾《食疏》所载也。’”[③] 可见，当时虞悰家中藏有魏晋时人何曾的《食疏》，而且对其内容十分熟悉。因而魏晋以来的名肴就成为他的《食珍录》中的重要内容之一。

《食珍录》的另一方面重要内容是关于各种肴馔的“饮食方”，即烹饪原料与方法以及某些食疗方的介绍，如“浑羊设最为珍食，置鹅于羊中，内实粳肉五味，全熟之”，这里介绍了“浑羊设”这道菜肴的原料、烹制方法、程序。据《南齐书·虞悰传》记载，齐武帝曾向他“求诸饮食方，悰秘不肯出”[④]。由此可见他掌握着很多“饮食方”，这些方子是秘不示人的，连皇帝下借也不肯给。后来有一次齐武帝“醉后体不快，悰乃献醒酒鲭鲊一方而已”[⑤]。这种“醒酒鲭鲊方”就是其“诸饮食方”中的一种。这个方子献出之后，便在社会上广泛流传开来，隋人谢讽《食经》中即收录有“虞公断鲭鲊”，此即虞悰所献之“醒酒鲭鲊方”，由此可见其影响之广泛和久远。而这些无疑都是《食珍录》的重要组成部分之一。联系上文所说他家“和齐皆有方法”来看，书中既有他所搜集的魏晋以来名肴之“方”，又有他自己家族所创独特之“方”，因而《食珍录》当是这两者的综合性总结。

《食珍录》的菜肴虽有北方风味，如上述“邺中鹿尾”“浑羊设”即是，但其主要的内容应是江南风味菜肴，史称其“虽在南土，而会稽海味无不毕致焉”[⑥]。这里所谓“南土”，乃相对于其籍贯会稽余姚而言，指其曾出任豫章（今江西南昌）内史、蜀郡（今四川成都）太守等离海较远的内陆地区。可见其菜肴是离不开会稽海味的。他的“醒酒鳍鲊方”

---

① （宋）李昉等撰：《太平广记》卷二三四《食》“刘孝仪”条引《酉阳杂俎》，中华书局1961年版，第1793页。

② 《南史》卷三《宋本纪下·太宗明皇帝纪》有“以蜜渍鳋鮧，一食数升”之记载，是一种以蜜腌渍的鱼肠酱。窃以为此处“审”乃“蜜”之讹。（第84页）

③ 《南齐书》卷三七《虞悰传》，第655页。

④ 《南齐书》卷三七《虞悰传》，第655页。

⑤ 《南齐书》卷三七《虞悰传》，第655页。

⑥ 《南齐书》卷三七《虞悰传》，第654—655页。

为多种鱼肉合制而成。以及其书中所载之“鱼也臛汤法”“蜜渍䲢鮧”等也都是以鱼类为原料的江南风味菜肴。因而虞悰《食珍录》是一部以南方风味为主的“食经”，而与以北方风味为主的崔浩《食经》遥相对应，南北辉映，分别代表了当时南北方不同的饮食特色和风味，以及南北士族地主在饮馔上所达到的最高水平。这也标志着当时已经形成了南北不同风味的菜系。

南北两部食经不仅所代表的饮食体系和风味不同，而且其遭际亦大相径庭。崔浩及其《食经》的可悲下场，与虞悰居然敢于秘不向齐帝出示食经，形成鲜明对照。表明南方士族尚有傲视皇帝的贵胄余威，而北方士族则已完全匍匐于强悍的异族新主阶下。他们的不同际遇从一个侧面反映了南北皇权的强弱及南北士族与皇权关系的差异。

（三）地志学中远方珍异饮食资料的空前繁多

魏晋南北朝时期地理方志之学突飞猛进，得到了空前的发展，记载江南尤其是岭南地区地理、物产、风俗之著作如雨后春笋般地涌现，尤以各种“异物志”的著作为多，这是在汉代及其之前所不见之现象。其主要原因是这个时期中原士人大批南迁，深入岭南腹地，加深了对这一地区的认识和了解，因而纷纷志异以广见闻，形成撰写地志之学，特别是南方“异物志”之热潮。虽然秦开五岭已打开了中原与岭南的交通，但是中原人民对岭南更多的了解还是在魏晋南北朝时期。六朝政权的建立加速了岭南地区的开发，从而促进了对于岭南地区的了解，所以这一时期关于岭南方物的著作便纷纷问世，一如春潮乍涌。到了唐代以后，由于南方已得到较为充分的开发，南北交通日益频繁，中原人民对岭南地区的认识已较充分，因而有关岭南异物之书便大为减少。由此可见，魏晋南北朝时期是以“异物志”为代表的地志学的一个兴盛期。

这类著作见于著录者有：三国时吴人万震的《南州异物志》，吴末沈莹的《临海水土异物志》，吴末晋初人薛莹的《荆扬已南异物志》，西晋人嵇含的《南方草木状》，东晋刘宋时徐衷的《南方草物状》，陈祈畅和曹淑雅的《异物志》，东晋末刘欣期的《交州记》，宋齐间人沈怀远的《南越志》，南朝宋人顾微的《广州记》，同时人裴渊的《广州记》，阙名《广州记》，宋齐间人竺法真的《登罗浮山疏》，撰人不详的《罗浮山记》（或谓晋人袁宏撰）等。此外还有梁宗懔所撰，记载荆楚民情风土的《荆楚岁时记》等，也属这类地志学著作。可惜这些著作大多已经散佚，其零星内容散见于各种类书。其中的《临海水土异物志》《南方草木状》和《荆楚岁时记》等，经后人辑佚成篇，还能见到不少有关远方珍异食物和饮食习俗方面的内容，可谓这一时期饮食著述中不可多得的珍贵资料。兹择其要者略述如下。

1.《临海水土异物志》

本书为三国吴末沈莹撰，是记载临海郡（今浙江省南部与福建省北部沿海一带）物产的一部方物志。实际上它所记载的范围要大得多，包括东南沿海浙闽和台湾一带。本书内容记载了东南沿海作为古代越人一部分的夷洲民、安家民、毛民三个古代民族的社会生活状况，以及这一带野生动植物产，包括鳞介、鸟类、竹木、果藤等。这些物产多是“山泽草木任食，非人力所种”①，从一个侧面反映了当时越族人民的饮食生活状况。此书大概在北宋以前就已经亡佚，后来人们不断做了一些辑佚工作，以今人张崇根辑校本较为完备。《临海水土异物志》有关饮食方面的内容主要为：

第一，记载了东南沿海少数民族的饮食生活状况。例如记载夷洲民“饮食不洁”② 的原始烹饪饮馔状况和“饮食皆踞相对”③ 的食俗；安家民“皆好啖猴头羹”④ 的饮食风俗；以及毛民“无五谷，唯捕鸟鼠、鱼肉以为粮”⑤ 的原始饮食生活状况。

第二，记载了东南沿海野生动植物的饮食资源。书中列举当地的鳞介、鸟类、竹木、果藤等物，分别介绍了它们的食用情况，如“石华”(即石花菜)，“肉中啖”⑥。“鼊䶉”（一种海龟），“肉极好，中啖”⑦。“蝇蠵”（海龟的一种），“味如鼊，可食。卵大如鸭卵，正圆，中生啖，味美于诸鸟卵”⑧。“机杼鱼”“味美于诸鱼”⑨。“般肠竹”“为笋殊味”

① 《齐民要术校释》卷一〇《五谷、果蓏、菜茹非中国物产者》，第692页。

② 《临海水土异物志辑校·夷洲1》，第1页。

③ 《临海水土异物志辑校·夷洲1》，第1页。

④ 《临海水土异物志辑校·安家2》，第4页。

⑤ 《临海水土异物志辑校·毛民3》，第6页。

⑥ 《临海水土异物志辑校·石华66》，第24页。

⑦ 《临海水土异物志辑校·鼊䶉93》，第31页。

⑧ 《临海水土异物志辑校·蝇蠵95》，第32页。

⑨ 《临海水土异物志辑校·机杼鱼37》，第17页。

以东郡山中所出“笋最美”①。还有一些则指出其不可食用，如“人鱼”（即娃娃鱼），“不可啗”②。“蜂江”（蟹类）“不中食也”③ 等。

第三，还记载了它们的加工烹饪方法。如“鬣鱼”“炙食甘美”。“鱼辰鱼”“好作羹，滑美，似饼”。“蜈蚣”“长丈余者以作脯，味似大虾”。“梅桃子”（一种水果），“可蜜藏之”。“桄榔木”（棕榈科常绿高大乔木），“皮中有如米粉，中作饼饵”。书中所记许多物种，今天或已成珍稀物种，或已灭绝。

2.《南方草木状》

西晋人嵇含（263—306）撰。自清末文廷式对该书的作者和成书年代提出疑义后，该书的真伪问题在学术界引起了很大的争论。持《南方草木状》为伪书说者，认为该书在宋之前不见著录，首见于南宋《遂初堂书目》所著录。唐宋及其以前诸书如《齐民要术》《艺文类聚》《太平御览》等所引《南方草木状》实际上是徐衷的《南方草物状》。今本《南方草木状》为宋人所伪造，其内容大多抄录别书。持《南方草木状》为真书说者，对此书所载 70 余种植物作了考证，认为约有一半的植物或产品，确属历史上的最早记载，一些名称非唐宋人所熟知。是它书抄录《南方草木状》，而不是相反的情况。现存的嵇含其他遗文，有三分之一的篇幅是以植物为描写对象的，可见他对草木的喜爱和研究有素。我以为该书基本内容还是反映了唐宋以前的历史实际，所以我们可以拿来研究当时的饮食情况。《南方草木状》以及这类著作中涉及不少岭南人民饮食生活的内容：

第一，记载了岭南地区众多的食物资源。《南方草木状》记载了草、木、果、竹四大类植物，其中有很多是可以食用的，例如荔枝、龙眼、椰子、柑橘等水果，甘蔗、甘蕉、甘薯、蕹菜等草类。

第二，记载了这些食物的加工、食用方法。除了生食以外，许多食物要经过加工制作，其方法有干制、渍藏、蒸煮等，渍藏又有盐渍、蜜渍等。干制，如豆蔻，“曝干，剥食”④。槟榔，“并壳取实曝干之，以扶

---

① 《临海水土异物志辑校·般肠竹 122》，第 41 页。

② 《临海水土异物志辑校·人鱼 14》，第 10 页。

③ 《临海水土异物志辑校·蜂江 87》，第 29 页。

④ 《齐民要术校释》卷一〇《五谷、果蓏、菜茹非中国物产者第十·豆蔻（四四）》引《南方草木状》，第 757 页。

留藤、古贲灰合食之，食之即滑美"[①]。渍藏的方法最为多样，盐渍，如廉姜，"削皮，以黑梅并盐汁渍之，则成也"[②]。蜜渍，如人面子，"以蜜渍之，稍可食"[③]。有的食物与蜜同煮可以改善滋味，如刘树子，"其色黄，其味酢。煮蜜藏之，仍甘好"[④]。有的果品被加工成糁（即蜜饯果品），如益智，"子内白滑，四破去之，取外皮，蜜煮为糁"[⑤]。有的可以蒸食，如甘薯，"蒸鬻食之，味如薯"。有的可以作饮料，如诃梨勒，"可作饮"[⑥]。

当时岭南已经掌握蔗糖的制作方法，阙名《异物志》说，甘蔗"斩而食之，既甘；连取汁为饴饧，名之曰糖，益复珍也。又煎而曝之，既凝，如冰，破如博棋，食之，入口消释，时人谓之石蜜者也"[⑦]。这是中国最早的蔗糖加工品。

3.《荆楚岁时记》

《荆楚岁时记》为南朝梁人宗懔撰。宗懔世居江陵（今湖北江陵），后来又长期在荆楚地区做官，因此对这里的情况是非常熟悉的。《荆楚岁时记》最早著录于《旧唐书·经籍志》，隋朝人杜公瞻为之作注。此书原本已佚，"今本乃明人自类书中辑出，而检阅未周，罅漏百出"[⑧]。今人姜彦稚对此书作了辑校。

此书按照一年的时令节日记载荆楚地区的风土民俗，其中涉及不少饮食方面的内容：

第一，它记载了岁时节日的饮食习俗。例如，正月一日"进椒柏酒，饮桃汤。进屠苏酒，胶牙饧。下五辛盘。进敷于散，服却鬼丸。各进一

---

① 《齐民要术校释》卷一〇《五谷、果蓏、菜茹非中国物产者第十·槟榔（三三）》引《南方草木状》，第737页。

② （南朝·梁）萧统编，（唐）李善注：《文选》卷五《京都下·吴都赋》引《异物志》，上海古籍出版社1986年版，第209页。

③ 《南方草木状》卷下《人面子》，第46页。

④ 《齐民要术校释》卷一〇《五谷、果蓏、菜茹非中国物产者第十·刘（二四）》引《南方草木状》，第725页。

⑤ 《齐民要术校释》卷一〇《五谷、果蓏、菜茹非中国物产者第十·益智（四一）》引《广州记》，第753页。

⑥ 《南方草木状》卷中《诃梨勒》，第31页。

⑦ 《齐民要术校释》卷一〇《五谷、果蓏、菜茹非中国物产者第十·甘蔗（二一）》引《异物志》，第722页。

⑧ 余嘉锡撰：《四库提要辨证》卷八《史部六》，中华书局1980年版，第446页。

鸡子"[①]。这比《四民月令》所记东汉的元日饮食要丰富多了。此外如正月七日"以七种菜为羹"[②]；正月十五日登屋食粥；元日至晦日"酺聚饮食"[③]，泛舟宴乐；寒食造饧大麦粥；夏至节食粽；九月九日"四民并籍野饮宴"[④]；岁暮"留宿岁饭"[⑤]等，都是具有浓郁的地方民俗特色的节日食俗和食品。

第二，它记载了许多食物品种。仅据现在辑佚所见就有60余种食物，有：粥类如大麦粥、饧大麦粥、豆粥、白粥、膏粥；饭类如豆饭、干饭；羹类有七菜羹、菰菜羹、麻羹；饼类有汤饼、春饼、煎饼、薄饼；糜类有豆糜、麻糜、糕糜；酒类有柏酒、菊花酒、菊酒、屠苏酒、椒酒。此外还有各种粮食、豆类、蔬菜以及醴酪、饴饧、汤汁、脯臛等。其中有不少食品是带有地方特色的。由此可见，《荆楚岁时记》对于研究六朝时期长江中游地区的饮食史是有参考价值的。

4.《齐民要术》——饮食学集大成之巨著

《齐民要术》的作者贾思勰是东魏益都（今山东寿光市）人，曾做过高阳太守。此书大约写成于公元6世纪30年代。全书一共10卷，92篇，近11万字。

以往学术界一般把《齐民要术》仅仅视为一部农书，实际上它也是一部饮食著作，而且是魏晋南北朝时期饮食学集大成之巨著。贾思勰说，其书的内容"起自耕农，终于醯醢，资生之业，靡不毕书"[⑥]，即包括从农业生产到饮食方面的内容。我们把《齐民要术》视为饮食学著作的主要理由是：

首先，《齐民要术》详细地记载了魏晋南北朝时期的食物原料。它不仅记载了各种粮食、油料、蔬果等的栽培技术和禽畜、鱼类的养殖，而且详述它们的种类、品质、性味、加工、收藏和食用价值。而这些正是作为一部体系完备的饮食学著作必需包括的重要方面。例如，它在卷三、

① 《荆楚岁时记》，第2页。

② 《荆楚岁时记》，第11页。

③ 《荆楚岁时记》，第25页。

④ 《荆楚岁时记》，第65页。

⑤ 《荆楚岁时记》，第77页。

⑥ 《齐民要术校释》之《齐民要术序》，第18页。

四、五有关果蔬生产的篇章中，就一共引述了《食经》7条，内容涉及种植、加工、收藏等，可见《食经》本身也是包括食物原料的生产和加工方面内容的，可以说这是作为一部完备的饮食学著作必须涉及的内容。

《齐民要术》在这方面是非常完备而系统的，在其论述生产的那些篇章里，包含着饮食方面的大量内容。如粮食方面，仅粟一项就记载了86个品种，指出它们"质性有强弱，米味有美恶"①。将其按不同的品种，分别指出哪些"味美"，哪些"味恶"，哪些"易舂"②。再如蔬菜方面，记述有30多个品种。其中如葵菜是当时人们广泛食用的当家菜，指出白茎葵适于做干菜，紫茎葵不宜做干菜；春葵到6月份时从根上平地剪掉，长出的嫩枝，"柔软至好，仍供常食，美于秋菜。"③ 秋葵到8月半的时候，也要进行剪除，长到齐膝高时，"茎叶皆美"，如果不剪，"虽高数尺，柯叶坚硬，全不中食"④。又如果品，有枣、桃、葡萄、李、杏、梅杏、栗、榛、奈（苹果）、林檎（沙果）、柿、安石榴、木瓜等13种，每种又分别叙述它们的不同品种、性味和收藏、加工、食用等方面的事项，如枣可以做成枣脯、枣油、酸枣面等，酸枣面"远行用和米麨，饥渴俱当也"⑤。凡此种种，都是非常珍贵的饮食史资料。

其次，《齐民要术》详细地记载了各种主副食品的加工、烹饪。其第七、八、九卷的26章都是直接有关饮食方面的内容，分别记载了食物的加工、酿造、腌藏、主副食品的烹饪等，乃是迄今为止内容最为详备的一部古代饮馔工艺著述，这方面的内容约占全书的三分之一。

关于粮谷类食物的加工、炊煮方法，记载了饼法、粽糧法、飧饭、煮糆、醴酪、饧餔等，显示了当时粮谷食物品种和炊煮方法的丰富多彩。麦是当时北方人民的主粮，饼是麦类加工成的主要食品，《齐民要术》对此作了详细的介绍。仅饼法就有白饼、烧饼、髓饼、膏环、鲍馀、水引、馎饦等16个品种，每品均详述其原材料、炊制程序与方法，以及成品之形态、口感。

关于菜肴的烹饪，记载了以各种肉类和鱼类为原材料烹饪的菜肴及

① 《齐民要术校释》卷一《种谷第三》，第65页。
② 《齐民要术校释》卷一《种谷第三》，第61页。
③ 《齐民要术校释》卷三《种葵第十七》，第177页。
④ 《齐民要术校释》卷三《种葵第十七》，第177页。
⑤ 《齐民要术校释》卷四《种枣第三十三》，第264页。

其方法。在这些畜肉食物中，以牛羊猪肉为多，驴马犬肉为次；禽肉以鹅鸭为多，鸡肉为次；鱼类以鲤鱼等淡水鱼为多，鳖类为少。值得注意的是野兽、野禽肉也是常用的原料，说明当时人们还经常狩猎动物食用。肉食烹饪方面有“羹臛法”“蒸缶法”“月正法”“脂法”“炙法”“煎法”“消法”等多种方法，每一大“法”之下又有各种不同的具体方法。仅“羹臛法”就有“作鸭臛法”“作鳖臛法”“作酸羹法”“作胡羹法”等29种①。“炙法”就有“棒炙”“捣炙”“脯炙”“衔炙”等22种②。其所记述的烹调基本技术有近30种，如鲊、酱、菹、羹、汤、臛、蒸、瀹、烧、炙、奥、炒、煎、炸、苞、糟、蜜、醉、拌、冻等。这些菜肴的烹饪工序，一般都包括选料、处置、刀工、调味、火候、烹调要领以及成品菜肴的色香味形等③。这些菜肴有着北方黄河中下游地区浓郁的地方风味。

关于盐酱酢豉和脯腊的加工制作，详尽地介绍了各种酱、醋、豉、菹、酢、酪等微生物发酵食品的加工制作方法。关于蔬菜的烹饪和腌藏制作，包括各种腌菜、酱菜、酸菜的品种和制作方法。还特辟“素食”一章，介绍了11种素食的烹调方法。其种类之多样，工艺之详尽为此前其他饮食学著作所不见。

关于麴蘖的制作和各种酒类的加工酿造，书中详细介绍11种麴的做法和用秫、黍、糯、粳、粱、粟、稻、秫等为原料的30余种酒的制作方法，以及一些药酒的泡制方法，集当时酿酒技术之大成。它阐述了制麴酿酒的发酵过程，麴的微生物培养和酒的发酵现象、条件、原料和产品关系的内在规律。它不愧是我国古代酿造工艺方面一部极为重要的典籍，堪称世界第一部酿酒工艺学著作。

《齐民要术》是公元6世纪我国古代饮食文化的总结和集大成之作。贾思勰在写作此书时“采捃经传，爰及歌谣，询之老成，验之行事”④。可见它所记载的饮食内容，一方面是当时实践经验的总结，反映了北朝时期在饮食文化方面的成就和所达到的最高水平；另一方面作者又旁征

① 《齐民要术校释》卷八《羹臛法第七十六》，第583—598页。

② 《齐民要术校释》卷九《炙法第八十》，第616—627页。

③ 陶振纲、张廉明：《中国烹饪文献提要》，中国商业出版社1986年版，第11页。

④ 《齐民要术校释》之《齐民要术序》，第18页。

博引，征引公元6世纪以前的古籍近200种，其中包括不少珍贵的饮食学著作，仅征引《食经》就有37条，《食次》有15条。这些饮食著作都已失传，赖《齐民要术》而得以保留下来一些珍贵的条目。

《齐民要术》有关饮食方面的内容是非常全面系统的，包括了饮食生活的主要问题，可以说是一部自成体系的大型饮食学专著。在历史上首次完整地架构了中国古代饮食学的学科体系，其所记载的饮食内容如此丰富详尽，在我国饮食学著作中是空前的，因此我们可以说《齐民要术》不仅是一部重要的农书，而且是一部重要的饮食学著作。尤为难能可贵的是，它是我国历史上完整地保存到现在的、最古老的一部饮食学专著。要之，《齐民要术》在中国古代饮食史上占有重要的地位，它是我国保存完整而份量最多、时代最早的饮食著作，它奠定了后世饮食学的基础和撰写模式。《齐民要术》不愧是中国饮食学史上具有划时代意义的著作。

三 饮食学确立和发展的原因

魏晋南北朝时期是我国古代饮食学确立并得到迅速发展的时期，究其原因主要有以下几个方面：

第一，士族门阀地主势力的发展。士族门阀地主在魏晋南北朝时期得到很大的发展，他们不仅有充裕的经济条件来加工制作各种美味佳肴，而且这个阶级的人物在饮食上的精益求精和奢侈习性也是非常突出的，西晋官僚何曾"性奢豪，务在华侈……蒸饼上不坼作十字不食。食日万钱，犹曰无下箸处"①。其子何劭更有过之，"食必尽四方珍异，一日之供以钱二万为限"②。王恺与石崇斗富的故事更是人所共知的事实。他们在政治上与皇权分庭抗礼，在饮食上也与宫廷一争高下，乃至凌驾于宫廷饮食之上，出现了"太官鼎味"反不及他们的情形。何曾"厨膳滋味，过于王者。每燕见，不食太官所设，帝辄命取其食"③。其子何劭"骄奢简贵，亦有父风……时论以为太官御膳，无以加之"④。贵戚王恺又超过

① （唐）房玄龄等撰：《晋书》卷三三《何曾传》，中华书局1974年版，第998页。

② 《晋书》卷三三《何曾附子（何）劭传》，第999页。

③ 《晋书》卷三三《何曾传》，第998页。

④ 《晋书》卷三三《何曾附子（何）劭传》，第999页。

何劭，而“石崇之侈，遂兼王（恺）、何（曾、劭），而俪人主矣”[①]。王济在家设宴款待晋武帝，“烝㹠肥美，异于常味。帝怪而问之，答曰：‘以人乳饮㹠。’帝甚不平，食未毕，便去”[②]。南朝士族官僚虞悰之厨膳亦远胜御厨，齐武帝曾“幸芳林园就悰求味，悰献粣及杂肴数十舆，太官鼎味不及也”[③]。从西晋以来出现的这种士族官僚在饮食上“僭逾”、凌驾于御厨之上的情况，为前代所不见，这并非偶然现象，乃是士族门阀势力与皇权分庭抗礼在饮食上的一种反映。他们无止境地追求美食珍馐，无疑对于烹饪技艺的发展起了一定的促进作用。士族门阀地主既是美食家，又是文化学术的掌握者，这为他们在饮食学上作出贡献提供了优越的条件，因而这个时期的饮食学著作不少出于这个阶层的人士就不足为奇了。

在士族门阀势力发展的同时，则是皇权的凌替，随着秦汉统一皇朝的瓦解，权力中心的分散，原来处于饮馔发展垄断地位、中心地位和最高水平的太官饮食，在这一时期也逐渐扩散，流播于民间。南朝民间出现了《太官食经》《太官食法》等宫廷御膳食制食谱著作，就是这一状况的反映。于是这个时期出现了皇帝向士族官僚请教和讨求饮食方法的现象，南朝官僚刘休精通饮食之道，著有《食方》一卷[④]，宋明帝“颇有好尚，尤嗜饮食，（刘）休多艺能，爰及鼎味，问无不解”[⑤]。齐武帝也曾向著有《食珍录》的美食家虞悰“求诸饮食方，悰秘不出”[⑥]。这一切都是这个时代特征在饮食学上的反映。

第二，思想领域的大解放。魏晋南北朝时期是思想领域一个大解放的时期，儒家传统礼教和禁欲主义的束缚得到一定程度的解脱，追求现实嗜欲的人生哲学有所抬头，人们比较大胆地追求美食的享受。汉初在道家黄老无为思想支配下，人们对于口腹之欲持否定态度，《淮南子》的饮食理论就带有某种禁欲主义的色彩，认为“口好味，接而说之，不知

---

① 《晋书》卷二八《五行志中》，第837页。

② （南朝宋）刘义庆著，（南朝梁）刘孝标注，余嘉锡笺疏，周祖谟、余淑宜、周士琦整理：《世说新语笺疏》下卷下《汰侈第三十》，上海古籍出版社1993年版，第878页。

③ 《南史》卷四七《虞悰传》，第1175页。

④ 《隋书》卷三四《经籍志三》，第1043页。

⑤ 《南齐书》卷三四《刘休传》，第612页。

⑥ 《南史》卷四七《虞悰传》，第1175页。

利害”[①]，是属于“嗜欲”，“重于滋味”是一种“邪气”[②]，因而反对放纵“嗜欲”与“邪气”，反对过分地追求美味佳肴。汉武帝“独尊儒术”之后，儒家思想占据统治地位之后，在饮食观念上仍然没有跳出反对“嗜欲”的窠臼，在盐铁会议上，贤良文学列举汉代饮食生活方面种种比古代奢侈的地方，认为“口腹纵恣，鱼肉之蠹也”，反对“口极甘脆”[③]。而魏晋南北朝时期，思想观念上摆脱了儒家礼教和禁欲主义的束缚，大胆地追求现实的口腹之欲，如吴人郑泉“性嗜酒，其闲居每曰：‘愿得美酒满五百斛船，以四时甘脆置两头，反覆没饮之，惫即住而啖肴膳。酒有斗升减，随即益之，不亦快乎！’”[④] 晋人毕卓云：“一手持蟹螯，一手持酒杯，拍浮酒池中，便足了一生。”[⑤] 这种思想观念上的变化，推动人们去追求美味佳肴，讲求美食的制作和烹饪技艺的提高。因而从这个时期开始各种《食经》《食谱》如雨后春笋般涌现，人们总结、传授饮馔经验和技艺，从而诞生了一门新兴的学科——饮食学。而饮食学的发展反过来又进一步促进饮食水平的提高。这是魏晋南北朝时期饮食水平比汉代提高的表现，也是其原因之一。

第三，科学文化的发展。魏晋南北朝时期是一个科学文化蓬勃发展的时期，饮食学就是在这一背景下得到发展的。其与饮食学发展关系密切者主要有两个方面：

首先是医学的发展推动了饮食学的分支——养生食疗学的兴起。中国古代饮食源于农业文明，医学亦源于农业文明，故自古有医食同源之说。《隋书·经籍志》与两《唐书》之《经籍志》《艺文志》均把饮食著作归于医家一门，表明两者之间的密切关系。陶弘景《本草序》曰：“神农氏之王天下也，画八卦以通鬼神之情，造耕种以省杀生之弊，宣药疗疾，以拯夭伤之命。”[⑥] 把神农氏奉为农耕与医药之共同始祖。中国古代

---

① 刘文典撰，冯逸、乔华点校：《淮南鸿烈集解》卷一四《诠言训》，中华书局 1989 年版，第 476 页。

② 《淮南鸿烈集解》卷一四《诠言训》，第 475 页。

③ 王利器校注：《盐铁论校注（定本）》卷六《散不足第二十九》，中华书局 1992 年版，第 356 页。

④ 《三国志》卷四七《吴书·吴主传》注引《吴书》，第 1129 页。

⑤ 《世说新语笺疏》下卷上《任诞第二十三》，第 739 页。

⑥ （清）严可均校辑：《全上古三代秦汉三国六朝文》之《全梁文》卷四七（陶弘景）《本草序》，中华书局 1958 年版，第 3218 页。

医学中的药物学、养生学，对于饮食学的影响最为密切。齐、梁间医学家陶弘景撰有《陶隐居本草》10 卷、《本草经集注》7 卷、《太清草木集要》2 卷[①]。其《本草经集注》对汉代流行的《神农本草经》加以增补整理，将药品由原来的 365 种补充为 730 种，分为玉石、草木、虫、兽、果、菜、米食等七类。这些药品中不少就是食物。本草学的发展，无疑加深了人们对于食物营养与药理作用的认识。魏晋南北朝是养生学突飞猛进的一个时期，医学家都精通养生学，养生家也往往精于医道。在他们的养生理论中，饮食卫生宜忌均占有重要地位。嵇康《养生论》提出："饮食不节，以生百病"[②]，葛洪《养生论》认为"善养生者，先除六害"，其中之一即"损滋味"。在饮食上的具体做法是："不饥勿强食，不渴勿强饮，不饥强食则脾劳，不渴强饮则胃胀。体欲常劳，食欲常少，劳勿过极，少勿至饥。冬朝勿空心，夏夜勿饱食。"[③] 这些饮食卫生观点已与现代医学研究的成果相符合。本草学与养生学相结合，便产生了饮食学的一个分支——食疗学，从而把中国古代饮食学推进到了一个新的高度。

其次是私家著述之风的大盛促进了饮食学的发展。魏晋南北朝时期是学术发展史上的一个高潮时期，其突出表现之一是私家著述之风的大盛。这一时期学术上的宽松环境，为私家著述的兴起创造了有利的客观条件，因而不论经、史、子、集等门类中，都呈现了私家著述蜂起的现象，各种门类的私人著作纷纷涌现，其中也包括各种饮食著作。魏晋南北朝时期涌现的饮食著作，大多为名门贵族、官僚地主的私家著述。这一时期饮食的发展，以及私家著述之风的学术文化环境，为饮食学的发展提供了适宜的土壤和条件。

第四，道教佛教的兴盛。魏晋南北朝时期道教、佛教的兴盛对于饮食学的发展也起了一定的作用。道教是本土所生最重要的宗教，在秦汉方士、神仙家的基础上，经过东晋的葛洪、南朝的陶弘景、北朝的寇谦之等人的相继改造、充实、完善，成为统治阶级的宗教。其教义的主要

---

① 《隋书》卷三四《经籍志》，第 1041 页。

② （三国·魏）嵇康撰，戴明扬校注：《嵇康集校注》卷三《养生论一首》，中华书局 2015 年版，第 230 页。

③ 《全上古三代秦汉三国六朝文》之《全晋文》卷一一六（葛洪）《养生论》，第2126 页。

目的是“羽化飞天”、长生不死，为此有种种修炼之法，其中之一是“服饵辟谷”。所谓“服饵”即服食丹药或伏苓、木芝、菌芝等物；所谓“辟谷”即不食谷物蔬菜。以为这样可使体内清静，达到轻身延年、羽化飞升的目的。因而这个时期产生了大量关于“服食”方面的著作，陶弘景就撰有《服饵方》3卷。这样在魏晋南北朝时期的世族门阀、官僚贵族群体中便出现了两种极端的饮食观念与行为，与纵恣口腹之欲的同时，另一方面则是“辟谷”。这两种极端对于人体健康都是不利的。值得注意的是，这些道教大师往往也都是医学家，如葛洪、陶弘景等都是这样的人。他们提倡的“服食”“辟谷”理论无疑是错误的，但他们强调饮食清淡、食不过饱等却有合理的因素，这对于形成我国古代养生食疗理论是有一定意义的。佛教则是外来宗教，于魏晋南北朝时期盛行并得以普及，其所奉行的素食和饮茶等食制，对我国古代饮食学的发展，特别是日后作为饮食学的一个分支——茶学的形成起了积极作用。

第五，人口的大规模流动。魏晋南北朝时期是我国历史上人口空前大规模流动的时期，其流动特点呈现一种波浪式的滚动，即北方草原民族之向中原流动，又推动了中原人民之南移。这两种人口流动促进了草原饮食文化、中原饮食文化和江南饮食文化的碰撞和交流，从而对这一时期饮食学的发展起了一定作用。前一种人口流动，促进了草原饮食文化与中原饮食文化的交流和融合，从而丰富了中国饮食文化的宝库。这个时期牛羊肉食品和奶酪等食品的流行就是其突出表现。这些新的食物品种的输入，使中原地区原有的饮食品种更为丰富多彩，这些在这一时期的许多饮食著作中都得到了反映。后一种人口流动，加速了江南腹地的开发，促进了中原饮食文化与江南饮食文化的碰撞和交流。北方人口的大批南迁和江南六朝政权的相继建立，大大加速了江南腹地的开发和南方经济的发展。随着人们对于南方物产和饮食习俗了解和认识的向前推进，以及南北饮食文化交流的日益频繁，因此关于东南和岭南地区珍异食物和饮食文化的著作大为增加，成为这一时期饮食著作中的一个突出特点。

（原刊《魏晋南北朝史论》，学苑出版社1999年版。今据原刊文整理。）

魏晋南北朝时期的饮食原料市场

魏晋南北朝时期由于长期的分裂和战乱，农业生产遭到严重破坏，城市商品经济较汉代大为萎缩，饮食市场也进入了低谷阶段。但是商品和城市经济是人类社会生活不可缺少的经济成分，并不因人为的破坏和阻遏而消失，而饮食又是人类赖以生存和发展的第一要素，因而饮食市场，尤其是饮食原料市场，更不可能被完全遏止。魏晋南北朝时期尽管自然经济成分增强，城市商品经济相对削弱，但是饮食原料市场却是一直存在着，而且随着战乱的暂时沉寂，政治环境的稍许安定，农业和林、牧、副、渔各业有了不同程度提高之时，饮食原料市场也有了相应的发展和某种程度的繁荣兴旺。学术界一向注意并强调魏晋南北朝时期的自然经济，忽视或淡化其间的城市和商品经济。通过对魏晋南北朝时期饮食原料市场的论述，对于全面了解这一时期饮食的发展状况和认识这一时期城市和商品经济的发展状况均有一定意义，我们可以看到，在自然经济相对发展的魏晋南北朝时期，城市和商品经济是如何顽强地、曲折地存在和发展着的。

人类社会饮食市场存在着需求程度和必要性、迫切性不同的两个层次的市场，一为保证基本生活需求的饮食原料市场，一为满足更高层次享受需求的饮食成品市场。前者是人们社会生活中的必要型饮食市场，后者则是更高层次的享受型饮食市场。所谓饮食原料市场，是指人们日常生活所必需之主、副食物原料的商品市场，诸如粮食、蔬菜、肉类、副食调料和果品等饮食原材料或半成品市场，其中又以粮食市场尤为必要，而有别于饮食成品的商品市场，诸如各种食肆、饭店、酒肆、茶肆等以经营食物成品为主的店肆和市场。饮食原料市场的出现要早于饮食成品市场，随着人类早期社会大分工的相继出现，饮食原料市场就开始萌芽并逐步发展。饮食成品市场不仅出现较晚，而且其对社会客观环境的要求和依赖程度比饮食原料市场要高，它需要较为充裕的经济条件，相对发展的城市和商品经济，以及较为安定的社会环境等。从战国秦汉以来的历史发展，我们可以看到第一层次的饮食市场——饮食原料市场，虽然也有过一定的波动和曲折，但基本上是一直在向前发展着，即使在魏晋南北朝这样一个政治动荡、战乱频仍、经济几经兴废的特殊时代，饮食原料市场仍然在困境中顽强地、曲折地存在并向前发展着。而第二层次的饮食市场——饮食成品市场却经历了比较大的起伏和波折，在汉代已经比较兴盛的饮食成品市场，到了魏晋南北朝时期则显著下降，呈现了一幅萎缩和萧条的情景，与其时饮食原料市场的发展状况并不完全一致。到了唐代又回升至空前繁荣的阶段，在汉唐一千余年间呈现了一种马鞍形的发展曲线。在一定意义上可以说，饮食成品市场的盛衰荣枯，不仅是一个时代人们社会生活状况的直接反映，同时也是一个时代政治和经济发展变化的晴雨表。

关于饮食市场问题，尚未引起治饮食史者的注意，因而迄今为止的各种饮食史著作中鲜有论及此者，更未见专门的论文，尤以魏晋南北朝时期为甚。由于篇幅所限，关于饮食成品市场容另文论述，本文专论魏晋南北朝时期的饮食原料市场。现从粮市、屠肆、鱼市、菜市、果品市、调料市等几个方面略述这一时期饮食原料市场的发展状况。

一　粮市

战国秦汉以来我国古代基本上是一个小农经济社会，因而广大人民的粮食需求，基本上依靠自给自足，民谚云："百里不贩樵，千里不贩籴。"[①] 在市场流通的粮食比例并不太大。不过，城市居民的粮食还是需要通过市场交换获得。统一皇朝的建立和社会经济的发展，导致汉代的粮食市场比战国时期有了很大的发展。据研究，西汉的粮食商品量大约比战国时期增长了二倍半[②]。司马迁说，在通邑大都中，"贩谷

---

① （汉）司马迁撰，（南朝·宋）裴骃集解，（唐）司马贞索隐，（唐）张守节正义：《史记》卷一二九《货殖列传》，中华书局1959年版，第3271页。

② 吴慧：《中国古代商业史》，中国商业出版社1982年版，第7页。

粜千钟”[①]，即一家大粮店每年的经营额为 1000 钟的谷子。1 钟为 10 小石，千钟为 1 万小石。这种经营水平的粮商，可以“比千乘之家”[②]。当时“千户之君则二十万”[③]，每年有 20 万钱的收入。那么年经营额千钟粮食的年收入为 20 万钱。可见汉代城市中的粮食交换已经相当活跃。

魏晋南北朝与汉代一样，也是一个小农经济社会，加以这个时期城市经济的破坏和自然经济成分的增长，因而广大人民之粮食需求，更主要的是依靠自给自足。与这个时期城市经济和商品市场相对萎缩的同时，粮食交换也进入低谷阶段。不过即使是在这种情况下，依然有相当一部分人口需要通过市场交换获得部分或大部分粮食，社会上依然存在相当一部分“有钱无粮之人”[④]，尤以城市居民为然。随着社会经济和城市经济在不同时期、不同地区的复苏或发展，这个时期粮食市场不仅依然存在，在一定情况下还有不同程度的发展。

黄河流域传统农业区在这个时期遭受到比较严重的破坏，粮食市场亦随之萧条，东汉时首都洛阳“立粟市于城东，粟斛直钱二十”[⑤]，汉末遭受董卓之乱后，“长安城中以为战地。是时谷一斛五十万，豆麦二十万”[⑥]。但在适宜条件下粮食市场又得以复苏。在西晋短暂统一时期，北方经济一度复苏并呈现繁荣景象，粮食市场又得以活跃，首都洛阳有了“五谷市”[⑦]。“时谷贱而布帛贵，（武）帝欲立平籴法，用布帛市谷，以为粮储”，表明这时市场上的粮食供应已经比较丰富。当时粮商已相当活跃，“豪人富商，挟轻资，蕴重积，以管其利”[⑧]，他们垄断粮食买卖以牟取暴利。针对这种情况，泰始四年（268）“乃立常平仓，丰则籴，俭则粜”[⑨]。政府通过设立“常平仓”以调控粮食市场，平抑粮价。但是好景不长，不久之后爆发“八王之乱”，中原涂炭，元康七年（297）“关中

---

① 《史记》卷一二九《货殖列传》，第 3274 页。
② 《史记》卷一二九《货殖列传》，第 3274 页。
③ 《史记》卷一二九《货殖列传》，第 3272 页。
④ （唐）房玄龄等撰：《晋书》卷二六《食货志》，中华书局 1974 年版，第 796 页。
⑤ 《晋书》卷二六《食货志》，第 781 页。
⑥ 《晋书》卷二六《食货志》，第 782 页。
⑦ 《晋书》卷五九《齐王（司马）冏传》，第 1606 页。
⑧ 《晋书》卷二六《食货志》，第 786 页。
⑨ 《晋书》卷二六《食货志》，第 786 页。

饥，米斛万钱"①，太安二年（303）"公私穷踧，米石万钱"②。粮价之暴涨，意味着粮食市场继东汉末年之后又一次面临崩坏。

直到北魏实行均田制以后，北方农业才得到一定程度的恢复和发展，于是粮食市场又开始逐步兴盛。魏孝文帝迁都洛阳之后，市场经济有所起色，当时洛阳大市之东有通商、达货二里，其中"有刘宝者，最为富室。州郡都会之处，皆立一宅，各养马十匹，至于盐粟贵贱，市价高下，所在一例。舟车所通，足迹所履，莫不商贩焉。是以海内之货，咸萃其庭，产匹铜山，家藏金穴。宅宇踰制，楼观出云，车马服饰，拟于王者"③。粮食是这位富商的主要经营项目之一，他的买卖遍及全国，利润丰厚，家产巨大，生活豪奢，可见北魏洛阳粮商资本之雄厚及经营之活跃。

这个时期在北方广大农村也存在着活跃的粮食交换活动。《齐民要术》是一部记载北朝时期黄河中下游农业生产的著名农书，其中不少记载就反映了当时粮食商品化的情形。其卷三《杂说》篇在论述一年的农事安排时，指出在二月"可粜粟、黍、大、小豆、麻、麦子等。"三月"可粜黍。"四月"可籴穬及大麦。"五月"可粜大小豆、胡麻。籴穬、大小麦。"七月"粜大小豆。籴麦。"八月"粜种麦。籴黍。"十月"籴粟、豆、麻子。"十一月"籴秔稻、粟、豆、麻子。"④ 这里论述了全年粮食买卖的最佳时间和品种，由此可见粮食市场一年四季都在运转之中。由于粮食商品市场的活跃，故贾思勰从中总结出了一套粮食买卖的规律，说："凡籴五谷、菜子，皆须初熟日籴，将种时粜，收利必倍。凡冬籴豆谷，至夏秋初雨潦之时粜之，价亦倍矣。盖自然之数。"⑤ 由此可以窥知北朝粮食买卖的兴盛。此外，该书《收种篇》在论述粮食作物选种时说："种杂者，禾则早晚不均……粜卖以杂糅见疵……所以特宜存意，不可徒然。"⑥ 强调选种不纯则影响将来粮食的品质及其粜卖，可见粜卖是粮食

---

① 《晋书》卷四《惠帝纪》，第 94 页。

② 《晋书》卷四《惠帝纪》，第 101 页。

③ 范祥雍校注：《洛阳伽蓝记校注》卷四《城西·法云寺》，上海古籍出版社 1978 年版，第 202—203 页。

④ （后魏）贾思勰原著，缪启愉校释：《齐民要术校释》卷三《杂说第三十》，中国农业出版社 1998 年版，第 233—240 页。

⑤ 《齐民要术校释》卷三《杂说第三十》，第 245 页。

⑥ 《齐民要术校释》卷一《收种第二》，第 54 页。

生产的重要目的之一。

南北朝时期由于南北政权对立，影响了双方的贸易来往，但是在灾荒之年，边境粮食贸易则特许开放，以互通有无。北齐时苏琼任徐州行台左丞、行徐州事时，“淮南岁俭，启听淮北取籴。后淮北人饥，复请通籴淮南，遂得商估往还，彼此兼济”①。在其他商品不能流通的情况下而允许粮食交换。

在北方传统经济发达地区遭受破坏的同时，江南的经济却逐步有了新的起色，尤其到了南朝时期粮食市场呈现相对活跃的景象。史称“从江以南，千斛为货”②“万斛为市”③。粮食贸易以千斛、万斛为计，说明这时粮食交换的规模有了不小的提高。建康城有“谷市”，边淮列肆而买卖粮食④。三吴地区是江南农业发达区，“比岁被水潦而籴不贵”⑤。虽连年遭受水灾而粮价还保持稳定，这与粮食贸易活跃，能够及时调剂余缺有很大关系。当时粮食贩运商人很多，相当活跃，“吴兴无秋，会稽丰登，商旅往来，倍多常岁”⑥。如会稽山阴人贺琛，就是“常往还诸暨，贩粟以自给”⑦ 的一个粮贩。在长江中游的荆州地区，上好之白米，“民间籴此米，一升一百”⑧。可见当时粮食市场按质论价的情形。

南朝政府还对粮食实行“和市”政策，即由官府出面贱籴贵粜，以调剂丰歉，平抑粮价。齐武帝永明（483—492）年间，由于农业丰收，“天下米谷布帛贱”，于是萧齐政府决定大量收购粮食，以建立常平仓，储备粮食。永明六年（488），“诏出上库钱五千万，于京师市米”及其他物资。此外“扬州出钱千九百一十万，南徐州二百万，各于郡所市籴”。南荆河州治寿春出钱200万，收购米、大麦及丝绵纹绢等其他物资。江州（治浔阳）出钱500万，“市米、胡麻”。荆州（治江陵）出钱500万，郢

---

① （唐）李百药撰：《北齐书》卷四六《循吏·苏琼传》，中华书局1972年版，第645页。

② （梁）沈约撰：《宋书》卷八二《周朗传》，中华书局1974年版，第2093页。

③ 《宋书》卷五六《孔琳之传》“史臣曰”，第1565页。

④ （宋）周应合撰：《景定建康志》卷一六《疆域志二·镇市》，成文出版社有限公司1983年版，第888页。

⑤ （梁）萧子显撰：《南齐书》卷三七《刘悛传》，中华书局1972年版，第652页。

⑥ 《南齐书》卷四六《陆慧晓附顾宪之传》，第807页。

⑦ （唐）姚思廉撰：《梁书》卷三八《贺琛传》，中华书局1973年版，第540页。

⑧ 《宋书》卷七二《文九王·晋平剌王（刘）休佑传》，第1880页。

州（治江夏）出钱300万，收购“米、大小豆、大麦、胡麻”及其他物资。湘州出钱200万，收购米及其他物资。司州（治汝南）250万，西荆河州（治历阳）250万，南兖州（治广陵）250万，雍州（治襄阳）500万，均收购米及其他物资。以上各地收购粮食事宜，均“使台传并于所在市易”①。这次粮食收购行动规模相当庞大，从首都建康以至各州郡，遍及长江中下游主要产粮区，覆盖南朝政权统治区的半壁河山，可见这些地方都有粮食市场，而且收购数量巨大，品种繁多。

遇到灾荒之年，政府还对粮食市场实行干预。宋文帝元嘉（424—453）中，“三吴水潦，谷贵人饥”，而“富商蓄米，日成其价”，乘机囤积居奇，于是刘宋政权“令积蓄之家，听留一年储，余皆勒使粜货。”②大明八年（464）东土大旱，宋孝武帝诏令：“远近贩鬻米粟者，可停道中杂税。”③ 通过减免粮食贩运中的税收，对粮商给予政策性照顾，以促进粮食流通，保证粮食市场平稳。

因为有经常性的粮食市场存在，所以人们的粮食需求一般都能从市场上得到满足。何子平为扬州从事史时，“月俸得白米，辄货市粟麦”④。他每月把薪俸所得白米变卖，再购买价格便宜一点的粟麦，可见当时在扬州有常年固定的粮食市场，买卖十分方便。不仅州郡有粮食市场，就是在乡里之中也能购买粮食。会稽永兴人郭原平，为人作木匠以谋生，“日暮作毕，受直归家，于里中买籴，然后举爨”⑤。从记载看，他几乎每天都要购粮，看来在乡里中也有售粮点。交通路线上也能买到粮食，胡质为荆州刺史时，其子胡威从洛阳来省亲，辞归之日，胡质“赐绢一匹，为道路粮”，以绢在沿途购粮。于是胡威“每至客舍，自放驴，取樵炊爨”⑥。

魏晋南北朝时期有一个突出的现象，是贵族、官僚特别热衷于粮食经营。晋人江统说：“秦汉以来，风俗转薄，公侯之尊，莫不殖园圃之

① （唐）杜佑撰，王文锦、王永兴、刘俊文、徐庭云、谢方点校：《通典》卷一二《食货典十二·轻重》，中华书局1988年版，第288页。

② 《通典》卷一二《食货典十二·轻重》，第288页。

③ 《宋书》卷六《孝武帝纪》，第134页。

④ 《宋书》卷九一《孝义·何子平传》，第2257页。

⑤ 《宋书》卷九一《孝义·郭世道（附子（郭）原平传》，第2244页。

⑥ （晋）陈寿撰，（南朝·宋）裴松之注，陈乃乾校点：《三国志》卷二七《魏书·胡质传》注引《晋阳秋》，中华书局1959年版，第743页。

田，而收市井之利，渐冉相放，莫以为耻”[①]。在“市井之利”中以粮食买卖为主。他们或经营土地，生产粮食，投放市场以牟利；或直接经商，从事粮食买卖，以至“商贩千艘，腐谷万庾”[②]。东汉末年全琮之父全柔为桂阳太守时，“柔尝使琮赍米数千斛到吴，有所市易”[③]。刘宋时将军吴喜乘出兵荆州之时机大肆贩卖，从西还“钱米布绢无船不满。自喜以下，迨至小将，人人重载，莫不兼资”[④]，这是利用兵船进行大规模的粮食贩运。陈湘州刺史华皎“善营产业……粮运竹木，委输甚众”[⑤]。这是利用做官机会进行粮食买卖。陈羽为晋安太守，其子陈宝应典兵。当时“东境饥馑”，陈宝应乘出兵东境时，“又载米粟与之贸易……由是大致赀产”[⑥]。这是利用军事行动从事粮食买卖。

何以这个时期官僚、贵族如此热衷于粮食买卖呢？其主要原因是这一时期粮食代替了原来的金属货币而成为通货。自董卓之乱起，汉代的货币制度遭到破坏，至魏文帝黄初二年（221）正式宣布“罢五铢钱，使百姓以谷帛为市”[⑦]，标志着货币经济的空前衰退和自然经济已占据了统治地位。在魏晋南北朝数百年间，虽然亦有少量金属货币流通，但基本上是以谷帛为货币。粮食具有既是商品又是货币的双重身份，这是这个时代社会经济的一个特色。于是“人间巧伪渐多，竞湿谷以要利……虽处以严刑而不能禁也”[⑧]。在这样的经济环境之中，官僚贵族、地主商人便纷纷囤积粮食，掌握了粮食就是掌握了财富，沈庆之“广开田园之业，每指地示人曰：‘钱尽在此中’。”[⑨] 就道出了此中的奥秘。他们转运或经营粮食买卖，实际上就是以粮食为手段聚敛货币和财富。这就是这一时期经营粮食买卖较其他时代为突出的原因所在。正因为这一时期粮食起

---

① 《晋书》卷五六《江统传》，第1537页。

② （晋）葛洪著，金毅校注：《抱朴子内外篇校注》卷三四《吴失》，上海古籍出版社2018年版，第1406页。

③ 《三国志》卷六〇《吴书·全琮传》，第1381页。

④ 《宋书》卷八三《吴喜传》，第2118页。

⑤ （唐）姚思廉撰：《陈书》卷二〇《华皎传》，中华书局1972年版，第271页。

⑥ 《陈书》卷三五《陈宝应传》，第486—487页。

⑦ 《晋书》卷二六《食货志》，第794页。

⑧ 《晋书》卷二六《食货志》，第794—795页。

⑨ 《宋书》卷七七《沈庆之传》，第2003页。

着货币的作用，所以粮食在市场上的流通，较之汉代更为频繁。

二 屠肆

汉代在农业发展的基础上，畜牧业已有了很大的发展，经营畜牧业的利润很可观，据《史记・货殖列传》记载："陆地牧马二百蹄，牛蹄角千，千足羊，泽中千足彘……此其人皆与千户侯等。"[①] 即以百万钱投入畜牧业，一年中可体现为马 50 匹（即二百蹄），牛 167 头（即牛蹄角千），猪或羊 250 头（即千足），其利润为 20 万（即千户侯之年收入）。如果以同量之资本投入牲畜贩卖，则"马蹄噭千，牛千足，羊彘千双……此亦比千乘之家"，也就是一年之中可实现马 200 匹[②]，牛 250 头（即千足），猪或羊 2000 头（即千双），全年利润也有 20 万（即千乘之家的年受益）。在畜牧业发展的基础上，屠宰业得以大大发展，以同样的资本投入屠宰业，"屠牛羊彘千皮"[③]，年屠宰猪或牛羊千头，利润也是 20 万。由于畜牧业和屠贩业利润丰厚，故政府已向他们征收赋税。王莽时曾下令"诸取鸟兽鱼鳖百虫于山林水泽及畜牧者……及他方技商贩贾人坐肆列里"者，"除其本，计其利，十一分之，而以其一为贡"[④]，即征收 1/10 的畜牧、屠宰税。

魏晋南北朝时期虽因战乱频繁而使社会经济受到破坏，但是由于这个时期北方和西北地区以畜牧业为主的少数民族纷纷进入中原地区，他们把畜牧业的生产、生活方式传入内地，因而在农业衰退的同时，畜牧业却有了较大的发展，从而为屠贩业的发展创造了条件，使屠贩业在食物原料市场中的地位有所上升。

曹魏时期在首都洛阳东部的石桥南有"牛马市"[⑤]。西晋时又增设了"羊市"[⑥]。可见洛阳之牲畜市场在魏晋时期一直存在并发展着。北朝的洛

---

① 《史记》卷一二九《货殖列传》，第 3272 页。

② 《史记》卷一二九《货殖列传》，第 3274 页。按，马 200 匹即是"蹄噭千"，《集解》引小颜云："噭，口也，蹄与口共千，则为二百匹。"（第 3275 页）

③ 《史记》卷一二九《货殖列传》，第 3274 页。

④ 《通典》卷一一《食货典十一・杂税》，第 248—249 页。

⑤ 《洛阳伽蓝记校注》卷二《城东・崇真寺》，第 81 页。

⑥ 汪兆镛：《稿本晋会要》卷五四《舆地十・市》，北京图书馆出版社 1988 年版，第 642 页。

阳仍有马市和羊市。在畜产市场存在的基础上，屠肆业也未曾中断。曹植乐府歌云："市肉取肥"[①]。魏明帝时，曾向屠肆征收"牛肉小赋"[②]，表明屠宰业有了相当发展，可以向其征税以增国库。甚至贵为愍怀太子犹"令人屠肉，己自分齐，手揣轻重，斤两不差。云其母本屠家女也"[③]，说明当时社会上有专业的"屠家"。愍怀太子卖肉技术很高，且乐此不疲，正是当时社会生活中存在屠宰市场这一现实的反映。西晋末乱政之时，屠者甚至曾一度跻身显贵，"昔赵王伦之篡也，天下孝廉秀才茂异，并不简试，雷同与官，市道屠沽，亡命不轨，皆封侯略尽"[④]。可见到了西晋时期屠宰市场已有了很大的发展。

与此同时农村的牲畜饲养和交换也一直在进行，颜斐为京兆太守时，"课民无牛者，令畜猪狗，卖以买牛"[⑤]。猪和狗是当时主要的肉食品种，农民将其出卖后，再买回耕牛。

在南北朝时期，以北朝的屠贩业较为突出，这与北朝实行均田制促进了北方农业发展以及大量游牧民族入居中原有着密切关系。鲜卑族原本就是畜牧民族，建立北魏皇朝后，对于畜牧屠贩自然格外关注，平城宫中就有"婢使千余人，织绫锦贩卖，酤酒，养猪羊，牧牛马，种菜逐利"[⑥]。拓跋晃尊贵为监国太子，犹"畜养鸡犬，乃至贩酤市鄽，与民争利"。大臣高允劝其将"畜产贩卖，以时收散"，他拒不接受[⑦]。

北魏前期对屠贩业实行鼓励政策，营造了比较宽松的饮食市场环境。早在拓跋珪建国时，就"分别士庶，不令杂居，伎作屠沽，各有攸处。但不设科禁，卖买任情，贩贵易贱，错居混杂"[⑧]。这一政策继续贯彻于

---

① （唐）虞世南辑录：《北堂书钞·1》卷一四五《酒食部四·肉篇十五》引曹植《乐府歌》，学苑出版社2015年版，第473页。

② 《三国志》卷二五《魏书·高堂隆传》，第715页。

③ （宋）李昉等撰：《太平御览》卷一四八《皇亲部一四》"太子·三"，中华书局1960年版，第722页。

④ （宋）李昉等编：《太平广记》卷一八六《铨选二》"斜封官"条引《朝野佥载》，中华书局1961年版，第1389页。

⑤ 《三国志》卷一六《魏书·仓慈传》注引《魏略》，第513页。

⑥ 《南齐书》卷五七《魏虏传》，第984页。

⑦ （北齐）魏收撰：《魏书》卷四八《高允传》，中华书局1974年版，第1072页。

⑧ 《魏书》卷六〇《韩麒麟附子显宗传》，第1341页。

北魏后期。因此北魏的屠贩业非常活跃，尤以首都洛阳最为繁盛，城西西阳门外有“大市”“市东有通商、达货二里。里内之人，尽皆工巧，屠贩为生，资财巨万”[①]。众多屠贩业者聚居于这两个居住区中，可见拓跋珪令“屠沽各有攸处”的政策，在孝文帝迁都洛阳之后依然在实行。不仅这两个里中集中了大批屠贩业者，其他里中也有，如“孝义里东市北殖货里，里有太常民刘胡，兄弟四人，以屠为业”[②]。这位刘胡兄弟四人都以屠为业，显然是一个屠宰业大家族，可见当时洛阳城中屠户很多，屠贩业相当兴盛。据《五行记》记载，北魏胡太后末年时，泽州田参军萧摩侯家发生怪异，有人告诉他们烧羖羊角可以除妖，他“即于屠肆得之，遂烧此等”[③]。可见在外地的州郡中也有屠肆。

北朝屠贩业兴盛的情况在社会生活中多所反映，有一次魏孝文帝举行宴会，御史中尉李彪以“沽酒老妪瓮注瓨，屠儿割肉与秤同”之谜语为酒令[④]，这无疑是洛阳屠肆业在人们思想观念中的反映。北周庾信《答移市教》中有云：“卖卜屠羊，请辞新阓。”[⑤] 联系上文泽州屠肆卖羊角之事，可知当时北方以屠羊较多。当时肉类买卖兴盛，以致有的官员“前劳赐有余肉百斤，卖之”[⑥]，这是说赏赐所得肉自己吃不完就拿去出卖，可见当时肉食买卖是司空见惯之事。

城市屠贩业的兴盛，促进了农村畜牧及其交换的发展。从《齐民要术》中关于牲畜经营的论述中即可窥其情形，书中特意介绍了“凡驴马牛羊收犊子、驹、羔法”，其方法是：“常于市上伺候，见含重垂欲生者，辄买取”，意即要着意购买怀孕之上述牲口，这种牲口买回来后很快就可以得到一批幼畜。再以其中良者留作种，“恶者还卖”，这样则“不失本价，坐赢驹犊”。意即不仅将本钱捞回，还可白白得到幼畜。然后，“还更买怀孕者。一岁之中，牛马驴得两番，羊得四倍。羊羔腊月、正月生

① 《洛阳伽蓝记校注》卷四《城西·法云寺》，第202页。

② 《洛阳伽蓝记校注》卷二《城东·景宁寺》，第121页。

③ 《太平广记》卷三二七《鬼十二》“萧摩侯”条引《五行记》，第2595页。

④ 《洛阳伽蓝记校注》卷三《城南·报德寺》，第147—148页。

⑤ （清）严可均校辑：《全上古三代秦汉三国六朝文》之《全后周文》卷一〇（庾信）《答移市教》，中华书局1958年版，第3933页。

⑥ 《太平御览》卷八六三《饮食部二一·肉》引“刘子曰”，第3834页。

者，留以作种；余月生者，剩而卖之。用二万钱为羊本，必岁收千口。”按照上述方法，一年之间牛马驴可以翻两番，羊可以得四倍。此外，当羊得了疥，治愈后，趁“后夏初肥时，宜卖易之”[①]，否则后年春天必旧病复发而死。作者贾思勰还从自身的实践中总结了经验教训：“余昔有羊二百口……饿死过半”，其原因在于饲料不继，从中他悟出了一个道理：“人家八月收获之始，多无庸暇，宜卖羊雇人，所费既少，所存者大。”[②]贾思勰所总结的这一套牲畜经营策略，无不围绕着牲畜市场而立论，也只有依托于市场才能行用，由此可见当时屠贩行业已是相当繁荣了。

南方的屠贩业也有不同程度的发展，建康城中就有牲畜市场，“又有小市、牛马市……皆边淮列肆稗贩焉”[③]。世居建康的徐度，“恒使僮仆屠酤为事”[④]，是位屠宰、酿酒的商人。可见在建康城中屠肆相当普遍。贵为一国之尊的南齐东昏侯萧宝卷，“又于苑中立市，太官每旦进酒肉杂肴，使宫人屠酤，潘氏为市令，帝为市魁，执罚，争者就潘氏决判。”[⑤]这无疑是当时城市屠肆经营方式的模拟。战国、秦汉时期，食用狗肉主要是在北方，到了南北朝时期，由于北方人口的大量南迁，因而南方也普遍食用狗肉了。当时江南的城市中遍布屠狗之肆。宋、齐间人王敬则“屠狗商贩，遍于三吴”[⑥]，表明当时长江下游的江苏、浙江等地的城市中都有屠狗之肆。这一带的屠狗市肆中，普遍使用一种挂在横木上的大秤——“屠肉枅”[⑦]，可见当时屠狗数量是相当大的。

三　鱼市

汉代已有了养鱼的专业大户，据《史记·货殖列传》记载，每年“水居千石鱼陂”就可与千户侯相比拟。《正义》对此解释道：“言陂泽养鱼，一岁收得千石鱼卖也。”[⑧] 120 斤为石，千石为 12 万斤。这种规模

---

① 《齐民要术校释》卷六《养羊第五十七》，第 440 页。

② 《齐民要术校释》卷六《养羊第五十七》，第 427 页。

③ 《景定建康志》卷一六《疆域志二·镇市》，第 888 页。

④ 《陈书》卷一二《徐度传》，第 189 页。

⑤ 《南齐书》卷七《东侯昏纪》，第 104 页。

⑥ （唐）李延寿撰：《南史》卷四五《王敬则传》，中华书局 1975 年版，第 1127 页。

⑦ 《南史》卷四五《王敬则传》，第 1129 页。

⑧ 《史记》卷一二九《货殖列传》，第 3272、3273 页。

的养鱼户，每年的利润为 20 万钱。养鱼业的发展，促进了鱼市的兴盛。鱼商年经营额“鲐鮆千斤，鲰千石，鲍千钧”，也可与千乘之家比拟。鲐鱼为海鱼，鮆鱼即刀鱼，鲰鱼乃小杂鱼。30 斤为钧。何以经营这几种鱼的计量不同呢？据《正义》解释：因鲐鱼、鮆鱼又大又好，故年经营额千斤即可获利 20 万钱。而鲰鱼、鲍鱼小而杂，故年经营额须千石、千钧才能获得 20 万的利润。①

魏晋南北朝时期养鱼业整体上逊于汉代，不过在不同时期也有不同程度的发展，因而鱼市也相应有所发展。这个时期像汉代那样的大鱼商已少见，多为小商小贩，如：任昭先，名嘏，汉末“荒乱，家贫卖鱼，会官税鱼，鱼贵数倍，嘏取直如常”②，这显然是小本经营者。当时已对鱼商收税，可见鱼品贩卖和鱼市仍较普遍。孙吴的交州刺史曾“强赋于民，黄鱼一枚收稻一斛”③。这虽然是少数官吏剥削民众的情况，但征收鱼税则是当时普遍的制度。江南素有饭稻羹鱼之传统，六朝时期建康“西有石头津，东有方山津，各置津主一人……荻炭鱼薪之类过津者，并十分税一以入官”④。政府于关津征收鱼税，表明鱼品贩卖是经常性的。刘宋时人王弘之于上虞江边垂钓，“经过者不识之，或问渔师得鱼卖不？弘之曰：‘亦自不得，得亦不卖。’”⑤ 可见民间有以捕钓贩卖为业的“渔师”。南方各地多有鱼市，建康城有出卖水产的“蚬市”⑥。州郡市场也有鱼市。普通五年（524）梁武帝之子萧纶摄南兖州事，经常“遨游市里”。有一次他“问卖䱇者曰：‘刺史如何？’对者言其躁虐，纶怒，令吞䱇以死”⑦。䱇即鳝鱼，南兖州即今江苏扬州市，可见那里的市场上有鱼市。陈文帝时，周迪兵败逃入山中，“后遣人潜出临川郡市鱼鲑”⑧，郡治所在

---

① 《史记》卷一二九《货殖列传》，第 3274、3276 页。

② 《三国志》卷二七《魏书·王昶传》注引《任昭先别传》，第 748 页。

③ 《三国志》卷五三《吴书·薛综传》，第 1252 页。

④ 《通典》卷一一《食货典十一·杂税》，第 250 页。

⑤ 《南史》卷二四《王弘之传》，第 656 页。

⑥ 《景定建康志》卷一六《疆域志二·镇市》，第 888 页。

⑦ 《南史》卷五三《梁武帝诸子·邵陵攜王（萧）纶传》，第 1322 页。按《南史》本传记作“摄南徐州事”，据《梁书》卷二九《高祖三王·邵陵攜王纶（萧）传》似应为“南兖州”，第 431—432 页。

⑧ 《陈书》卷三五《周迪传》，第 483 页。

也有鱼市。

北朝的鱼市也颇为可观，洛阳城南宣阳门外有四夷馆、四夷里，“别立市于洛水南，号曰四通市，民间谓永桥市。伊、洛之鱼，多于此卖，士庶须脍，皆诣取之。鱼味甚美，京师语曰：‘洛鲤伊鲂，贵于牛羊。’”① 永桥市是一个很大的鱼市。当时从南朝投奔北朝的人士甚多，为了照顾他们喜吃鱼的习惯，又在其居住小区内设置鱼市，“城南归正里，民间号为吴人坊，南来投化者多居其内。近伊、洛二水，任其习御。里三千余家，自立巷市，所卖口味，多是水族，时人谓为鱼鳖市也”②。在南方人集中居住的地方，设有专卖水产的“鱼鳖市”。可见当时洛阳鱼市已相当普遍。鱼市的繁荣反过来又促进了淡水养鱼业的发展，《齐民要术》列专篇论述养鱼方法，并指出：“依法为池，养鱼必大丰足，终天靡穷，斯亦无赀之利也。”③

南北朝时期南北的分裂和对立，妨碍了南北方鱼产品的交换。当时淮河出产的鳆鱼为江南人民所喜爱，但由于淮河处于北朝统治区，故“江南无复鳆鱼”。不过“或有间关得至者，一枚直数千钱”。刘宋末年时，有一次有人“饷（褚）彦回鳆鱼三十枚，彦回时虽贵，而贫薄过甚，门生有献计卖之，云可得十万钱”④。可见在江南市场上仍有走私的淮河鳆鱼出售，尽管价格异常昂贵。此事表明南北朝的分裂和对立也不能完全隔绝双方的商品交流。

四　菜市

从汉代以后随着人们饮食水平的逐步提高，蔬菜日益成为日常膳食所需，因而蔬菜商品化有了较大的发展，促进了菜市行业的兴盛。

汉代蔬菜商品化规模已经不小，在通都大邑中有资本雄厚的菜商。《史记·货殖列传》说，每年种植“千畦姜韭，此其人皆与千户侯等”，⑤徐广注曰：“千畦，二十五亩。”种植这么大面积的姜或韭菜，年利润为

① 《洛阳伽蓝记校注》卷三《城南·龙华寺》，第161页。
② 《洛阳伽蓝记校注》卷二《城东·景宁寺》，第117页。
③ 《齐民要术校释》卷六《养鱼第六十一》，第461页。
④ 《南史》卷二八《褚裕之附褚彦回传》，第751页。
⑤ 《史记》卷一二九《货殖列传》，第3272—3273页。

20 万钱。而贩卖“佗果菜千钟”①，也可比千乘之家，年利润也是 20 万钱。不仅内地有菜市，远在河西边境地区也有菜市，居延汉简就有买菜的记录，如：“二月壬子，置佐迁史姜二斤。”②

魏晋南北朝时期商品菜种植业者依然不少。孙吴时，姚俊“常种瓜菜，灌园以供衣食”，步骘避难江南，因为穷困也曾“种瓜自给”，西晋时富春人孙钟也是“种瓜为业”③。西晋官僚、文学家潘岳《闲居赋序》云：“灌园鬻蔬，供朝夕之膳。”④ 坞主邵续被石勒俘虏后，“身灌园鬻菜，以供衣食”⑤。他们种菜都是为了出卖，而且以此为生活来源，可见商品菜的种植还是比较普遍的。这种情况到了南北朝时期有了更进一步的发展。

南朝宋孝武帝时，柳元景当政，“时在朝勋要，多事产业，唯元景独无所营。南岸有数十亩菜园，守园人卖得钱二万送还宅，元景曰：‘我立此园种菜，以供家中啖尔。乃复卖菜以取钱，夺百姓之利邪。’以钱乞守园人。”⑥ 柳元景身为宰辅，不赞成将自己园中蔬菜拿去出卖，以免“与百姓争利”，不过却反证当时许多官僚所孜孜从事之“产业”中，必定有不少是卖菜牟利的。至于当时百姓以此为业者就更多了，如梁朝人范元琰“家贫，唯以园蔬为业”⑦。又据《续玄怪录》记载，有“张老者，扬州六合县园叟也”，梁天监（502—519）中求娶扬州曹掾韦恕之女，曰：“某诚衰迈，灌园之业，亦可衣食。”后“张老既取韦氏，园业不废，负秽镢地，鬻蔬不辍”⑧。这是一个地道的种植商品菜的专业户。陈朝山阴令褚玠离任后，“因留县境，种蔬菜以自给”⑨。种蔬菜能够自给，是因为可以通过菜市出卖以换取生活资料。陈湘州刺史华皎“善营产业……油蜜脯

① 《史记》卷一二九《货殖列传》，第 3274 页。

② 谢桂华等编：《居延汉简释文合校》，文物出版社 1997 年版，第 300 页。

③ （唐）欧阳询撰，汪绍楹校：《艺文类聚》卷八七《果部下·瓜》，引《吴录》《搜神记》，上海古籍出版社 1999 年版，第 1502、1503 页。

④ 《晋书》卷五五《潘岳传》，第 1505 页。

⑤ 《晋书》卷六三《邵续传》，第 1705 页。

⑥ 《宋书》卷七七《柳元景传》，第 1990 页。

⑦ 《梁书》卷五一《处士·范元琰传》，第 746 页。

⑧ 《太平广记》卷一六《神仙十六》“张老”条引《续玄怪录》，第 112—113 页。

⑨ 《陈书》卷三四《文学·褚玠传》，第 460 页。

菜之属，莫不营办”[①]，其中就包括蔬菜经营。北朝的情况亦然，北魏前期在平城宫中，即役使奴婢大规模地“种菜逐利”[②]。据《孝德传》记载，“魏阳雍，河南洛阳人……天神化为书生，问曰：‘何故不种菜以给？’答曰：‘无种。’乃与之数升，公大喜，种之。”[③] 后遂因种菜积累了家产而“得以娶妇”[④]。由此可见，从都城到全国各地，从南方到北方，从官僚到平民百姓都有不少种植商品菜者。

魏晋南北朝时期商品菜种植的普遍性，在《齐民要术》中也得到了充分的反映和印证。贾思勰对各种蔬菜如何经营，有很细致的论述。葵是当时人们经常食用的重要蔬菜，该书在论述种植葵菜方法时，是以“近州郡都邑有市之处，负郭良田三十亩”为条件而展开论述的，因为在这样的城镇郊区种菜便于到市场出卖。冬天种下以后，第二年“三月初，叶大如钱，逐穊处拔大者卖之”，即将间苗时所拔之嫩菜拿去出卖。仅此一项，1 亩地就可收得 3 大车葵菜，30 亩地共得 90 大车；每车可卖得米 20 斛，一共可卖得米 1800 斛。到了“四月八日以后，日日剪卖……周而复始，日日无穷”，每天都可剪菜上市，直至八月社日为止，然后留作秋菜。至“九月，指地卖，两亩得绢一匹”，即就地将菜盘卖出去。至此，葵菜从种到卖的全过程结束，其所获利润“胜作十顷谷田”[⑤]。从中我们可以具体而生动地看到北朝时期菜农经营商品菜的详细情形。

其他各种蔬菜莫不如此，如胡荽（即香菜），“近市负郭田，一亩用子二升”，可将间出的嫩苗“卖供生菜也”。而“外舍无市之处，一亩用子一升，疏密正好”[⑥]，也就是说远离市场不以出卖为目的者，要比前者少撒种一半，因为不必间苗出卖。可见是否以出卖为目的，其种植和经营管理是有所不同的。除了卖菜之外，还可取菜籽于“都邑粜卖”[⑦]；还可加工成菹（腌酸菜）出卖，一亩可卖得相当于 6 匹绢的价值[⑧]。再如芜

---

① 《陈书》卷二〇《华皎传》，第 271 页。
② 《南齐书》卷五七《魏虏传》，第 984 页。
③ 《太平广记》卷二九二《神二》“阳雍”条引《孝德传》，第 2325 页。
④ 《艺文类聚》卷八二《草部下·菜蔬》引《孝子传》，第 1415 页。
⑤ 《齐民要术校释》卷三《种葵第十七》，第 181 页。
⑥ 《齐民要术校释》卷三《种胡荽第二十四》，第 207 页。
⑦ 《齐民要术校释》卷三《种胡荽第二十四》，第 209 页。
⑧ 《齐民要术校释》卷三《种胡荽第二十四》，第 210 页。

菁，“近市良田一顷”，可收叶 30 大车，3 大车就可换回 1 个奴；可收根 200 大车，20 大车即可换回 1 个婢；还可收籽 200 石，可换得 600 石粟米，“亦胜谷田十顷”。此外还可以自己加工出卖，如蒸干芜菁出卖，可得米 10 石①。其他如“种菘（大白菜）、芦菔（罗卜）法，与芜菁同。”② 总之，《齐民要术》所论述的各种蔬菜的种植和经营管理，都是立足于市场，依托于市场而作为考量依据的，这无疑是当时蔬菜市场普遍和兴盛的直接反映。

在蔬菜种植业发展的基础上，这个时期的蔬菜市场亦有了相应的发展。据葛洪《神仙传》记载，有一次吴主想作鲙，需要蜀姜为佐料，仙人介象说他能很快就买到，吴主“以钱五十付之，（介）象书一符以着青竹杖中，使行人闭目骑竹，竹止便买姜，讫复闭目。此人承其言，骑竹须臾已至成都，不知是何处，问人，人言蜀市，乃买姜。于时吴使张温先在蜀，既于市中相识，甚惊，便作书寄其家。此人买姜毕，投书负姜，骑杖闭目，须臾已还到吴，厨下切鲙亦适了。”③ 撇开其中的神话成分，不难看出当时人们依靠市场购买蔬菜以及菜市交易之一般情况。

西晋时甚至在宫中也进行蔬菜买卖，因而遭到大臣江统的指斥：“今西园卖葵菜、蓝子、鸡、面之属，亏败国体，贬损令闻。”④ 北齐后主以邺城“清风园赐穆提婆，于是官无蔬菜，赊买于人，负钱三百万，其人诉焉。”⑤ 这个清风园原是官府的菜园，如今赐给皇帝的宠臣穆提婆，官府无蔬菜吃，只好向菜商赊购。这表明邺城有经营大面积商品菜的菜农，这种商品菜当以邺城的菜市为销售场所。

不仅首都有菜市，各地城镇也有菜市。南朝吕僧珍出任本籍南兖州刺史时，“在任，平心率下，不私亲戚。从父兄子先以贩葱为业，僧珍既至，乃弃业欲求州官。僧珍曰：‘吾荷国重恩，无以报效，汝等自有常分，岂可妄求叨越，但当速返葱肆耳。’”⑥ 这是南兖州市中有葱肆。会稽

---

① 《齐民要术校释》卷三《蔓菁第十八》，第 187—188 页。
② 《齐民要术校释》卷三《蔓菁第十八》，第 188 页。
③ 《太平御览》卷八六二《饮食部二〇·脍》引《神仙传》，第 3829 页。
④ 《晋书》卷五六《江统传》，第 1537 页。
⑤ 《太平御览》卷九七六《菜茹部一·菜》引《三国典略》，第 4325 页。
⑥ 《梁书》卷一一《吕僧珍传》，第 213 页。

有一陈氏人家，家境贫寒，只有三个女儿，“三女相率于西湖采菱莼，更日至市货卖”[①]，这是会稽有菜市。秣陵人朱绪，“母病积年，忽思菰羹，绪妻到市买菰为羹欲奉母”[②]，这是秣陵县中有菜市。北朝城市也有菜市，高澂为定州刺史，“有老母姓王，孤独，种菜三亩，数被偷。澂乃令人密往书菜叶为字，明日市中看菜叶有字，获贼”[③]，这是定州市中有菜市。

蔬菜市场的发展也促进了各地蔬菜品种的交流，北朝时青州地区就引进了蜀椒种，这是因“商人居椒为业，见椒中黑实，乃遂生意种之……遂分布栽移，略遍州境也”[④]。可见由于蔬菜市场的发展，即使在南北分裂的情况下，也不能完全阻止相互的物产交流。《齐民要术》还特立《五谷、果蓏、菜茹非中国物产者》[⑤] 一篇，专门记述边远地区和外国所产之蔬菜及某些品种传入内地的情况。

五　果品市

汉代以后果品也日益成为人们重要的食品之一，因而果品市场也成为饮食行业中一个重要组成部分。

汉代的经济作物中有相当一部分为各种果木，商品果木已具较大的经营规模，《史记·货殖列传》说：“安邑千树枣；燕、秦千树栗；蜀、汉、江陵千树橘”[⑥]。这种经营规模可与千户侯相比，即年利润为 20 万钱。而经营果品贩卖，其中“枣栗千石者三之”，也可与千乘之家相比拟。《索隐》解释道：“三之者，三千石也。必三之者，取类上文故也。以枣栗贱，故三之为三千石也。”[⑦] 因司马迁在叙述其他经营项目时都是以千石、千钟、千钧等为单位计算的，而枣、栗相对较贱，故需 3000 石才能达到年利润 20 万钱。此外经营“佗果菜千钟”[⑧] 也可获致上述水准的利润。由此可见当时果品市场已经相当兴盛。番禺为“果、布之凑”，

① 《南史》卷七三《孝义上·会稽陈氏三女传》，第 1817 页。
② 《南史》卷七三《孝义上·萧睿明传》，第 1815 页。
③ 《北齐书》卷一〇《高祖十一王·彭城景思王（高）澂传》，第 134 页。
④ 《齐民要术校释》卷四《种椒第四十三》，第 309 页。
⑤ 《齐民要术校释》卷一〇《五谷、果蓏、菜茹非中国物产者》，第 689—879 页。
⑥ 《史记》卷一二九《货殖列传》，第 3272 页。
⑦ 《史记》卷一二九《货殖列传》，第 3276 页。
⑧ 《史记》卷一二九《货殖列传》，第 3274 页。

《集解》引韦昭曰："果谓龙眼、离支之属"①，即以龙眼、荔枝为大宗，可知远在岭南的番禺已是一个果品交易中心。

魏晋南北朝时期经济果木和果品市场继续有所发展。孙吴时人李衡曾在武陵龙阳汜洲上"种甘橘千株"。去世前他对儿子说：你母亲一贯反对我经营家产，故穷困到这个地步，所幸我现在"有千头木奴，不责汝衣食，岁上一匹绢，亦可足用耳"。后来这些"甘橘成，岁得绢数千匹，家道殷足"②，这是以出卖为目的的大型商品橘园。南方多甘橘类水果，由于这类果品交易量大，故政府设官征收橘税，"越多橘柚园，越人岁多橘税"③。杏也是当时常见的商品果品，据葛洪《神仙传》记载：董奉居于庐山，"为人治病，不取钱。重病得愈者，使种杏五株；轻病愈，为栽一株。数年之中，杏有十数万株，郁郁然成林。其杏子熟，于林中所在作仓。宣语买杏者：'不须来报，但自取之，具一器谷，便得一器杏。'"④这位神仙的行为自有其特异之处，但这种以谷换杏的果品交易则是当时的现实情况。当时杏仁也已成为商品，"多收卖者，可以供纸墨之直也。"⑤ 瓜类也是当时常见的商品果品，南朝时郭原平"以种瓜为业……往钱塘货卖"⑥。这是一位商品瓜种植专业户，他将瓜运至钱塘出卖，可见那里有瓜市。市肆中果品种类繁多，据《还冤记》记载"徐光在吴，常行术市里间，种梨橘枣栗，立得食，而市肆卖者，皆已耗矣"⑦。这位术士种果立即能吃，当然是不可信的，但当时市肆中有这些果品出卖则是实际情况。

魏晋南北朝时期不仅一般百姓经营商品果品，官僚贵族也纷纷涉足其间，王戎"性好兴利……家有好李，常出货之，恐人得种，恒钻其核"⑧。王戎钻核毁种，意在保护自己的优质品种，说明当时果品市场的竞争已相当激烈。北魏皇族元欣，"好营产业，多所树艺，京师名果，多

---

① 《史记》卷一二九《货殖列传》，第3268—3269页。
② 《三国志》卷四八《吴书·三嗣主传·孙休传》注引《襄阳记》，第1156—1157页。
③ 《太平御览》卷九六六《果部三·橘》引《述异志》，第4286页。
④ 《齐民要术校释》卷四《种梅杏第三十六》，第282页。
⑤ 《齐民要术校释》卷四《种梅杏第三十六》，第282页。
⑥ 《宋书》卷九一《孝义·郭世道附子（郭）原平传》，第2245页。
⑦ 《太平广记》卷一一九《报应十八》"徐光"条引《还冤记》，第833页。
⑧ 《晋书》卷四三《王戎传》，第1234页。

出其园”[①]，也是位经营果品而且颇有成绩的大果商。

魏晋南北朝时期果品市场的相对活跃，除了商品市场发展的一般规律在起作用之外，还与这个时期战乱、饥荒较频繁有一定的关系，因为有许多果品可以代替粮食，对于度过饥荒有极大意义。贾思勰对于这个问题曾经论述道：“按杏一种，尚可赈贫穷，救饥馑，而况五果、蓏、菜之饶，岂直助粮而已矣？谚曰：‘木奴千，无凶年。’盖言果实可以市易五谷也。”[②]各种瓜果不仅都可以直接充饥救荒，而且可以出卖换得粮食，所以这一时期人们比较重视发展果树生产，从而使果品市场有了较大的发展。

六　调料市

从汉代开始，随着人们饮食水平的提高，因而对于调料的需求日益增加，促进了调料行业的发展，举凡烹饪所需之油盐酱醋都有了商品市场。

酱醋是我国传统菜肴烹制的必备调料，早在汉代就有经营酱醋的富商大贾，司马迁说：年经营“醯酱千瓨”即可比千乘之家[③]。醯即醋，瓨为盛酱醋之陶瓮。当时有位“张氏以卖酱而隃侈”[④]。他以经营酱醋而发家致富。晋人左思在《蜀都赋》中说，巴蜀特产“枸酱流味于番禺之乡”。这种植物酱不仅在当地的市场上出售，还远销于岭南的广州。曹魏时不仅民间经营酱醋业，官府也在经营，大臣刘放的奏中提出：“今官贩苦酒，与百姓争锥刀之末，宜其息绝。”[⑤] 苦酒是醋的别名，表明这时官府也在贩卖醋。

盐是人们不可或缺的饮食调料，而盐又不能自己生产，必须依赖市场，正如王莽诏称：“夫盐，食肴之将……非编户齐民所能家作，必卬（按即“仰”）于市”[⑥]。虽然两汉以来实行盐的专卖，人们食盐主要由官盐供应，但是由于其需要量大而供应面又极广，所以官营之外的盐商仍

① 《北史》卷一九《元欣传》，第699页。

② 《齐民要术校释》卷四《种梅杏第三十六》，第282页。

③ 《史记》卷一二九《货殖列传》，第3274页。

④ 《汉书》卷九一《货殖传》，第3694页。

⑤ 《太平御览》卷八六六《饮食部二四·醯》引《魏名臣奏》，第3842页。

⑥ 《汉书》卷二四《食货志下》，第1183页。

有一定的发展。早在汉代盐市就已经出现，有的商人年经营“糵麴盐豉千荅”①。“荅”为盛盐的陶质容器，每荅“受斗六合”②。

曹魏时期继承汉制，实行盐的专卖，设官“监卖，以其直益市犁牛”③，或以盐与边境少数民族交换粮食。蜀、吴及其后的西晋也都实行类似的盐类专卖政策。到南朝时取消了盐的禁令，开放民间买卖，于是盐市更形活跃。如滨海之盐城（今江苏盐城），“县人以鱼盐为业，略不耕种，擅利巨海，能致饶沃”，几乎成为一个专业的盐户之县。盐商们“公私商运充实，四远舳舻往来，恒以千计”④。众多的盐商把大量的海盐贩运至全国各地，又推动了盐市的进一步发展。六朝时期建康城有盐市，“盐市在朱雀门西”⑤。

北朝时期也实行盐的专卖政策，不过从北魏中后期以后，政府控制有所放松，盐商也逐渐活跃起来。河东盐池虽有禁令，实则被饶池豪强所垄断，禁不胜禁，私盐商人一直十分活跃。洛阳富商刘宝的经营品种之一即为盐⑥。官僚贵族也插足盐业，北魏咸阳王元禧“昧求货贿，奴婢千数，田业盐铁偏于远近，臣吏僮隶，相继经营”⑦。其所经营的产业中就有盐业。东魏时崔昂奏请煮海为盐，官私共营，对于私商实行“准关市，薄为灶税”⑧ 的政策，收取少量盐税，以鼓励私商经营。

油脂是饮食中的重要调料，早在汉代油脂行业就已兴起，“贩脂，辱处也，而雍伯千金”⑨。汉代称食油为脂，这位雍伯就因经营油脂而致富。班固也说“翁伯以贩脂而倾县邑”⑩。这位翁伯就是前述之雍伯。魏晋南北朝时期，食用油一般不再称“脂”而称“油”了，北朝专业的榨油坊

① 《史记》卷一二九《货殖列传》，第3274页。

② 《史记》卷一二九《货殖列传》，第3276页。

③ 《晋书》卷二六《食货志》，第784页。

④ （宋）乐史撰，王文楚等点校：《太平寰宇记》卷一二四《淮南道二·楚州》引《南兖州记》，中华书局2007年版，第2464页。

⑤ 《景定建康志》卷一六《疆域志二·镇市》，第888页。

⑥ 《洛阳伽蓝记校注》卷四《城西·法云寺》，第202页。

⑦ 《魏书》卷二一上《献文六王·咸阳王（元）禧传》，第537页。

⑧ 《北史》卷三二《崔昂传》，第1180页。

⑨ 《史记》卷一二九《货殖列传》，第3282页。

⑩ 《汉书》卷九一《货殖传》，第3694页。

被称为“压油家”。据《齐民要术》记载，芜菁籽可以榨油，“一顷收子二百石，输与压油家，三量成米”①，意即将芜菁籽卖给榨油坊，可换得3倍的粮食。有了专业的榨油坊，表明社会上有油商存在。陈朝华皎担任湘州刺史时，利用职务之便进行买卖，在众多商品中就有食油一项。

综上所述我们可以看到，尽管在魏晋南北朝时期由于战乱和社会经济的破坏，城市和商品经济都呈现严重的萎缩，但是饮食原料市场不仅没有消失，反而在顽强地、曲折地存在着，在不同时期、不同地区还取得了不同程度的发展。不论是粮食市场还是肉、菜、副食市场都不仅继续存在着，而且取得了长足的发展。它们从一个侧面反映了魏晋南北朝时期商品经济的发展。值得注意的是，同样作为饮食市场组成部分的饮食成品市场，如食肆、饭店、酒肆等却相对显得萧条不振，大不如食物原料市场发展的状况。其发展状况不仅与日后隋唐时期的繁盛不能相提并论，而且比起汉代来说也是大为逊色。

这就有力地证明，在饮食市场中确实存在着两个需求程度不同的、两个层次的市场，饮食原料市场是人类社会生活中不可缺少的、必需的市场，而饮食成品市场则是在此基础上的更高层次的市场，是在满足最基本生活需要基础上的享受性的市场。前者是自从原始时代以后任何社会阶段中不可或缺的市场成分，即使遭到如魏晋南北朝这样一个战乱和社会经济严重破坏的时代，也不可能完全扼杀它，它也会顽强地存在和发展；后者则需要具备比较多的、相对优越的社会条件才能生存和发展，需要相对充裕的经济条件、一定程度的城市和商品经济发展水平、安定的社会环境等。从这个意义上说，饮食成品市场是社会相对安定，经济相对繁荣，尤其是城市和商品经济相对繁荣的表现和象征。魏晋南北朝时期饮食市场两个不同层次市场的这种差异，正是这个时代特征的一种具体的、生动的反映。

（原刊《文史》2001年第2辑。今据原刊文整理。原刊文采用的是尾注和正文直接标注文献卷数两种文献引用方式，今按《黎虎文集》整理规范统一为页下注的方式。李文才敬识。）

① 《齐民要术校释》卷三《蔓菁第十八》，第187页。

汉唐时期粮食加工与主食烹制工艺论略

汉唐是中国古代饮食文化快速发展和基本定型的时期，这个时期随着食物品种和主副饮食结构的发展和变化，食物的加工和烹制也进入了一个重要的发展时期，食品加工烹制的工艺取得了长足进展。这些进展主要表现为粮食加工技术的进步和米面等主食食品制作工艺的多样化两个方面，以下试就此略加阐述。

一　粮食加工技术的进步

从粮食原料到供人食用的食品，其中一个必不可少的环节就是要将原粮加工成为能够食用的口粮，这个过程不仅包括将原粮脱壳去皮，还有精、粗等不同品质之分，以便满足不同的食品加工要求。纵观中国古代粮食加工的发展史，为了达到这一基本要求，在使用工具和操作技术上都经过了一个漫长的历程。以汉代来说，粮食作物的品种已经相当繁多。这些粮食作物收获后，首先要进行脱壳、去秕、磨粉、过罗等加工程序，然后才生产出可供食用的米和面。

（一）米谷加工

无论是稻米还是粟麦的加工，都离不开相应的加工工具，这是粮食加工的基本物质基础。中国古代米谷加工的基本工具主要有如下几种，这也是传统社会长期使用、历史悠久的米谷加工工具。

1. 杵臼

中国传统的米谷脱壳方式为“舂”。《说文》：“舂，捣粟也，从𦥑持杵以临臼。”[①] 其用具是“杵”和“臼”。《易·系辞下》有“断木为杵，

---

① （汉）许慎撰，（清）段玉裁注：《说文解字注》七上《臼部》，上海古籍出版社1988年版，第334页。

掘地为臼，杵臼之利，万民以济”① 的记载。说明先秦时代的杵为木所制，臼乃掘地而成。此种脱壳方式到了汉代仍在沿用，但在多数场合下，“地臼”已为“石臼”所代替。据《后汉书·梁鸿传》载：“同县孟氏有女，状肥丑而黑，力举石臼”②，说明石臼在当时一般家庭中已被广泛应用。近年来，在河南、安徽、江苏、江西等地曾先后出土了汉代石臼与滑石杵臼，从而进一步证明了上述文献记载的可靠性。

由“地臼”发展为“石臼”，由于臼的硬度加大，无疑会在一定程度上提高舂谷效率，是对古老的脱壳方式的一大改进。但从其操作方式为“高肱举杵，正身而舂之”③ 来看，这种木杵石臼，操作起来，仍然是相当劳累费力的④。

由于杵臼加工粮食的劳动相当繁重，因此当时出现了雇请别人帮忙舂粮的现象。受雇为人舂谷者称为“赁舂”。《后汉书·吴祐传》：“时公沙穆来游太学，无资粮，乃变服客佣，为祐赁舂，祐与语大惊，遂共定交于杵臼之间。”⑤ 与此同时，还把这种繁重的劳动当作一种刑罚方式，成为刑徒的苦役。《汉书·陈万年传》中就有“以律程作司空，为地臼木杵，舂不中程（指不合要求）……辄加罪笞”⑥ 的记载。楚元王刘戊图谋不轨，其臣谏之，“不听，胥靡之，衣之赭衣，使杵臼雅舂于市。”⑦ 这是以杵臼舂粮作为惩处的方式。

经过长期劳动实践的不断探索，在杵臼的基础上，终于发明了一种既可降低劳动强度，又可提高劳动效率的舂谷方法，那就是“碓臼”。从此，“杵臼”逐渐退居到次要乃至从属位置，但绝非消失。不过，人们在

---

① （魏）王弼注，（唐）孔颖达疏，卢光明、李申整理，吕绍纲审定：《周易正义》卷八《系辞下》，北京大学出版社 2000 年版，第 355 页。

② （南朝·宋）范晔撰，（唐）李贤等注：《后汉书》卷八三《逸民列传·梁鸿传》，中华书局 1965 年版，第 2766 页。

③ （汉）班固撰，（唐）颜师古注：《汉书》卷三六《楚元王（刘交）附子戊传》注引“晋灼曰”，中华书局 1962 年版，第 1924 页。

④ 《汉书》卷三六《楚元王（刘交）附子戊传》注引“师古曰”云：“为木杵而手臼，即今所谓步舂者耳，非碓臼也。”（第 1924 页）以双手来舂的木杵石臼，自然是费力而效率低下的。

⑤ 《后汉书》卷六四《吴祐传》，第 2100 页。

⑥ 《汉书》卷六六《陈万年附子咸传》，第 2901 页。

⑦ 《汉书》卷三六《楚元王（刘交）附子戊传》，第 1924 页。

实践中已不断对其加以改进，据《岭表录异》卷上记载：唐代岭南地区有一种“舂堂”，以粗大的浑木挖出长槽，在槽的两边安排十副杵，男女相间站立，在一定的节拍指挥下“以舂稻粮”[①]。说明唐代在某些地区仍在使用杵臼，但是把单个的石臼改为长木槽，由一杵操作变为多杵集体操作了。这是提高舂粮效率的一种独特的杵臼。直到20世纪70年代初期，那种古老的木杵石臼的舂谷方式在我国的许多地区尤其是边远地区仍然可以见到。

2. 碓臼

碓臼，也称碓舂或碓，其构造是用柱架起一根木杠，杠的一端凿入石杵，用脚踏另一端，连续起落，借以脱去石杵下面臼中的谷皮。故也称“践碓”。正如汉桓谭在《新论·离事》中所说，这是“因延力借身重以践碓”，故比较以手举杵操作的杵臼来大为省力，“而利十倍杵舂”[②]。因此，碓的使用，很快得到普及，到了南北朝时已几乎家家都有。据《魏书·高祐传》载：“令一家之中，自立一碓，五家之外，共造一井”[③]。

与此同时，又进一步改人力为畜力或水力，从而大幅度地提高了舂谷效率。据上引桓谭《新论·离事》所载，杵舂“又复设机关，用驴、骡、牛、马及役水而舂，其利乃且百倍。”[④] 三国曹魏孔融在《肉刑论》中说：“贤者所制，或踰圣人。水碓之巧，胜于断木掘地。”[⑤] 对于水碓的发明作出了高度的评价。值得特别提出的是，十六国时期又发明了一种半自动化的“舂车”，据晋陆翙《邺中记》载：“石虎……又有舂车木人，及作行碓于车上，动则木人踏碓，行十里成米一斛。”[⑥] 这也可以说是继诸葛亮木牛流马之后又一例“机器人”的早期形态。水碓推广的同时，人们又不断对其加以改进。我国著名科学家南齐人祖冲之“于乐游

---

① （唐）刘恂著，鲁迅辑录：《鲁迅辑录古籍丛编》第三卷《岭表录异》卷上，人民文学出版社1999年版，第447页。

② （汉）桓谭：《新论》卷下《离事第十一》，上海人民出版社1977年版，第46页。

③ （北齐）魏收撰：《魏书》卷五七《高祐传》，中华书局1974年版，第1261页。

④ 《新论》卷下《离事第十一》，第46页。

⑤ （宋）李昉等撰：《太平御览》卷七六二《器物部七·碓》引孔融《肉刑论》，中华书局1960年版，第3385页。

⑥ 《太平御览》卷七五二《工艺部九·巧》引《邺中记》，第3337—3338页。

苑造水碓磨，（齐）武帝亲自临视。”[①] 经过祖冲之改进的新式水碓磨建成后，连皇帝都来“亲自临视”，足见它的轰动效果。

魏晋南北朝时期，利用畜力和水力舂米的私营作坊遍布黄河、长江流域的通都大邑，其中洛阳发展最快，规模也最大。富豪石崇在洛阳有“水碓三十余区”[②]。司徒王戎“广收八方园田水碓，周遍天下”[③]。《世说新语·俭啬》也说：“王戎既贵且富，区宅僮牧，膏田水碓之属，洛下无比。”[④] 水碓的发展，已导致成规模的专业化粮食加工业的出现。

在漫长的“杵臼”时代，由于工具简单，加工能力较低，不仅费时费力，而且所舂的米中往往带有秕糠，比较粗糙。汉代人对这种米称之为“粝米”。《韩诗外传》所载“曾子……粝米之食，未尝饱也”[⑤]，指的就是这种糙米。到了汉代，随着加工机具的重大改革，不仅提高了粮食加工能力，而且也提高了制成品的质量。据《九章算术》记载，当时既有一石稻谷舂成六斗的“粝米”，又有用一斗“粝米”再加工成九升的“粺米”，再加工成八升的“糳米”，再加工成七升的“御米”[⑥]。米的精纯度显著提高，对于我国古代饮食水平的提高以及食物品种的增加都起了重要作用。

碓，作为舂谷的重要工具，从汉到唐一直在延续使用。随着时间的推移，对于水碓的应用日益广泛。唐岑参在《晚过盘石寺礼郑和尚》诗中写道：“岸花藏水碓，溪竹映风炉。”[⑦] 又在《题山寺僧房》诗中写道：“野炉风自爇，山碓水能舂。”[⑧] 在山寺附近也有水碓，可见水碓使用的广泛程度。

---

① （唐）李延寿撰：《南史》卷七二《文学·祖冲之传》，中华书局1975年版，第1774页。

② （唐）房玄龄等撰：《晋书》卷三三《石苞附子崇传》，中华书局1974年版，第1008页。

③ 《晋书》卷四三《王戎传》，第1234页。

④ （南朝宋）刘义庆著，（南朝梁）刘孝标注，余嘉锡笺疏，周祖谟、余淑宜、周士琦整理：《世说新语笺疏》下卷下《俭啬第二十九》，上海古籍出版社1993年版，第873页。

⑤ （汉）韩婴撰，许维遹校释：《韩诗外传集释》卷二《第二十五章》，中华书局1980年版，第67页。

⑥ （汉）张苍等辑撰，邹涌译解：《九章算术》卷二《粟米》，重庆出版社2016年版，第33—37页。

⑦ （唐）岑参著，陈铁民、侯忠义校注，陈铁民修订：《岑参集校注》卷一《编年诗·晚过盘石寺礼郑和尚》，上海古籍出版社2004年版，第15页。

⑧ 《岑参集校注》卷三《编年诗·题山寺僧房》，第272页。

3. 碾

东汉服虔在《通俗文》中曾提到“石碢轹谷曰碾”[①]。碢，即碾轮石之谓；轹，即碾压之谓。可见，碾是一种对粟、稷一类谷物进行加工的装置。由碾台、碾槽、碾架、碾轮石等组成，它比杵臼舂制粟谷迅速而轻便。

到了北魏时期，崔亮曾在雍州（治所在今陕西西安市长安区）“教民为碾”，后来他做了仆射来到洛阳，又“奏于张方桥东堰谷水造水碾磨数十区，其利十倍，国用便之。”[②] 这个记载表明，碾已由人力改为水力推动，大大提高了功效，而且形成了大规模的专业化碾磨加工业。后来，碾成为北方加工粟米的主要工具，一直在使用。据《旧唐书·职官志》，唐代将作监下属设有专职官员甄官令，“掌供琢石陶土之事”[③]，其中包括碾硙的制作和供应，说明当时社会仍在广泛使用碾硙。直到现在，在我国广大农村的某些地区仍可见到。

4. 簸扇

谷物被舂、碾之后，还须除去糠秕才能取得精米。汉唐时期清除粮食糠秕的工具，主要有三种，即箕、飏扇和扇车。

（1）箕簸。此道工序，最简单的方法是用箕来簸。“箕”之发明甚早，据说早在夏朝时，“少康作箕帚”[④]，《诗经》也有“维南有箕，不可以簸扬”[⑤] 之句，可见那个时候已经用箕来“簸扬”糠秕了。东汉李尤《箕铭》载：“神农植谷，以养蒸民。箕主簸扬，糠秕乃陈。”[⑥]《晋书·孙绰传》：“（绰）尝与习凿齿共行，绰在前顾谓凿齿曰：‘沙之汰之，瓦石在后。’凿齿曰：‘簸之飏之，糠秕在前。’”[⑦] 这是借对箕簸功能的生

---

① 《太平御览》卷七六二《器物部七·碾》引《通俗文》，第3385页。

② 《魏书》卷六六《崔亮传》，第1481页。

③ （后晋）刘昫等撰：《旧唐书》卷四四《职官志三》，中华书局1975年版，第1896页。

④ 《太平御览》卷七六五《器物部一〇·箕帚》引《世本》，第3394页。

⑤ （汉）毛亨传，（汉）郑玄笺，（唐）孔颖达疏，龚抗云、李传书、胡渐逵、肖永明、夏先培整理，刘家和审定：《毛诗正义》卷一三之一《小雅·谷风之什·大东》，北京大学出版社2000年版，第922页。

⑥ （清）严可均校辑：《全上古三代秦汉三国六朝文》之《全后汉文》卷五〇（李尤）《箕铭》，中华书局1958年版，第752页。

⑦ 《晋书》卷五六《孙楚附孙绰传》，第1544页。

动描绘以互嘲。《魏书·崔亮传》载："亮虽历显任，其妻不免亲事舂簸。高祖闻之，嘉其清贫"①，这应该也是以箕而簸。

（2）飏扇。效率稍高的则是飏扇，是以手摇两块扇板生风以清除谷物糠秕。明人徐光启《农政全书》引《集韵》曰："飏，风飞也。扬谷器。"并说飏扇"比之杴掷箕簸，其功数倍。"② 出土文献证明早在汉代已有飏扇，在四川彭县出土的汉画像砖上，一人执圆筐倾倒已舂之谷，另一人则用飏扇扇去谷皮。

（3）扇车。西汉史游《急就篇》有"碓硙扇隤舂簸扬"句，唐颜师古注："扇，扇车也；隤，扇车之道也……隤之言坠也。言既扇之，且令坠下也。舂则簸之扬之，所以除糠秕也。"③ 所谓扇车乃是一种清选谷物的农具，又称风车，是利用转轴转动片状扇板而生风，以清除从上方木斗中下流的谷粒中的糠秕、尘末。在河南济源涧沟西汉晚期墓和洛阳东关汉墓中曾发现陶扇车。过去人们把飏扇和扇车误认为一物，从出土的汉代形制不同的飏扇和扇车，我们可以确认这是两种不同的簸扇工具。

北朝隋唐时期，已经有水力簸粮之运用，据《洛阳伽蓝记》记载：北魏都城洛阳景明寺有三池，"礰硙舂簸，皆用水功。"④ 韩愈、孟郊《城南联句》中也说："机舂潺湲力，吹簸飘飖精。"⑤ 说明这时已经在利用水力来进行簸扬。

以上所谈"杵臼""碓臼""碾"以及"簸""扇"等，是对米谷的基本加工方式。下面将要论叙的则是对面粉的基本加工方式。

（二）面粉加工

与米谷的加工工具不同，面粉的加工工具最主要的是磨和罗。以下略为述之。

---

① 《魏书》卷六六《崔亮传》，第1476页。

② （明）徐光启撰，石声汉校注，西北农学院古农学研究室整理：《农政全书校注》卷二三《农器·图谱三》"飏扇"，上海古籍出版社1985年版，第574—575页。

③ 张传官撰：《急就篇校理》卷三，20—7"碓硙扇隤舂簸扬"句颜注，中华书局2017年版，第335页。

④ 范祥雍校注：《洛阳伽蓝记校注》卷三《城南·景明寺》，上海古籍出版社1978年版，第132页。

⑤ （唐）韩愈著，钱仲联集释：《韩昌黎诗系年集释》卷五《城南联句》，上海古籍出版社1984年版，第482页。

1. 磨

石磨，古称“石磑”或“磑”。它是加工面粉的主要用具。我国在西汉时石磨已经被广泛应用。这可以从史书的记载上得到证实，《汉书·枚乘传》载枚乘言：“磨砻底厉，不见其损，有时而尽”，颜师古注曰：“砻亦磨也。底，柔石也；历，皂石也；皆可以磨者。”[①] 意即磨石相互磨擦，暂时不见其磨损，日久则磨损而尽。枚乘在说明某种道理时，用“磨砻”来做比方，足见“磨砻”在当时已经被人们所熟知。再从出土文物的情况来看，满城、西安、洛阳、济南、辽阳、南京、江都、扬州等地均先后发现过两汉时石磨或其明器模型[②]。从出土地域之广，可见当时石磨已在南北各地广泛应用。这应与当时饼食风气的流行，对面粉需求量的增加，有着密切关系。

面粉加工用具在汉代多为人力操作，但已逐步开始利用畜力。据《三国志·许靖传》记载：东汉末年，汝南人许靖被其当官的堂弟排挤，不得不“以马磨自给”[③]，亦即替别人操作“马磨”以维持生活。可见当时已用马来推磨。南朝宋刘敬叔《异苑》记载：“上党侯亮之于江都城下获一石磨，下有铜马。”[④] 石磨而配以铜马，也是以马推磨的现实情况的反映。由此可知畜力推磨已经日益推广应用。

西晋时期，进一步将畜力与机械原理结合起来，发明了牛力推动的“连机磨”，更是大幅度地提高了磨的功效。据文学家嵇含在《八磨赋》中的描述是：“策一牛之任，转八磨之重……方木矩跱，圆质规旋。下静以坤，上转以乾。巨轮内达，八部外连。”[⑤] 从中可以看出这种连机磨的基本形制、机械化程度以及动力来源，用一头牛而推动八部相连的磨，可见其功效之巨大。《魏书·崔亮传》：“亮在雍州读《杜预传》，见为八磨，嘉其有济时用，遂教民为碾。”[⑥]，看来这种连机磨确曾推广使用。

---

① 《汉书》卷五一《枚乘传》，第2361页。

② 详见孙机《汉代物质文化资料图说》，文物出版社1991年版。

③ （晋）陈寿撰，（南朝·宋）裴松之注，陈乃乾校点：《三国志》卷三八《蜀书·许靖传》，中华书局1959年版，第963页。

④ 《太平御览》卷七六二《器物部七·磨》引《异苑》，第3385页。

⑤ 《全上古三代秦汉三国六朝文》之《全晋文》卷六五（嵇含）《八磨赋》，第1830页。

⑥ 《魏书》卷六六《崔亮传》，第1481页。

以水为动力的磨，以其优越的效能而得到不断的改进和推广。前述南朝时祖冲之即“于乐游苑造水磨”，自然是以水力为驱动。到了唐代，官营作坊中普遍使用水磨，生产效率成倍增长，这在当时已经处于世界领先地位。因为欧洲直到1607年才出现这种水磨[①]。

唐代已产生商业性的水磨业，形成了规模经营，成为牟利手段，王公贵族纷纷插足其间。著名宦官高力士，“资产殷厚，非王侯能拟”，但对水碾区区之利，并不放过。他“于京城西北，截沣水作碾，并转五轮，日碾麦三百斛。”[②] 一代名将郭子仪，也还有“私硙两轮”[③]。身为武则天爱女的太平公主，竟至“与僧寺争碾硙”[④]。当时长安城周围河渠上的粮食加工作坊比比皆是，似乎形成“水磨热”。仅郑国渠和白渠上，“豪家贵戚壅隔上流，置私碾百余所，以收末利。农夫所得，十夺六七。”[⑤] “……三辅，诸王公权要之家，皆缘渠立硙，以害水田。”[⑥] 官僚贵族不仅垄断水磨业以侵夺、盘剥农民，而且直接损害农田水利，影响了农业生产。

在水磨经营热中，也有少数经营者因收费低廉而受到史家的称赞，《新唐书·王方翼传》载：“（方翼）乃出私钱，作水硙（即水磨），薄其赢，以济饥瘵……全活甚众”[⑦]。但像王方翼这样的人，毕竟是凤毛麟角。

2. 罗

面粉磨出以后，还要把其中的麦麸皮设法清除，才可以最后得到纯净的白面。这就需要过“罗”。

《说文解字》：“篵，竹器也。”段玉裁注云“是盛物之器，而非可以取粗去细之器也。可以取粗去细之器，其字作‘簏’不作‘篵’。”[⑧] 后

---

① 立文：《发明与创新精神》，《世界发明》1982年第1期。

② 《旧唐书》卷一八四《宦官·高力士传》，第4758页。

③ 《旧唐书》卷一二〇《郭子仪附子暧传》，第3470页。

④ 《旧唐书》卷九八《李元纮传》，第3073页。

⑤ （北宋）王钦若等编：《册府元龟》卷四九七《邦计部一五·河渠二》，中华书局1960年版，第5952页。

⑥ 《旧唐书》卷九八《李元纮传》，第3073页。

⑦ （宋）欧阳修、宋祁撰《新唐书》卷一一一《王方翼传》，中华书局1975年版，第4134页。

⑧ 《说文解字注》五上《竹部》，第193页。

来“簁，簁箩……今俗作簁，此皆用簁为簏，古今字变”[①]。据此可知，簏、簁后来混用，“簁”又写作“筛”，是一种“可以取粗去细”的工具，说明在汉代已经有了筛物的罗。在洛阳金谷园汉墓出土的陶仓上有“大麦屑”字样，为麦面筛后之粗糙者，也可互为参证。到了魏晋南北朝时期，罗的器具和方法又有了很大改进和提高。《齐民要术·造神曲并酒》：制造神曲的方法是将生小麦与经过炒、蒸的小麦合在一起“细磨，罗取麸，更重磨，唯细为良”[②]。在同一书中还有几处提到要把秫米粉、麦面粉等曲末进行“细罗”“绢筛”，以使之“精细”[③]。由此可见，在北魏时已经在使用“绢罗”，而且有时还要“重磨”和“重罗”，所制白面、米粉更为精细。这样就为当时面点制作提供了优质原料，从而促进了面点制作的迅速发展。晋束皙在《饼赋》中写道：“重罗之麸，尘飞雪白。”[④] 形容经过重罗的面粉，细如飞尘，白如白雪。南朝梁人吴均在《饼说》中对此也有“细如华山之玉屑，白如梁甫之银泥。既闻香而口闷，亦见色而心迷”[⑤] 的生动描绘。

二　食品制作工艺的进展——以米食与面点为例

得益于汉唐时期粮食加工技术的进步，为米食与面点制作提供了优质原料，从而促使米食与面点等食品的制作工艺进一步精细化，更加可口美味的米食与面点成为人们生活中的日常食品也就有了可能。当时人们经常、广泛食用的品种，主要有“饭”“粥”与“饼”。兹分别论叙如下。

（一）饭

饭是我国传统的主食之一，有五谷则能成饭。《释名·释饮食》：

---

① 《说文解字注》五上《竹部》，第193页。

② （后魏）贾思勰原著，缪启愉校释：《齐民要术校释》卷七《造神曲并酒第六十四》，中国农业出版社1998年版，第490页。

③ 详见《齐民要术校释》卷七《造神曲并酒第六十四》《白醪曲第六十五》《笨曲并酒第六十六》《法酒第六十七》，第501、511、512、526页。

④ 《全上古三代秦汉三国六朝文》之《全晋文》卷八七（束皙）《饼赋》，第1963页。

⑤ （唐）欧阳询撰，汪绍楹校：《艺文类聚》卷七二《食物部·饼》引吴均《饼说》，上海古籍出版社1999年版，第1241页。又见《全上古三代秦汉三国六朝文》之《全梁文》卷六〇（吴均）《饼说》，第3306页。

“饙，分也。众粒各自分也。”[①]“饙”，后世写作“飯”，简体字为“饭”。这是从饭的形状而言。汉王充《论衡·量知》：“谷之始熟曰粟，舂之于臼，簸其粃糠，蒸之于甑，爨之以火，成熟为饭，乃甘可食。”[②] 这是从原粮到饭的全过程。

饭的历史悠久，远在《周礼》中就有“黄帝始蒸谷为饭”[③] 的记载。《礼记·内则》对于饭的品类则作了较为详细的说明：“饭：黍、稷、稻、粱、白黍、黄粱。”[④] 孔颖达疏曰：“此饭之所载，凡有六种，下云白黍，则上黍是黄黍也。下言黄粱，则上粱是白粱也……此则据诸侯，其天子则加以麦、苽为六”[⑤]，据此则知，当时饭有六品：黄黍、稷、稻、白粱、白黍、黄粱。如果是“天子之饭”，又有麦、苽，苽即雕胡米。这就是说，粟、黍、稻、麦和雕胡米都可以做成饭。进入汉唐时期，由于粮食品种的增加、粮食加工技术的进步和烹制工艺水平的提高，饭的品类更是丰富多彩。

首先，从做饭的原料来说，常见的有：（1）粟饭，曹魏卞太后“左右，菜食粟饭”[⑥]。（2）麦饭，谢承《后汉书》：“李固为太尉，常食麦饭。”[⑦]（3）稻米饭，西晋石崇家“稻米饭在地，经宿皆化为螺，时人以为族灭之应。”[⑧]（4）豆饭，三国魏应璩《薪新诗》曰：“灶下炊牛矢，甑中装豆饭。”[⑨]（5）枣饭，晋孙楚《祀介子推祝文》中有“枣饭一盘”[⑩] 的记载。

其次，从做饭的方法来说，主要有：

---

① （东汉）刘熙撰，（清）毕沅疏证，（清）王先谦补，祝敏彻、孙玉文点校：《释名疏证补》卷四《释饮食第十三》“饙”条，中华书局2008年版，第137页。

② 黄晖撰：《论衡校释》卷一二《量知篇》，中华书局1990年版，第550—551页。

③ 《太平御览》卷八五〇《饮食部八·饭》引《周礼》，第3799页。

④ （汉）郑玄注，（唐）孔颖达疏，龚抗云整理，王文锦审定：《礼记正义》卷二七《内则》，北京大学出版社2000年版，第980页。

⑤ 《礼记正义》卷二七《内则》孔颖达疏，第983页。

⑥ 《三国志》卷五《魏书·后妃传·武宣卞皇后传》注引《魏书》，第157页。

⑦ 《太平御览》卷八五〇《饮食部八·饭》引谢丞《后汉书》，第3799页。

⑧ 《晋书》卷三三《石苞附子崇传》，第1008页。

⑨ 《太平御览》卷八五〇《饮食部八·饭》引应璩《薪诗》，第3802页。

⑩ 《太平御览》卷八五〇《饮食部八·饭》引孙子楚《祀介子推祝文》，第3802页。又，同书卷八五八《饮食部十六·酪酥》引孙楚《祠介子推祝文》：“枣饭一盘，醴酪二盂，清泉甘水，充君之厨。”（第3812页）

（1）蒸饭，“蒸谷为饭”作为一种古老的做饭方法，汉唐时期仍然以此为一种重要方法，如“精浙米……蒸而饭色乃紫绀”①。萧梁时有人嘲笑蜀人好作乱，罗研反驳道：“若令家畜五母之鸡，一母之猪，床上有百钱布被，甑中有数升麦饭”，则任何人劝诱逼迫也不能使他们作乱②。蒸饭需要用甑，这里将麦饭与甑相联系，可见蒸饭是一种常用的方法。

（2）炙饭，即用铁锅烧炙而成之饭，这是汉唐时期铁器用为炊具之后才出现的。刘宋时吴郡人陈遗，“少为郡吏，母好食鎗底饭。遗在役，恒带一囊，每煮食辄录其焦以贻母。”③ 鎗，俗作铛，如今之铁锅。鎗底饭即今所谓“锅巴”。这只有用铁锅炙烤才能产生。

（3）干饭，东汉刘熙《释名》说：“干饭，饭而暴干之也。”④ 谢丞《后汉书》说：“胡劭为淮南太守，使钤下阁外炊，曝作干饭。”⑤ 从上述二书记载，可知干饭是将煮熟的饭经曝晒干燥后的一种饭。汉魏时人常常食用这种饭。东汉时羊陟拜河南尹，“常食干饭”⑥。“左雄为冀州刺史，常食干饭……羊茂为东郡太守，常食干饭。”⑦

除上述几种主要做法之外，还有其他方法，贾思勰在《齐民要术》中有《飧、饭》一章，专论各种饭的作法，其中有“作粟飧法”“折粟米法”“旱稻赤米令饭白法”“作面饭法”“作粳米糗糒法”“粳米枣糒法”“菰米饭法”“胡饭法”等⑧。

饭有质量好坏，品位高低之别，自古已然。上述诸品种中质量差、品位低的饭食多被称为“粗食”，这些“粗食”据文献记载主要包括粟饭和麦饭。

（1）粟饭。《宋书·宗悫传》：“乡人庾业，家甚富豪，方丈之膳，以待宾客，而悫至，设以菜菹粟饭，谓客曰：‘宗军人，惯噉粗食。’”⑨

---

① 《太平御览》卷八五〇《饮食部八·饭》引《风土记》，第3801页。
② 《南史》卷五五《邓元起附罗研传》，第1369—1370页。
③ 《南史》卷七三《孝义上·潘综传附陈遗传》，第1804页。
④ 《释名疏证补》卷四《释饮食第十三》“干饭”条，第145页。
⑤ 《太平御览》《器物部二釜》七五七引谢丞《后汉书》，第3359页。
⑥ 《后汉书》卷六七《党锢列传·羊陟传》，第2209页。
⑦ 《太平御览》卷八五〇《饮食部八·饭》引谢丞《后汉书》，第3799页。
⑧ 详见《齐民要术校释》卷九《飧、饭第八十六》，第648—651页。
⑨ （梁）沈约撰：《宋书》卷七六《宗悫传》，中华书局1974年版，第1972页。

可见当时人把粟饭看作是“粗食”。因而吃粟饭就被看作是俭朴的事情，史称曹魏时卞太后“菜食粟饭，无鱼肉。其俭如此。”① 粟饭也称为“脱粟饭”，西汉时公孙弘为丞相，而“食一肉、脱粟之饭”，司马贞《索隐》曰：“脱粟，才脱壳而已，言不精凿也。”② 故脱粟饭即指糙米饭。

（2）麦饭也属粗食。孙吴时孟宗“为光禄勋，大会，醉吐麦饭，察者以闻，诏问食麦饭意，宗答‘臣家足有米，麦饭直愚臣所安，是以食之。’”③ 大臣吃麦饭，居然被皇帝诏去询问，而孟宗表白不是因家中无米，而是性喜吃麦饭，可知麦饭是比米饭粗劣的食物。北魏人卢义僖，“性清俭，不营财利，虽居显位，每至困乏，麦饭蔬食，忻然甘之。”④ 吃麦饭被视为节俭行为。因为麦饭是粗食，故又常作为孝子守丧期间的食物，萧梁时裴之礼“母忧居丧，唯食麦饭”⑤。麦子所做的饭食还有一种叫麦饭䴵，陈武帝永定二年（558）沈众兼任起部尚书，负责建造太极殿期间，经常“囊麦饭䴵以噉之”⑥。䴵，古指碎米饼，这里是通过吃“麦饭䴵”一事来说明沈众的俭啬。

由此可见，当时人们把吃粟、麦饭看作是粗粝之食。一方面，这是贫穷人家的常食，“麦饭、豆羹皆野人农夫之食耳。”⑦ 另一方面，这是节俭者的食物，梁武帝晚年节俭，“日止一食，膳无鲜腴，惟豆羹粝饭而已。”⑧ 所谓“粝饭”，当时主要是指粟麦之类的饭。实际上，还有一些比起粟饭、麦饭更为等而下之的“粗粝”饭食，如：

（1）蔬饭。东吴的是仪，是一位清廉官员，因家庭生活清贫而常吃蔬饭，孙权“闻之，幸仪舍，求视蔬饭，亲尝之，对之叹息，即增俸赐，益田宅。”⑨ 唐肃宗时，蒋沇先后为咸阳、高陵等县令，以清廉著称，副

---

① 《三国志》卷五《魏书·后妃传·武宣卞皇后传》注引《魏书》，第157页。

② （汉）司马迁撰，（南朝·宋）裴骃集解，（唐）司马贞索隐，（唐）张守节正义：《史记》卷一一二《平津侯列传》，中华书局1959年版，第2951—2952页。

③ 《太平御览》卷八五〇《饮食部八·饭》引《孟宗别传》，第3801页。

④ 《魏书》卷四七《卢玄传附卢义僖传》，第1054页。

⑤ 《南史》卷五八《裴邃附子（裴）之礼传》，第1440页。

⑥ 《南史》卷五七《沈约附孙（沈）众传》，第1415页。

⑦ 《急就篇校理》卷二，10—2“饼饵麦饭甘豆羹”句颜师古注，第157页。

⑧ 《南史》卷七《梁本纪中·梁高祖武皇帝纪中》，第223页。

⑨ 《三国志》卷六二《吴书·是仪传》，第1413页。

元帅郭子仪每统兵经由其县，必定告诫将士说：蒋沇为官清廉，不可随意打扰，“士众得蔬饭见馈则足，无挠清政。”① 蔬饭即是掺有蔬菜的饭，因此蔬饭有时就直接称之为“蔬菜饭”，如沈众在陈朝担任起部尚书，监作宫殿时，也曾“携干鱼蔬菜饭独噉之”②。

（2）橡饭。孔衍《在穷记》曰：“彭城王送橡饭十斛。”③ 橡饭即以橡子所作之饭。橡子是我国古代常用的度荒食物，早在战国时，“秦大饥，应侯请曰：‘五苑之草著，蔬菜橡果枣栗，足以活民，请发之。’”④其中即以“橡果”作为救灾食物。杜甫在安史乱后，因“关辅饥，辄弃官去，客秦州，负薪采橡栗自给。”⑤

除了蔬饭、橡饭等“粗粝”之食外，还有一些特殊材料制成的饭食，如东汉末年军阀混战时，“袁术在寿春，百姓饥穷，以桑椹蝗虫为干饭。”⑥ 这种以桑椹和蝗虫为材料制作的“干饭”，自然也穷极无聊而赖以活命的“粗粝”之食。

与上述“粗食”“粝食”相对，自然是质量好、品位高的精致饭食了。汉唐时期的精美饭食首推粱饭。王莽时长安城中饥馑，王莽向当时掌管长安市场的官员王业打听市民饮食情况，王业“乃市所卖粱飰肉羹持入视莽，曰：‘居民食咸如此。’莽信之。”⑦ 王业以粱饭、肉羹欺骗王莽，使他相信长安市民吃得很好。粱是粟类中的优良品种，古人把粱饭肉羹视为高档的饭食，因而以“粱肉”作为美食佳肴的代称，以“食必粱肉”“厌粱肉”等为富豪之家饮食奢侈的代称，如杜甫《醉时歌》云：“甲第纷纷厌粱肉，广文先生饭不足。”⑧

---

① 《旧唐书》卷一八五下《良吏下·蒋沇传》，第4826页。

② （唐）姚思廉撰：《陈书》卷一八《沈众传》，中华书局1972年版，第244页。

③ （唐）虞世南辑录：《北堂书钞·2》卷一四四《酒食部三·饭篇二》引《在穷记》，学苑出版社2015年版，第463页。又，《太平御览》卷八五〇《饮食部八·饭》引孔衍《在穷记》，第3801页。

④ （清）王先慎撰，钟哲点校：《韩非子集解》卷一四《外储说右下第三十五》，中华书局1998年版，第337页。

⑤ 《新唐书》卷二〇一《杜审言附孙（杜）甫传》，第5737页。

⑥ 《太平御览》卷八五〇《饮食部八·饭》引《吴书》，第3799页。

⑦ 《汉书》卷九九下《王莽传下》，第4177页。按，“飰”即“饭”之异体字。

⑧ 萧涤非主编，张忠纲校注：《杜甫全集校注·诗》卷二《醉时歌》，人民文学出版社2014年版，第410页。

稻米饭也属优质之饭，汉唐时人把稻米视为比粟麦高级的食品。刘宋时何子平在扬州作官，“月俸得白米，辄货市粟麦。人或问曰：‘所利无几，何足为烦？’子平曰：‘尊老在东，不办常得生米，何心独飧白粲。’”[①] 这位孝子要把白米换成粟麦，是因为远在会稽老家的母亲不能常常吃到白米。可见白米是比粟麦更高级的食物。

此外，还有一些属于特殊品种作成的优质饭，三国魏傅巽《七诲》：“孟冬香秔，上秋膏粱。雕胡菰子，丹具东墙。濡润细滑，流泽芬芳。”[②] 这里的“雕胡”与“菰子”同为一物，即今所谓之茭白，其子即称菰子，古人作为六谷之一，可以炊饭。东墙，同“东蘠”，即沙蓬，实可食。《广志》云：“东墙，色青黑，粒如葵子，似蓬草，十一月熟，出幽、凉、并、乌丸地。”[③] 古人以雕胡、东墙所作之饭为美馔。刘梁《七举》云：“菰粱之饭，入口丛流。”[④] 潘尼《钓赋》云：“红面之饭，精以菰粱，五味道洽，余气芬芳。”[⑤] 这些都是对菰米饭的称赞。

饭的好坏除了与制作原料有直接关系外，还与加工工艺有很大关系，经过精细加工的饭自然就更为高级了。东汉崔骃《七依》云：“玄山之粱，不周之稻，万凿百淘，精细如蚁。”[⑥] 名地所产的优质粮食，再经过精细加工，就成为上好之饭了。曹操在一次宴会上对王朗说：“不能效君昔在会稽折秔米饭也”[⑦]。秔米即粳米，为稻米之一种。折，《齐民要术》有“折粟米法”，缪启愉释曰：“折，凡粗粝使精白，或粉碎，贾氏、《食经》《食次》都称为‘折’，意味耗折。这粟米一石只剩下七斗，确实耗折很多，很精白，其胚乳外层的糊粉层殆已折脱罄尽，所以炊成饭很坚实，又滑溜细腻好吃。不过营养成分却大大减损了。”[⑧] 王朗以经过精心加工的粳米饭招待曹操，可见这是属于高级的饭。晋周处《风土记》：

---

① 《宋书》卷九一《孝义・何子平传》，第2257页。

② 《北堂书钞・2》卷一四二《酒食部一・物篇一》引傅巽《七诲》，第450页。

③ 《齐民要术校释》卷一〇《五谷、果蓏、菜茹非中国物产者・东墙》引《广志》，第698页。

④ 《北堂书钞・2》卷一四四《酒食部三・饭篇二》引刘梁《七举》，第462页。

⑤ 《太平御览》卷八五〇《饮食部八・饭》引潘尼《钓赋》，第3802页。

⑥ 《北堂书钞・2》卷一四二《酒食部一・总篇一》引崔骃《七依》，第450页。

⑦ 《三国志》卷一三《魏书・王朗传》注引《魏略》，第408页。

⑧ 《齐民要术校释》卷九《飧、饭第八十六》注（二），第650页。

"精浙米，十取七、八，浙使香，蒸而饭色乃紫绀。"① 此处之"浙"当即上文之"折"。经过这样精细加工后的米饭，色香味都大大提高了。

饭的好坏还与产地有关，早在战国时期，人们就已经指出"饭之美者：玄山之禾，不周之粟，阳山之穄，南海之秬。"② 穄，似黍而不黏，也叫糜子。秬，黑黍。认为上述四地所产之四种粮食所做出的饭是最好的。汉代以后，不同产地的优质饭品更为增多。桓彦林《七设》云："新城之秔，雍丘之粱，重穋代熟，既滑且香。"③ 袁准《招公子》云："河内青稻，新城白粳，弱其游粱，濡蝟通芬。"④ 在上述各地所产优质粮食中尤以新城粳稻为最佳。魏文帝曹丕赞道："江表唯长沙名好米，何时比新城粳稻也，上风炊之，五里闻香。"⑤ 看来哪里的稻米也比不上新城所出产的了。此外，安成郡毛亭出产的稻米做成饭后，"饭若凝脂"⑥，也是很高级的米饭。

质量好品味高的饭中，还有一些是以特殊工艺制作的风味饭，如"清风饭"，是唐代宫廷御厨炊制的一种饭品，其"法用水晶饭、龙睛粉、龙脑末、牛酪浆，调事毕，入金提缸，垂下冰池，待其冷透供进。惟大暑方作。"⑦ 这是专供暑热天时食用的凉饭，其制作之讲究，佐料之珍贵，非一般人所能为之，只能是皇家御用精品了。

特别值得提出的是，到了唐代已经注意到饭的健身与美容作用，其中以"青精饭"最具特色和代表性。青精饭又称青䭀饭或乌饭，这是以植物为辅料而制成的一种饭。唐陈藏器所述制"乌饭"法是："取南烛茎叶捣碎渍汁浸粳米，九浸、九蒸、九曝，米粒紧小，黑如璧珠，袋盛可以适远方也。"⑧ 这是一种以称为"南烛"的植物汁为辅料

---

① 《太平御览》卷八五〇《饮食部八·饭》引《风土记》，第 3801 页。

② 许维遹撰，梁运华整理：《吕氏春秋集释》卷一四《本味》，中华书局 2017 年版，第 319 页。

③ 《北堂书钞·2》卷一四二《酒食部一·总篇一》引桓彦林《七设》，第 450 页。

④ 《北堂书钞·2》卷一四二《酒食部一·总篇一》引袁准《招公子》，第 450 页。

⑤ 《太平御览》卷八三九《百谷部三·稻》引《与朝臣书》，第 3751 页。

⑥ 《太平御览》卷八五〇《饮食部八·饭》引《安成记》，第 3801 页。

⑦ （宋）陶穀撰，孔一点校：《清异录》卷下《馔羞门》"清风饭"条，上海古籍出版社 2012 年版，第 107 页。

⑧ （明）李时珍：《本草纲目》卷二五《饭·青精干石䭀饭》引，清文渊阁四库全书本。

而制成的饭，因其制成品颜色乌黑，故称“乌饭”。一般认为青精饭所用植物为“南烛”，但是《岁时广记》引《零陵总记》则认为是杨桐叶，云：“《零陵广记》：‘杨桐叶细冬青，临水生者尤茂。居人遇寒食，采其叶染饭，色青而有光，食之资阳气，谓之杨桐饭。’道家谓之青精干石饥饭。”[①] 而另据《陶隐居登真隐诀》所载，则是“以酒蜜药草辈溲而曝之”[②]，但未说明是何种药草。看来，制作青精饭所用植物可能是多种多样的，不同地区可能采用不同的植物原料。青精饭所用之米，皮日休《润卿遗青餸饭兼之一绝聊用答谢》诗有所描述：“分泉过屋舂青稻，拂雾飘衣折紫茎。”“青稻”下注云：“此饭以青龙稻为之。”“紫茎”下注云：“南稻茎微紫色。”[③] 看来，所用的也不是一般的稻米。

青精饭的保健功能，前文说“资阳气”。上引皮日休诗对此有极生动的渲染：“蒸处不教双鹤出，服来唯怕五云生。草堂空坐无饥色，时把金津漱一声。”[④] 陆龟蒙《润卿遗青餸饭》诗也说：“旧闻香积金仙食，今见青精玉斧餐。自笑镜中无骨录，可能飞上紫云端。”[⑤] 都称道它可以辟谷轻身延年。此外，它还有美容的作用，杜甫有诗云：“岂无青精饭，使我颜色好。”[⑥] 青精饭为道家修炼所用食品，陆龟蒙诗云：“乌饭新炊芼臛香，道家斋日以为常。”[⑦] 但是民间也有食用此饭的，张贲（字润卿）曾以自制的青精饭馈赠好友陆龟蒙与皮日休，他们二人均曾写诗答谢。

（二）粥

粥是以谷类为主要原料制成的半流质食品，是我国人民传统的重要主食之一。粥在古代又称为“饘”或“糜”。《礼记·檀弓上》：“饘粥之

① （宋）陈元靓撰，许逸民点校：《岁时广记》卷一五《寒食上·染青饭》，中华书局2020年版，第299页。

② 《本草纲目》卷二五《饭·青精干石餸饭》引，清文渊阁四库全书本。

③ （唐）皮日休著，萧涤非、郑庆笃整理：《皮子文薮》附录一《皮日休诗文·润卿遗青餸饭兼之一绝聊用答谢》，上海古籍出版社1981年版，第209—210页。

④ 《皮子文薮》附录一《皮日休诗文·润卿遗青餸饭兼之一绝聊用答谢》，第210页。

⑤ 何锡光校注：《陆龟蒙全集校注·唐甫里先生文集》卷一一《润卿遗青餸饭》，凤凰出版社2015年版，第686页。

⑥ 《杜甫全集校注·诗》卷一《赠李白》，第76页。

⑦ 《陆龟蒙全集校注·唐甫里先生文集》卷九《四月十五日道室书寄袭美》，第539页。

食。”孔颖达疏：“厚曰饘，稀曰粥。”[①]《释名》：“糜，煮米使糜烂也。”“粥，浊于糜，粥粥然也。”[②] 由此可见，粥有不同的名称和品种，其主要区别在于粥的厚薄。

粥的历史悠久，早在《逸周书》中就有：“黄帝始烹谷为粥”[③] 的记载。粥，由于它具有糜烂、可稠可稀的特点，因而除了日常生活中供人们充饥果腹之外，还具有多方面的特殊用途，概而言之，主要有如下几种：

1. 可用以敬老

这是因为粥便于老年人食用，且有利于老年人的保养，即郑玄所云“助老气也”[④]。所以便用它作为敬老的食品。汉代标榜孝道，因而以粥敬老之礼曾经行用一时，“行糜粥”一度成为汉代统治者重视的敬老方式之一。汉文帝曾下诏称：“今闻吏禀当受鬻者，或以陈粟，岂称养老之意哉!”颜师古注曰：“禀，给也。鬻，淖糜也，给米使为糜鬻也。”汉文帝的诏书是在批评有的地方官吏以“陈粟”发给那些应当受粥的老人。并规定：今后“赐物及当禀鬻米者，长吏阅视，丞若尉致。”[⑤] 即对于八十以上老人，以后发放粥米等物时，地方长官要亲自检查，并派副长官丞或尉亲自送到老人手中。

东汉政府也有类似规定：“仲秋之月，县道皆案户比民。年始七十者，授之以王杖，餔之糜粥。八十九十，礼有加赐。”[⑥] 并把赐粥的年龄降至七十岁老人。汉章帝章和元年（87）“秋，令是月养衰老，授几杖，行糜粥饮食。”[⑦] 这表明赐粥之事有时中断，还须重申此令。

大概到了东汉后期已经难于推行了。汉安帝元初四年（117）诏称：

---

① 《礼记正义》卷六《檀弓上》，第 210—211 页。

② 《释名疏证补》卷四《释饮食第十三》“糜”条、“粥”条，第 137 页。

③ （唐）徐坚等：《初学记》卷二六《器物部·粥第十三》引《周书》，中华书局 1962 年版，第 638 页。

④ 《礼记正义》卷一六《月令》：“（仲秋之月）是月也，养衰老，授几杖，行糜粥饮食。”郑玄注曰：“助老气也。行，犹赐也。”（第 613 页）

⑤ 《汉书》卷四《文帝纪》，第 113 页。

⑥ （晋）司马彪撰，（梁）刘昭注补：《续汉书·礼仪志中》，点校本《后汉书志》第五，中华书局 1965 年版，第 3124 页。

⑦ 《后汉书》卷三《肃宗孝章帝纪》，第 157 页。

“又《月令》‘仲秋养衰老，授几杖，行糜粥’。方今案比之时，郡县多不奉行。虽有糜粥，糠秕相半，长吏怠事，莫有躬亲，甚违诏书养老之意。”① 由“陈粟”继而发展为“糠秕相半”，以至最后徒有虚名。养老糜粥，此后也就逐渐名存实亡了。

2. 可用以赈灾

由于粥的炊煮方便、简单、厚薄自如，所以常作为赈济灾民的食品。这在汉唐时期屡见不鲜，史不绝书。

有的是由官府出面以公粮施粥，如：东汉末年战乱饥荒，当时汉献帝“在长安，谷一斛五十余万，帝使侍御史侯汶出太仓米豆，为饥民作糜粥。”② 这是宫廷以御米施粥，但更多的是由地方长官施粥，如东汉前期，陆续为会稽郡户曹史时，恰逢饥荒之年，太守尹兴让他负责“于都亭赋民饘粥”③。再如，东吴时朱桓为余姚县长，刚到县上任便“遇疫疠，谷食荒贵，桓分部良吏，隐亲医药，飧粥相继，士民盛戴之。”④ 萧梁时萧景为南兖州刺史，“会年荒，计口赈恤，为饘粥于路以赋之。”⑤ 天监元年（502），王志出任丹阳尹，“时年饥，每旦为粥于郡山，以赋百姓，民称之不容口。”⑥

北魏景明（500—504）初年，豫州闹饥荒，刺史薛真度上表曰：“去岁不收，饥馑十五，今又灾雪三尺，民人萎馁，无以济之。臣辄日别出州仓米五十斛为粥，救其甚者。”⑦ 宣武帝接表后，不仅充分肯定了他的做法，而且下令从陈郡调拨公粮支援豫州施粥所需。北魏末年杨逸为南秦州刺史，连年灾荒，“人多饿死”，他不顾有关官员的反对，决定先拿出公粮赈济灾民，然后再申报朝廷。他将朝廷批准的二万石赈济粮发给灾民后，对“其老小残疾不能自存活者，又于州门煮粥饭之，将死而得济者以万数。”⑧

---

① 《后汉书》卷五《孝安帝纪》，第227页。
② 《太平御览》卷八五九《饮食部一七·糜粥》引《汉献帝传》，第3813页。
③ 《后汉书》卷八一《独行列传·陆续传》，第2682页。
④ 《三国志》卷五六《吴书·朱桓传》，第1312页。
⑤ （唐）姚思廉撰：《梁书》卷二四《萧景传》，中华书局1973年版，第368页。
⑥ 《梁书》卷二一《王志传》，第319页。
⑦ 《魏书》卷六一《薛安都附从祖弟（薛）真度传》，第1356页。
⑧ 《魏书》卷五八《杨播附杨逸传》，第1300—1301页。

（2）有的是政府官员以私财施粥，如：东晋时王荟为吴国内史，“时年饥粟贵，人多饿死，荟以私米作饘粥，以饴饿者，所济活甚众。”[①] 萧梁初年，任昉出任义兴太守时，“岁荒民散，以私奉米豆为粥，活三千余人。”[②] 北魏后期韦朏为雍州主簿，“时属岁俭，朏以家粟造粥，以饲饥人，所活甚众。”[③]

（3）有的是平民以私财施粥，如：《吴录》曰：“李寿作糜，以食饥者，而不自名。”[④]

北魏清河房景远，“重然诺，好施与。频岁凶俭，分赡宗亲，又于通衢以食饿者，存济甚众。”这里没有说明他赈济饥民用的是什么食物，但以后发生的一个故事表明他也是以粥赈济灾民的。房景远的一个亲戚有一次被“劫贼”抓去后，将被杀害之前，他说出自己是房景远的姨兄后，“贼曰：‘我食其粥得活，何得杀其亲！’遂还衣服，蒙活者二十余人。”[⑤] 这些“劫贼”就是原来被房景远施粥而救活的灾民。

隋朝时赵郡人李士谦，“家富于财，躬处节俭，每以振施为务”，后来家乡“大饥，多有死者，士谦罄竭家资为之糜粥，赖以全活者将万计。”[⑥]

（4）还有人在饥荒年自己食粥而以粮食赈济饥民，如：刘宋“元嘉末，青州饥荒，人相食。（刘）善明家有积粟，躬食饘粥，开仓以救，乡里多获全济，百姓呼其家田为续命田。”[⑦]

当然，这些能以家财施粥的人，都是颇有资产的地主阶级，如上文所述之李士谦，虽在隋朝“毕志不仕”，闲居乡里，但仍“家富于财”[⑧]，这才有可能在饥荒之年开仓施粥。他们的行动受到人民的称赞是很自然的。同时也有不少政府官吏，能够挺身而出，解救饥民于水火之中，同样也受到历史的肯定和人民的爱戴。但另一方面也确有一批贪官污吏，借机克扣公粮，中饱私囊，置人民死活于不顾。如东汉末年的侍御史侯

① 《晋书》卷六五《王导传附王荟传》，第1759页。
② 《南史》卷五九《任昉传》，第1454页。
③ 《魏书》卷四五《韦阆附韦朏传》，第1015页。
④ 《太平御览》卷八五九《饮食部一七·糜粥》引《吴录》，第3813页。
⑤ 《魏书》卷四三《房法寿附房景远传》，第982—983页。
⑥ 《隋书》卷七七《隐逸·李士谦传》，第1752—1753页。
⑦ 《南史》卷四九《刘怀珍附族弟（刘）善明传》，第1228页。
⑧ 《隋书》卷七七《隐逸·李士谦传》，第1752页。

汶，他在长安奉命“为饥人作糜粥”，但是在施粥之后，却“经日而死者无降。帝疑赋恤有虚，乃亲于御坐前量试作糜，乃知非实”①。侯汶身为侍御史，在严酷时刻，在天子脚下居然贪污赈灾公粮，从中可以窥知官府施粥赈灾所存在的阴暗面。

3. 可用以守孝

食粥以守孝，是我国古代的一个传统风俗，早在先秦时就已这样做了。《礼记·问丧》：“亲始死……水浆不入口，三日不举火，故邻里为之糜粥以饮食之。”②

汉唐时期，此风不辍。东汉人樊鯈“及母卒，哀思过礼，毁病不自支，世祖常遣中黄门朝暮送饘粥。”李贤注云：“饘，糜也。”③ 樊鯈是世祖光武帝刘秀的表兄弟，故光武帝派中黄门给他送粥。萧梁时刘览“以所生母忧……不尝盐酪，食麦粥而已。”④ 齐梁时人庾沙弥，“及母亡，水浆不入口累日。初进大麦薄饮，经十旬方为薄粥。终丧不食盐酢”⑤。梁陈时人张昭、张乾兄弟，“及父卒，兄弟……不食盐酢，日唯食一升麦屑粥。”⑥ 北周人皇甫遐“遭母丧，乃庐于墓侧……食粥枕块，栉风沐雨，形容枯顇，家人不识。”⑦

4. 可用以救急

由于粥烹制方便，得之较其他食物为易，故在饥困之时常可用以救急。东汉光武帝在河北征王郎时，驰至饶阳，“时天寒烈，众皆饥疲，(冯) 异上豆粥。明旦，光武谓诸将曰：‘昨得公孙豆粥，饥寒俱解。’”⑧

曹操北征途中，“行行日已远，人马同时饥，担囊行取薪，斧冰持作糜。”⑨ 在人困马乏的军旅之中，也是煮粥以解急。

---

① 《后汉书》卷九《孝献帝纪》，第376页。

② 《礼记正义》卷五六《问丧》，第1790页。

③ 《后汉书》卷三二《樊宏附子（樊）鯈传》，第1122页。

④ 《南史》卷三九《刘勔附刘览传》，第1007页。

⑤ 《南史》卷七三《孝义上·庾道愍附族孙（庾）沙弥传》，第1829页。

⑥ 《南史》卷七四《孝义下·张昭传》，第1851页。

⑦ （唐）令狐德棻等撰：《周书》卷四六《孝义·皇甫遐传》，中华书局1971年版，第832页。

⑧ 《后汉书》卷一七《冯异传》，第641页。

⑨ （梁）萧统编，（唐）李善注：《文选》卷二七《诗戊·乐府上·苦寒行》，上海古籍出版社1986年版，第1283页。

5. 可以养生疗疾

由于粥便于消化吸收，故古人常以之作为疗疾养生之饮食。

早在先秦时期，人们就已经以粥养生疗疾，战国时赵太后年老体弱，赵国左师触龙有一次问她：“食得毋衰乎？”赵太后回答道：“恃粥耳。”① 这位太后就是靠着食粥而维持健康的。

到了汉代，人们对粥的医疗养生价值有了更进一步的认识。西汉初年名医淳于意（又称仓公），曾记述一个病例，有一位叫赵章的病人，经诊断得了“迵风”这种不治之症。得此病者一般五天就死，可是赵章过了十天才死。淳于意分析其所以比一般病人维持较长时间的原因时说：“法五日死，皆为前分界法。后十日乃死，所以过期者，其人嗜粥，故中藏实，中藏实故过期。师言曰：‘安谷者过期，不安谷者不及期。’”② 这位病人过了五天这个期限才死，是因为他平时喜欢喝粥，喝粥使他“中藏实”，使他能“安谷”，故可以“过期”。可见粥对于加强人的体质是有不小作用的。因此，当时人们常以食粥疗疾，曹操就曾这样做，他说，有一次“吾夜半觉小不佳，至明日饮粥汗出，服当归汤。”③ 他以喝粥发汗而治疗身体不适。

对于病人，也常以粥为养病的饮食，东汉人曹褒任将作大匠时，有一次生病，皇帝得知后，“使致医药、糜粥”④，特派人送粥以慰问。唐代名将李勣，虽然贵为宰相，每当其姊生病之时，他“必亲为粥”⑤。

6. 可用为节俗食品

寒食节是汉唐时期民间重要的节日，期间常数日不炊，粥便成为寒食节的重要食品之一。十六国时期“并州之俗，以冬至后百五日介子推断火，冷食三日，作干粥食之。中国以为寒食。”⑥ 这种寒食粥，或谓乃“捣杏仁煮作粥”⑦。

---

① 《史记》卷四三《赵世家》，第 1822 页。按，“触龙”，或作“触詟”。

② 《史记》卷一〇五《仓公列传》，第 2803 页。

③ 《太平御览》卷八五九《饮食部一七·糜粥》引《魏武遗令》，第 3815 页。

④ 《太平御览》卷八五九《饮食部一七·糜粥》引《东观汉纪》，第 3813 页。

⑤ （唐）刘悚撰，程毅中点校：《隋唐嘉话》卷上，中华书局 1979 年版，第 9 页。

⑥ 《太平御览》卷八五九《饮食部七·糜粥》引《邺中记》，第 3812 页。

⑦ 《初学记》卷四《岁时部下·寒食第五》引陆翙《邺中记》，第 67 页。

北朝时则以麦粥为寒食食品，北齐王元景与魏收书曰：“始知令节，须御麦粥，加之以糖，弥觉香冷。”[①] 这时已在粥中加糖食用。

到了隋唐时期，寒食粥又有了更多的花色品种，据诸史载：“洛阳人家，寒食煮杨花粥。”[②] 长安的饭馆中还出售专供寒食节用的“冬凌粥”[③]。随着时代的发展，寒食粥也日趋讲究而多样。

粥虽然一般来说是贫苦人民常用之食品，但是帝王贵族也常食用之，不过那与贫民所食之粥不同，而是高档而精美的粥品了。汉唐时期皇帝食用的称为御粥，据《广志》记载：“辽东赤粱，魏武帝以为御粥。”[④] 这种“御粥”，是用优质“辽东赤粱”煮制的。北魏时崔浩“恭勤不怠，或终日不归。太祖知之，辄命赐以御粥。”[⑤]

唐代大臣初拜官时，要向皇帝进献食品，称为“烧尾食”。唐中宗时，韦巨源拜尚书令，所上烧尾食中，就有“长生粥”一种。这种粥是用“进料”[⑥] 烹制而成的。“进料”大概是指外地或外国所进献的珍贵特产。后唐卢澄为宰相时，“堂厨”供应宰相的早点有三种粥：粟粥、乳粥、豆沙加糖粥。卢澄喜欢喝粥，“各取少许，并合而食。厨官遂有‘……相粥白玄黄’之语。”[⑦] 白指乳粥，玄指加糖以后显黑的豆沙粥，黄指小米粥。这些粥自然也属“御粥”之类了。这虽为后唐之事，但从中亦可推知唐代情形。

官僚贵族为了显示自己的富有和阔绰，甚至以粥作为他们斗富的手段。西晋官僚王恺与石崇斗富，石崇家可以立即拿出豆粥来招待客人，王恺家虽豪富，却做不出这么快就熟的豆粥来，为此恨恨不平，于是暗中收买石崇家中的管事，刺探其中奥秘。管事将秘密泄露给他，说：豆子很难煮熟，可预先把豆煮熟研碎，当客人到来时，“作白粥以投之”[⑧]，即成豆粥了。这大概是我国古代最早的快速食品之一了。

---

① 《太平御览》卷八五九《饮食部一七・糜粥》引《时镜新书》，第 3816 页。

② （明）王路撰：《花史左编》卷一〇《花之味・杨花粥》，明万历刻本。

③ 《清异录》卷下《馔羞门》“张手美家”条，第 109 页。

④ 《太平御览》卷八五九《饮食部一七・糜粥》引《广志》，第 3816 页。

⑤ 《魏书》卷三五《崔浩传》，第 807 页。

⑥ 《清异录》卷下《馔羞门》“单笼金乳酥”条，第 105 页。

⑦ 《清异录》卷下《馔羞门》“王羹亥卯未相粥白玄黄”条，第 110 页。

⑧ 《世说新语笺疏》下卷下《汰侈第三十》，第 880 页。

（三）饼

汉唐时期，饼类食品是与饭同样重要的主食品种。

饼是面粉制成品的一个总称。“面”是指用麦类或其他谷类磨成的细粉。由这种细粉制成的面点都为饼属。它和现在把扁圆形的面点称为“饼”有所不同，而是“凡以面为食具者，皆谓之饼。故火烧而食者，呼为烧饼；水瀹而食者，呼为汤饼；笼蒸而食者，呼为蒸饼；而馒头谓之笼饼，宜矣。”[①] 由此可见，饼的种类很多，概括而言可分为四类：蒸制类的如蒸饼等；水煮类的如汤饼等；烙烤类的如胡饼、炉饼等；油炸类的如蝎饼等。

饼在我国先秦时期已经食用，有的学者认为从汉代才有饼，这个看法不确切。早在新石器时代的河南裴李岗遗址就出土了磨盘、磨棒，说明我国加工面粉的技术已有悠久的历史。最晚到战国时已有关于饼的明确记载，《墨子·耕柱》：“见人之作饼，则还然窃之。”[②] 不过，饼的普遍食用则是在进入汉代之后。随着烹饪技术的不断发展和变化，特别是随着石磨、重罗以及发酵技术的应用与提高，饼的成熟方式及其品类日益显示着多样化的倾向。

先秦时期的饼类食品，据文献记载，常见的不过是“饼”“饵”“蜜饵”“餈”“酏食”、“糁食”以及“炬籹”等几大品类。进入汉代以后，饼的品种大为增多。汉代扬雄在《方言》中说：“饼谓之饦，或谓之餦餛。”“饵谓之糕，或谓之粢，或谓之魿，或谓之餣，或谓之䊤。”[③] 说明各地已出现不少新的面点及不同的名称。刘熙在《释名·释饮食》中说：“饼，并也。溲面使合并也。……蒸饼，汤饼、蝎饼、髓饼、金饼、索饼之属，皆随形而名之也。”[④] 据此可知，仅饼一项即包括了不少品种，如：蒸制的有蒸饼；煮制的有汤饼，类似面片儿，索饼类似面条；烤制的有髓饼，指用髓油和面的炉饼；炸制的有蝎饼。

---

① （宋）黄朝英撰：《靖康缃素杂记》卷二《汤饼》，清守山阁丛书本。

② （清）孙诒让撰，孙启治点校：《墨子闲诂》卷一一《耕柱第四十六》，中华书局 2001 年版，第 436 页。

③ （汉）杨雄记，（晋）郭璞注，（明）吴琯校：《方言》卷一三，商务印书馆 1936 年版，第 133 页。

④ 《释名疏证补》卷四《释饮食第十三》“饼”条，第 135—136 页。

到了魏晋南北朝时期，饼食发展更为迅速。晋人束皙在他的《饼赋》中提到的面点品种计有安乾（馓子）、粔籹（饼属）、豚耳（饼属）、狗后（饼属）、剑带（面条）、案盛（饼名）、餢飳（饼属）、髓烛、馒头、薄壮（薄饼）、起溲（发酵面食）、汤饼、牢丸（汤团）等十多个[①]。《齐民要术》中记载了约二十个品种，有白饼、烧饼、髓饼、粲、膏环、细环饼（寒具）、截饼（蝎子）、餢𫗴、水引、馎饦、切面粥（棋子面）、䴵𪎊、粉饼、豚皮饼等[②]。

隋唐时期继续发展，而且出现了许多颇为新奇的花色品种，谢讽《食经》中所列面点有：急成小餤、千金碎香饼子、花折鹅糕、云头对炉饼、紫龙糕、象牙𫗪、滑饼、汤装浮萍面、朱衣餤、乾坤奕饼、含浆饼、撮高巧装檀样饼、杨花泛汤糁饼等[③]。韦巨源《食账》中所列面点有：曼陀样夹饼（形似曼陀罗蒴果的夹馅烤饼）、贵妃红（一种色红味浓的酥饼）、婆罗门轻高面（可能是由印度传入的一种发酵馒头）、七返膏（反复折卷七次的夹层蒸糕）、生进鸭花汤饼（作成鸭状花形的汤饼）、见风消（熟后风干，食用时用油炸的糯米面饼）、唐安餤（拼凑成花形的饼）、金银夹花平截（掺入蟹黄、蟹肉、横断面呈黄白花纹的面卷）、火焰盏口𫗪（上部呈火焰花形，下部似浅杯的小蒸饼）、双拌方破饼（用两种原料拌和制成的花形饼）、汉宫棋（做成双钱形的棋子，上边印花，煮着吃的面食）、天花饆饠（一种用天花菜加香料作馅的面食）、甜雪（一种加蜜烤制的面食）、八方寒食饼（用木模制成的八角形饼）、素蒸音声部（七十件包有各种蔬果馅的蓬莱仙女歌舞造型蒸饼）、金粟平𫗪（外敷鱼子的平面蒸饼）等[④]。

在上述多种多样、异彩纷呈的饼类食品中，最为普遍的、为大众所经常食用的主要品种为如下几种：

（1）蒸饼，这是蒸制的面饼，即后世所谓馒头之类。据说馒头起源于诸葛亮征孟获时，因蛮俗以人头祭神，诸葛亮改用牛羊之肉包之以面，

① 《全上古三代秦汉三国六朝文》之《全晋文》卷八七（束皙）《饼赋》，第1962—1963页。

② 《齐民要术校释》卷九《饼法第八十二》，第632—636页。

③ 《清异录》卷下《馔羞门》“单笼金乳酥”条引谢讽《食经》，第105—106页。

④ 《清异录》卷下《馔羞门》“单笼金乳酥”条引韦巨源《食账》，第105页。

以像人头而祭，“后人由此为馒头”[①]。这一说法似不确，早在东汉刘熙《释名》中已有关于“蒸饼”的记载，或许诸葛亮行军用过此物，或有所改进而已。西晋官僚何曾饮馔奢侈，“蒸饼上不坼作十字不食”[②]，从其蒸熟后可裂为“十”字，可见当时发酵技术已很成熟。十六国后赵石虎“好食蒸饼，常以干枣、胡桃瓤为心蒸之，使坼裂方食。”[③] 则蒸饼中又可加入果品，类似今之果料馒头。由于这种饼是在笼中蒸制的，所以到了唐代又将其称为笼饼，“唐人呼馒头为笼饼”[④]。武则天朝有侍御史侯思止，“尝命作笼饼，谓膳者曰：‘与我作笼饼，可缩葱作。’比市笼饼，葱多而肉少，故令缩葱加肉也。时人号为缩葱侍御史。”[⑤] 笼饼中需加进肉和葱，则显然是肉包子了。

由此可见，所谓“蒸饼”，就是指用面粉发酵而蒸制的饼，包括馒头及由其演变的各种带馅包子等。

（2）汤饼，就是在汤水中煮食的面食，即今所谓面条。汤饼还有不同的名称和类别，如“索饼”“煮饼”“水溲饼”“水引饼”“馎饦”[⑥]等。索饼、水溲饼、水引饼是面条、拉面、切面之类，煮饼是将蒸饼瓣碎后煮而食之，馎饦是面片之类。

在汉唐时期，汤饼不仅为广大人民所喜爱，同时也是宫廷中常用的食品之一。汉代掌管皇帝后勤的长官少府，其属官有“汤官”，专门负责汤饼等面食供应[⑦]。东汉质帝就是被外戚梁冀“令左右进鸩加煮饼”而毒

---

① （宋）高承撰：《事物纪原》卷九《酒醴饮食部第四十六》“馒头“条引《小说》，明弘治十八年魏氏仁实堂重刻正统本。

② 《晋书》卷三三《何曾传》，第998页。

③ 《太平御览》卷八六〇《饮食部一八·饼》引《赵录》，第3819页。

④ （清）沈自南撰：《艺林汇考·饮食篇》卷三《粉餢类》引《倦游杂录》，清文渊阁四库全书本。

⑤ （宋）李昉等编：《太平广记》卷二五八《嗤鄙一》“侯思正”条引《御史台记》，中华书局1961年版，第2012页。按，《太平广记》此处记作“侯思正”，疑有误，抑或传抄或印刷时讹误。盖因两《唐书·酷吏传》均载有侯思止，事迹与此所载当为同一人，因此应当是《太平广记》误“止”为“正”，二字形近而致讹。

⑥ 详见《释名》《四民月令》《齐民要术》等所载。

⑦ 《汉书》卷一九上《百官公卿表上》引师古曰：“太官主膳食，汤官主饼饵，导官主择米。”（第732页）

死的[①]。曹魏时魏明帝怀疑何晏面色非常白是因抹了粉，于是在盛夏时把他叫到宫中，“与热汤饼”，让他吃得满头大汗。他用袖子擦汗之后，面色更白，这样明帝才知道他的面色白不是抹粉而是天生的[②]。可见曹魏宫中也食汤饼。直到唐代仍如此，唐昭宗在凤翔对大臣们说：“在内诸王及公主、妃嫔，一日食粥，一日食汤饼，今亦竭矣。”[③] 唐代宫廷中还有了供夏日享用的凉面——“冷淘”。杜甫《槐叶冷淘》诗对此有生动的描绘：“青青高槐叶，采掇付中厨。新面来近市，汁滓宛相俱。入鼎资过熟，加餐愁欲无。碧鲜俱照筯，香饭兼苞芦。经齿冷于雪，劝人投比珠……万里露寒殿，开冰清玉壶。君王纳凉晚，此味亦时须。”[④] 这是一种加入嫩槐叶以后呈绿色的过水凉面。

（3）胡饼即芝麻烧饼，这是汉代才出现的一种饼。张骞通西域后引进了“胡麻”（即芝麻），将其用以烤制成的烧饼便称为胡饼。刘熙《释名·释饮食》说：“胡饼，作之大漫沍也，亦言以胡麻著上也。”[⑤] 十六国时，“石季龙讳胡，改胡饼曰麻饼。”[⑥] 可见胡饼的一个特点是在饼上着芝麻的。胡饼的做法是用炉子烤制的，“石勒讳胡，胡物皆改名，胡饼曰抟炉。”[⑦] 这是根据胡饼用炉子烤制的特点而改名。《齐民要术》在讲述“髓饼”的制法时，说要将这种饼“使著胡饼炉中，令熟。勿令反覆”[⑧]，可见制作胡饼有专用的“胡饼炉”。

胡饼一经传入内地，便深受各界欢迎，而且经久不衰。东汉时，“灵帝好胡饼，京师皆食胡饼。”[⑨] 可见当时从上到下都很喜欢吃胡饼。《续汉书·五行志》也记载汉灵帝喜好胡饭，于是“京都贵戚皆竞为之”[⑩]。东

---

① 《后汉书》卷三四《梁统附梁冀传》，第1179页。

② 《世说新语笺疏》下卷上《容止第十四》，第606页。

③ （宋）司马光编著，（元）胡三省音注：《资治通鉴》卷二六三，唐昭宗天复二年（902）十二月，中华书局1956年版，第8588页。

④ 萧涤非主编，綦维校注：《杜甫全集校注·诗》卷一六《槐叶冷淘》，人民文学出版社2014年版，第4573页。

⑤ 《释名疏证补》卷四《释饮食第十三》“饼”条，第135页。

⑥ 《释名疏证补》卷四《释饮食第十三》“饼”条毕沅疏证引崔鸿《后赵录》，第135页。

⑦ 《太平御览》卷八六〇《饮食部一八·饼》引《赵录》，第3819页。

⑧ 《齐民要术校释》卷九《饼法第八十二》，第632页。

⑨ 《太平御览》卷八六〇《饮食部一八·饼》引《续汉书》，第3818页。

⑩ 《续汉书·五行志一》，点校本《后汉书志》第十三，第3272页。

汉末年，李叔节兄弟“作万枚胡饼”以犒劳吕布之军队[①]，可见当时制作胡饼的能力已经很强，因而可用以劳军。

到了魏晋南北朝时期，不仅北方食胡饼，南方也普遍食用了。西晋时人王长文，“于成都市中蹲踞啮胡饼”[②]，这是西南地区在吃胡饼。东晋人王羲之少时曾“坦腹东床啮胡饼”[③]，这是江东在吃胡饼。

到了唐代，胡饼更为流行，日僧圆仁在唐地见到“时行胡饼，俗家皆然”[④]。可见它已经成为汉民族的重要食品之一了。胡饼到了唐代发展为饼中着馅。据《唐语林》载：“时豪家食次，起羊肉一斤，层布于巨胡饼，隔中以椒豉，润以酥，入炉迫之，候肉半熟食之，呼为‘古楼子’。”[⑤] 类似今之羊肉馅饼。

除上述蒸饼、汤饼、胡饼这三种最主要的饼食之外，汉唐时期比较重要的饼食还有烧饼、髓饼和乳饼三种，兹稍加论叙如下：

（1）烧饼。《齐民要术》有“作烧饼法：面一斗，羊肉二斤，葱白一合，豉汁及盐，熬令熟，炙之。面当令起。”[⑥] 这与我们今天常见的“烧饼”不一样，乃是一种加馅烤熟的发面饼，类似今天的肉馅饼。又据《时镜新书》载：“四月八日，长沙市肆之人无子者，供寺阁下羊肉薄饼，结愿以乞儿，往往有验。”[⑦] 这种“羊肉薄饼”大概也属此类。

（2）髓饼。汉代已经有髓饼，《食经》载有“髓饼法：以髓脂合和面。”[⑧]《齐民要术》有“髓饼法：以髓脂、蜜，合和面。厚四五分，广六七寸。使著胡饼炉中，令熟。勿令反覆。饼肥美，可经久。”[⑨] 这是加入动物油脂和蜜糖烤制的甜味油酥火烧。

（3）乳饼。随着魏晋南北朝时期少数民族大量涌入中原地区，其饮

---

① 《太平御览》卷八六〇《饮食部一八·饼》引《英雄记》，第 3818 页。

② 《晋书》卷八二《王长文传》，第 2138 页。

③ 《太平御览》卷八六〇《饮食部一八·饼》引王隐《晋书》，第 3818 页。

④ ［日］圆仁撰，顾承甫、何泉达点校：《入唐求法巡礼行记》卷三，上海古籍出版社 1986 年版，第 146 页。

⑤ （宋）王谠撰，周勋初校证：《唐语林校证》卷六《补遗》，中华书局 1987 年版，第 556 页。

⑥ 《齐民要术校释》卷九《饼法第八十二》，第 632 页。

⑦ 《太平御览》卷八六〇《饮食部一八·饼》引《时镜新书》，第 3820 页。

⑧ 《太平御览》卷八六〇《饮食部一八·饼》引《食经》，第 3919 页。

⑨ 《齐民要术校释》卷九《饼法第八十二》，第 632 页。

食文化也影响了中原地区，乳品进入汉民族生活之中就是其中一个突出表现。乳饼就是在这一背景下产生的饼类新品种。西晋人卢谌《祭法》中就已有“夏祠别用乳饼”的记载[①]。这种“乳饼”与《齐民要术》中的“截饼”大概是同一种类，是用牛、羊奶加蜜调和制成，“截饼纯用乳溲者，入口即碎，脆如凌雪。”[②] 唐代“韦澳、孙宏，大中时同在翰林。盛暑上在太液池中宣二学士，即赴召……寻宣赐银饼馅，食之甚美……皆乳酪膏腴所制也。”[③] 这种“银饼馅”无疑也是乳饼类食品。这表明乳酪传入中原后，不仅增添了饮料品种，而且还丰富了面点花色。

到了南北朝时期，制饼方法和工艺已臻于成熟阶段，这时不仅出现了像《齐民要术》之《饼法篇》这样专门论述制饼方法和工艺的专门著作，其中总结了二十余种饼食的制作方法和工艺，可称为制饼技艺之集大成者，体现了当时已达到的制饼技术的高度水平和丰富多彩的制饼方法。而且对于制饼的原材料也提出了更高的要求，达到了精益求精的地步，南朝吴均在《饼说》中，对于制作高水平的饼的相应条件是：“安定噎鸠之麦，洛阳董德之磨，河东长若之葱，陇西舐背之犊，枹罕赤髓之羊，张掖北门之豉。然（即燃）以银屑，煎以金铫。洞庭负霜之橘，仇池连蒂之椒，调以济北之盐，剉以新丰之鸡。”[④] 这里所提出的几条要求，主要是对原料、辅料、调料和燃料的选择，对刀工、火候等尚未涉及。但由此已然可知，把“饼”做成美食并非轻而易举之事。在此基础上，到了隋唐时期，制饼工艺和方法更达到炉火纯青的地步，因而出现我们在前面已引述的如谢讽《食经》和韦巨源《食账》中那些丰富多彩、高级精美的饼食的情形，就一点也不奇怪了。

最后还应当指出的是，由于汉唐时期饼食日益普及，日益成为人们重要的主食品种，因而对于饼品的饮食卫生也不断有所认识和提高。

早在汉代，崔寔《四民月令》中已经指出，“五月距立秋，无食煮饼及水溲饼。”注：“夏月饮水时，此二饼得水即冷坚不消，不幸便为食作

---

① 《太平御览》卷八六〇《饮食部一八·饼》引卢谌《祭法》，第3820页。

② 《齐民要术校释》卷九《饼法第八十二》，第634页。

③ （五代）王定保撰，黄寿成点校：《唐摭言》卷一五《杂记》，三秦出版社2011年版，第222页。

④ 《全上古三代秦汉三国六朝文》之《全梁文》卷六〇（吴均）《饼说》，第3306页。

伤寒矣。以饼置水中则验，唯酒溲之，入则烂也。"[①] 这段记载说明在汉代已经积累了一定的饮食经验并掌握了一定的饮食卫生标准，这些经验与标准一直影响着后世，而《杂五行书》则认为："十月亥日食饼，令人无病。"[②] 可见当时人们认为食饼有很强的时间性和季节性，某一种饼在某一时间吃了之后对人体的作用是不同的。

及至魏晋南北朝时期，对于食饼的认识进一步深化。如晋人束皙在他著名的《饼赋》中，对于食饼的季节性作了系统的说明：

> 春——"三春之初，阴阳交际，寒气既消，温不至热。于是享宴，则曼头宜设"；
>
> 夏——"炎律方回，纯阳布畅，服絺饮冰，随阴而凉。此时为饼，莫若薄夜"；
>
> 秋——"商风既广，大火西移，鸟兽毯毛，树木疏枝。肴馔尚温，则起溲可施"；
>
> 冬——"玄冬猛寒，清晨之会，涕冻鼻中，霜凝口外。充虚解战，汤饼为最"。

这里所说的"曼头""薄夜""起溲""汤饼"都是饼类食品，但四季食法不同，用束皙在《饼赋》中的话来说，就是"然皆用之有时，所适者也。苟错其次，则不能斯善。"[③] 意即不同的季节，食用不同的饼才是最合适的，如果次序出现了差错，则不能尽到这些饼食的最大好处。

唐僖宗"幸蜀，乏食。有宫人出方巾所包面半升许，会村人献酒一偏提，用酒溲面燖饼以进，嫔嫱泣奏曰：'此消灾饼，乞强进半枚。'"[④] 据《旧唐书·僖宗纪》载：广明二年（881）六月，"沙陀退还代州，车驾幸成都府"[⑤]，知僖宗幸蜀时在六月。这里认为用酒溲面可以消灾的说法，显然是对汉代崔寔所提出的食饼卫生准则的传承。

---

① 《太平御览》卷八六〇《饮食部一八·饼》引崔寔《四民月令》，第3819—3820页。

② 《太平御览》卷八六〇《饮食部一八·饼》引《杂五行书》，第3819页。

③ 《初学记》卷二六《器物部·饼第一七》引束皙《饼赋》，第643页。

④ 《清异录》卷下《馔羞门》"消灾饼"条，第106页。

⑤ 《旧唐书》卷一九下《僖宗纪》，第710页。按，同年七月，改元中和。

随着时代的发展，对于“饼”的讲究，越来越多。到了唐代，还将饼用于食疗，晚唐人昝殷的《食医心鉴》[①] 就记载了十余种治病用的索饼，有羊肉索饼、黄雌鸡索饼、榆白皮索饼、母鸡索饼等。因此，这是一部食疗著作无疑。

（本文原为《汉唐饮食文化史》第二章第一、二节。今题目为整理者所加，其中小标题亦略有调整，原书中的插图则全部删除。此文尽管节录于《汉唐饮食文化史》，实则具有很强的学术性，此番整理工作是将书中的正文夹注全部改为页下注，按照《黎虎文集》引文注释的统一格式进行了规范，所引用的文献尽可能采用最新的整理本。另外，对于原书中的文字错讹进行了修正。至于文字内容、思想观点，非必要则不作任何改动。李文才敬识。）

① 据（清）王宏翰撰：《古今医史》卷四《唐五代》“昝殷”条载：“昝殷，唐大中时人也。成都守白敏中家有免乳死者，访得名医昝殷延诊，殷以所著集《产科经验方》以戏名曰《产宝经》也。又，《食医心鉴》二卷。”（清钞本）据此知，昝殷为晚唐时人，曾著有《产科经验方》又名《产宝经》和《食医心鉴》。昝殷，或作昝商，《食医心鉴》或作三卷，如郑樵《通志》卷六九《艺文略》即如此记载。无论《食医心鉴》为二卷或三卷，其性质为食疗著作则是可以肯定的。

论汉唐时期菜肴烹饪的种类及其工艺

汉唐是中国传统食品烹饪技艺快速发展和基本定型的时期，其中尤以菜肴烹饪技艺的发展和进步为典型。无论是菜肴的种类还是制作工艺较诸以前都有了十分明显的增加和提高。因此，论汉唐时期的食品烹饪发展历史，菜肴烹饪乃是一个重要的观察视角。

菜肴作为下饭、佐酒的食品的总称，通常有生制和熟制两种制法。生制菜肴一般不经过加热，而是把原料用腌、糟、醉、酱、渍、泡等方法制成。熟制菜肴则须将原料经过初加工和切配，用一定的烹饪方法加热、调和而成。菜肴烹饪在在我国有着悠久的历史，汉唐则为重要的发展时期，在中国食品技术发展史具有重要地位。以下略述汉唐时期的菜肴烹饪制作的主要方式。

一　炙

炙，为汉唐时期菜肴的一个主要烹调方法，一般是指经加工后的原料在火上烧烤，《礼记·礼运》注："炙，贯之火上。"[①]《释名·释饮食》："炙，炙也，炙于火上也。"[②]《说文解字》："炙，炮肉也。从肉，在火上。"[③] 上述记载，说明早期的"炙"是将原料穿起来，举在火上烧烤而成，其烹饪的方式比较简单。

---

① （汉）郑玄注，（唐）孔颖达疏，龚抗云整理，王文锦审定：《礼记正义》卷二一《礼运第九》引郑注，北京大学出版社 2000 年版，第 780 页。

② （东汉）刘熙撰，（清）毕沅疏证，（清）王先谦补，祝敏彻、孙玉文点校：《释名疏证补》卷四《释饮食第十三》"炙"条，中华书局 2008 年版，第 140 页。

③ （汉）许慎撰，（清）段玉裁注：《说文解字注》十下《炙部》，上海古籍出版社 1988 年版，第 491 页。

炙，早在先秦时代就已经出现，《吕氏春秋·本味》提到商汤时的著名肉食时说：“肉之美者，猩猩之唇，貛貛之炙。”[①]《孟子·告子上》说：“耆秦人之炙，无以异于耆吾炙。”[②] 说明食炙很普遍，无论西秦还是东鲁都有炙可食，但当时尚未形成风味，以至秦、鲁之炙没有区别。在《孟子·尽心下》又说：“公孙丑问曰：‘脍炙与羊枣孰美?’孟子曰：‘脍炙哉。’”[③] 可知脍炙好吃是当时人们所公认的，后来遂形成了“脍炙人口”的成语。写脍炙好吃的记载能找出许多，但写得言简意赅，而且生动、形象的莫过于《礼记·曲礼上》“毋嘬炙”[④] 这三个字。嘬，原指婴儿吃奶，这里指一口吞下。《礼记》旨在告诉人们要讲究礼貌，在食炙的时候不可狼吞虎咽。炙的美味程度，可想而知。

进入汉代以后，枚乘在《七发》中把“薄耆之炙”[⑤] 列为“天下至美”之一。薄耆，即薄切兽畜通脊之肉。史游《急就篇》：“膹脍炙胾各有形。”颜师古注：“膹，粗切生肉也；脍，细切生肉也。”[⑥] 可知此时不仅有“大炙”，而且已经有了“小炙”。《释名·释饮食》中记载着多种炙名和炙法：“脯炙，以饧蜜豉汁淹之，脯脯然也。”“釜炙，于釜中汁和熟之也。”：“衔炙，细蜜肉和以姜、椒、盐豉已，乃以肉衔裹其表而炙之也。”“貊炙，全体炙之，各自以刀割，出于胡貊之为也。”[⑦] 从这些记载中可以看出：①炙的品种在增多，既有烤干的“脯炙”，又有带汁的“釜炙”；既有细碎的“衔炙”，又有整只的“貊炙”。同时还可以看出，由于汉皇朝的统一和政策上的开放，边远的少数民族地区的食品“貊炙”已进入中原。②炙的制作技术在提高。以“衔炙”为例，“细蜜肉”，大概是剁得很碎的肉馅。用姜、椒、盐豉调味后，“以肉衔裹其表”疑为

---

① 许维遹撰，梁运华整理：《吕氏春秋集释》卷一四《本味》，中华书局2017年版，第315页。

② （汉）赵岐注，（宋）孙奭疏，廖名春、刘佑平整理，钱逊审定：《孟子注疏》卷一一上《告子章句上》，北京大学出版社2000年版，第350页。

③ 《孟子注疏》卷一四下《尽心章句下》，第475页。

④ 《礼记正义》卷二《曲礼上》，第71页。

⑤ （汉）枚乘撰：《七发》，中华书局1959年版，第40页。

⑥ 张傅官撰：《急就篇校理》卷三，中华书局2017年版，第272页。

⑦ 《释名疏证补》卷四《释饮食第十三》“貊炙”条，第141页。按，中华书局点校本此处句读有误，“出”字应下移，“出于胡貊之为也”，义始畅达。

“以网衔裹其表”，即用网油裹在外边，插上签子来烤。看出制作技术是很精细的。③所用调料也很讲究，既用饧蜜、豉汁，又用姜、椒、盐豉。而且在外观上，要求“脯脯然也”，很好看；在吃法上，有的要求“各自以刀割”，因品种不同而有所区别。

随着生产的发展和社会风尚的变迁，炙的原料范围也逐渐扩大，炙的品种也逐渐增多。史籍所记载的有如下种类：（1）鹿肚炙、牛肝炙，据《西京杂记》载：刘邦为泗水亭长时，押送囚徒到骊山，友人为他饯行时“徒卒赠高祖酒二壶，鹿肚、牛肝各一。高祖与乐从者饮酒食肉而去。后即帝位，朝晡尚食，常具此二炙。”[①] 这是以鹿肚、牛肝为炙。（2）黄雀炙，据《孝子传》载：“王祥后母病，欲黄雀炙，乃有黄雀数枚飞入其幕，因以供母。”[②]（3）鹅炙，据《南史·江淹传》载：“桂阳之役，朝廷周章，诏檄久之未就。齐高帝引（江）淹入中书省，先赐酒食，淹素能饮啖，食鹅炙垂尽，进酒数升讫，文诰亦办。”[③]（4）牛心炙，据《晋书·王羲之传》载：王羲之少年时曾到周顗家作客，周顗很看重他，“时重牛心炙，坐客未啖，顗先割啗羲之，于是始知名。”[④]（5）䰾鱼炙，据沈莹《临海水土异物志》载：“䰾鱼至肥，炙食甘美。谚曰：‘宁去累世宅，不去䰾鱼额。’”[⑤] 其甘美程度可知。

上述记载说明，炙的原料不仅有畜兽的躯体，而且有内脏；不仅有家禽，而且有飞禽；此外还有鱼类。到了南北朝时，贾思勰在《齐民要术》中，辟有专章，收录了北魏及其前代的炙名和炙法多达二十二种。兹以所列炙豚法为例，来看当时已经达到的制作技术水平。据《齐民要术》记载：“炙豚法：用乳下豚极肥者……揩洗、刮削，令极净。小开腹，去五脏，又净洗。以茅茹腹令满，柞木穿。缓火遥炙，急转勿住（火候要求）。清酒数涂以发色。取新猪膏极白净者，涂拭

① （汉）刘歆等撰，王根林校点：《西京杂记》卷二《酒脯之应》，上海古籍出版社 2012 年版，第 21—22 页。

② （宋）李昉等撰：《太平御览》卷八六三《饮食部二一·炙》引《孝子传》，中华书局 1960 年版，第 3836 页。

③ （唐）李延寿撰：《南史》卷五九《江淹传》，中华书局 1975 年版，第 1449—1450 页。

④ （唐）房玄龄等撰：《晋书》卷八〇《王羲之传》，中华书局 1974 年版，第 2093 页。

⑤ （吴）沈莹撰，张崇根辑校：《临海水土异物志辑校》䰾鱼 24，农业出版社 1988 年版，第 14 页。

勿住。”① 从中我们可以看到，这些技术要求包括：（1）选料要求——“用乳下豚极肥者”；（2）清洗要求——“揩洗、刮削，令极净。小开腹，去五脏，又净洗”；（3）处置要求——“以茅茹腹令满，柞木穿”；（4）火候要求——“缓火遥炙，急转勿住”；（5）辅料与操作要求——“清酒数涂以发色。取新猪膏极白净者，涂拭勿住”。上述这五项要求如能做到，则其综合效果是：“色同琥珀，又类真金。入口则消，状若凌雪，含浆膏润，特异凡常也。”② 制品的色香味形以及口感，均已达到了很高的水平。

上述炙豚法的制作技术要求具有一定的代表性。炙法的一般要点为：选料、清洗、处置、调味与火候。其中以火候为关键。原料不同，炙法的火候也不同：炙豚用乳猪，炙时要“缓火遥炙，急转勿住”；棒炙用牛的里脊嫩肉，故炙时要“逼火偏炙一面，色白便割；割遍又炙一面”，不仅要现烤现吃，而且要边割边吃，这样才能“含浆滑美”，“若四面俱熟然后割，则涩恶不中食也”；牛肱炙是用牛百叶，炙时要“逼火急炙，令上劈裂，然后割之，则脆而甚美”，如果“微火遥炙”，则又薄又硬不好吃了；捣炙用肥子鹅肉，炙时“唯急火急炙之，使焦汁出便熟”；饼炙用白鱼，炙时用“熟油微火煎之，色赤便熟”③。

炙的方式以“炙蚶”尤有其独特之处，体现了这一时期烹饪工艺所追求的整体性。炙蚶是用一种特制的铁火铲烤炙，炙时“汁出去半壳，以小铜拌奠之。大奠六、小奠八，仰奠，别奠酢随之。”④ 这条记载反映了当时的烹调技术，已经在“色”“香”“味”的基础上进而追求“形”“器”“量”。“去半壳”“仰奠”（仰卧摆盘），说明已经注意到菜肴的外形“以小铜拌（盘）奠之”，说明已经注意到美食还要配“美器”“大奠六，小奠八”，即大蚶摆六个，小蚶摆八个，说明已经注意到菜肴的“适量”。

进入隋唐以后，炙的制作技术仍在发展。如《隋书·王劭传》称：

---

① （后魏）贾思勰著，缪启愉校释：《齐民要术校释》卷九《炙法第八十》，中国农业出版社1998年版，第616页。

② 《齐民要术校释》卷九《炙法第八十》，第616页。

③ 《齐民要术校释》卷九《炙法第八十》，第616—619页。

④ 《齐民要术校释》卷九《炙法第八十》，第623页。

"今温酒及炙肉，用石炭、柴木、竹火、草木、麻荄火，气味各不同。"①可知当时炙肉，对于燃料也开始讲究起来，视不同品种和要求选择使用不同燃料，以达到炙的不同风味。与此同时，炙的品种更趋于多样化。唐睿宗之女金仙、玉真公主皆为道士而吃素，于是睿宗"日令以九龙食舆装逍遥炙赐之"②。唐懿宗咸通九年（868），同昌公主出嫁，"上每赐御馔汤物，而道路之使相属。其馔灵消炙……一羊之肉，取之四两，虽经暑毒，终不见败。"③ 以上为宫廷御炙。

在民间，炙的品种更加丰富多彩，食用也更为广泛普遍了。唐人段成式有一次外出打猎，在一乡村，"主人老姥出彘臛，五味不具。成式食之，有逾五鼎，曰：'老姥初不加意，而殊美如此。'常令庖人具此品，因呼'无心炙'。"④ 在乡间村妇那里居然可以吃到如此美味之炙，可见到了唐代炙在民间已相当普及，炙的总体烹制水平已大大提高了。

唐代统一多民族国家的空前发展，导致各民族之间饮食文化的交流空前发展，这在炙品上也有所体现。当时有一种名曰"浑炙犁牛"（整烤牦牛）的大菜，这是我国古代西部少数民族菜肴。唐代诗人岑参在《酒泉太守席上醉后作》诗中写道："琵琶长笛曲相和，羌儿胡雏齐唱歌。浑炙犁牛烹野驼，交河美酒金叵罗。"⑤ 可知此菜为太守席上宴请嘉宾之大菜。它既标志着饮食文化的发展，又象征着民族之间的饮食文化交流。还有一种"驼峰炙""将军曲良翰能为驴鬃，驼峰炙"⑥，也应是西北少数民族的吃法。

唐代岭南、东南沿海的饮食文化日益扩展，也使炙的品种更为多样。有天脔炙，"瓦屋子，盖蚌蛤之类也。南中旧呼为蚶……壳中有肉，紫色

① （唐）魏徵、令狐德棻撰：《隋书》卷六九《王劭传》，中华书局1973年版，第1602页。

② （宋）陶穀撰，孔一点校：《清异录》卷下《馔羞门》"逍遥炙"条，上海古籍出版社2012年版，第105页。

③ （唐）苏鹗撰，阳羡生校点：《唐五代笔记小说大观·杜阳杂编》卷下，上海古籍出版社2000年版，第1395—1396页。

④ 《清异录》卷下《馔羞门》"无心炙"条，第103页。

⑤ （唐）岑参著，陈铁民、侯忠义校注，陈铁民修订：《岑参集校注》卷二《编年诗·酒泉太守席上醉后作》，上海古籍出版社2004年版，第219页。

⑥ （唐）段成式撰，曹中孚校点：《唐五代笔记小说大观·酉阳杂俎》前集卷七《酒食》，上海古籍出版社2000年版，第611页。

而满腹，广人尤重之。多烧以荐酒，俗呼为天脔炙。”[①] 有蛤蜊炙，“吐突承璀嗜蛤蜊，炙以铁丝床，数浇鹿角浆，然后食。”[②] 有蝤蛑炙，“鹿宜孙食蝤蛑炙于寿阳瓮中，顿进数器。”[③] 蝤蛑为生长于海边的梭子蟹。以上数种均为海鲜，不仅南人食用，亦传至北方，为北人所喜爱。

综上可见，汉唐时期不仅炙的品种在日益增加，烹饪工艺在不断精益求精，而且对于炙的饮食卫生也在不断进行探索，以食用“炙蚶”为例：在北朝时人们认为“炙蚶”要“别奠酢随之”[④]，意思是说要蘸醋吃。而到了唐代则已认为“（醋）不可与蛤肉同食，相反。”[⑤] 意思是说这两样东西相反，同时进食会出现毒副作用。“蚶”即是“蛤”。从这个事例可知，我国古代对于饮食卫生也是在不断进行探索的。

二 脍

脍，作为汉唐时期最常见的一种菜肴制作方法，其起源也是很早的，如《礼记·少仪》记载：“牛与羊鱼之腥，聂而切之为脍。”[⑥] 孔颖达疏云：“聂而切之者，谓先牒为大脔，而后报（“报”字，监本、毛本作“细”）切之为脍。”[⑦] 汉代许慎撰《说文》云：“脍也，细切肉也。”[⑧]

上述记载给“脍”下了定义，明确回答了什么是脍，以及怎样切法，特别是科学地限定了“脍”的原料范围——“牛与羊鱼”。但是也有例外，汉朝就有人特别喜欢吃鹿脍。《东观汉记·马光传》载：“章帝与舅马光诏曰：‘朝送鹿脍，宁用饭也。’”[⑨] 吃起鹿脍来连主食都不想再用。

---

① （唐）刘恂撰，鲁迅辑录：《鲁迅辑录古籍丛编》第三卷《岭表录异》卷下，人民文学出版社 1999 年版，第 469 页。

② （后唐）冯贽编，张力伟点校：《云仙散录》三〇七“鹿角浆”条引《传芳略记》，中华书局 2008 年版，第 147 页。

③ 《云仙散录》二〇〇《食“蝤蛑炙”条》引《止戈集》，第 103 页。

④ 《齐民要术校释》卷九《炙法第八十》，第 623 页。

⑤ （唐）孟诜、张鼎撰，谢海洲、马继兴、翁维健、郑金生辑：《食疗本草》卷下《醋》，人民卫生出版社 1984 年版，第 125 页。

⑥ 《礼记正义》卷三五《少仪第十七》，第 1217 页。

⑦ 《礼记正义》卷三五《少仪第十七》引孔疏，第 1219 页。

⑧ 《说文解字注》四下《肉部》，第 176 页。

⑨ （东汉）刘珍等撰，吴树平校注：《东观汉记校注》卷一二《马光传》，中华书局 2008 年版，第 448 页。

因为“脍”既可以熟吃，又可以生吃，而且主要是生吃，所以不能用猪肉。《礼记·内则》在谈到脍的调料用法时说：“脍，春用葱，秋用芥。豚，春用韭，秋用蓼。”[①] 把脍与豚分别来说，可见脍中不包括豚。

“脍”，早在先秦时期就已经出现了。《论语·乡党》：“食不厌精，脍不厌细。”[②] 我国历来公认“脍炙”为美味的代表。进入汉魏以后，食脍之风日益盛行。从汉唐时期琳琅满目的关于脍的记述中，我们可以看到脍有如下特点：第一，脍的原料大多指的是鱼。后汉辛延年《羽林郎》：“就我求珍肴，金盘鲙鲤鱼。”[③] 鲙，即脍。鲤鱼是最常用的作脍原料。不仅淡水鱼，海鱼也是脍的常用原料。三国魏曹植《七启》：“脍西海之飞鳞。”[④] 西海之飞鳞，即“文鳐”。第二，而且要用鲜鱼、活鱼。汉枚乘《七发》即盛赞“鲜鲤之鲙”[⑤]。唐人寒山诗中也写道：“去骨鲜鱼脍，兼皮熟肉脸。”[⑥] 第三，以薄切、细切为其刀功要领和特色。晋人潘岳在《西征赋》中形容厨人切脍的刀功时说：“鸾刀若飞，应刃落俎，靃靃霏霏。”[⑦] 唐人杜甫在《观打渔歌》中也写道：“饔子左右挥霜刀，鲙飞金盘白雪高。”[⑧] 都以如雨雪之飘洒来形容切脍时的情景。所切之脍薄到比蝉翼还薄，晋人张协在《七命》中形容道：“秋蝉之翼，不足拟其薄。”[⑨] 将其装盘食用时，则“累如叠縠，离若散雪”[⑩]，摞起来如同几层薄纱，筷子一拨如同雪片纷飞。

由于鱼是脍的主要原料，因而汉唐时期人们对鱼的品类要求也就日

---

① 《礼记正义》卷二八《内则》，第989页。

② （三国·魏）何晏注，（宋）刑昺疏，朱汉民整理，张岂之审定：《论语注疏》卷一〇《乡党》，北京大学出版社2000年版，第150页。

③ （北宋）郭茂倩：《乐府诗集》卷六三《羽林郎》，中华书局1979年版，第909页。

④ （梁）萧统编，（唐）李善注：《文选》卷三四（曹子建）《七启八首并序》，上海古籍出版社1986年版，第1579页。

⑤ 《七发》，第40页。

⑥ （清）彭定球等编：《全唐诗》卷八〇六（寒山）《诗之二〇五》，中华书局1960年版，第9088页。

⑦ 《文选》卷一〇（潘安仁）《西征赋》，第474页。

⑧ 萧涤非主编，焦裕银校注：《杜甫全集校注》卷九《观打鱼歌》，人民文学出版社2014年版，第2621页。

⑨ 《文选》卷三五（张景阳）《七命八首》，第1610页。

⑩ 《文选》卷三四（曹子建）《七启八首》，第1579页。

益讲究并有所发展变化。以汉晋时期而言，鲈鱼是当时深受人们喜爱的作脍佳品。曹操宴宾客时慨叹道："今日高会，珍羞略备，所少吴松江鲈鱼耳。"① 这是以无鲈鱼脍为憾。晋代吴人张翰在洛阳作官，因思念家乡的鲈鱼脍，遂弃官归故里②。鲈鱼是淡水鱼中的作脍珍品。鲻鱼也被认为是脍的优质原料。据晋葛洪《神仙传》卷9记载，吴主孙权曾与仙人介象"共论鲙鱼何者最上，象曰：'鲻鱼为上。'"③ 鲻鱼形如娃娃鱼，大者长二尺，小者仅数寸，产于吴会稽沿海。《凉州异物志》也说："鲻鱼作脍，味异无辈。"④ 鲻鱼是海鱼中的珍品。当然，制脍佳品也绝非仅限于此。《临海水土异物志》载："鲶鱼，大者长三尺，作脍、炙，尤香而美。"⑤

到了唐代，对于脍鱼的品质优劣更有明确的系统分类。杨晔在《膳夫经》（即《膳夫经手录》）中记载："脍莫先于鲫鱼，鳊、鲂、鲷、鲈次之，鲚、味、鲶、黄、竹五种为下，其他皆强为之耳，不足数也。"⑥ 这里把前人推重的鲈鱼列为二等，而将鲫鱼列于首位。唐人多有盛赞鲫鱼脍者，如韩愈就曾留下"庖霜脍玄鲫"⑦ 的诗句，杜甫也曾留下"鲜鲫银丝鲙，香芹碧涧羹"⑧ 的诗句。鲫鱼不仅被唐人认为是脍中珍品，而且还被认为具有医疗作用。李时珍在《本草纲目》中曾提出："诸鱼属火，独鲫属土，有调胃实肠之功。"⑨ 那么，鲫鱼脍就不仅是一道佳肴，而且是一味药膳了。

脍，除了一般鲜脍外，到了唐代已出现了一种保鲜的"干脍"。据

---

① （南朝·宋）范晔撰，（唐）李贤等注：《后汉书》卷八二下《方术列传下·左慈传》，中华书局1965年版，第2747页。

② 《晋书》卷九二《文苑·张翰传》："张翰字季鹰，吴郡吴人也……齐王（司马）冏辟为大司马东曹掾……因见秋风起，乃思吴中菰菜、莼羹、鲈鱼脍，曰：'人生贵得适志，何能羁宦数千里以要名爵乎！'遂命驾而归。"（第2384页）

③ （晋）葛洪撰，钱卫语释：《神仙传》卷九《介象》，学苑出版社1998年版，第245页。

④ （清）张澍纂辑：《凉州异物志》，商务印书馆1936年版，第10页。

⑤ 《临海水土异物志辑校》鲶鱼36，第17页。

⑥ （唐）杨晔撰：《膳夫经手录》，清初毛氏汲古阁抄本。

⑦ （唐）韩愈著，钱仲联集释：《韩昌黎诗系年集释》卷五《城南联句》，上海古籍出版社1984年版，第482页。

⑧ 萧涤非主编，张忠纲校注：《杜甫全集校注》卷二《陪郑广文游何将军山林十首·其二》，人民文学出版社2014年版，第359页。

⑨ （明）李时珍撰：《本草纲目》卷四四《鳞之三·鲫鱼》引震亨曰，上海古籍出版社1987年影印《钦定文渊阁四库全书》第774本，第288页。

《太平广记》卷234《吴馔》载：东晋的吴郡向朝廷贡献海鮸干脍和松江鲈鱼干脍。海鮸干脍的制作方法是：盛夏五六月时，出海捕得鮸鱼后“即于海船之上作脍，去其皮骨，取其精肉，缕切。随成随晒三四日，须极干，以新白瓷瓶未经水者盛之。密封泥，勿令风入。”这样做成的干脍，可以保存五六十天，仍“不异新者”，取其“散置盘上，如新脍无别”①。这里所说的鮸鱼，状似鲈鱼而肉略粗。由于脍食要求一个“鲜”字，因而对原料的保鲜就特别严格。从这个记载可知，当时已出现了在船上就地加工保鲜的方法。松江鲈鱼的保鲜方法与鮸鱼相同，可见不论海鱼或淡水鱼都可以做成“干脍”。在没有电力冷藏保鲜的古代，这种方法最大限度地达到了保鲜的要求，保鲜期长达两个月之久，其保鲜技术之高明令人惊叹。

三 羹

羹，是汉唐时期人们经常食用的一种汤菜。《尔雅·释器》：“肉谓之羹。”疏：“肉之所作臛名羹。”② 最初的羹是用肉做的汤，以后才配以各种蔬菜。《释名·释饮食》：“羹，汪也，汁汪郎也。”③ 这是说羹具有多汤的特点。《说文》：“羹，五味之和也。”④ 这是从羹具有五味调和的特点而言。羹，在古代文献中出现甚早，《尚书·说命下》载：“若作和羹，尔维盐梅。”⑤《周礼·天官·亨人》：“祭祀，共大羹、铏羹，宾客亦如之。”注：“大羹，不致五味也。铏羹，加盐菜矣。”⑥ 古代对于羹应该如何吃法、如何调味、如何摆放都有讲究。《礼记·曲礼上》：“凡进食之

---

① （宋）李昉等编：《太平广记》卷二三四《食》“吴馔”条引《大业拾遗记》，中华书局1961年版，第1790—1791页。

② （晋）郭璞注，（宋）刑昺疏，李传书整理，徐朝华审定：《尔雅注疏》卷五《释器》，北京大学出版社2000年版，第160页。

③ 《释名疏证补》卷四《释饮食第十三》“羹”条，第137页。

④ （清）张英、王士禛等撰：《御定渊鉴类函》卷三九〇《食物部三·羹一》引《说文》，上海古籍出版社1987年影印《钦定文渊阁四库全书》第992本，第567页。

⑤ （汉）孔安国传，（唐）孔颖达疏，廖名春、陈明整理，吕绍纲审定：《尚书正义》卷一〇《说命下》，北京大学出版社2000年版，第300页。

⑥ （汉）郑玄注，（唐）贾公彦疏，赵伯雄整理，王文锦审定：《周礼注疏》卷四《亨人》，北京大学出版社2000年版，第114页。

礼……食居人之左，羹居人之右。……毋逻羹，毋絮羹。……客絮羹，主人辞不能亨。……羹之有菜者用筴，其无菜者不用筴。”① 逻羹，即饮羹，不细嚼而吞咽。絮羹，即调羹。筴，古代指箸，即筷子。这虽是从用餐的礼仪角度而言，但清楚地表明羹是佐饭之重要菜肴。

（一）羹的烹制工艺

羹，是一种适于社会各阶层，食用范围很广泛的食品。《礼记·内则》说：“羹食，自诸侯以下至于庶人，无等。”② 清人陈澔注云：“羹与饭，常日所食，故无贵贱之等差。”③ 进入汉代以后，羹仍然是人们佐餐的常用菜肴。刘邦年轻时常常带着客人到嫂嫂家吃饭，嫂嫂厌烦，为表明羹已尽，故意拿杓子在釜旁大声地敲响。宾客走后，刘邦“视釜中尚有羹”，由此怨恨嫂嫂。后来他当了皇帝以后，封她的儿子刘信为“羹颉侯”④。这个故事表明，羹是平民家中日常的食物。东汉人陆续被关在监狱，有一次他母亲来给送饭，他并不知道，但当吃羹时，他却哭了，说：这是我母亲送的饭。狱吏问他何以知之？他说：“续母作羹，截肉未尝不方，断葱寸寸无不同，是以知母来。”⑤ 可知羹虽被广泛食用，但因做法不同而风味各异，乃至一个家庭主妇都具有做羹的独特风味。

关于羹的制法，刘向在《新序·杂事第四》中讲了一个故事：有一次晋平公问叔向，过去齐桓公九合诸侯，一匡天下。主要是君之力，还是臣之力呢？师旷答道：“臣请譬之以五味。管仲善断割之，隰朋善煎熬之，宾胥无善齐和之。羹以熟矣，奉而进之。而君不食，谁能强之？亦君之力也。”⑥ 此虽以五味作喻，但道出了制羹的三大要领：一是切割，二是火候，三是调味。只要能善于掌握这三条，就能把羹做好。

随着烹饪技术的不断发展，进入魏晋南北朝时期，制羹的技术更趋于精细。除继续要求切割、火候与调味外，还着意于选料。《齐民要术·

---

① 《礼记正义》卷二《曲礼上》，第64—76页。

② 《礼记正义》卷二八《内则》，第991页。

③ （元）陈澔注，万久富整理：《礼记集说》卷五《内则第十二》，凤凰出版社2010年版，第224页。

④ （汉）司马迁撰，（南朝·宋）裴骃集解，（唐）司马贞索隐，（唐）张守节正义：《史记》卷五〇《楚元王世家》，中华书局1959年版，第1987页。

⑤ 《太平御览》卷八六一《饮食部一九·羹》引谢承《后汉书》，第3824页。

⑥ （汉）刘向撰：《新序》卷四《杂事》，商务印书馆1936年版，第54页。

羹臛法》罗列了二十多种羹，每种羹都有其特定的烹饪方法，对于食材、刀工、火候、调味都有不同的要求。兹以其中的“莼羹”[①]为例，以说明制羹对于选料、加工、调味等方面的要求是如何的严格：第一，食材原料的选择有特别要求，“莼羹”味道如何，首先取决于此，制作“莼羹”的最佳莼菜为四月的“雉尾莼”，其时莼菜生茎而未长叶，“第一肥美”；长出叶子后就叫“丝莼”了，五六月间还可以用；但是七月底到九、十月间就不可食用了，因有蜗牛虫粘在上面，吃了对人有害。十月间虫子冻死后又可以吃了。十月底到三月间留下的根叫“瓌莼”，其前端一寸左右，肥而且滑，可以吃。再深一些就不能吃了，味就苦涩了。由此可见，莼菜在不同的月份，不同的部位，其味道差别很大。第二，必须清洗干净，如果是陂池种植的莼菜“色黄肥好”，直接洗干净即可用；野生的颜色青，必须洗净后再焯水去除其涩味，才可以用。“丝莼”“瓌莼”，都不需要刀切的工序，而是直接烹饪。第三，在烹饪过程中对于调味的把握也有讲究：豉汁在另一锅中煮，一开即滤去渣滓，澄清后再用。不可用杓子搅和，一搅和汤就浑浊了。煮豉汁时呈现新琥珀色即可，不要太黑，黑了就又咸又苦。莼羹不可加葱、醋等调味，更不宜咸。

从其操作要领中可见，选料、调味、火候都有严格要求，特别是火候的把握尤其关键，选料和调味之精细程度，最终实际上都取决于烹饪火候的把握是否恰到好处。

（二）羹的品类

汉唐时期，羹的品种日益增多，仅前揭《齐民要术》所载就有二三十种之多。这名目繁多的羹，概而论之主要可以划分为菜羹、肉羹和鱼羹三大类别。除了从食材区分的这三类羹外，还有一类可以称之为“食疗羹”，制作食材则是荤（动物）、素（植物）不拘。以下分而述之。

1. 菜羹

菜羹多为贫穷人家所食。东晋桓温上表说：王濬的两个孙子，生活非常贫困，以至“菜羹不给”[②]。刘宋时人朱脩之虽身为高官，但对穷困

---

① 《齐民要术校释》卷八《羹臛法第七十六》，第589—590页。按，《齐民要术》一书中，写作“蓴羹”，即“莼羹”，“蓴”为“莼”之异体字。本文一律写作“莼”。

② 《晋书》卷四二（王褒）《王濬传》，第1217页。

的姐姐从未资助过。有一次他到姐姐家去，“姊欲激之，为设菜羹粗饭，脩之曰：‘此乃贫家好食。’致饱而去。”[①] 这里明言菜羹为贫穷人家的食物。

菜羹可由各种不同的蔬菜制成，如东汉“陶硕，字公超。啖芜菁羹，无盐。”[②] 这种以芜菁制成的羹即是菜羹中的一种。比较高级的菜羹，并非纯用蔬菜，而是要掺入一些鱼、肉之类的。例如《齐民要术·羹臛篇》所介绍的菜羹——“莼羹”，其中可加入鲤鱼或白鱼[③]，瓠叶羹用瓠叶和羊肉做成。

蔬菜羹也为佛教徒所常食，其做法自有独特之处，在唐代有一种“道场羹”，据《清异录》载：“江南仰山善作道场羹，脯、面、蔬、笋，非一物也。”[④] 仰山，即唐高僧慧寂。这是一种荤素杂煮的羹。

2. 肉羹

肉羹是比较富有人家的菜肴。东汉太尉刘宽，“侍婢奉肉羹，翻污朝衣。”[⑤] 肉羹的种类也很多，大致可以分为畜肉类羹、禽肉类羹，此外还有一些稀有的特殊风味或混合多种肉类加工的羹。

先说畜肉类羹。较为常见的有：（1）羊羹：以羊肉烹制，北方较为流行。东晋大将毛脩之被北魏俘在平城时，曾作羊羹送给北魏的尚书和皇帝拓跋焘品尝，他们感到味道绝美，于是让他当掌管御膳的“太官令”[⑥]。（2）猪蹄酸羹：是用猪蹄佐以葱、豉、醋、盐烹制的酸味肉羹[⑦]。（3）駞蹄羹，据《异物苑》：“陈思王制駞蹄为羹，一瓯值千金，号七宝羹。”[⑧]

次说禽类羹。禽又有家禽和野禽之分，而以家禽居多。较为常见的有：（1）鸡羹。北齐时高漵为沧州刺史，有一次其下属在外投宿时食鸡羹而不

---

① （梁）沈约撰：《宋书》卷七六《朱脩之传》，中华书局1974年版，第1970页。

② 《太平御览》卷八六一《饮食部十九·羹》引谢承《后汉书》，第3824页。

③ 《齐民要术校释》卷八《羹臛法第七十六》引《食经》，第590页。

④ 《清异录》卷下《馔羞门》“道场羹”条，第106页。

⑤ 《后汉书》卷二五《刘宽传》，第888页。

⑥ 《宋书》卷四八《毛脩之传》，第1429页。

⑦ 《齐民要术校释》卷八《羹臛法第七十六》，第584页。

⑧ 《御定渊鉴类函》卷三九〇《食物部三·羹二》引《异物苑》，《钦定文渊阁四库全书》第992本，第569页。

付钱，高湝知道后，召集众官责问该官员说："食鸡羹何不还价直也?"[①] 鸡羹是比较常见的一种肉羹。《齐民要术》载有"鸡羹法"[②]，是用鸡一只与葱、枣等合煮而成。（2）鸭羹，《齐民要术》有"笋笴鸭羹法"[③]，用肥鸭一只，与咸干笋合煮而成。

最后说稀有或特殊风味的羹。如"猴头羹"，据《临海水土异物志》记载：临海一带，"民皆好啖猴头羹，虽五肉臛不能及之。其俗言：'宁负千石之粟，不愿负猴头羹臛。'"[④] 这应该是江南地区特有的地方风味的羹。如"不乃羹"，据《岭表录异》记载："交趾之人，重不乃羹。羹以羊鹿鸡猪肉和骨，同一釜煮之。令极肥浓，滤去肉，进之葱姜，调以五味。贮以盆器，置之盘中。……交趾人或经营事务，弥缝权要，但设此会，无不谐者。"[⑤] 这是唐代岭南地区特有的以多种肉类混杂煮制作的一种羹，是人们用来招待宴请重要客人的一道大餐。

3. 鱼羹

鱼羹主要是南方地区经常食用的羹，而北方相对较为少见。萧齐吏部郎庾杲之有一次到乐颐家中，乐颐用粗劣的菜肴招待他吃饭，庾杲之不吃，乐颐之母"闻之，自出常膳鱼羹数种"[⑥]。这条材料说明：第一，鱼羹是富有人家之"常膳"。第二，鱼羹档次较高，因此用以待客而不显怠慢。第三，鱼羹的品种很多，乐颐家中仅常吃的鱼羹就有数种。此外，还有鼋羹，后汉桓麟《七说》："河鼋之羹，齐以兰梅，芳芬甘旨，未咽先滋。"[⑦] 鼋是一种大鳖，在很多地方又称之为"团鱼"，因此，包括鼋、鳖、龟类为原料制作的羹也可归入鱼羹的范畴。

4. 食疗羹

到了唐代，羹有了进一步发展，一些具有食疗效果的羹被开发出来，

---

① （唐）李百药撰：《北齐书》卷一〇《彭城景思王（高）浟传》，中华书局 1972 年版，第 134 页。

② 《齐民要术校释》卷八《羹臛法第七十六》，第 584 页。

③ 《齐民要术校释》卷八《羹臛法第七十六》，第 585 页。

④ 《太平御览》卷八六一《饮食部一九·羹》引沈莹《临海水土异物志》，第 3825 页。

⑤ 《鲁迅辑录古籍丛编》第三卷《岭表录异》卷上，第 448 页。

⑥ （梁）萧子显撰：《南齐书》卷五五《孝义·乐颐传》，中华书局 1972 年版，第 964 页。

⑦ （清）严可均校辑：《全上古三代秦汉三国六朝文》之《全后汉文》卷二七（桓麟）《七说》，中华书局 1958 年版，第 623 页。

因而羹又成为一种食疗品种。据《食医心鉴》记载，水牛肉羹可“治小便涩少闭闷”。羊肺羹可“治小便多数，瘦损无力”。猪心羹可“治产后中风血气拥，惊邪忧恚”。猪肾羹可“治产后蓐劳乍寒乍热”。猪肝羹可“治产后乳汁不下闭妨痛”[①] 等。

还有一种“甘露羹”，据说用以治疗白发很有奇效。唐玄宗时户部员外郎郑平须发皆白，有一次被李林甫看见，告诉他，宫中有一种甘露羹，可以黑发，食用后“纵当华皓，必当鬒黑”[②]。第二天，李林甫得到皇帝所赐甘露羹后，便送给郑平服用，“一旦发毛如䃜”。䃜为黑色美石。一夜之间白发就变为如黑色美石，未免有夸大的成分。不过，唐代对于羹的食疗作用的认识与追求，表明我国古代饮食文化到唐代已进入了一个更高的发展阶段。

四 脯

脯是一种干肉，是我国古代对肉类加工、保藏的最古老方法之一，也是古代最常用的一种肉食。脯是一种具有特殊香味，且耐久贮的干肉，可以畜、禽、鱼肉为原料，经切割、漂洗、腌渍、煮制、挤榨、曝晒或阴干等处理方法而制成。

《说文》：“脯，干肉也。”[③]《汉书·东方朔传》：“朔曰：生肉为脍，干肉为脯。”[④] 都指出了其为干肉的特征。同为干肉，在“脯”之外，尚有“腊”“脩”等。它们的区别，据《周礼·腊人》郑玄注：“薄折曰脯；捶之而施姜桂曰锻脩；腊，小物全干。”[⑤] 意思是说，大动物析成条片而干的为“脯”，经过敲打加入佐料而干的为“脩”，小动物整个而干的为“腊”。《齐民要术》在介绍“五味脯”的做法时说：“用牛、羊、麞、鹿、野猪、家猪肉。或作条，或作片”[⑥]，都是用大动物析成条或片，

① （唐）昝殷撰：《食医心鉴》，东方学会1924年印行本。

② 《太平御览》卷八六一《饮食部一九·羹》引《明皇杂录》，第3825页。

③ 《说文解字注》四下《肉部》，第174页。

④ （汉）班固撰，（唐）颜师古注：《汉书》卷六五《东方朔传》，中华书局1962年版，第2844页。

⑤ 《周礼注疏》卷四《腊人》引郑注，第125页。

⑥ 《齐民要术校释》卷八《脯腊第七十五》，第579页。

此即所谓“薄析”。而作“五味腊”时，则“用鹅、雁、鸡、鸭、鸧、鴇、凫、雉、兔、鸽鹑、生鱼，皆得作……勿四破。”[①] 用的都是整只的小动物，此即所谓“小物全干”。

脯是最早出现于食品市场的肉食。先秦时期已经有了“沽酒市脯”[②]，到了汉代以后，依然占据食品市场的重要位置，并有了更大的发展。桓宽《盐铁论·散不足》中的贤良说：“古者…不市食（不买熟食吃）。及其后则有屠沽，沽酒市脯鱼盐而已。今熟食遍列，殽施成市。”[③] 由此可知，脯是当时熟食市场中的重要商品。在这个背景下，出现了卖脯的富商，“浊氏以胃脯而连骑”[④]，“胃脯”，《初学记》引作“卖脯”[⑤]。卖脯商人如此豪富，说明其经营规模相当庞大，反映了当时社会对脯的消费量的提高。因而，它率先冲破“沽酒市脯不食”的传统观念，而跻身于“熟食遍列，殽施成市”的行列之中，绝非偶然。又据诸史载，洛阳附近有一座山，因为人们经常在此晾晒干肉而得名“干脯山”。据陆机《洛阳记》云：“干脯山在洛阳北去三十里，于上暴肉，因以为名。”[⑥] 可见干脯山是一处大规模晾制干肉的场所。这从一个侧面反映当时加工和消费脯的数量是不小的。

北魏《齐民要术·脯腊篇》介绍了制作“五味脯法”“度夏白脯法”“甜脆脯法”“鳢鱼脯法”等四种脯的制法和制作“五味腊法”“脆腊法”等腊的方法，充分体现了魏晋南北朝时期脯腊的花色品种的增加和制作工艺的提高，也说明社会上食脯腊之风相当盛行。

由于脯具有制作简单方便，又便于长期保存，既适于居家，也适于旅行食用等许多优点，因而脯在汉唐时期依然是人们经常而广泛食用的肉类制品。具体以言，主要表现在如下三个方面：

---

① 《齐民要术校释》卷八《脯腊第七十五》，第580页。

② 《论语注疏》卷一〇《乡党》，第150页。

③ 王利器校注：《盐铁论校注》卷六《散不足第二十九》，中华书局1992年版，第352页。

④ 《汉书》卷九一《货殖传》，第3694页。

⑤ （唐）徐坚等：《初学记》卷二六《器物部·脯》引《汉书》，中华书局1962年版，第641页。

⑥ （唐）虞世南辑录：《北堂书钞·2》卷一四五《酒食部四·脯篇十六》引陆机《洛阳记》，学苑出版社2015年版，第474页。按，据同书孔广陶校注引《钦定图书集成》之《食货典三〇五》引《洛阳记》，“暴肉”作“曝脯”，其余皆同。

第一，脯为居家、待客之常备肴馔。东汉人“陈蕃待客，拌饭以鹿脯，芼羹以牛脯，未常别为异馔。”① 这个材料表明当时人们家中可能备有多种动物原料制成的脯，它们可以随时拿来供自己食用或待客食用，有了它就可以不必“别为异馔”，表明了食脯的方便快捷。曹元理到他的朋友陈广汉家作客，“广汉为之取酒，鹿脯数片……乃曰：‘此资业之广，何供馈之偏（匮乏）邪！’”② 鹿脯是一般家庭可以随时拿来待客之食品，正因为它是家常食品，所以令客人不满。

此外，如《续齐谐记》记载：刘晨，阮肇二人入天台山，有女仙人为他们“设胡麻饭，山羊脯，因留连之。”③ 晋葛洪《神仙传》载：王远至蔡经家，与麻姑共设肴膳，“擘脯而行”④，云是麟脯。这些虽属神话，但所反映的以脯待客之事却是现实生活的反映。

第二，脯为旅行之常备食品。《晋书·孝友传》记载：桑虞有一次住宿旅店，同房间的旅客丢失了脯，怀疑是桑虞偷了。桑虞不加辩解，便脱下自己的衣服，偿付该旅客。店主人对他们说：“此舍数失鱼肉鸡鸭，多是狐狸偷去。君何以疑人？”⑤ 可见当时脯已经成为人们常用的旅途食品。

第三，脯亦用为军旅之食品。东汉光武帝初起兵时，有一次在军中“方坐啗脯”⑥，这是在军旅中吃脯。同书又记光武帝“奉糗一斛，脯三十朐，诣幕府营，进围宛城。”⑦ 这是以脯作为军需品而带往前线。仙人左慈到刘表那里，“请犒军，有酒一器，脯一盘。百人捷酒，赐兵人三杯酒，一片脯，万人皆同，而酒器如故，脯亦不减。”⑧ 这虽是神话，但说以脯劳军，亦非偶然。由此可见，脯亦用为军旅之食品，显然是因为它具有便于携带、保存和食用等优点。

---

① 《云仙散录》二八二“以脯芼羹”条引董慎《续豫章记》，第 136 页。

② 《西京杂记》卷四《曹算穷物》，第 30 页。

③ 《太平御览》卷八六二《饮食部二十·脯》引《续齐谐记》，第 3831 页。

④ 《神仙传》卷三《王远》，第 61 页。

⑤ 《晋书》卷八八《孝友·桑虞传》，第 2291 页。

⑥ 《太平御览》卷八六二《饮食部二〇·脯》引《东观汉记》，第 3831 页。

⑦ 《东观汉记校注》卷一《世祖光武皇帝纪》，第 3 页。

⑧ 《太平御览》卷八六二《饮食部二〇·脯》引《神仙传》，第 3831 页。

五 鲊

鲊也是汉唐时期常见的菜肴之一。鲊是经加工制作便于贮藏的鱼类食品，如腌鱼、糟鱼之类。鲊有两种，一种是熟鲊，《释名·释饮食》记载："鲊，菹也。以盐米酿鱼以为菹。熟而食之也。"① 这是指腌鱼、糟鱼。另一种是鲜鲊，"所谓'鲊者'。特干鱼片子耳。今则南中以鲜鲊为佳品矣。"②

关于鲊的制法，在《齐民要术·作鱼鲊篇》中有比较详细的记载。

关于作鲊的时间，"凡作鲊，春秋为时，冬夏不佳。"③ 因为冬天太冷，难于成熟。而夏天太热又容易生蛆，为了防止生蛆而多放盐，又使鲊失去滋味，所以最好是在春秋时作。作鲊的鱼，要"取新鲤鱼"，而且要大鱼。首先进行初加工，去鳞之后切成长二寸、方一寸、厚五分的块，每块都带着鱼皮。其次是进行调味，撒上白盐，榨去水份，再以粳米饭为"糂（糁）"。所谓"糂（糁）"，据《说文》："以米和羹也。"④ 凡掺和于鱼肉、菜肴中的米饭都是"糂（糁）"。其调味所用佐料为盐、酒、茱萸、橘子皮等，将其与鱼肉搅拌均匀。第三为腌制方法与程序。将鱼码放于瓮中，一层鱼，一层糁。码放鱼的要领之一是"腹腴居上"，即鱼肚肉肥，朝上码放，因肥肉不宜久存，以便先熟先吃。码好后，以竹叶和箬叶交错置于鱼肉之上，再用竹签交错于其上压紧之。经这样处置好的腌鱼的瓮应置放于屋中，而不宜放于户外及火炉边，否则容易变质。最后是食用方法，要用手劈开吃，而不能用刀切，刀切有腥味。《齐民要术》所载这套作鲊方法，大体代表了到南北朝时期制鲊工艺的最高水平，是对前代实践经验的总结。

鱼之外的其他肉类也可以作鲊，《齐民要术》中就有"作猪肉鲊

---

① 《释名疏证补》卷四《释饮食第十三》"鲊"条，第139页。

② （清）梁绍壬撰，范春三编译：《两般秋雨庵随笔》卷六《鲜鱼生葱》，新疆人民出版社1995年版，第712—713页。

③ 《齐民要术校释》卷八《作鱼鲊第七十四》，第573页。

④ 《说文解字注》七上《米部》，第332页。按，"糁"为"糂"之异体字，本字作"糂"，从米甚声。后世"糁"取代"糂"成为通用字，"糂"反而少用。

法”[①]。所以凡是糟鱼、糟肉一类食品都可以称为“鲊”。猪肉鲊的制作方法与作鱼鲊的方法基本一致，其“布置一如鱼鲊法。”这种猪肉鲊，味道鲜美，“脏之尤美，炙之珍好。”[②] 不论杂烩（脏）还是烧烤都很好吃。

到了唐代，鲊的作法和吃法都更为考究，“吴越有一种玲珑牡丹鲊，以鱼叶斗成牡丹状，既熟，出盎中，微红如初开牡丹。”[③] 这是用鲊组成的拼盘，其形色如同社日盛开的牡丹。说明这时的鲊不仅追求滋味，而且追求其“形”和“色”，成为一种兼具精神享受的艺术品。前面我们已谈到，夏天因天气太热而不宜作鲊，但到了唐代已突破了这一时间限制，而创造了一种专供夏天食用的“含风鲊”。据《云仙杂记》记载：“房寿六月召客……调羊酪造含风鲊，皆凉物也。”[④] 这种含风鲊是加进羊奶而制成的具有特殊风味的消夏食品。

鲊不仅是人们的佐餐佳肴，而且还有其一定的食疗价值，特别是它可以用来作为醒酒妙方而备受人们的青睐。萧齐时大族官僚虞悰，是一位美食家，他家做的菜肴连宫廷御厨都比不了，齐武帝曾向他求借饮食秘方，他却秘而不宣。有一次皇帝“醉后体不快，悰乃献醒酒鲭鲊一方而已。”[⑤] 这种“醒酒鲭鲊方”的醒酒效果可能很不错，自从他的秘方公布后，历代相传不绝。在隋人谢讽的《食经》中还记载有“虞公断醒鲊”，即是虞悰所献出的“醒酒鲭鲊方”

由于制鲊的原材料容易获得，而又美味可口，食用方便，从而深得汉唐时人所喜好，所以这一时期家庭都能自制鱼鲊，而且常以自制之优质鱼鲊互相馈赠，蔚为风气。东晋谢玄《与姊书》曰：“昨日……出钓，所获鱼，以为鲑一坩，今送来。”[⑥] 坩为盛鲊的陶器。这是自钓自制，以相馈赠。晋王羲之《王右军集》载：“裹鲊味佳，令致君，所须可示，勿难。”[⑦] 世称“裹鲊帖”。裹鲊，即经过腌制并用荷叶包裹而成的鱼鲊。这

① 《齐民要术校释》卷八《作鱼鲊第七十四》，第577页。

② 《齐民要术校释》卷八《作鱼鲊第七十四》，第577页。

③ 《清异录》卷下《馔羞门》“玲珑牡丹鲊”条，第104页。

④ 《云仙散录》一九“龙门溪水”条引《叩头录》，第25页。

⑤ 《南齐书》卷三七《虞悰传》，第655页。

⑥ 《北堂书钞·2》卷一四六《酒食部五·鲑三十九》引谢玄《与姊书》，第485页。

⑦ 《全上古三代秦汉三国六朝文》之《全晋文》卷二六（王羲之）《杂帖》，第1608页。

是因所制鲊味美而馈人分享。

由于鱼鲊成为社会上普遍追求的美味佳肴之一，因此有的官员便利用职务之便，将公家的鱼拿来制鲊供自己享用。东吴时孟仁任监池司马，负责管理鱼塘。他将公家的鱼捕来做成鲊寄给母亲，其母将鲊退还，并告诫他说："汝为鱼官，而以鲊寄我，非避嫌也。"① 又有东晋人陶侃年轻时为寻阳县吏，负责管理鱼塘，他给母亲送去一罐鲊，其母也将鲊退回，并作书一封责备他道："尔为吏，以官物遗我，非惟不能益吾，乃以增吾忧矣。"② 这两人都是利用职务之便，将公家之鱼作鲊以供自己享用，所幸这两位母亲都很明理，拒绝这来路不正的馈赠，并教训了自己的儿子。后来他们二人都成为国之柱臣，对历史做出了不同的贡献，当与他们母亲的严格要求不无关系。

鲊，不仅为民间所普遍食用，也是宫廷常用的食品，因而它也作为贡品而献给朝廷。据《大业拾遗记》："（大业）十二年（616）六月，吴郡献太湖鲤鱼腴鰪四十坩，纯以鲤腴为之。计一坩鲝，用鲤鱼三百头，肥美之极，冠于鳣鲔。"③ "鲝"即"鲊"。这是用鲤鱼的腹下肥肉而制成的鲊，四十坩共需鲤鱼一万二千尾，其奢侈浪费程度令人惊异。又据《新唐书·地理志》：唐代丹阳郡（今江苏镇江）的土贡即为鲊④。

六　菹

菹是汉唐时期食用极为普遍的菜肴之一。这是一种把动植物原料用盐、酱、醋等调料腌渍，并利用乳酸发酵来加工保藏的食品。以制作原料来分，菹有菜菹和肉菹两大类别。菜菹是用各种蔬菜醃制而成的，这就是《说文解字》所说的"菹，酢菜也"⑤，即醃酸菜。菜菹又有咸菹、淡菹之分。肉菹是用肉类醃制的。《礼记·内则》说：用麋（四不像）、鹿、鱼作的叫"菹"，用麕（獐子）作的叫"辟鸡"，用野猪作的叫

① （晋）陈寿撰，（南朝·宋）裴松之注，陈乃乾校点：《三国志》卷四八《吴书·三嗣主传·孙晧传》引《吴录》，中华书局1959年版，第1169页。

② 《晋书》卷九六《列女·陶侃母湛氏传》，第2512页。

③ 《太平御览》卷八六二《饮食部二〇·鲊》引《大业拾遗记》，第3832页。

④ （宋）欧阳修、宋祁撰：《新唐书》卷四一《地理志五》，中华书局1975年版，第1056页。

⑤ 《说文解字注》一下《艸部》，第43页。

“轩”，用兔子作的叫“宛脾”。郑玄注：“轩、辟鸡、宛脾，皆菹类也。”[①] 由此可见，肉类、鱼类都可以加工成菹，只是因所用肉类不同，而作出的菹有“菹”“轩”“辟鸡”“宛脾”等不同品名，但这些都属于肉菹。再从加工方法来区别，凡是整个的大片的叫“菹”，细切的叫“齑”。郑玄在注《周礼·天官·醢人》时谓：“齑、菹之称，菜肉通。”[②] 可见不论菜或肉都可以加工成“菹”或“齑”。

菹的加工制作方法，到了北朝时期已经发展到了相当成熟的阶段。《齐民要术》是其集大成的代表，其中有《作菹、藏生菜篇》论述菜菹的加工制作方法，《菹绿篇》论述肉菹的加工制作方法。在《作菹、藏生菜法》[③] 中，共列举了三十余项菹法，其中盐菹有二十三项，醋菹五项，此外还有米汤菹、蒸煮菹、糖蜜菹、生藏菹、女曲菹等。

盐菹，是最主要的方法。其加工方法中有两点最为关键：一是用盐，强调以盐水洗菜并腌泡没菜。这一方面可使蔬菜中的水份渗出，而使盐分渗入，使成品获得咸味；另一方面是利用盐的防腐作用，抑制有害细菌繁殖，保持蔬菜的品质。而腌菜用盐并非多多益善，而是要掌握恰当比例。这里没有讲盐和水的比例，在另一则“作菘咸菹法”中，具体规定其比例为“水四斗，盐三升”[④]。据有关专家研究，这一比例的“盐卤的浓度已达 13.3%，同现代的高盐卤腌菜配方相吻合，这是很科学的。”[⑤]

二是用米粥和麦曲，这是我国古代腌制食物常用的方法，加入麦曲是为了发酵，加入米粥是给发酵微生物提供养料。

酸菹也是重要方法之一，以“紫菜菹法”为例，这里的紫菜与我们今天常食的海藻——“紫菜”是同一种东西。在制作紫菜菹时，是盐和醋同用，这是我国古代作醋菹时常用的方法，两者混用“在蔬菜腌制过程中，起着非常重要的作用，它们对不同微生物有明显的抑制作

---

① 《礼记正义》卷二八《内则》引郑注，第 991 页。

② 《周礼注疏》卷六《醢人》引郑注，第 167 页。

③ 《齐民要术校释》卷九《作菹、藏生菜第八十八》，第 656—673 页。

④ 《齐民要术校释》卷九《作菹、藏生菜第八十八》，第 659 页。

⑤ 洪光住：《中国食品科技史稿》上册，中国商业出版社 1984 年版，第 163—164 页。

用和毒害作用。其中醋酸的氢离子可以使微生物的原生质凝固或变为胶体。”①

关于肉菹的制作，在《菹绿篇》中介绍了“白菹”“菹消法”“蝉脯菹法”“绿肉法”等。“菹消法”，所用主料为猪、羊或鹿肉，要尽量肥些的。将这些肉切成细丝，煸炒以后加上盐和豉汁，再将菜菹叶子切细，放进肉里。最后将菹汁倒进肉里，尽量多倒一些，让它发酸。而在《作菹、藏生菜篇》所介绍的“作菹消法”中，除此之外，还要加上葱头为佐料。

菹是我国古代人们最常食用的菜肴，早在先秦时期就食用菹，进入汉代以后，菹仍然是人们经常食用的菜肴。东汉末年，在一些饮食店中有出卖“蒜齑”② 的。据称这种“蒜齑”很酸，表明是经腌制的酸菜品种，可见食用菹类食品已相当普遍。晋人吴隐之，“事母孝谨，及其执丧，哀毁过礼。家贫……尝食咸菹，以其味旨，掇而弃之。”③ 可见贫困家庭以菹为常食。只因咸菹味道不错，吴隐之便认为守丧期间不宜吃而弃之。北魏官僚李崇虽然“富倾天下”，然而性俭啬，每天吃的菜只有“韭茹”“韭菹”两种，他的管家嘲笑他：“一食十八种”。意即“二九（韭）一十八”④。可见菹也为官僚贵族的常食。

总之，汉唐时期不论贫富都以菹为日常菜肴。不过，就以韭菹来说，也有非同寻常之品种，西晋富豪石崇家中，冬天就能吃到一种“韭蓱齑”，这引起了另一富豪王恺的嫉妒，因为冬天是很难得到韭菜的。后来王恺从石崇的管家中得知其奥秘，原来这韭蓱齑是“捣韭根，杂以麦苗尔”⑤。这是以捣韭根取其“味”，以麦苗取其“形”与“色”而制成的特殊菜品，自非一般家庭所能制作。不过，到了唐朝时，长安的一般市民在冬天也能吃到碧绿的“冬菹”了。杜甫在《病后过王倚饮赠歌》一

① 《中国食品科技史稿》上册，第165—166页。

② 《三国志》卷二九《魏书·方技传·华佗传》，第801页。

③ 《晋书》卷九〇《良吏·吴隐之传》，第2341页。

④ 范祥雍校注：《洛阳伽蓝记校注》卷三《城南·高阳王寺》，上海古籍出版社1978年版，第177页。

⑤ （南朝宋）刘义庆著，（南朝梁）刘孝标注，余嘉锡笺疏，周祖谟、余淑宜、周士琦整理：《世说新语笺疏》下卷下《汰侈》，上海古籍出版社1993年版，第1031页。

诗中说："遣人向市赊香粳，唤妇出房亲自馔。长安冬菹酸且绿，金城土酥净如练。"[①] "土酥"，指萝卜。酸而且绿的冬菹，白净如练的土酥，为主人的餐桌增添了色彩。

综上所述，我们从炙、脍、羹、脯、鲊、菹等菜肴烹饪技术的发展过程中，可以看出汉唐时期在菜肴的烹饪技术上已取得了长足的进步并积累了丰富的经验。这一成果，奠定了中国古代饮食文化的基础，并为日后的进一步发展和成熟起到了承前启后的重要作用。

（本文原为《汉唐饮食文化史》第二章第三节，今题目系整理者所加，文中小标题亦为整理者酌情添加，原书正文夹注全部统一为页下注，引用文献亦尽量选用通行的整理本或点校本，同时修订了原书中的文字错讹及其他疏误。至于原书的文字内容、思想观点则一仍不变。李文才敬识。）

① 《杜甫全集校注》卷一《病后过王倚饮赠歌》，第223页。

略论汉唐时期调味品及其制作工艺

汉唐时期之所以能够在中国古代饮食发展史上占有极其重要的地位，一个很重要的原因就是这个时期的调味品有了长足发展，不仅品种增加颇多，制作工艺也有了很大提高。调味品作为食品加工和烹饪中所需的佐助性材料，乃是食品烹饪中不可缺少的物品，在食品加工和烹饪过程中，调味品使用得当与否，不仅直接影响到食物成品的质量与风味，而且对食品的营养价值也有影响。中国历史上所形成的众多菜系之所以有不同的口味，在某种意义上实由调味品使用的差异所导致的。我国古代最重要的调味品有酱、豉、醋三种，具有独特风味的中国菜肴与此三者关系密切，在世界食物史上，我国最先发明了酱、豉、醋等调味品。兹分别论叙如下。

一　酱

酱在中国古代烹饪中占居重要的地位，“酱之为言将也，食之有酱，如军之须将，取其率领进导之也。”① 古人把它看作是调味的统帅②。故孔夫子说：“不得其酱，不食”③，充分表明酱在饮食中的重要地位。

---

① 张传官撰：《急就篇校理》卷二“芜荑盐豉醯酢酱”条颜注，中华书局 2017 年版，第 161 页。

② 酱为菜之“统帅”的看法，后世一直有之，并非颜师古自我作古之辞。据《魏书·岛夷萧衍传》载，南朝萧梁末年，侯景发动叛乱，包围建康台城，梁武帝萧衍募人出战，但“素无号令”，因此“初或暂胜，后必奔背”，于是侯景公然嘲笑说：“城中非无菜，但无酱耳”，以此“戏侮之”。[（北齐）魏收撰：《魏书》卷九八《岛夷萧衍传》，中华书局 1974 年版，第 2185 页。] 这里侯景是以“菜”比喻士卒，以“酱”比喻领兵将帅，意思是说建康台城中，并非没有士兵，只是没有领兵的统帅，故而最终必定战败。

③ （魏）何晏注，（宋）邢昺疏，朱汉民整理，张岂之审定：《论语注疏》卷一〇《乡党》，北京大学出版社 2000 年版，第 150 页。

酱在中国古代的含义比较广泛，包含动物和植物原料酿造而成的咸、酸味调料。《周礼·天官·膳夫》郑玄注云："酱，谓醯、醢也。"[①] 贾公彦疏云："酱是总名，知酱中兼有醯、醢。"[②] 由此可见，古代的"酱"是"醯"和"醢"的一个总称。"醯""醢"是什么呢?《左传》昭公二十年："水、火、醯、醢、盐、梅，以烹鱼肉。"孔颖达疏："醯，酢也；醢，肉酱也。"[③] 醯是一种酸性的调料，即后来的醋的前身。由此看来，最早的"酱"是指动植物所酿制成的包括肉酱在内的咸、酸味调料。

到了西汉出现了用大豆和面粉等加盐发酵而制成的调味品，也就是所谓豆酱。西汉史游《急就篇》有"芜荑盐豉醯酢酱"，把"酱"与其他调味品并列，颜师古注曰："酱，以豆合面而为之也。"[④] 可知这是一种豆酱，这是我国古代在食品化学工业上的重大发明，对日后的烹饪、调味产生了重大影响。在此基础上，到了东汉时期，豆酱油也已经产生。东汉崔寔《四民月令》说：正月"可作诸酱：上旬炒豆，中旬煮之。以碎豆作末都（末都者，酱属也）……可以作鱼酱、肉酱、清酱。"[⑤] 这里的"清酱"就是后世所称之"酱油"。至今在我国北方某些地区还把酱油称为清酱。这是酱油在我国历史上首次见诸文献记载。

在汉唐时期，酱的品类很多，有各种肉类、鱼类制成的酱，也有各种植物制成的，但其中食用最经常、最广泛，从而生产与消费数量最大，并能构成调味品之主体的，应该首推豆酱，或以豆类为主要原料所制成的酱。

汉代酱的生产规模以及社会需求已在不断扩大。据《汉书·货殖传》载："通邑大都酤一岁千酿、醯酱千瓨……亦比千乘之家。"[⑥] 瓨为长颈大

① （汉）郑玄注，（唐）贾公彦疏，赵伯雄整理，王文锦审定：《周礼注疏》卷四《天官·膳夫》引郑注，北京大学出版社2000年版，第94页。

② 《周礼注疏》卷四《天官·膳夫》引贾疏，第96页。

③ （周）左丘明传，（晋）杜预注，（唐）孔颖达正义，浦卫忠、龚抗云、胡遂、于振波、陈咏明整理，杨向奎审定：《春秋左传正义》卷四九，昭公二十年，北京大学出版社2000年版，第1613页。

④ 《急就篇校理》卷二"芜荑盐豉醯酢酱"条颜注，第160—161页。

⑤ （汉）崔寔撰，石声汉校注：《四民月令校注》"正月"条，中华书局2013年版，第16页。

⑥ （汉）班固撰，（唐）颜师古注：《汉书》卷九一《货殖传》，中华书局1962年版，第3687页。

腹陶器。“醯酱千瓨”在文中与“狐貂裘千皮，羔羊裘千石”等物资相提并论，而且都比作千乘之家，可见酱的生产规模之大。又史载“张氏以卖酱而隃侈”①，即因卖酱而发家致富，说明酱的畅销，同时也是社会需求不断扩大的反映。

酱的生产到了北朝时期又有了进一步的发展，突出表现在制作技术水平的提高。贾思勰在《齐民要术》中辟有“作酱等法”一章，专门论述各种酱的制法，除了豆酱之外，还有作肉酱法二种，作鱼酱法五种，以及作虾酱法，作麦酱法，作榆子酱法，作生脡法，作燥脡法等。② 其中最值得重视的是作豆酱法，其制作程序如下：（1）首先是原料及其处理方法，将春种新收的黑大豆，反复蒸、晒加工，以达到大豆熟透和彻底脱皮的目的。（2）其次是制曲工艺，采用密封制曲法，将熟豆料与晒透的白盐、黄蒸（米、麦曲粉）、草蒿、麦曲等拌匀之后，装入瓮中，用盆盖严，用泥密封，不让漏气。这实际是一种“罨黄法”，但这种作法对好气性霉菌繁殖不利，影响了微生物对原料的分解力，因而对酱的芬芳成分有所损失。（3）最后是制醪成酱工艺，这方面有三个重要特点，一是添加黄蒸（米麦曲粉），以增加酶的活力，从而使糖和酒精发酵更好。二是用清晨干净井水以提纯食盐，避免杂菌污染，使酱变质。三是在打粑、晒酱等方面制订了严格的具体要求。③ 北朝时期的制酱法大致是按上述三个主要步骤进行的。而到了唐代，根据韩鄂的《四时纂要》记载，制酱法比北朝时又有了进步，用的是一次制成“酱黄”的方法，将其晒干后，随时都可作酱，这种方法直到今天家庭作酱时还基本上采用之④。

汉唐时期不仅民间在作酱，宫廷也在作酱，《新唐书·百官志》记载唐代宫廷中设有“掌醢署”。专门负责“供醢醯之物”，其中有“主醢”十人，“酱匠”二十三人，“酢匠”十二人，“豉匠”十二人，“菹醯匠”八人⑤，从这一人员编制情况可以看出：酱在唐代宫廷中的生产规模不

① 《汉书》卷九一《货殖传》，第3694页。

② （后魏）贾思勰原著，缪启愉校释：《齐民要术校释》卷八《作酱等法第七十》，中国农业出版社1998年版，第535—547页。

③ 洪光住：《中国食品科技史稿》上册，中国商业出版社1984年版，第96页。

④ 《齐民要术校释》卷八《作酱等法第七十》注释［九］，第539页。

⑤ （宋）欧阳修、宋祁撰：《新唐书》卷四八《百官志三》，中华书局1975年版，第1248页。

小，在饮食调味中占居着重要的位置。汉唐时期酱的品种日益丰富。除了豆酱以外，还有以各种动植物为原料而制成的酱，兹分类略述如下：

1. 动物类酱

肉酱，汉代《四民月令》中有正月作“肉酱”的记载，但没有说明是用什么肉制作而成的。到了北朝时期的《齐民要术·作酱法篇》中则有了详细的记载，所用肉料有牛、羊、𪊟、鹿、兔、鱼等肉，各种家畜和野兽的肉及鱼类都可以作肉酱。

鱼酱，《四民月令》记载正月“可以作鱼酱”。西晋时，“晋武帝与山涛书，兼致鱼酱一斗”[①]。这些记载都没有说明是什么鱼作的酱。《齐民要术》记载制作鱼酱时说，所用鱼以鲤鱼、鲭鱼（即青鱼）最好；其次为鳢鱼（即鮦鱼）；鲚鱼（即刀鱼）、鲐鱼（即河豚）也可以。可见所用鱼类品种是比较广泛的。此外，虾、蟹等类也可以制酱[②]。

2. 植物类酱

以植物为原料制作的酱也有多种多样。有用蔬菜制作的酱，如用葫芦制作的“瓟仁酱”，用芥子作成的“芥子酱”。有用花草树木制作的酱，如用芍药制成的“芍药酱”，用榆仁制作的“榆子酱”，在巴蜀地区有用其特产枸（即枳椇、蒌叶，胡椒科藤本植物。）的籽粒制作的“枸酱”等。

由上所述，可见汉唐时期酱的品类相当广泛而繁多，它已成为当时人们膳食中的不可或缺的组成部分。唐人柳玭在其家诫中说：“孝悌忠信乃食之醯酱，岂可一日无哉！”[③] 他用酱来比喻不可缺少的事物，可见当时酱已是每天必备的佐餐食品了。

二　豉

酱作为我国古代主要的调味品，由来久远。相较之下，豆豉则出现较晚，可能是到了汉代才开始出现的，因为在先秦时期的文献中未见有

---

① （清）张英、王士禛等撰：《御定渊鉴类函》卷三九一《食物部四·酱醯二·晋武鱼酱》，上海古籍出版社1987年影印《钦定文渊阁四库全书》第992本，第583页。

② 《齐民要术校释》卷八《作酱等法第七十》，第541—543页。

③ 《御定渊鉴类函》卷三九一《食物部四·酱醯二·孝悌醯酱》，《钦定文渊阁四库全书》第992本，第584页。

关豉的记载，直到西汉才见诸记载。所以一般认为豉乃秦汉时期产生的一种新的食品。

豉作为一种咸味调味品，是以黑大豆或黄大豆经蒸煮发酵后制成。豉又称幽菽、康伯，《说文解字·尗部》："枝，配盐幽尗也。"[①] 尗，为菽的古字。《史记·货殖列传》中有"蘖曲盐豉千荅"[②] 的记载。《汉书·货殖传》的记载是："蘖曲盐豉千合。"[③] 其所记汉元帝至王莽之间的京师富商，七人之中就有两个是豆豉商人："长安丹王君房，豉樊少翁、王孙大卿，为天下高訾。"颜师古注曰："王君房卖丹，樊少翁及王孙大卿卖豉，亦致高訾。……高訾谓多资财。"[④] 表明卖豉的也能成为闻名天下的富翁。从这些记载中，既可以看出，豉在当时的生产规模与销售数量之大，又可以看出经营者的发迹之快，还可以透过这些来推知：豉作为一种咸味调味品，在当时已经深受各界欢迎。

豉的制作技术要求是很高的，东汉王符在《潜夫论·德化》中说：明君之养天民，就好像"良工之为曲豉"一样。"起居以其时，寒温得其适"，则所做的曲豉，"尽美而多量"。否则，"皆臭败而弃捐"[⑤]。这个比喻道出了做豆豉的技术要领，而技术之好坏其结果相差有天壤之别。

汉代已经出现了"名牌"豆豉，《古艳歌》云："白盐海东来，美豉出鲁门。"[⑥] 鲁门所产豆豉已被称为"美豉"，并成为诗人歌颂的名牌产品。这也反映了这个时期制豉技术已很高超。魏晋时期还从国外传入作豉法。据晋张华《博物志·豉法》记载，这种"外国豉法"[⑦]，是先以苦酒浸豆，晒干以后再以麻油蒸，蒸完再晒，如此反复三遍，然后以胡椒

---

① （汉）许慎撰，（清）段玉裁注：《说文解字注》七下《尗部》，上海古籍出版社1988年版，第336页。

② （汉）司马迁撰，（南朝·宋）裴骃集解，（唐）司马贞索隐，（唐）张守节正义：《史记》卷一二九《货殖列传》，中华书局1959年版，第3274页。

③ 《汉书》卷九一《货殖传》，第3687页。

④ 《汉书》卷九一《货殖传》引师古曰，第3694页。

⑤ （汉）王符著，（清）汪继培笺，彭铎校正：《潜夫论笺校正》卷八《德化》，中华书局1985年版，第377页。

⑥ （唐）欧阳询辑录：《北堂书钞·2》卷一四六《酒食部五·豉三十四》引《古艳歌》，学苑出版社2015年版，第482页。

⑦ 《御定渊鉴类函》卷四一四《木部三·椒二》引《博物志》，《钦定文渊阁四库全书》第993本，第122页。

面拌和而制成。据说这种豆豉“能下气，调和者也。”[①] 这种豆豉的制法，显得更为精细，所以味道更为香美，而且还有医疗作用。

到了南北朝时期，关于豉的制作技法，在《齐民要术》中才有比较详细的记述。《齐民要术》卷八《作豉法》中说：先准备温暖而且有遮蔽的屋子，屋里掘成深三二尺的坎。这是场地要求。“四月、五月为上时”，这是季节要求。“令温如人腋下为佳”，这是温度要求。“二十石为一聚”“极少者，犹须十石为一聚”，这是批量要求。“用陈豆弥好”，这是选料要求。“大釜煮之，申舒如饲牛豆，掐软便止”，这是火候要求。如何聚置，如何翻堆，如何检测，如何过水，如何存放，都各有一套方法。正如文中最后所说：“豉法难好易坏”，其技术要求比“调酒”还难[②]。可见豉的制作要比酿酒还难。

豉从秦汉诞生以来，就备受人们欢迎。它的生命力在于它能调和五味，产生鲜美的味道，可使菜肴增鲜生香，令人爱吃，令人离不开它。所以，《释名·释饮食》说：“豉，嗜也。五味调和，须之而成，乃可甘嗜也。”[③] 把令人喜吃不厌作为这个字的含义来加以解释，可见豉是一种多么受人欢迎的调味品。

应当特别提出的是：汉唐时期豉在菜肴的加工烹饪中被广泛而经常应用。前面所谈的各种酱，虽也用于菜肴加工烹饪，但主要用于直接佐餐下饭，而豉则更多地用于菜肴的加工烹饪，其重要性与食盐几乎是同等的，因此我们在汉唐时期的文献中常常见到“盐豉”并提的记载，这就是因为豉和盐一样，都是日常菜肴加工烹饪必备之物。犹如现在人以盐和酱油为必备之烹饪调料一样。颜师古在注《汉书·货殖传》“盐豉千合”时说：“盐豉则斗斛量之，多少等亦为合。合者，相配偶之言耳。今西楚荆沔之俗卖盐豉者，盐豉各一升则各为裹而相随焉，此则合也。”[④] 这里“一合”就是“一裹”的意思，“一裹”里面为盐、豉各一

---

① （清）陈元龙撰：《格致镜原》卷二三《食物类三·豉》，上海古籍出版社1987年影印《钦定文渊阁四库全书》第1031本，第333页。

② 《齐民要术校释》卷八《作豉法第七十二》，第560—566页。

③ （东汉）刘熙撰，（清）毕沅疏证，（清）王先谦补，祝敏彻、孙玉文点校：《释名疏证补》卷四《释饮食第十三》“豉”条，中华书局2008年版，第139页。

④ 《汉书》卷九一《货殖传》引师古曰，第3689页。

升。两种东西搭配在一起出卖。到唐朝时荆沔一带还有以“一合”为单位而买卖盐豉的遗俗。可见在汉唐时期人们买卖盐豉时，卖者是将二者搭配一起出卖的，而买者也就将此二者一齐购买的。这是因为二者是加工烹饪菜肴时的必备调料。因此，在汉唐时期的文献中“盐”“豉”连在一起的记载非常普遍，一方面表明它们是人们日常饮食所需，不可或缺。另一方面表明两者一般是配合使用的。如淮南厉王刘长谋反被贬时，所给廪食有“薪、菜、盐、豉、炊食器”① 等，正因为豆豉是日常生活所必需，所以刘长虽犯大罪，而给他每天所需的食物之中还有盐豉。羊续为南阳太守时，经常“盐豉共壶”②。羊茂为东郡太守时，经常“出界买盐豉”③。

从《齐民要术》中我们可以看到当时的豉作为加工烹饪菜肴的调料，使用是相当广泛而频繁的。一方面是用于食品的加工。如在作五味脯时，“取香美豉，用骨汁煮豉，色足味调，漉去滓，待冷，下盐。”④ 在作五味腊时，“浸豉，调和，一同五味脯法。”⑤ 这是用豉及盐加工脯腊。其他如腩（将肉类在香料加调味汁中暂渍）、炙（烤肉）等也都离不开盐、豉。另一方面是用于菜肴的烹饪，在作羹或臛（浓肉汤）时，大多须以盐、豉为调味，或用“豉汁”，或用“咸豉”⑥。在作“蒸”或“缹”（《一切经音义》卷一七《出曜论》注：“少汁煮曰缹”⑦ 有类今之焖）时，也离不开盐豉，或用“豉汁”，或用“浑豉”⑧。在作“脏”（即杂烩）、“腤”（单用一种肉烩）、“煎”、“消”（炒肉丝）等时亦然，或用“浑豉”，或用“咸豉”，或用“豉汁”⑨。

由上所述可知，在汉唐时期，豉在菜肴的加工烹饪中起着十分重要

---

① 《史记》卷一一八《淮南厉王（刘）长列传》，第3079页。

② （宋）李昉等撰：《太平御览》卷八五五《饮食部一三·豉》引谢承《后汉书》，中华书局1960年版，第3808页。

③ 《太平御览》卷八五五《饮食部一三·豉》引《豫章列士传》，第3808页。

④ 《齐民要术校释》卷八《脯腊第七十五》，第579页。

⑤ 《齐民要术校释》卷八《脯腊第七十五》，第580页。

⑥ 《齐民要术校释》卷八《羹臛法第七十六》，第590页。

⑦ （唐）释慧琳撰：《一切经音义》卷一七《出曜论》注，清海山仙馆丛书本。

⑧ 《齐民要术校释》卷八《蒸缹法第七十七》，第600页。

⑨ 《齐民要术校释》卷八《脏、腤、煎、消法第七十八》，第605—607页。

的作用，已成为日常饮食中不可缺少的调味品。还需要指出的是，豆豉不仅可以食用，还可以入药。《本草纲目》集解引梁陶弘景曰："豉出襄阳钱塘者香美而浓。入药，取中心者佳。"又引唐陈藏器曰："陕州有豉汁，经十年不败。入药，并不如今之豉心，为其无盐故也。"① 可见豉也常作药用。

三 醋

醋属酸味调味品，又称苦酒。以含淀粉类粮食为主料，经发酵酿造而成。醋与酱共同组成人工调味品中的两大支柱。

在尚未产生人工酿造的酸味调料之前，烹饪时所用的酸味调料是天然的梅果，《尚书·说命》中的"若作和羹，尔惟盐梅"② 即是其证。后来才出现"醯"这种酸味调料。从前引《左传》昭公二十年"水、火、醯、醢、盐、梅，以烹鱼肉"的记载来看，春秋时已经有了人工酿造的酸味调料"醯"，只不过梅果也还同时使用。在前文论述"酱"的时候，我们已经谈过"醯"应是醋的前身。不过，在先秦两汉时期醋尚未被称为"醋"。汉代时醋一般被称为"酢"，《急就篇》："酸咸酢淡辨浊清。"颜师古注云："大酸谓之酢。"③ 可见"酢"即是醋。到南北朝时期才较常以"醋"字来称呼醋，《齐民要术·作酢法》注云："酢，今醋也。"④ 在《齐民要术》中"酢""醋"混用。总之，汉代以后"醯""酢"有时有些区别，但多数情况下可以混用。到了北魏以后，"酢""醋"混用，隋唐以后才逐渐分离，从而"酢"字被"醋"字所取代。

醋又被称为"苦酒"，这当与醋起源于酿酒有关。《博物志》曰："酒暴熟者酢。"⑤《齐民要术》有"迴酒酢法"，是指"将变酸了发酵醪或成熟醪改酿成醋的方法"，即黄酒的发酵醪或成熟醪酸败后可以改酿成

---

① 《本草纲目》卷二五《谷四·大豆豉》引陶弘景、陈藏器曰，《钦定文渊阁四库全书》第773本，第484页。

② （汉）孔安国传，（唐）孔颖达疏，廖名春、陈明整理，吕绍纲审定：《尚书正义》卷一〇《说命下第十四》，北京大学出版社2000年版，第300页。

③ 《急就篇校理》卷三"酸咸酢淡辨浊清"条引颜注，第274页。

④ 《齐民要术校释》卷八《作酢法第七十一》，缪启愉考证："'酢，今醋也。'为南宋以后的人加注，兹删去。"（第549页）

⑤ 《太平御览》卷八六六《饮食部二四·醯》引《博物志》，第3842页。

醋。还有“动酒酢法”，是指“将已经压榨后的成品清酒变酸后改酿成醋的方法”①，即成品酒酸败之后改酿成醋。其制作工序也是“置日中曝之”②。这是通过繁殖醋酸菌而将酸败的酒酿成食醋。这些事例告诉我们，在造酒过程中的失误，迫使人们想办法加以挽救，从而发明了新的品种——醋，这是很可能的。

自从制曲技术在汉代得到发展以来，醋的品种不断发展，原料和制法也多有不同。崔寔《四民月令》说：“是月（指四月）四日，可作醯、酱。”③ 又说：“是月（指五月）五日，可作酢。”④ 这里只提出了制醋的时间，但对后世的影响却是很大。《齐民要术·作酢法》中共计提出了二十三种作酢法，其中有十种有具体的时间要求⑤。直到唐代，韩鄂在《四时纂要·四月》中还认为：“造醋：四日为良日。”⑥ 到了北朝时期，酿醋的原料，据《齐民要术·作酢法》所载，即有粟米、秫米、粳米、大麦、小麦、大豆、小豆、乌梅、蜜等⑦。所用原料之广泛，几乎与现在作醋所用原料相差无几。

酿醋技术的提高，主要表现在制曲酿醋技术的发展上。从其制法中，大致可以看出三点：其一，北魏时，人们已经学会了固态发酵制曲酿醋法，这种方法一直沿用至今。可见一千四百多年前我国的酿醋技术已经达到很高的水准。其二，北魏时，人们已经学会利用各种谷物制曲和使用“醋母”传醅的科学方法，这对后世产生了重要影响。其三，开创了我国酿造陈醋的历史⑧。到唐朝，在《四时纂要》中提出了“米醋”“暴米醋”“麦醋”“暴麦醋”⑨ 等酿制方法，在酿醋技术上又有所补充和发展。

---

① 《齐民要术校释》卷八《作酢法第七十一》注［五］，第553页。

② 《齐民要术校释》卷八《作酢法第七十一》，第552页。

③ 《四民月令校注》“四月”条，第33页。

④ 《四民月令校注》“四月”条，第36页。

⑤ 《齐民要术校释》卷八《作酢法第七十一》，第547—558页。

⑥ （唐）韩鄂撰，缪启愉校释：《四时纂要校释》卷三《四月》，农业出版社1981年版，第114页。

⑦ 《齐民要术校释》卷八《作酢法七十一》，第547—558页。

⑧ 《中国食品科技史稿》上册，第118—119页。

⑨ 《四时纂要校释》卷四《七月》，第178页。

醋，这种调味品一经问世，很快就成为人们日常生活中的必需品。史游的《急就篇》把酢与盐豉相提，与酱并论，足以说明“酢”在调味品中所占的重要位置。因此它的产量与销量，从汉代起已经相当巨大。司马迁在《史记·货殖传》中说：“通邑大都，酤一岁千酿，醯酱千瓨……此亦比千乘之家。”[①] 当时“千户之君”一年有二十万钱的收入。“千乘之家”即“千户之君”。这就是说年经营额一千瓨的醋商，收益也有二十万钱。这说明酿醋业在汉代已有颇大发展，而且醋已成为商品，由于社会需求的增长，从而出现了资本雄厚的醋商。

醋，首先是作为调味品，具有较高的食用价值。它在加工烹调中的应用十分广泛。醋是五种基本味之一，但不能单独成味，必须与其他各味合用才起作用，它是构成多种复合味的主要调味原料。主要起增加酸味、香味、鲜味以及和味、解腻、去腥、除异味的作用，同时又有抑制、杀灭细菌的功能，还能保持蔬菜的脆嫩，在烧烤动物类原料外层刷抹醋蜜等，能增加制品的酥脆度。兹将醋在汉唐时期菜肴加工烹调中的应用略述于下：

一是在食品制作中用醋。在腌制酸菜中就经常用醋，作“卒菹”（速成酸菜）时，“以酢浆煮葵菜，擘之，下酢，即成菹矣。”[②] 其他各种蔬菜菹在制作过程中都要用到醋。

二是在烹饪过程中用以调味。在烹饪禽畜肉的“臛”（一种煮或炒的汁浓的菜肴）法中，就经常要用醋来调味，如作“兔臛”时，即以“盐、豉、苦酒，口调其味也。”[③] 此外，烹饪各种鱼、肉臛时莫不用之。作羹也有时用之，如作“水牛肉羹”时，“任性著盐、醋”；作“青头鸭羹”时，以“盐，醋调和”[④]。“脏”（杂烩）法中也要用醋，如作“纯脏鱼”时，即以葱、姜、橘皮、咸豉与酢“合煮”，将熟时又“下酢”[⑤]。

烹饪中，尤其是在烹饪鱼肉中用醋的目的之一是去除鱼肉中的腥臊味，如“缹猪肉法”中，需“下酒二升，以杀腥臊……若无酒，以酢

① 《史记》卷一二九《货殖列传》，第3274页。

② 《齐民要术校释》卷九《作菹、藏生菜法第八十八》，第657页。

③ 《齐民要术校释》卷八《羹臛法第七十六》，第584页。

④ 《食医心鉴》，东方学会1924年印行本。

⑤ 《齐民要术校释》卷八《脏、腤、煎、消法第七十八》，第605页。

浆代之。”[①] 可见醋与酒一样可以起到去除腥臊的作用。与此相联系的另一个目的是增加菜肴的芳香滋味，如作“酸豚”时，“熟，下椒、醋，大美。”[②] 在这里醋与椒搭配使“酸豚”这道酸辣菜的滋味大为提高。

三是在烹饪或制作过程中为发挥其他功能而用醋，如作“蜜纯煎鱼”时，将卿鱼整治好之后，“苦酒、蜜中半，和盐渍鱼。”[③] 首先以醋浸渍之后再烹饪。作“酿炙白鱼”（以鸭肉馅塞进鱼腹中）时，待其半熟，“复以少苦酒杂鱼酱、豉汁、更刷鱼上，便成。”[④] 这里用醋除了增加菜肴的“香”“味”之外，还有“色”美质脆的作用。岭南地区在吃“虾生”时，要“用浓酱醋先泼活虾，盖以生菜……谓之虾生”[⑤]，更是直接用以去腥。

四是席间调味。蘸醋吃或拌醋吃，如鳢鱼脯，“酸醋浸食之，俊美乃胜‘逐夷’。”[⑥]。蘸醋吃可使其味道胜于美味的鱼肠酱“逐夷”。鸳鸯炙，“以五辣醋食之”[⑦]。炸水母，“或以五辣肉醋，或以虾醋”[⑧] 佐之；炸乌贼鱼，“以姜醋食之”[⑨]。在食用汉唐时人喜爱的美味佳肴——“鲙”时，更是离不开醋。

醋，除了用以调味之外，有时也用于治病。晋葛洪《肘后方》曰：“治齿痛用三年酸酢。”[⑩] 这是以醋疗牙痛。孟诜《食疗本草·醋》：“人口有疮，以黄蘗皮醋渍，含之即愈。”[⑪] 这是以醋治疗口疮。孙思邈《千金宝要》记载：“一切丁肿……又方疾藜子一升烧灰，酽醋和，封上，经

---

① 《齐民要术校释》卷八《蒸缹法第七十七》，第 599 页。

② 《齐民要术校释》卷八《菹绿第七十九》，第 611 页。

③ 《齐民要术校释》卷八《脏、腤、煎、消法第七十八》，第 606 页。

④ 《齐民要术校释》卷九《炙法第八十》，第 620 页。

⑤ （唐）刘恂著，鲁迅辑录：《鲁迅辑录古籍丛编》第三卷《岭表录异》卷下，人民文学出版社 1999 年版，第 468 页。

⑥ 《齐民要术校释》卷八《脯腊第七十五》，第 580 页。

⑦ 《食医心鉴》，东方学会 1924 年印行本。

⑧ 《鲁迅辑录古籍丛编》第三卷《岭表录异》卷下，第 471 页。

⑨ 《鲁迅辑录古籍丛编》第三卷《岭表录异》卷下，第 465 页。

⑩ 《太平御览》卷八六六《饮食部二四·醯》引葛洪《肘后方》，第 3842 页。

⑪ （唐）孟诜、张鼎撰，谢海洲、马继兴、翁维健、郑金生辑：《食疗本草》卷下《醋（酢酒）》，人民卫生出版社 1984 年版，第 125 页。

宿便差（愈）。”① 这是以醋外用治疗丁肿。又《北梦琐言》记载：“火烧疮无出醋泥，甚验。”② 这是以醋治疗烧伤。上述诸多记载，尽管有些属于偏方之类，但其疗效还是相当明显的。

以上对于我国汉唐时期的发酵调味品——酱、豉、醋，作了简要论叙。我国历史上菜品的丰富多彩，口味的多种多样，在相当程度上有赖于这些发酵调味品发挥的作用。它们在形成中国菜肴风味特色中是不可或缺的，这是我国古代劳动人民在创造独特的东方饮食文明中所做出的不可磨灭的贡献之一。

（本文原为《汉唐饮食文化史》第二章第四节，今题目系整理者所加，文中小标题亦为整理者酌情添加。原书正文夹注全部统一为页下注，引用文献亦尽量选用通行的整理本或点校本，同时并修订原书中的文字错讹及其他疏误。至于原书的文字内容思想观点则一仍不变。李文才敬识。）

① （宋）郭思撰，苏礼，杨承祖点校：《千金宝要》卷二《疮疽痈肿》，人民卫生出版社1986年版，第59页。

② （宋）李昉等编：《太平广记》卷二二〇《医三》“孙光宪”条引《北梦琐言》，第1683页。

中国古代饮食文化研究论纲

人类文明，源于饮食，饮食文化是文化史的基石，研究中国古代文化史，必须首先研究人类历史“第一前提”的饮食。具有典型的东方农业文明特色的中国古代饮食文化是世界上最发达、最精深的饮食文化，当时所确立的以粮食为主，蔬菜次之，辅以一定量的肉类、鱼类的饮食结构，是非常科学而合理的，已被现代科学研究证明极其有利于人体健康。汉唐时期奠定了中国古代饮食文化的基本模式。研究中国古代饮食文化史是为了更好地总结我国饮食生活的经验教训，取其精华，去其糟粕，为进一步提高与改进我国人民的饮食生活，为我们今天的物质文明和精神文明建设提供借鉴。以下试从几个方面对此略加阐述。

一　饮食文化在中国古代文化史上的地位

饮食是人类赖以生存和发展的第一要件。古人云：“王者以民为天，而民以食为天”① “人民所重，莫食最急”②。《尚书·洪范》提出的治国“八政”，即以“食”为先③；史家所立《食货志》，也将“食”置于首位。古人对于饮食的这种朴素的认识，到了19世纪中叶被马克思、恩格斯提升为历史唯物主义的基本原理之一，“正像达尔文发现有机世界的发展规律一样，马克思发现了人类历史的发展规律，即历来为繁茂芜杂的

① （汉）班固撰，（唐）颜师古注：《汉书》卷四三《郦食其传》，中华书局1962年版，第2108页。

② 黄晖撰：《论衡校释》卷二五《诘术篇》，中华书局1990年版，第1028页。

③ （汉）孔安国传，（唐）孔颖达疏，廖名春、陈明整理，吕绍纲审定：《尚书正义》卷一二《洪范》：“八政。一曰食，二曰货，三曰祀，四曰司空，五曰司徒，六曰司寇，七曰宾，八曰师。”（北京大学出版社2000年版，第361页。）

意识形态所掩盖的一个简单事实：人们首先必须吃、喝、住、穿，然后才能从事政治、科学、艺术、宗教等等。”① 因此，包括饮食在内的社会生活资料的生产“就是一切历史的第一个前提”，是人类“单是为了能够生活就必须每日每时去完成它，现在和几千年前都是这样。”② 而在人类的衣、食、住、行等社会生活中，饮食又是最基本的、最重要的，人类社会生活的其他方面和领域也都是奠基于饮食生活之上的，都是由饮食生活所决定和制约的，莫不与饮食生活息息相关，互相联系。所谓“仓廪实则知礼节；衣食足则知荣辱”③，就是这个道理。所以研究文化史，必须首先研究饮食文化史，这是研究人类历史的“第一前提”的第一要务。

饮食文化是文化史的基石。它不仅是物质文化，也是精神文化，它不仅影响物质文化的发展，也影响精神文化的发展。农业是饮食文化发展的基础，马克思说：“因为食物的生产是直接生产者的生存和一切生产的首要条件，所以在这种生产中使用的劳动，即经济学上最广义的农业劳动。”④ 广义的农业，就是指人类为谋取维持生存所必需的食物而进行的生产活动。农业就是取得食物的生产部门。人类最初的劳动就是从谋取食物开始的。在这个基础上，人类不断丰富自己认识社会和自然的能力，从而创造出各种具体的科学文化。人类文明，源于饮食。饮食是社会生活的基础和核心，它决定或制约着、影响着社会生活的其他方面，不仅因为人类首先必须解决饮食这个首要问题，才能谈得到社会生活的其他方面；而且一个时代、一个地域的人们的饮食生活，对于其社会生活的各个方面均发生着深刻的影响和有着密切的互动关系，举凡社会的礼仪、风俗、节日、庆典、婚丧嫁娶等，莫不以饮食作为重要的载体或表现形式。

---

① ［德］弗里德里希·恩格斯：《在马克思墓前的讲话》，中共中央马克思恩格斯列宁斯大林著作编译局编：《马克思恩格斯选集》第3卷，人民出版社1995年版，第776页。

② ［德］卡尔·马克思：《德意志意识形态》，《马克思恩格斯选集》第1卷，人民出版社1995年版，第78、79页。

③ 黎翔凤撰，梁运华整理：《管子校注》卷一《牧民》，中华书局2004年版，第2页。

④ ［德］卡尔·马克思著，弗里德里希·恩格斯编：《资本论》第三卷，人民出版社1975年版，第715页。

饮食与物质文化、精神文化的密切关系表现在各个方面和领域。例如，饮食与手工业工艺的起源发展密切相关，如陶瓷的产生是因饮食的需要，它源于饮食，从而产生了陶瓷文化，反过来它又推动了饮食的发展。科学技术源于饮食，如医学与饮食关系密切，人类在饮食中发现何者有益何者有害，这就是最初的医学观念，在探索怎样吃于身体有益或有害中积累了医学知识，故中国古代有“医食同源”的理念。化学源于饮食，它是从食物的酿造中萌芽发展起来的，如腌制发酵食品、酿酒、酱、醋等。礼仪源于饮食，《礼记·礼运》：“夫礼之初，始诸饮食。”[①]原始礼仪是从人们的饮食行为习惯中开始并不断丰富起来的。文学艺术源于饮食，美学的产生与饮食有密切关系，人类最早的美的概念就是美味，《说文》：“美，甘也，从羊大，羊在六畜主给膳也。美与善（膳）同意。”段玉裁注曰：“五味之美皆曰甘，引申之凡好皆谓之美。[②]”羊是我国古代主要肉食，是美味的代表和象征，可见美的本义是指饮食中的美味。此外，如音乐舞蹈是古人在宴饮中载歌载舞发展丰富起来的，赋诗也是在宴饮中的文化内涵之一。宗教从饮食中发展，早期宗教仪式主要是祭祀，以奉献饮食为其表达形式。

中国的饮食文化是世界上最发达、最精深的，这与中国古代的传统理念、文化特征有关。《孟子·告子》曰：“食色，性也。”焦循《正义》曰：“饮食男女，人之大欲存焉。”[③]在这两种人类的生理需求方面，中国人与西方人有所差异，中国人在性问题上形成保守的传统，而将人生的倾泻导向于饮食，西方在性问题上较为放纵，在饮食上较为机械单调。于是西方将性引入各种文化领域，而中国则将饮食引入、渗透于各种文化领域。其中最具特色者，莫如把饮食引入政治方面。

把饮食与政治联系起来，是中国古代独特的饮食理念。自古认为治理国家与饮食烹饪的原理是相通的，商代伊尹“负鼎俎，以滋味说（商）

---

① （汉）郑玄注，（唐）孔颖达疏，龚抗云整理，王文锦审定：《礼记正义》卷二一《礼运》，北京大学出版社2000年版，第777页。

② （汉）许慎撰，（清）段玉裁注：《说文解字注》四上《羊部》，上海古籍出版社1988年版，第146页。

③ （清）焦循撰：《孟子正义》卷一一《告子章句上》，上海书店1986年（影印诸子集成）版，第437页。

汤，致于王道。”[①] 历代传为美谈。据说“伊尹忧天下之不治，调和五味，负鼎俎而行，五就桀，五就汤，将欲以浊为清，以危为宁也。”[②] 他借“五味”“调和”向商王阐述如何成为“天子”的“圣王之道”[③]。《老子》曰：“治大国若烹小鲜”[④]。韩非子阐释道：“烹小鲜而数挠之则贼其宰，治大国而数变法则民苦之。是以有道之君贵虚静而重变法。故曰：‘治大国者若烹小鲜。’”[⑤] 治理大国要十分小心谨慎，如同烹饪小鱼那样不可随便搅动之。《周礼》以“冢宰”为天官之首，即百官之长。唐贾公彦疏：“冢，大也。宰者，官也。……故云‘冢，大也’。‘宰’者，调和膳羞之名，此冢宰亦能调和众官，故号大宰之官。”[⑥]“宰”遂成为官吏的统称，上至最高政务长官宰相，下至邑里的主管。因为官长需要具备厨师“调和”五味那样的本领。秦代陈平于乡里社日为“宰”，分肉甚公平，受到父老称赞，陈平曰：“嗟乎！使平得宰天下，亦如是肉矣！”[⑦] 因此，凡向国家推荐贤才，必需善于“助和鼎味”者。在《论语》中，“食”字出现41次，“政”字41次，这种巧合说明在孔子看来饮食与政治具有同等重要地位。

饮食与政治的联系还表现在为官者与民众在饮食上的差别，为官者称为“肉食者”[⑧]，平民为“蔬食者”“藿食者”。春秋时“有东郭祖朝者，上书于晋献公曰：‘愿请闻国家之计。’献公使人告之曰：‘肉食者已

---

① （汉）司马迁撰，（南朝·宋）裴骃集解，（唐）司马贞索隐，（唐）张守节正义：《史记》卷三《殷本纪》，中华书局1959年版，第94页。

② 刘文典撰，冯逸、乔华点校：《淮南鸿烈集解》卷二〇《泰族训》，中华书局1989年版，第683页。

③ 许维遹撰，梁运华整理：《吕氏春秋集释》卷一四《本味》，中华书局2017年版，第312—321页。

④ （晋）王弼注：《老子道德经》下篇第六十章，上海书店1986年版（影印诸子集成），第36—37页。

⑤ （清）王先慎撰，钟哲点校：《韩非子集解》卷六《解老》，中华书局1998年版，第142页。

⑥ （汉）郑玄注，（唐）贾公彦疏，赵伯雄整理，王文锦审定：《周礼注疏》卷一《天官冢宰第一》，北京大学出版社2000年版，第1页。

⑦ 《史记》卷五六《陈丞相世家》，第2052页。

⑧ （周）左丘明传，（晋）杜预注，（唐）孔颖达疏，浦卫忠、龚抗云、胡遂、于振波、陈咏明整理，杨向奎审定：《春秋左传正义》卷八，庄公十年，北京大学出版社2000年版，第274页。

虑之矣，藿食者尚何预焉？'"① 为官者可以享受“食肉之禄”，杜预注曰：“食肉之禄，谓在朝廷治其职事就官食者。”孔颖达疏曰“在官治事，官皆给食。大夫以上，食乃有肉。”② 其供应标准是：“天子日食少牢，诸侯日食特牲，大夫特豕，士特豚。”③ 规定统治阶级按照不同等级享受不同的肉食，士以上均可以享受公家供应的肉食，故将统治者称为“肉食者”。而“古者，庶人粝食藜藿，非乡饮酒膢腊祭祀无酒肉。”④ 就是说，一年只有重大节日或祭祖祀神的时候，才能够吃肉。故将平民视为“蔬食者”“藿食者”。在上述观念基础上，又把饮食与教育联系起来。因为中国古代的教育是“学而优则仕”，于是形成了将勤学——从政——肉食联系起来的社会思想和教育观念。五代时魏州人刘赞，其父刘玭为县令，每食，其父“自肉食，而别以蔬食食（刘）赞于床下，谓之曰：‘肉食，君之禄也，尔欲之，则勤学问以干禄；吾肉，非尔之食也。’由是（刘）赞益力学，举进士。”⑤ 社会上因此形成了“学业未成，不听食肉”的风气。

但是，对于如此丰富、发达的饮食文化，我们的研究却显得相对薄弱，尚未引起足够的重视，还未给饮食文化以应有的学科地位。其原因之一是近代中西文化冲突的结果，是中国曾经完全接受了西方学术，首先是西方的学科分类体系，而这个体系是根据西方文化的实际情况构建的，这就使中国文化中许多西方文化所没有的内容，因为在西方的学术框架中无所归属，而难被承认其学术地位，堪称国粹的中国传统饮食文化即是如此。如前所述，西方人在饮食上十分机械，少有调和变化，对饮食没有像东方那样重视并提升到如此高度，因而西方在学科划分中将饮食烹饪附属于工业之类，这在目前的图书分类法中可以反映出来。这样就使国人也循着西方的眼光，将中国的饮食烹饪也视为一种食品工业，而不去探讨其中的文化内涵，同时也使一些古代的饮食典籍不能正确归

---

① （南朝·宋）范晔撰，（唐）李贤等注：《后汉书》卷五七《刘陶传》注引《说苑》，中华书局 1965 年版，第 1845 页。

② 《春秋左传正义》卷四二，昭公四年，第 1377 页。

③ 《春秋左传正义》卷四二，昭公四年，孔颖达疏引《玉藻》，第 1378 页。

④ 王利器校注：《盐铁论校注（定本）》卷六《散不足第二十九》，中华书局 1992 年版，第 351 页。

⑤ （宋）欧阳修撰，（宋）徐无党注：《新五代史》卷二八《唐臣传·刘赞传》，中华书局 1974 年版，第 316 页。

类。也是由于这个原因，使得学术界有些人把饮食文化视作雕虫小技，以为不如其他文化史重要和高雅，所以并不看重这个问题。

二　汉唐饮食文化的发展变化

我国古代饮食文化源远流长，而汉唐饮食文化是我国古代饮食文化史上一个极其重要的发展阶段。汉唐时期是我国皇权政治社会发育以至茁壮成熟的阶段，是社会经济蓬勃向上、生机盎然的黄金时代，在此基础上形成的饮食文化则是这个阶段历史的重要的有机组成部分，它与这一时期的经济、政治、文化和民族关系与中外关系的发展都有着密切的关系。研究汉唐饮食文化史对于全面、深刻认识这一阶段的历史是必不可少的，它对于加深和丰富这一阶段历史的认识具有重要意义。

在汉唐长达一千二百余年的漫长岁月中，饮食文化历史经历了曲折的发展变化，展现出一幅丰富多彩的图景，奠定了我国人民饮食生活模式的基础，并对后世产生了深刻的影响，在我国古代饮食生活史中占有极其重要的、承前启后的地位。这主要表现在如下四个方面：

第一，汉唐时期确立了以粟、麦、稻等粮食为主食，以蔬菜和一定的肉类为副食的饮食结构模式，这是中华民族的基本饮食模式，具有典型的东方农业文明特色的饮食。

汉唐时期所确立的中华民族基本饮食模式，具体而言又表现为如下数端：

其一，粮食构成的发展变化。从先秦时期起，“五谷”就成为中国人民的主要粮食，《周礼》有“以五味、五谷、五药养其病”的记载，郑玄注曰：“五谷，麻黍稷麦豆也。”[①] 在记载各地的出产时则谓：“河南曰豫州……其谷宜五种。”郑玄注曰：“五种，黍、稷、菽、麦、稻。”[②] 可见所谓“五谷”并非十分固定的种类，只是言其多的意思，而且其中非常重要的粟，这里也没有包括在内。

粟、黍、稷是先秦时期食用最广的粮食。粟，又称禾、谷、谷子，俗称小米。黍、稷为黍属，籽粒比粟大，米色比粟鲜黄，俗称“黄米”。

---

① 《周礼注疏》卷五《天官冢宰·疾医》，第132页。

② 《周礼注疏》卷三三《夏官司马·职方氏》，第1025页。

粟在汉唐时期得到很大发展，品种在西晋郭义恭的《广志》中有12种，一百多年间，到北魏时期已经发展为86种，在粮食中占有首屈一指的地位。黍、稷则很少发展，退居主粮中的次要地位。麦、稻则从先秦时期的次要地位日益上升。麦在《诗经》中出现的次数，仅次于黍、稷，在汉代进入大发展时期，除中原、山东、淮北等传统麦作区外，关中得到很大发展，由汉代“俗不好种麦”①，经政府推广，到唐代已与粟并驾齐驱。北方在南北朝时期仍以粟、黍、稷为主，到唐代麦已超过它们占居首位。据统计敦煌文书所记净土寺收支账，面69次、粟56次、麦19次②。《太平广记》中，面食57次，稻米食8次，粟4次，麦饭3次③。粟、麦在南北朝时期向南方推广，产量仅次于稻。稻从南朝中期起超过北方，唐代总产量已经超过麦、粟，并大量北运，形成“天下大计，仰于东南”④ 的局面。菽，即大豆，春秋时期从东北传入“戎菽”，日益推广，成为五谷之一，与粟并列为主粮。汉唐时期虽然种植面积不断扩大，但比重逐渐下降，因其单产低于粟、麦、稻，增产潜力小，逐渐向着副食方向发展。到了唐代，传统主粮结构发生了历史性变化，稻米取代粟的首席地位，麦类已上升至与粟并驾齐驱的地位。古代主粮还有雕胡，又称菰，其根即茭白，其籽实即雕胡。汉唐时期是食用雕胡米最兴盛的时期，可以做饼、饭、羹。宋代以后逐渐从主粮序列中退位，日渐成为蔬菜。

其二，肉类主要为“六畜”（马牛羊鸡犬豕），除马之外再加上鱼类，构成中国古代主要的肉食。中国是以农业种植为主的国家，肉类所占比重小，一般平民食用更少。即使被称为“肉食者”的统治阶级也不能随意吃肉，“古者……诸侯无故不杀牛羊，大夫士无故不杀犬豕。”汉唐时期有所增加，“今闾巷县佰，阡佰屠沽，无故烹杀。”⑤ 魏晋南北

---

① 《汉书》卷二四上《食货志上》，第1137页。

② 详见唐耕耦、陆宏基编《敦煌社会经济文献真迹释录》第三辑之“（四）诸色破用历、（五）诸色入破历计会”，全国图书馆文献缩微复制中心1990年版。

③ 详见（宋）李昉等编《太平广记》第1—10册，中华书局1961年版。

④ （宋）欧阳修、宋祁撰：《新唐书》卷一六五《权德舆传》，中华书局1975年版，第5076页。

⑤ 《盐铁论校注（定本）》卷六《散不足第二十九》，第351页。

朝时期，北方游牧民族进入中原，但也没有能够使肉食有太大的增加，他们进入中原以后也多数转入农耕生活，因为有限的耕地不能提供大量的牧场。

其三，蔬菜。中国古代的蔬菜品种相对较少，汉代文献所记不过有20余种，《齐民要术》记载有30余种，唐末《四时纂要》记载有35种。其中以“葵”最为重要，葵，又称为冬葵或寒菜，为“百菜之首”，是当时人之“当家菜”，如《古诗十五从军征》：“烹谷持作饭，采葵持作羹”①，平民日常饮食为“粟飧葵菜”②。韭菜在汉代有了较大发展，出现了温室栽培，萧齐庾杲之因为“清贫自业，食唯有韮菹、瀹韮、生韮杂菜”，而被讥笑为“食鲑常有二十七种”③。

第二，汉唐时期初步确立了中国风味的菜肴烹饪方式，形成了以炙、脍、羹、脯、菹等为主要加工方式，以蒸、烤、煎、炸、烹、炒等为基本烹制手法，以色、香、味、形为终极效应，讲究刀工火候、五味调和，具有整体性、完美性的综合烹饪艺术，从而孕育了具有东方农业文明特色的中国菜肴的体系和风味，日后在此基础上形成了区域性的地方风味饮食和菜系。

这些食品加工方式和品种，大要有如下几种：

炙——《说文》：“炙肉也，从肉，在火上。”④ 原料为畜肉、内脏，禽类，鱼类等。

脍——《说文》：“细切肉也”⑤。《释名》：“脍，会也，细切肉令散，分其赤白异切之，已，乃会合和之也。”⑥ 为加工鱼、肉之方法。以鱼脍为多，故“脍”有时亦写作“鲙”，因为原料是鱼，东汉《羽林郎》诗有云：“就我求珍肴，金盘脍鲤鱼。”⑦ 其烹饪特点，最讲究鲜、活，如唐

---

① 逯钦立辑校：《先秦汉魏晋南北朝诗》之《汉诗》卷一二《古诗三首·十五从军征》，中华书局1983年版，第336页。

② （唐）李百药撰：《北齐书》卷四二《卢叔武传》，中华书局1972年版，第560页。

③ （梁）萧子显撰：《南齐书》卷三四《庾杲之传》，中华书局1972年版，第615页。

④ 《说文解字注》十下《炙部》，第491页。

⑤ 《说文解字注》四下《肉部》，第176页。

⑥ （东汉）刘熙撰，（清）毕沅疏证，（清）王先谦补，祝敏彻、孙玉文点校：《释名疏证补》卷四《释饮食第十三》，中华书局2008年版，第140页。

⑦ 《先秦汉魏晋南北朝诗》之《汉诗》卷七（辛延年）《羽林郎》，第198页。

代寒山《诗》："去骨鲜鱼脍"[①]。杜甫《观打鱼歌》："饔子左右挥霜刀，鲙飞金盘白雪高"。[②]

羹——汤菜，《释名》："羹，汪也，汁汪郎也。"[③] 有菜羹、肉羹。食用广泛，《礼记·内则》："羹食，自诸侯以下至于庶人，无等。"[④] 因为"羹食，食之主也。"[⑤] 为大众的每日常食，故曰"羹之与饭，是食之主……此谓每日常食……凡人所食，羹饭为主"[⑥]。《宋书·朱修之传》载："菜羹粗饭""乃贫家好食。"[⑦]

脯——《说文》："干肉也"[⑧]。此类尚有腊、脩等，据《周礼·腊人》郑注：大动物成条片而干为脯，经捶打加入佐料而干为脩，小动物整体而干为腊[⑨]。均为常备之方便食品。

菹——《说文》："酢菜也。"[⑩] 腌制酸菜类食品，将动植物原料用盐、酱、醋等腌渍，经乳酸菌发酵加工以便保藏。方法：一是用盐水洗、泡，二是加入米粥（为微生物提供养料）麦曲（发酵）。有肉菹、菜菹两类。以此法加工之鱼类称为"鲊"，《释名》："鲊，菹也，以盐米酿鱼以为菹，熟而食之也。"[⑪] 即腌鱼、糟鱼。制法：切块，制糁（米饭加佐料），入瓮，一层鱼一层糁，盖以箬叶。

以上五种是最为常用和普遍的加工方式与品种，其中又以前两种最为美味，故产生了"脍炙人口"的成语。

---

① （清）彭定球等编：《全唐诗》卷八〇六《寒山诗（之二〇五）》，中华书局 1960 年版，第 9088 页。

② 萧涤非主编，焦裕银校注：《杜甫全集校注》卷九《观打鱼歌》，人民文学出版社 2014 年版，第 2621 页。

③ 《释名疏证补》卷四《释饮食第十三》，第 137 页。

④ （汉）郑玄注，（唐）孔颖达疏，龚抗云整理，王文锦审定：《礼记正义》卷二八《内则》，北京大学出版社 2000 年版，第 991 页。

⑤ 《礼记正义》卷二八《内则》郑玄注，第 991 页。

⑥ 《礼记正义》卷二八《内则》孔颖达疏，第 993 页。

⑦ （梁）沈约撰：《宋书》卷七六《朱修之传》，中华书局 1974 年版，第 1970 页。

⑧ 《说文解字注》四下《肉部》，第 174 页。

⑨ 《周礼注疏》卷四《天官冢宰·腊人》载其职曰："腊人掌干肉，凡田兽之脯腊膴胖之事。"郑玄注："大物解肆干之，谓之干肉，若今凉州乌翅矣。薄折曰脯，棰之而施姜桂曰服脩。腊，小物全干。"（第 124—125 页）

⑩ 《说文解字注》一下《艸部》，第 43 页。

⑪ 《释名疏证补》卷四《释饮食第十三》，第 139 页。

第三，汉唐时期饮食品种的开拓和创造发明取得了重大进展，对后世具有深远影响。这种影响具体表现在如下几个方面：

首先，这个时期发明创造的食品——豆腐，经历一千余年实践的检验而被证明是人类所发现和制造的最佳营养食品之一。据说豆腐是西汉刘安发明的，李时珍在《本草纲目》中说："豆腐之法，始于汉淮南王刘安。"[①] 这个说法有人怀疑，因为《本草纲目》一书晚出。但是，考古工作者在河南密县打虎亭汉墓发现的画像石中，已经发现有豆腐作坊的图像[②]。这就证明：在汉代我国确实已经有了豆腐的生产，因而刘安发明豆腐的说法当不会是空穴来风。

其次，这个时期开发利用起来的饮料——茶，不仅至今还是我国人民不可替代的最佳饮料，而且风靡全球，历久不衰。据《华阳国志》载：周初封建于巴，其地有"香茗"[③]。茶的原产地在西南。经历了由药用、食用、饮用的发展过程，汉唐是其普遍推广时期，大体循由西南而东南，由南方而北方推广，至唐代普及于全国。西汉王褒《僮约》："烹茶尽具""武都买茶"[④]。三国时期长江下游已见饮茶，《三国志·吴书·韦曜传》：因其不善饮酒，孙晧"密赐茶荈以当酒"[⑤]。西晋时北方已经饮用，如史载晋惠帝"蒙尘还洛阳，黄门以瓦盂盛茶上至尊。"[⑥] 又，愍怀太子于宫中以卖"茶之属"为戏[⑦]。唐代普及，"人自怀挟，到处煮饮，从此转相仿效，遂成风俗。"[⑧] 并传入少数民族地区和外国。

---

① （明）李时珍：《本草纲目》，人民卫生出版社1977年版，第1532页。

② 中国社会科学院考古研究所：《新中国的考古发现和研究》，文物出版社1984年版，第463页。

③ （晋）常璩撰，任乃强校注：《华阳国志校补图注》卷一《巴志·三》，上海古籍出版社1987年版，第5页。

④ （清）严可均校辑：《全上古三代秦汉三国六朝文》之《全汉文》卷四二《僮约》，中华书局1958年版，第359页。

⑤ （晋）陈寿撰，（南朝宋）裴松之注，陈乃乾校点：《三国志》卷六五《吴书·韦曜传》，中华书局1959年版，第1462页。

⑥ （唐）陆羽撰：《茶经》卷下《茶之事》引《四王起事》，中华书局1985年版，第32页。

⑦ 《茶经》卷下《茶之事》引《江氏家传》："江统，字应元。迁愍怀太子洗马。常上疏谏云：'今西园卖醯、面、篮子、菜、茶之属，亏败国体。'"（第33页）

⑧ （唐）封演撰，赵贞信校注：《封氏闻见记校注》卷六《饮茶》，中华书局2005年版，第51页。

再次，现在我们日常必备的调味品如酱油、豉、醋等，也是在这个时期产生和发展起来的。今日常食之酱油在东汉已经出现，当时称为“清酱”①。豆豉在汉代已经大量生产，西汉富商大贾有经营“糵麴盐豉千荅”② 者。人工酿造的食醋也是在汉代产生的，当时称为“酢”，南北朝时期才用“醋”这个字。凡此种种，不一而足。

最后，这一时期形成和确立的食制食俗，至今仍深深影响中国人民的饮食生活。例如餐制，先秦时期通行一日两餐制，从汉代开始一日三餐制逐渐普及，汉唐时期得以巩固而成为饮食定制。先秦时期适应席地而坐习俗，因而通行分食制，西晋、十六国时期随着少数民族纷纷进入中原地区，胡床之类的高脚坐具传入，以及桌椅等家具的推广，逐渐改变了饮食习惯，形成围桌用餐的方式，适应这种饮食方式的合食制，在唐代发展起来，遂成为此后国人通行之食俗。

三　汉唐饮食文化发展变化的原因

汉唐时期饮食文化发展变化的原因，主要可从如下四个方面加以阐释。

第一，社会经济的发展是饮食文化发展变化的基础和前提。

我国古代饮食文化的发展变化，直接决定于以农业生产为中心的农、林、牧、副、渔各业的发展和提高，由此而决定了饮食的品种和结构模式，以及不同的饮食习惯和风味的发展变化。汉唐时期由于农业生产力的大幅度提高，我国人民的主食结构发生了历史性的变化。在先秦时期人们的主食中，居于首位的是“五谷”中的黍、稷、菽、粟等，而到了两汉魏晋南北朝时期，粟这种具有高产潜力的粮食作物跃居五谷之首，成为最主要的粮食品种。与此同时，麦类作物也日益崛起，成为重要的主粮。这种变化使这一时期人民的饮食水平有了很大提高，导致在先秦时期作为主粮之一的菽（即大豆）向着副食方面转化，产生了豆酱、豆腐、豆豉等新的食物品种。以大豆为代表的植物蛋白食品的增

① （东汉）崔寔撰，缪启愉辑释，万国鼎审订：《四民月令辑释》，农业出版社 1981 年版，第 3 页。

② 《史记》卷一二九《货殖列传》，第 3274 页。

加和改进，对于保障动物蛋白相对缺乏的我国人民的体质和健康有着不可估量的意义。而到了唐代，稻米又取代了粟在粮食作物中的首席地位，麦类在唐后期又取得了与粟并驾齐驱的地位，从而形成了稻、麦、粟这样的主食结构，这为人民饮食生活中的多样性发展提供了更为充足的原料。肉类食品由汉代猪多于羊，到魏晋南北朝羊多于猪。

饮食生活的发展变化与手工业、商业和交通运输的发展变化也是息息相关的。例如，石转磨在汉唐时期的迅速而广泛的推广使用，使麦类的食用发生了根本性的变化，原先人们食用的或是整粒蒸煮的“粒食”，或是捣破蒸煮的“麦饭”。而进入汉代以后，面食日益广泛发展，出现了丰富多彩的面食品种，从而大大提高和改善了我国人民的饮食水平。与此相应的是，人们对于食麦的观念发生了变化，在两汉魏晋南北朝时期仍以麦类视为粗粝之食，到唐代则已基本消逝。

冶铁、锅、灶的发展对饮食烹饪也有着重要影响，汉代高台火灶取代先秦地灶，铁釜取代先秦陶、铜釜，两者相互配合，大大提高了烹饪的火力和便利性，为讲究火候与五味调和的中华饮食文化和饮食品种的多样性发展创造了条件。汉唐时期城市经济的发展，特别是从唐后期传统的封闭式的“市”制被冲破，新型的街市和各种类型的集市、草市的出现，导致饮食行业的繁荣兴旺，各种餐馆、食肆、酒楼、茶肆如雨后春笋，蓬勃发展，大大丰富了人们的饮食生活。饮食行业的发展，又反过来进一步促进了城市经济的繁荣，促进了饮食技艺的交流和提高。而交通事业的发展，又促进了各地食物品种的交流和饮食习俗的相互吸收与传播，例如巴蜀和江南的茶叶和饮茶之风，就是在这种条件下向全国各地和边远地区不断扩散和普及，从而导致我国人民饮料品种的历史性更新。

第二，饮食生活还受到地理环境和气候条件的影响和制约。

我国地处亚洲东南部、太平洋西岸，国土的主要部分在北回归线附近及其以北地区，气候温暖湿润，土壤疏松肥沃，极适于农耕，自古有“以农立国”之称。因而我国人民的饮食一直是建基于农业生产物的基础之上，形成了具有农耕文明特色的古老饮食文化，即以粮菜为主，配以适量肉类，经精细加工烹饪的一种饮食模式，而与欧洲等国以及北方草原地区以肉、奶为主要食物的饮食模式有很大的区别。尽管在汉唐时期北方等游牧民族大量涌入中原地区，他们同时也带来肉食民族的生产经验和饮食习俗，丰富了我国传统饮食文化，但是这并不能改变中原传统的饮食模式，相反地这些进入中原地区的民族都相继改变原有的饮食方式而融合于华夏饮食文明体系中来。

但是，由于我国幅员辽阔、地形气候复杂，因而各地的出产物和食俗又有不少差异，如黄河流域以食粟、麦为主，而长江流域及其以南地区以食稻为主，北方多食牛羊肉而江南多食鱼类，由此而形成、积淀为不同的饮食烹调风味，如后来的所谓川、鲁、苏、粤四大菜系，即是在汉唐文化基础上逐步孕育生成的。

第三，民族之间、中外之间的经济文化交流以及人口流动对饮食生活的发展变化起着促进作用。

统一国家的建立，加强了中外交往；分裂割据，加速了人口流动。魏晋南北朝呈现连锁滚动式的人口大流动，北方草原民族南下中原，推动了中原人民的南下。这就使北方人民的饮食吸收了游牧民族饮食文化，又使南方吸收了中原饮食文化，促进了南北饮食文化的交流。南北之间的交流以粟、麦和牛羊肉的南下与稻米和茶叶的北移等为其代表。

汉唐时期是我国古代民族冲突与融合的重要阶段，各民族之间的交往空前频繁；同时也是我国古代第一次向世界打开大门，进行大规模对外开放的历史阶段，中外之间的交往也呈现空前的兴旺景象。汉唐时期不断进行的南北之间、民族之间、中外之间的三种交流，对这一时期的饮食生活产生了深刻的影响。兄弟民族和域外各种饮食纷纷传入内地，是这个时期饮食生活领域中一幅绚丽的景象。食物如葡萄、石榴、胡葱、胡蒜、胡荽、菠菜、甘蓝[①]、胡椒等蔬果香料的传入。饮食方法和制品如“羌煮貊炙”[②]“胡饭”[③]“胡饼”[④]“毕罗”[⑤]等各种“胡食”，以及葡萄酒、三勒浆等酒类，

---

① ［美］谢弗：《唐代的外来文明》，吴玉贵译，中国社会科学出版社 1995 年版，第 305—317 页。

② （唐）房玄龄等撰：《晋书》卷二七《五行志上》，中华书局 1974 年版，第 823 页。

③ （晋）司马彪撰，（梁）刘昭注补：《续汉书·五行志一》，点校本《后汉书志》第十三，中华书局 1965 年版，第 3272 页。

④ 《释名疏证补》卷四《释饮食第十三》，第 135 页。

⑤ （唐）段成式撰，杜聪校点：《酉阳杂俎》，齐鲁书社 2007 年版，第 146 页。

酪、酥等奶制品的传入和流行。这些都大大丰富了我国人民的饮食生活，许多已深深扎根于中华饮食文化，成为不可分割的组成部分了。

与此同时，中原的饮食文化也大量传入国外和少数民族地区，例如茶在公元7世纪中叶已传入新罗。通过遣唐使的频繁来往，中国的饮食文化更是大量传入日本，其中包括茶和饮茶习俗，现在日本的茶道与唐人的饮茶习俗不无渊源关系。鉴真东渡时又将中国的豆腐传入日本。李肇《唐国史补》记载：常鲁公出使吐蕃时，赞普以茶招待他，内地的许多名茶那里都有。唐穆宗长庆（821—824）年间刘元鼎出使吐蕃时，对方设宴款待他，"饭举酒行，与华制略等。"① 吐蕃上层社会的宴饮方式已与内地相同。

第四，饮食生活的发展变化与科学文化水平的提高有密切关系。

科学文化水平的进步，对于推动、提高、改善饮食生活水平起着巨大的积极作用。汉初在道家黄老无为思想支配下，人们对于口腹之欲持否定态度，《淮南子》的饮食理论就带有某种禁欲主义的色彩，认为"口好味，接而说（悦）之，不知利害"，是属于"嗜欲"②，"重于滋味"是一种"邪气"③，反对放纵"嗜欲"与"邪气"而过分地追求美味佳肴。汉武帝独尊儒术，儒家思想占据统治地位之后，在饮食观念上仍然没有跳出反对"嗜欲"的窠臼，在盐铁会议上，贤良文学列举汉代饮食生活方面种种比古代奢侈的地方，认为"口腹纵恣，鱼肉之蠹也。"反对"口极甘脆"④。魏晋南北朝以后，思想观念上摆脱了禁欲主义的束缚，大胆地追求现实的口腹之欲，如吴人郑泉"其闲居每曰：'愿得美酒满五百斛船，以四时甘脆置两头，反覆没饮之，惫即住而啖肴膳。酒有斗升减，随即益之，不亦快乎!"⑤ 晋人毕茂世（卓）云："一手持蟹螯，一手持酒杯，拍浮酒池中，便足了一生。"⑥ 这种观念上的变化，推动人们极意

① （宋）欧阳修、宋祁撰：《新唐书》卷二一六下《吐蕃传下》，中华书局1975年版，第6103页。

② 《淮南鸿列集解》卷一四《诠言训》，第476页。

③ 《淮南鸿列集解》卷一四《诠言训》，第475页。

④ 《盐铁论校注（定本）》卷六《散不足第二十九》，第356页。

⑤ 《三国志》卷四七《吴书·吴主传》注引《魏略》，第1129页。

⑥ （南朝宋）刘义庆著，（南朝梁）刘孝标注，余嘉锡笺疏，周祖谟、余淑宜、周士琦整理：《世说新语笺疏》下卷上《任诞第二十三》，上海古籍出版社1993年版，第739页。

追求美味佳肴，讲究美食的制作与烹饪技艺的提高，到北朝《齐民要术》时，仅记述的烹调基本技术就有近 30 种之多。因而从这个时期开始，各种《食经》《食谱》如雨后春笋般涌现，人们总结、传授饮馔经验和技艺，从而诞生了一门新兴的学科——饮食学。而饮食学的发展反过来又促进饮食水平的提高。这些都是魏晋南北朝以后饮食生活水平比汉代提高的表现，也是其原因之一。

科学技术的发展对于饮食生活的意义更是不言而喻的。例如，食品酿造技术的发展为人类开拓食源与食物品种就起了巨大的作用，酿造术的关键是制曲，而正是在汉唐时期我国的制曲技术开始发展并走向成熟，“使不同谷物发霉成曲，然后用它来使更多的谷物糖化、酒化和醋化，这一技术是我们祖先一项重大的发明。”① 这一技术的发展使汉唐时期在酿酒、制酱、制醋等方面取得了突出的成就，大大提高和改善了我国人民的饮食生活水平。

到了唐代，随着文化品位的提高，人们在饮食上已不再仅仅满足于吃饱吃好，而且追求饮食的营养卫生，发展了医疗养生保健食品，如治白发的“甘露羹”②，酒醉后用的“醒酒鲭鲊方”③ 等；对于茶的医疗保健功效也有了深入的认识，进而要求丰富饮食生活的文化内涵，追求饮食的色、香、味、形、器的综合艺术效应，以高雅的文化艺术溶入饮食生活之中，如茶道的兴起、酒文化的风靡等，在满足物质需求的同时，追求精神生活的享受。

四　研究饮食文化史的目的意义

我们研究中国古代饮食文化史是为了更好地总结我国饮食生活的经验教训，吸其精华，去其糟粕，为进一步提高与改进我国人民的饮食生活，为我们今天的物质文明和精神文明建设提供借鉴。这可以从正反两个方面加以总结。

---

① 洪光住：《中国食品科技史稿》，中国商业出版社 1984 年版，第 117—118 页。

② （宋）李昉等撰：《太平御览》卷八六一《饮食部一九·羹》引《唐明皇杂录》，中华书局 1960 年版，第 3825 页。

③ 《南齐书》卷三七《虞悰传》，第 655 页。

从正的一方面来说，从汉唐时期的饮食生活发展进程中，我们可以看到它有许多优良的传统，值得今天继承和发扬。

当时所确立的以粮食为主，辅以一定量的蔬菜和肉类、鱼类的饮食结构，就是非常科学而合理的，这一饮食构成已被现代科学研究证明是极其有利于人体健康的，它避免了以肉食为主或完全素食的两种偏颇所造成的弊端，把植物蛋白与动物蛋白很好地结合起来，实践已经证明它对保障我国人民的身体素质和健康是非常有利的。中国古代的这种饮食结构与当今世界先进国家或联合国所推行的饮食金字塔可以说基本上是一致的。汉唐时期总结出来的食不过饱，不过分追求甘肥厚腻的饮食原则，也是弥足珍贵的饮食观念，也为今天大量的实践和科学研究证明对于健康长寿是有很大作用和意义的。凡此种种，都是我们今天应当继承发扬，并在科学的基础上进一步改进和提高的。

从反的一方面来说，对于我国传统的饮食生活我们不能片面地颂扬和肯定，应当看到它所包含的糟粕部分，吸取教训，加以扬弃。食制方面的合食制就是一个典型。原来汉唐时期继承先秦的传统，基本上是采用分食制的，家庭用膳如此，宴会也是如此，这种食制对于减少交叉传染疾病，维护人民健康是有利的。但是，到了唐代后期分食制日益破坏，而被合食制取代，这种津液交流的合食看似热闹，实则于人民健康非常不利。今天不少人以为我国人民饮食习惯历来是合食，这是一种误解，事实上这种合食制从唐后期产生，至今不过一千余年。现在这一陋习已深深扎根于我国人民的饮食生活，尽管今天人们已经开始认识到这种合食制的弊端，但是改起来还是很困难，其中一个原因就是与人们对于我国古代食制发展演变的历史缺乏正确认识有关。为了中华民族的健康，现在是恢复和重新推广分食制的时候了。

汉唐时期人们在饮食生活上已经出现刻意追求珍奇异食的现象，除了一般的鱼肉类之外，还追求如“封熊之蹯，翰音之跖，燕髀猩脣，髦残象白”①，即熊掌、鸡爪、燕子的大腿、猩猩的嘴唇和牦牛大象肉之类的奇珍异味。为此，他们不惜大量捕杀珍禽异兽，食其珍美部分，从而为珍稀动物的灭绝、生态平衡的破坏种下了祸根。汉唐时期原来在长江

① 《晋书》卷五五《张载传》，第1523页。

流域还有大象，其分布日益由北而南退缩，到唐代已逐步退至交广一带了。这是因为当时人们认为象鼻是一种美味佳肴，食用所谓“象鼻炙”[①]等名肴，因而大量捕杀野象，取其鼻子以快朵颐于一时。今天在国人的饮食生活中这种刻意追求珍禽异兽，甚至不惜以身试法食用野生保护动物的愚昧饮食习俗，正是我国饮食生活中亟待摒弃的糟粕之一。

公费大吃大喝也是汉唐饮食生活史上一个突出现象。古代皇权统治阶级以种种名义进行公费吃喝，唐代百官上朝有所谓“廊下食”[②]，“常参官每日朝退赐食，谓之廊餐。”[③] 宰相办公有所谓“堂餐”[④]。这种公费吃喝还有一套“理论”，唐高宗时有的宰相“以堂馔丰余，欲少损”，感到花费过多，浪费太大，提出降低一点标准，但是遭到反驳：“此天子所以重枢务、待贤才也，吾等若不任职，当自引避，不宜节减，以自取名。”[⑤]要干就得吃，不吃就请辞职，这就是古代官场中的公费吃喝“逻辑”。在这种“逻辑”指导下，官吏自上而下公费吃喝成风，鱼肉人民，积弊相沿，靡所底止。

吃喝不仅是人类的一种生理活动，人的社会性决定了人的吃喝也具有强烈的社会性，早在汉初统治集团总结治乱兴亡的历史经验教训时，就已经认识到在饮食上过度追求“煎熬焚炙，调齐和之适，以穷荆、吴甘酸之变”，穷极滋味，以事口腹之欲，不仅伤身，而且“足以亡天下矣”[⑥]！真足以震俗惊世，今人可不思之?!

（原刊《扬州大学烹饪学报》2008 年第 3 期，原题《略论中国古代饮食文化研究》。黎虎先生在刊后进行了修订，并改为今题，今据黎虎先生刊后修订稿整理。李文才敬识。）

---

① （唐）段公路撰：《北户录》卷二《象鼻炙》，中华书局 1985 年版，第 24 页。

② （宋）王溥撰：《唐会要》卷二四《廊下食》，中华书局 1955 年版，第 469 页。

③ （元）马端临撰：《文献通考》卷一〇七《王礼考二》，中华书局 1986 年版，第 968 页。

④ 《新唐书》卷一五二《张镒传》，第 4830 页。

⑤ 《新唐书》卷一一三《张文瓘传》，第 4187 页。

⑥ 《淮南鸿烈集解》卷八《本经训》，第 264 页。